Ulich u. a. · Psychologie der Krisenbewältigung

Psychologie der Krisenbewältigung

Eine Längsschnittuntersuchung
mit arbeitslosen Lehrern

Von Dieter Ulich, Karl Haußer, Philipp Mayring,
Petra Strehmel, Maya Kandler, Blanca Degenhardt

Beltz Verlag · Weinheim und Basel 1985

Über die Autoren

Dieter Ulich, Prof. Dr. phil. habil., Dipl.-Psych., Jahrgang 1940, ist Professor für Psychologie an der Universität Augsburg.

Karl Haußer, Dr. phil. habil., Dipl.-Psych., Jahrgang 1948, ist Wiss. Mitarbeiter und Privatdozent am Institut für Empir. Pädagogik und Pädagogische Psychologie der Universität München.

Philipp Mayring, Dr. phil., M. A., Jahrgang 1952, ist Akadem. Rat a. Z. am Lehrstuhl für Psychologie der Universität Augsburg.

Petra Strehmel, M. A., Jahrgang 1957, ist Wiss. Hilfskraft am Lehrstuhl für Psychologie der Universität Augsburg.

Maya Kandler, M. A., Jahrgang 1954, Lehrerin, z. Zt. Stadträtin und bildungspolitische Sprecherin im Münchner Stadtrat.

Blanca Degenhardt, M. A., Jahrgang 1954, ist Wiss. Angest. an der Universität Göttingen.

CIP-Kurztitelaufnahme der Deutschen Bibliothek

Psychologie der Krisenbewältigung : e. Längsschnittunters. mit arbeitslosen Lehrern / von Dieter Ulich
... – Weinheim ; Basel : Beltz, 1985.
  ISBN 3-407-54690-4

NE: Ulich, Dieter [Mitverf.]

Alle Rechte, insbesondere das Recht der Vervielfältigung und Verbreitung sowie der Übersetzung, vorbehalten. Kein Teil des Werkes darf in irgendeiner Form (durch Photokopie, Mikrofilm oder ein anderes Verfahren) ohne schriftliche Genehmigung des Verlages reproduziert oder unter Verwendung elektronischer Systeme verarbeitet oder verbreitet werden.

© 1985 Beltz Verlag · Weinheim und Basel
Satz: Schreibbüro Schneider, Heidelberg
Druck und Bindung: Beltz Offsetdruck, 6944 Hemsbach über Weinheim
Umschlaggestaltung: Atelier Warminski, 6470 Büdingen 8
Printed in Germany

ISBN 3 407 54690 4

Inhaltsverzeichnis

Vorwort 11

1. **Krisenerleben und Krisenbewältigung als Gegenstand psychologischer Forschung** 13
   1.1 Der Krisen-Begriff im Alltag und in der Psychologie 13
      1.1.1 Der Krisen-Begriff in der Umgangssprache 14
      1.1.2 Krisen-Begriff und Krisen-„Theorien" in der Psychologie 16
      1.1.3 Krise als besondere Form psychischer Belastung ... 21
   1.2 Theoretische Ansätze zur Erklärung von Krisenerleben und Krisenbewältigung 25
      1.2.1 Streß und Krise 26
      1.2.2 Krise und „erlernte Hilflosigkeit" 28
      1.2.3 Krise und kognitive Interpretation 30
      1.2.4 Handeln in der Krise: „Bewältigung" 32
      1.2.5 Lebensereignisse und Krisen 35
      1.2.6 Krise und soziale Unterstützung 37
      1.2.7 Gesellschaft und Krise 39
      1.2.8 Entwicklung, Lebenslauf und Krise 42

2. **Psychosoziale Auswirkungen von Arbeitslosigkeit** 46
   2.1 Anfänge psychologischer Arbeitslosenforschung: Die Marienthal-Studie 48
   2.2 Ergebnisse der Arbeitslosenforschung: Psychosoziale Auswirkungen von Arbeitslosigkeit 49
   2.3 Differentielle Arbeitslosenforschung: Auf der Suche nach bedeutsamen Moderatorvariablen 53
   2.4 Wie geht es weiter mit der Arbeitslosenforschung? Einige Wünsche und Notwendigkeiten 56

3. **Konzeption und Durchführung einer empirischen Untersuchung: „Krisenerleben und Krisenbewältigung arbeitsloser Lehrer"** 59

3.1 Ziele und Fragestellungen der Untersuchung 59
3.2 Umsetzung der Fragestellungen: Prozeßmodell der Krisenbewältigung und Variablenüberblick 68
3.3 Durchführung der Untersuchung 77
    3.3.1 Stichprobe und längsschnittmethodisches Vorgehen 77
    3.3.2 Datenerhebung 84
    3.3.3 Auswertung 87

4. Ergebnisse der Untersuchung zur Lehrerarbeitslosigkeit 95

4.1 Lehrerarbeitslosigkeit in der Bundesrepublik — objektive Voraussetzungen der Lebenssituation unserer Probanden 95
    4.1.1 Die Entwicklung der Lehrerarbeitslosigkeit in der Bundesrepublik 96
    4.1.2 „Lehrerschwemme" oder „Lehrermangel"? — Ein Modell des Lehrerarbeitsmarkts 99

4.2 Beschreibung der Lebenssituation 102
    4.2.1 Die berufliche Lebenssituation 104
    4.2.2 Die finanzielle Lebenssituation 111
    4.2.3 Lebensbereich Soziales Netzwerk 114
    4.2.4 Zeitstruktur 117
    4.2.5 Lebensbereich Gesundheit 118

4.3 Die biographischen Voraussetzungen und deren Veränderungen 120
    4.3.1 Theoretischer und methodischer Ansatz 120
    4.3.2 Bewältigungskompetenz: Theoretischer Ansatz ... 123
    4.3.3 Ergebnisse zur Variablen Bewältigungskompetenz 126
    — Arbeitsloswerden oder nicht ist unabhängig von individuellen Kompetenzen — Konnten kompetentere Personen die Arbeitslosigkeit eher bewältigen? — Sind Kompetente weniger belastet? — Welche Rolle spielen Zusatzqualifikationen als Ressourcen im beruflichen Bereich? — Affektive Ressourcen im sozialen Netzwerk sind am wichtigsten — Was ist das Fazit?
    4.3.4 Zum Konzept der Generalisierten Kontrollüberzeugung 132
    4.3.5 Ergebnisse zur Generalisierten Kontrollüberzeugung (Selbstvertrauen) 132

— Unterschiedliche Generalisiertheitsgrade — Keine Unterschiede in den biographischen Voraussetzungen — Kein Sinken des Selbstvertrauens durch Arbeitslosigkeit — Sich-Selbst-Vertrauen als protektiver Faktor — Nur schwache Zusammenhänge zur situationsspezifischen Kontrollerwartung

4.4 Belastung und Krise 138
   4.4.1 Konzept und Operationalisierung von psychischer Belastung 139
   4.4.2 Das Erleben im Zeitablauf 141
   4.4.3 Bereichsspezifische Belastungen 146
      — Beruflicher Bereich — Finanzielle Situation — Bereich soziales Netzwerk — Bereich Zeitstruktur
   4.4.4 Bereichsübergreifende Belastung 164
   4.4.5 Bedeutet Arbeitslosigkeit eine persönliche Krise? 167

4.5 Die kognitive Interpretation der Situation Arbeitslosigkeit 178
   4.5.1 Hypothesen 179
   4.5.2 Operationalisierung von Kausalattribution 179
   4.5.3 Ergebnisse zur Kausalattribution 182
      — Der einzelne nennt mehrere Kausalurteile — Die gesellschaftlichen Faktoren an erster Stelle — Bestätigung des multidimensionalen Ansatzes — Der Kausalfaktor ‚eigenes Versagen' — Die Seligman-Hypothesen auf dem Prüfstand — Das bewältigungsbezogene Kausalurteil
   4.5.4 Die Operationalisierung der Situationsspezifischen Kontrollerwartung 195
   4.5.5 Ergebnisse zur Situationsspezifischen Kontrollerwartung 196
      — Bestätigung der drei Dimensionen — Kontrollerwartung als Krisenindikator — Kontrollerwartung als protektiver Faktor — Situationsspezifische und Generalisierte Kontrolle
   4.5.6 Zusammenfassung: Zur Doppelfunktion der Kognitionen 202

4.6 Arbeitslosigkeit und Berufsinteresse — ist Berufsinteresse Luxus? 204
   4.6.1 Fragestellungen 204
   4.6.2 Bestimmung und Erfassung von Berufsinteresse ... 205

4.6.3 Ergebnisse zum Berufsinteresse 207
— Belastungen beeinträchtigen das Berufsinteresse
— Arbeitslose machen Abstriche von ihrem Berufsinteresse — Arbeitslose relativieren die Bedeutung von Berufstätigkeit — Berufliche Bewältigungsversuche in Richtung Lehrerberuf geschehen aus Interesse, alle anderen aus Not — Berufsfremde Tätigkeit bewirkt ein Abrücken vom Lehrerberuf — Generalisierte Kontrollüberzeugung (Selbstvertrauen) ist Voraussetzung für die Entwicklung von beruflichen Interessen — Arbeitslosigkeit fördert Jobmentalität

4.7 Lebensziele und Arbeitslosigkeit 220
   4.7.1 Konzeption und Fragestellung 220
   4.7.2 Ergebnisse zu den subjektiven Lebenszielen 221
   — Berufliche Ziele stehen an erster Stelle — Arbeitslose nennen nicht weniger Ziele, aber kurzfristigere — Arbeitslose haben andere Ziele — Arbeitslose geben mehr Ziele auf — Eine bestimmte Berufstätigkeit ist für Arbeitslose ein Lebensziel, für diejenigen mit einer sicheren Stelle eine Selbstverständlichkeit — Je höher die Belastung, desto eher wünschen sich Arbeitslose einfach überhaupt nur irgendeine Berufstätigkeit — Das Ziel, sich vom Lehrerberuf wegzuorientieren, wird nur bei materieller Not genannt — Arbeitslose geben sich mit weniger Lebensstandard zufrieden — Arbeitslose schlagen sich Kinderwünsche aus dem Kopf

4.8 Bewältigungsversuche 228
   4.8.1 Bestimmung und Erfassung von Bewältigungsversuchen 228
   4.8.2 Wie haben die arbeitslosen Lehrer ihre Situation bewältigt? 233
   4.8.3 Bewältigungsformen sind belastungsspezifisch 239
   4.8.4 Welche Bewältigungsformen waren besonders erfolgreich? 242
   4.8.5 In welchem Zusammenhang stehen die berufliche Lebenssituation und Belastungen mit den Bewältigungsversuchen? 244
   — Wie verändern Bewältigungsversuche die Lebenssituation? — Welche Bewältigungsformen wirken belastungsreduzierend?

5. Zusammenfassung und Ausblick 250
Anhang A: Interviewleitfaden 253
Anhang B: Kärtchen zur allgemeinen Belastung 269
Anhang C: Kodierschema Bewältigungsversuche 270
Literaturverzeichnis 272

Vorwort

Dieses Buch beschäftigt sich theoretisch und empirisch mit folgenden Fragen: Wie erleben Menschen in ihrem Alltag bestimmte Krisen? Wie entstehen diese Krisen? Wie gehen die Menschen damit um? Was folgt daraus für die weitere Persönlichkeitsentwicklung? Seit Mitte der 40er Jahre, als Lindemann den Krisenbegriff einführte und damit der entstehenden Sozialpsychiatrie entscheidende Impulse gab, entwickelten sich zahlreiche Forschungseinrichtungen (einschließlich der Mental-Health-Bewegung), um die genannten Fragen zu beantworten.

Im Mittelpunkt steht dabei immer die Auseinandersetzung der Person mit belastenden Situationen bzw. Erlebnissen. In diesem Buch werden die wichtigsten Forschungsansätze, die sich mit diesem Prozeß der Auseinandersetzung befassen, zu einem allgemeinen Belastungs-Bewältigungs-Paradigma integriert und auf ein spezifisches Forschungsthema angewandt. In das Paradigma gehen vor allem ein: Das Krisen-Konzept aus der Sozialpsychiatrie (Lindemann, Caplan), die life-event-Forschung (Dohrenwend-Dohrenwend), die neuere „kognitive" Streß-Forschung (Lazarus), die Theorie der „erlernten Hilflosigkeit" (Seligman), das Konzept der „generalisierten Kontrollüberzeugung" (Rotter), Theorien der Kausalattribution (Heider), kognitive Theorien von Thomae und Lehr, Konzepte und Methoden aus der social-support-Forschung, Entwicklungspsychologie der Lebensspanne.

Auf der Grundlage des Paradigmas haben wir — die Autoren — eine empirische Untersuchung zu einer heute leider wieder sehr brisant gewordenen Krise, nämlich der Arbeitslosigkeit durchgeführt. Genauer ging es in der Untersuchung um die Frage, wie arbeitslose Lehrer ihre Arbeitslosigkeit erleben und wie sie damit umzugehen versuchen. Die Untersuchung war eine Längsschnittuntersuchung, in der die Probanden über einen Zeitraum von durchschnittlich 13 Monaten mehrmals in einem halbstrukturierten Interview befragt wurden. Ganz im Sinne der seit kurzem geforderten differentiellen Arbeitslosenforschung (Wacker) ergab sich, daß es wichtige und erklärbare inter- und intraindividuelle Unterschiede im Erleben und Umgehen mit der eigenen Arbeitslosigkeit gibt — womit wir zugleich nachweisen konnten, daß Arbeitslosigkeit (auch heute) bei ungünstigen persönlichen Umständen zu hohen psychischen Belastungen führt.

Die Untersuchung wurde vier Jahre von der Deutschen Forschungsgemeinschaft gefördert. Projektleiter waren die beiden zuerst genannten Autoren. Außer den Autoren haben an der Untersuchung zeitweise mitgewirkt: Barbara Alt, Harald Grünwald, Ilse Plattner. Für die Herstellung des Manuskripts war vor allem Hannelore Graf verantwortlich, aber auch Erwina Beermüller, Anna Hofbauer und Lydia Frankenberger haben mitgeholfen. Ihnen allen danken wir für ihr großes Engagement. Die Rechenarbeiten wurden am Leibniz-Rechenzentrum (München) und am Rechenzentrum der Universität Augsburg durchgeführt. Unser größter Dank aber gilt den Teilnehmern an unserer Untersuchung, die so offen über ihre Probleme in der Arbeitslosigkeit geredet haben.

München und Augsburg
im April 1985   Die Autoren

1. Krisenerleben und Krisenbewältigung als Gegenstand psychologischer Forschung

1.1 Der Krisenbegriff im Alltag und in der Psychologie

„Krise" ist kein Grundbegriff der Psychologie, nicht einmal der Klinischen Psychologie. Die alltagssprachliche Plausibilität dieses Konzepts scheint leider in einem umgekehrten Verhältnis zu seiner analytischen Schärfe zu stehen. In manchen Bereichen der Psychologie wie z.B. der Gemeindepsychologie/-psychiatrie (vgl. z.B. Killilea 1982) finden wir dennoch einen geradezu inflationärer Gebrauch dieses Wortes. Der Bereich der Überlappung mit anderen, zentraleren Begriffen wie z.b. dem Streß-Begriff scheint ungeklärt, aber jedenfalls sehr groß zu sein, was durch eine kaum noch sinnvolle Ausdehnung etwa des Streß-Begriffs zusätzlich gefördert wird. Bei Lazarus (z.B. 1981) etwa scheint „Streß" identisch mit allgemeiner psychischer Belastung zu sein. In Verbindung mit der life-event-Forschung spricht man dann auch gerne von „life stress", womit unterschiedslos alle irgendwie extern bewirkten Belastungen gemeint zu sein scheinen (vgl. zu den Begriffen und Theorien Abschnitt 1.2).

Ist es dann überhaupt vernünftig und aussichtsreich, einen so unklaren und vorbelasteten Begriff wie den der Krise zum Ausgangs- und Kristallisationspunkt der Beschreibung und Erklärung einer bestimmten Art psychischer Belastung zu machen? Wir sind in der Tat der Meinung, daß es gewisse Zustandsänderungen der Persönlichkeit gibt, die in belastenden Situationen ablaufen können, und die *nicht* Streß oder allgemeiner „Erregung" oder Depression oder irgendetwas anderem vollständig subsumiert werden können. Wir glauben, daß der Krisen-Begriff bestimmte Qualitäten und Besonderheiten psychischer Prozesse benennen kann, die mit keinem anderen Begriff erfaßt werden. Dies zu belegen ist die Aufgabe dieses ersten Hauptteils von Kapitel 1. Wir gehen vom umgangssprachlichen Gebrauch des Krisenbegriffs aus, skizzieren einige ältere Krisenauffassungen in der Psychologie, nennen die wichtigsten Folgerungen aus neueren Überblicken, zeigen die Beziehungen zwischen Krisen-Begriff und verwandten Konzepten und versuchen eine abschließende begriffliche Präzisierung.

1.1.1 Der Krisen-Begriff in der Umgangssprache

Wann sprechen wir im Alltag — im psychologischen Sinne — von „Krise", und wie sprechen wir davon? Wir sagen z.B.: Sie (oder er) „steckt in einer Krise". Diese Ausdrucksweise zeigt schon einige Besonderheiten des Krisenbegriffs im Vergleich zu anderen verwandten Konzepten auf, z.B.: Eine Krise *hat* man nicht, wie etwa eine Krankheit, sondern „man steckt drin", man ist ausgeliefert, passiv, fühlt sich wie gelähmt. Es geht etwas nicht voran, was sich bewegen sollte, es stagniert etwas, man befindet sich in unliebsamen seelischen Zuständlichkeiten. Eine Krise ist etwas, das überwunden werden muß, was auch bedeutet, daß wir mit diesem Begriff einen eher vorübergehenden Zustand meinen.

Wenn im Krisenbegriff auch ein Moment von Ausgeliefertsein mitschwingt, so meinen wir allerdings schon in der Alltagssprache damit auch noch mehr, nämlich eine bestimmte Art von Dynamik, die über bloß passives Leiden wie etwa in einer Depression hinausgeht. Diese Dynamik kann enthalten: Konflikte; das Hin- und Herschwanken zwischen verschiedenen Interessen, Gefühlen und Plänen; Bewältigungsversuche, Informationsverarbeitung usw. Diese innerseelische Dynamik rührt mindestens zum Teil daher, daß in einer Krise etwas aus dem Gleichgewicht geraten scheint, daß dies Unruhe hervorruft und Abhilfe fordert.

Im Alltag meinen wir mit „Krise" immer etwas, das vom Normalzustand abweicht, womit sich dann zugleich die Frage nach zugrundeliegenden Werthaltungen stellt (vgl. auch Groddeck 1977, S. 171ff.): Was ist „normal", was ist „gesund"? Eine Krise drängt „aus ihrer inneren Struktur und Dynamik heraus auf eine Entscheidung, Entspannung oder auf eine Lösung", wobei das Ergebnis ungewiß ist (ebd.). Das Ergebnis ist auch deshalb ungewiß, weil in einer Krise die Lern- und Anpassungskapazitäten der Person deutlich überschritten sind (ebd.) bzw. die Person nicht weiß, was sie tun soll, wie sie eine Situation letztlich bewerten soll, wie sie zu sich selbst und zu anderen steht usw.

Von einer Krise spricht man vor allem dann, wenn *zentrale* Bereiche des Erlebens und Handelns tangiert sind, wenn also die „ganze" Person in Mitleidenschaft gezogen ist. Anlässe dafür wären etwa: Schwerwiegende Verluste (z.B. von geliebten Personen, von wichtigen Lebensgrundlagen wie Arbeit und Wohnung), ernste Krankheiten, Bedrohungen der Sicherheit und der Lebensgrundlagen, Sich-Selbst-Infragestellen, gravierende Veränderungen des Selbstbildes und Selbstwertgefühls, Enttäuschungen, Verlust an Vertrauen. Es handelt sich also bei den Anlässen ganz allgemein um schwerwiegende, von innen oder außen bewirkte, belastende Veränderungen, mit denen die Person sich auseinandersetzen muß, um wieder eine positivere psychische Gesamtbefindlichkeit zu erlangen.

Natürlich läßt sich der Beginn eines Krisengeschehens nicht auf bestimmte punktuelle Anlässe oder Auslöser festlegen; sowohl innere wie äußere Veränderungen haben ihre „Geschichte", von wenigen Ausnahmen wie z.B. plötzlichem Unfalltod, Brandkatastrophen u.ä. abgesehen. Es kommt also darauf an, in der Analyse von Krisen eine „synchronische" mit einer „diachronischen" Perspektive zu verbinden. Erstere meint, daß man Krisengeschehen in allen seinen gleichzeitig gegebenen Komponenten quasi als aktuelle Episode des Erleidens von und der Auseinandersetzung mit Belastungen untersucht. „Diachronisch" meint die Hinzufügung einer Zeitperspektive: Die Personen und ihre Lebensumstände, auch die Krisen-Bedingungen und -Anlässe werden als etwas Gewordenes aufgefaßt und im Hinblick auf dieses Geworden-Sein untersucht. In Abschnitt 3.1 zeigen wir, welche Konsequenzen diese doppelte Sichtweise für die Untersuchung der Krise Arbeitslosigkeit hat.

Noch eine weitere Doppel-Perspektive muß berücksichtigt werden. Es besteht beim Krisengeschehen eine unauflösliche Wechselwirkung und Rückkoppelung zwischen emotionalen Zuständlichkeiten einerseits (also dem „Erleben") und den darauf bzw. auf die Situation bezogenen Reaktionen, Planungen, Handlungen, die wir im Hinblick auf Krise mit dem Begriff „Bewältigungsversuch" zusammenfassen werden. Von Bewältigungsversuchen sprechen wir dann, wenn kognitive Prozesse oder Handlungen sowohl einen Belastungsbezug wie auch eine Bewältigungsintention erkennen lassen (vgl. hier die Abschnitte 3.1 und 4.4). Krisenerlebnisse und Krisenbewältigung sind ebenso untrennbar miteinander verbunden, wie Angst und Angstbewältigung; „Qualität und Intensität der Emotion sind wesentlich von der Art und dem Ausgang des damit verbundenen Bewältigungsversuchs abhängig" (Birbaumer 1977, S. 31). Der Begriff Bewältigungs*versuch* meint nicht, daß immer subjektiv und/oder objektiv erfolgreiche Auseinandersetzungen stattfinden oder stattfinden können.

Natürlich gibt es nicht „die" Krise an sich. Man kann lediglich sagen: Veränderungen der Person, ihres Selbstwertgefühls, ihrer Emotionen und Stimmungen können krisenhafte *Verläufe* nehmen, wenn bestimmte innere und äußere Bedingungen gegeben sind, wie z.B. belastende Ereignisse, belastende eigene Ansprüche, Veränderungen von Beziehungen, Veränderungen der Umwelt, Verluste und Bedrohung vielfältiger Art. Also ist „Krise" ein Merkmal oder eine Qualität von *Veränderung*. Nicht zufällig stellt sich ja heute die life-event-Forschung als ein zentrales Bindeglied zwischen Klinischer Psychologie und Entwicklungspsychologie dar (vgl. Abschnitt 2). Welche Formen und Inhalte solche krisenhaften Veränderungen der Person haben können, hängt von zahlreichen weiteren Bedingungen ab, z.b. auch vom Lebensalter und den zusätzlichen historischen und gesellschaftlichen Einflußfaktoren. So kann z.b. im Jugendalter „Krise" Selbstwertzweifel im Hinblick auf Identitätsfindung bedeuten, im Alter hingegen Selbstwertzweifel in Hinblick auf die „Nützlichkeit" der eigenen Person; in der Arbeitslosigkeit ist das Krisenerleben u.a. auch vom Alter abhängig.

Mit dem Begriff Krise bezeichnen wir also eine mögliche Phase oder einen Abschnitt des gesamten Prozesses der Auseinandersetzung mit bzw. des Erleidens von Belastungen. Auseinandersetzungen mit Belastungen *müssen* nicht immer krisenhaft sein, sonst ergäbe ja die Rede von krisenhaften Veränderungen keinen Sinn. Personen reagieren bekanntlich in objektiv gleich erscheinenden Situationen sehr unterschiedlich, und auch in verschiedenen Phasen unseres Lebenslaufes sind wir für bestimmte Arten von Belastungen jeweils mehr oder weniger empfänglich. Wir verändern uns auch ohne „Krisen" (vgl. hierzu Teil 2 dieses Kapitels).

1.1.2 Krisen-Begriff und Krisen-„Theorien" in der Psychologie

Um die ganze Spannweite der möglichen Ansätze zu zeigen, werden wir zunächst die beiden grundverschiedenen Auffassungen von Erikson einerseits und Lindemann andererseits kurz vorstellen. Eriksons Theorie der psychosozialen Krisen (vgl. z.B. Erikson 1956) ist sicher außerhalb der Psychologie am bekanntesten. Er erweiterte die psychoanalytischen Auffassungen um die soziale Dimension, wodurch der ursprüngliche Triebdeterminismus stark relativiert wurde. Die Person durchläuft „im Laufe ihres Lebens eine Reihe von Stadien, von deren Bewältigung das weitere Schicksal abhängt" (Reiter 1978, S. 459). Die Krise stellt ein sensibles Stadium dar, in dem wichtige neue Fähigkeiten und Einsichten erworben werden müssen, in dem theoretisch mehrere (Fehl-)Entwicklungen möglich sind (ebd.). Diese Entscheidungskrisen (im Jugendalter: Identitätskrisen; zur Identität vgl. Haußer 1983) sind nach Erikson universell. Man kann den gesamten Lebenslauf im Hinblick auf typische Krisen strukturieren (vgl. hierzu auch Abschnitt 1.2.8).

Auch über Kindheit und Jugend hinaus ist für Erikson jeder Entwicklungsschritt „eine potentielle Krise" (1974, S. 94f.; dort präzisiert er auch seine Auffassung von Krise, vgl. z.B. S. 94 und 96.

Zum klinischen Ursprung des Begriffs „Krise" vgl. Erikson 1965, S. 32-41 und 1974, S. 12-14). Für die verschiedenen Lebensalterstufen formuliert Erikson bestimmte bipolare Dimensionen, deren Pole die mögliche „Entscheidungsrichtung" der Entwicklung angeben. Für Kindheit und Jugend sehen diese Dichotomien folgendermaßen aus (vgl. Erikson 1956, S. 150/151): Urvertrauen gegen Mißtrauen, Autonomie gegen Scham und Zweifel, Initiative gegen Schuldgefühl, Wertsinn gegen Minderwertigkeitsgefühl, Identität gegen Identitätsdiffusion. Die Universalitätsannahme ist inzwischen auch von Erikson-Schülern in Zweifel gezogen und z.T. sogar empirisch widerlegt worden (vgl. z.B. Marcia, 1980; Munro/Adams 1977).

Ganz anders ist von vornherein die Krisenauffassung von Lindemann (1944). Er meint damit eine Ausnahmesituation, einen nicht vorhersehbaren Schicksalsschlag. Dies hängt mit den Untersuchungen zusammen, mit denen er bekannt geworden ist: Nach einer Brandkatastrophe in Boston untersuchte er die Reaktionen von Überlebenden und Hinterbliebenen. Er fand zwei Arten von Trauer: Bei der normalen Trauer trat nach den üblichen Belastungserscheinungen, auch wenn diese lange anhielten und intensiv waren, wieder psychisches Gleichgewicht ein. Die pathologische Trauer war hingegen dadurch gekennzeichnet, daß die Betroffenen scheinbar unberührt blieben, weiterhin ihrer gewohnten Tätigkeit nachgingen, also offensichtlich mit Verdrängung und Verleugnung dies zu bewältigen versuchten. „Krise" wird von Lindemann als „jenes Ereignis oder Erlebnis dargestellt, welches der Betroffene mit den ihm zur Verfügung stehenden Mitteln (Abwehrmechanismen) nicht mehr bewältigen kann" (Reiter 1978, S. 458). Auch hier ist eine beträchtliche begriffliche Unschärfe festzustellen: Kann etwas zugleich Erlebnis und Ereignis sein?

Selbst innerhalb desselben theoretischen Bezugsystems — nämlich des psychoanalytischen — können wir also zwei ganz grundverschiedene Auffassungen von Krise feststellen. Andere Autoren haben versucht, Krise noch allgemeiner zu definieren. Am bekanntesten ist wohl die Definition von Caplan (1963): „Krise ist eine Periode des Ungleichgewichts, die von psychischem und physischem Unbehagen begleitet sowie von begrenzter Dauer ist, und die zeitweilig die Fähigkeit der Person, kompetent zu bewältigen oder die Sache in den Griff zu bekommen, stark strapaziert". Hier ist kaum ein Unterschied zu neueren Streß-Definitionen zu erkennen (vgl. dazu Ulich/Mayring/Strehmel 1983). Kahn (1963) meint, daß Krisen plötzliche Erlebnisse oder Ereignisse seien, die von der Person nicht verarbeitet werden können, und welche die Kontinuität des Erlebens unterbrechen und die Gefahr einer bevorstehenden Katastrophe enthalten. Miller/Iscos

(1963) heben folgende Merkmale einer Krise hervor: akuter Verlauf, deutliche Verhaltensänderungen, subjektives Erleben von Hilflosigkeit und Ineffektivität, starke innere Gespanntheit, Erleben von Bedrohung und Gefahr. Killilea (1982) scheint Krise mit „Lebensereignis" gleichzusetzen, wenn sie zwischen „vorhersehbaren" (z.B. Heirat) und „unvorhersehbaren" Krisen (z.B. Unfall) unterscheidet.

Die Spannweite reicht also von ganz allgemeinen und unverbindlichen Auffassungen (Killilea spricht von einer „Periode der Verwirrung") bis zu dezidierteren, eher klinisch-psychologisch orientierten Begriffen (z.B. Miller). Gemeinsam ist allen genannten Auffassungen, daß die nähere und weitere soziale Umwelt nicht miteinbezogen wird; es wird lediglich auf individuelle Zuständlichkeiten und Persönlichkeitsstruktur, auf individuelle Erfahrungen und allenfalls noch auf Persönlichkeitsentwicklung und bisherige „Krisenbiographie" eingegangen (Reiter 1978, S. 460). Entsprechend haben sich die wenigen *explizit* krisen-theoretischen Aussagen auch vor allen auf individuelle Verläufe des Krisengeschehens bezogen, die man mit bestimmten Phasen- oder Stufen-Modellen theoretisch abbilden zu müssen glaubte. Auf diese Versuche zu theoretischen Generalisierungen gehen wir im folgenden kurz ein.

Beispielhaft können die Theorien von Klinger (1975) und Shontz (1975) sein. Die Ansätze von Klinger und Shontz sind typische Phasenmodelle des Krisengeschehens, die empirischer Überprüfung kaum standhalten (Silver/Wortman 1980). Klinger behauptet folgenden Phasenverlauf: 1. Verstärkte Anstrengungen zur Problemlösung, 2. bei Fehlschlägen: Ärger, Frustration, Protest; Handlungen werden stereotyper, „primitiver", aggressiver; 3. Disengagement, Apathie, Pessimismus, Depression; 4. Verschwinden der unangenehmen und Wiederkehr angenehmer Gefühlszustände, vollständige Erholung. Wichtig ist sicher Klingers Hinweis, daß man während einer Krise besonders verletzbar ist für zusätzliche Probleme. Shontz behauptet ein ähnliches Ablaufmodell: Schock, Hilflosigkeit, Rückzug, wieder Zuwendung zur Realität. Die Person kann mehrmals diese Abfolge durchlaufen, bis endlich eine erfolgreiche Anpassung gelungen ist.

Stewart (1982) verwendet den Begriff der „Lebenskrise", der uns dem des „kritischen Lebensereignisses" sehr ähnlich scheint, denn er meint damit Lebensveränderungen, wie z.B. plötzliche Trennung, Tod einer wichtigen Person, oder das Opfer von Gewalt oder Katastrophen werden. Lebenskrisen seien Lebensveränderungen, „die man allgemein als akut, kurzzeitig und intensiv ansieht. Sie verlangen unmittelbare und globale Reaktionen vom Individuum, anders als die sich hinziehende und allmähliche Anpassung, wie sie für Übergänge im

Leben (z.B. Studienbeginn, D. U.) beschrieben wurden" (S. 1.101). Stewart legt in seiner Phasentheorie des Krisengeschehens besonderen Wert auf die Abfolge bestimmter emotionaler Zustände. Er beschreibt die Phasen so: Zunächst Erstarrung, Betäubung oder Schock, oft gefolgt von Panik oder der Furcht, überwältigt zu werden. Dann eine eher passive Haltung, Trauer. Diese Gefühlszustände werden allmählich ersetzt — nicht immer in dieser Reihenfolge — von Gefühlen des Ärgers, von Handlungsdruck, von der Angst vor Unzulänglichkeit. Möglicherweise akzeptiert die Person dann allmählich die Realität und erkennt vernünftige Handlungsmöglichkeiten.

Stewart glaubt, als Zusammenfassung von Forschungsergebnissen ein „allgemeines Muster der Abfolge von emotionalen Orientierungen" gefunden zu haben:

1. Phase: Desorientierung mit Gefühlen der Passivität, der Hilflosigkeit, dem Gefühl, Verlust oder Schaden erlitten zu haben;
2. Phase: verstärkte, aber nicht notwendigerweise angemessene oder realistische Anstrengungen in Richtung Autonomie und Bewältigung;
3. Phase: Es kann eine komplexe, akzeptierende, realistische Orientierung erreicht werden.

Nach Lewis (1979) behaupten psychologische Krisentheorien (wie z.B. von Caplan 1964, Halpern 1973; Taplin 1971) nicht nur einen bestimmten Phasenverlauf, sondern auch, daß etwa sechs bis acht Wochen nach Beginn der Krise eine Lösung eintritt, entweder im Sinne einer „Anpassung" oder im Sinne einer „Fehlanpassung". Lewis hat diese Behauptung auch empirisch überprüft: Zwei Gruppen von Patienten wurden vor und nach einer Operation in Hinblick auf Krisensymptome untersucht. Die eine Gruppe waren Krebskranke, die andere Gruppe hatte weniger schwerwiegende Krankheiten. Nur die erste Gruppe zeigte Krisensymptome, und zwar vor allem Anzeichen von Hilflosigkeit, Depression, verminderter Selbstwertschätzung. Die Dauer der Symptome reichte allerdings von sechs Wochen bis zu sieben Monaten.

Uns scheint, daß hier einige Fragen schon falsch gestellt werden und übertriebener Generalisierungseifer vor allem Schaden angerichtet hat. Einer der umfassendsten Überblicke über empirische Untersuchungen, den Silver/Wortman 1980 unter dem Titel „Coping with undesirable outcomes" veröffentlicht haben, hebt die intra- und inter-individuellen Unterschiede hervor und weist vorschnelle Generalisierungen begründet zurück. Silver/Wortman (1980) beschäftigen sich in ihrem Sammelreferat mit dem Bewältigen von unerwünschten Lebenseereignissen. Dies ist für sie gleichbedeutend mit den Reaktionen auf spezifische Lebenskrisen, einschließlich akute, chronische und lebensbedrohende Krankheiten, physische Behinderung, Trennung, Trauer und Opfersein von Verbrechen (S. 281). Sie versuchen folgende Einschränkung ihres Gegenstandes (S. 282): Nur aversive Ereignisse von einem ernsthaften Schweregrad, nur Belastungen, die nicht vor allem durch das Individuum selbst hervorgerufen werden (wie z.B. Drogenmißbrauch oder Selbstmordversuch) und schließlich nur solche Ereignisse, auf deren Entstehung die Person keinen Einfluß nehmen konnte, wollen sie in ihrem Zusammenhang mit Bewältigung untersuchen.

Folgende Fragen halten Silver/Wortman im Zusammenhang mit Krise und Bewältigung für zentral (S. 179): Gibt es universelle emotionale Reaktionen wie z.B. Schock, Ärger oder Depression, wenn Menschen einem aversiven Ereignis, einer aversiven Erfahrung ausgesetzt sind? Gibt es auf ganz unterschiedliche Lebensereignisse (z.B. physische Behinderung im Vergleich zum Verlust des Ehepartners) ähnliche Reaktionen? Durchlaufen Personen eine geordnete Abfolge von Phasen, wenn sie sich mit einem solchen Ereignis auseinandersetzen? Stimmt es, daß die Leute mit der Zeit auch schlimme Realität akzeptieren bzw. sich von der Krise wieder vollständig erholen und eine nächste Stufe in ihrem Leben erreichen? Und schließlich: was ist erfolgreiches Bewältigen?

Nach der Analyse zahlreicher Untersuchungen kommen Silver/Wortman zu folgenden Schlußfolgerungen (z.B. S. 332). Die Reaktionen auf Krisen variieren in weit größerem Ausmaß, als bisher in theoretischen Modellen angenommen. Die meisten theoretischen Modelle können weder diese Variabilität erklären noch voraussagen, unter welchen Umständen effektive Bewältigung erfolgt oder erfolgen kann. Es gibt weder einheitliche emotionale Reaktionen — bezogen auf dieselben oder vergleichbare Ereignisse oder Krisen —, noch ähnliche Bewältigungsformen, bezogen auf vergleichbare Probleme. Auch in bezug auf den Verlauf einer Krise gibt es große inter-individuelle Unterschiede. Wenn es schließlich zutrifft, daß Außenstehende die Dauer und Schwere einer Krise häufig unterschätzen, so liegt darin für die Betroffenen sicher ein zusätzliches Belastungsmoment (S. 338f.) — ein Grund mehr für bessere wissenschaftliche Aufklärung.

Was intra- und inter-individuelle Unterschiede angeht, so scheint die Forschung noch am Anfang zu stehen. Zunächst ist es wichtig, eine weitere begriffliche Präzisierung zu versuchen. Dann sollten wir nach Forschungsbereichen und Theorien Ausschau halten, die uns Hypothesen über Ursache-Wirkungs-Zusammenhänge liefern könnten. Und im Anschluß daran erst können wir Forschungsfragen formulieren, die viel differenzierter sein müssen, auch als diejenigen von Silver/Wortman.

1.1.3 Krise als besondere Form psychischer Belastung

Wir wollen zunächst versuchen, den Krisen-Begriff von verwandten Konzepten abzugrenzen. Daran anschließend wird eine abschließende begriffliche Präzisierung versucht, an die Kapitel 3.2 (Prozeßmodell) dann anknüpfen wird.

Das Umfeld bilden alle Begriffe, die verschiedene Arten von psychischer *Belastung* bezeichnen (vgl. Ulich 1982, S. 182ff.; Ulich/Mayring/Strehmel 1983, S. 185ff.). Also wäre der Begriff der „Belastung", eigentlich aus der Streßforschung stammend, aber nicht auf diese beschränkt, das allgemeinste Konzept und somit auch ein Oberbegriff für „Krise". Es handelt sich hier allerdings — bei „Belastung" — nicht um einen „echten" Oberbegriff im Sinne des „klassischen" Definierens. Belastung, Krise und auch die noch folgenden Formen von Belastung sind keine Klassen- oder Mengenbegriffe (vgl. dazu Bullens 1983). Verschiedene Formen der (emotionalen) Belastung sind vielmehr durch ihre „Familienähnlichkeit" (Wittgenstein 1953) gekennzeichnet, d.h. durch partielle Überlappungen. Wittgenstein nennt solche aus der Alltagssprache stammenden Konzepte „Typenbegriffe" (dazu auch Bullens 1983).

Unter emotionaler Belastung wollen wir hier jede subjektiven Leidensdruck erzeugende Beeinträchtigung der *individuellen Befindlichkeiten* sowie der Erlebnis-, Verarbeitungs- und Handlungsmöglichkeiten einer Person in einer gegebenen Lebenslage verstehen. Emotionale Belastung ist das Erleiden bzw. der Zustand des Erleidens von Mangelzuständen, Beeinträchtigungen, Einbußen von positiven Erlebnis-, Erfahrungs- und Handlungsmöglichkeiten. Was dabei jeweils als „positiv" angesehen wird, hängt von gesellschaftlichen und persönlichen Wertmaßstäben, bisherigen Erfahrungen, Bedürfnissen und Ansprüchen im intra- und inter-individuellen Vergleich ab.

Belastung ist immer etwas „Subjektives", daher müssen auch psychische Krisen aus der Perspektive der erlebenden Person untersucht werden. Dies bedeutet aber weder einen Verzicht auf Verallgemeinerungen noch eine Beschränkung auf Phänomenologie oder Einzelfälle, wie wir in den entsprechenden Abschnitten zu Methodenfragen noch zeigen werden. Zwischen emotionalen Belastungen, wie sie im Alltag häufig auftreten und auch ohne dauerhafte Schäden überwunden werden können, und solchen psychischen Störungen, die ernsthafte Folgen haben können und externe Hilfe erforderlich machen, gibt es keinen „qualitativen Sprung", sondern fließende Übergänge. Daher sind so allgemeine Begriffe wie Belastung und Krise auch keiner Disziplin der Psychologie eindeutig zuzuordnen, obwohl sie zur Streß-Forschung und Klinischen Psychologie die stärkste Affinität haben. Im nächsten Abschnitt wird die integrative Funktion dieser Konzepte noch klarer werden. Jedenfalls bedeuten die Konzepte „Belastung" und „Krise" eine Absage an die Diskontinuitätsannahme des klassischen Krankheitsmodells (zur Diskussion vgl. z.B. Keupp 1979) zugunsten einer Kontinuitätsbehauptung.

Wie kann nun der Krisenbegriff selbst innerhalb der verschiedenen Formen und Intensitäten von seelischen Belastungen Akzente setzen? Leider ist der Begriff auch in der Psychologie, wie wir sahen, sehr weit und allgemein. Er bezeichnet ein globales Geschehen, dessen einzelne Komponenten ihrerseits genauer bestimmt werden müssen, vor allem die negativen Emotionen, die Einschätzungen und die Bewältigungsversuche. Insbesondere von Streß und Depression sollte man Krise — idealtypisierend — unterscheiden (nach Ulich 1982):

Streß tritt dann auf, wenn eine Person ein Mißverhältnis zwischer einerseits Anforderungen und Ansprüchen und andererseits Handlungsmöglichkeiten erfährt und zugleich die Folgen dieses Mißverhältnisses als bedrohlich erlebt. Interessen und Zielbezogenheit sind meist erhalten; man versucht, zusätzliche Energien zu mobilisieren. Streß tritt meist nur in *einem* bestimmten Erlebnis- und Handlungsbereich auf. Es wird nur tendenziell Hilflosigkeit erlebt. Als belastend werden auch die zusätzliche Anspannung und Anstrengung erlebt. Fähigkeiten sind hart auf die Probe gestellt, aber die Person stellt sich nicht „als Ganze" in Frage.

Eine *Krise* zeichnet sich demgegenüber dadurch aus, daß die gesamte Person betroffen ist. Man stellt sich selbst, seine Fähigkeiten und Rechte, Ziele und Hoffnungen, aber auch die Gegenwart und Zukunft infrage. Zentral sind hier die Emotionen Selbstwertzweifel, Angst und Niedergeschlagenheit. Man weiß nicht mehr ein noch aus, man weiß nicht mehr weiter, man schwankt zwischen Hoffnung und Verzweiflung, die Stimmungen gehen auf und ab. Zukunfts- und Handlungsbezüge sind unterbrochen, die eigenen Mittel erscheinen einem erschöpft. Gemeinsam mit Streß ist vor allem der Charakter des Vorübergehenden. Anders als bei Streß sind bei der Krise Angst und Zweifel nicht nur auf Leistungssituationen (im weitesten Sinne), sondern auf die ganze Person bezogen (negative Grundstimmung, Selbstwertzweifel). Außerdem ist eine bestimmte dynamische Entwicklung mitgedacht. Unter formalem Aspekt bedeutet Krise eine

Destabilisierung der Person-Umwelt-Beziehungen und des intrapsychischen Gleichgewichts.

In der *Depression*, also der — von den hier genannten — stärksten Form psychischer Belastungen und Verstimmung, sind die Zweifel zur Gewißheit geworden. Der depressiv Gestimmte ist sich sicher, daß nur Schlechtes passieren kann. Depression ist, anders als Streß und Krise, kein vorübergehender Zustand mehr; es hat hier eine, wenn auch negative, Stabilisierung (einer negativen Grundstimmung) stattgefunden. Interessen und Zielbezüge fehlen, eine Mobilisierung zusätzlicher Energien ist nicht möglich, die Entwicklung neuer Einsichten und Fertigkeiten ist erschwert. Während sowohl Streß wie auch Krisen dem Betroffenen in ihren ursächlichen Zusammenhängen und Wirkungen meist erklärbar erscheinen, fühlt sich der Depressive seinem Leiden und den entsprechenden Bedingungen meist hilflos und oft verständnislos ausgeliefert. In der Depression hat die Verstimmung ein Ausmaß und eine Intensität erreicht, die jenseits „normaler" Niedergeschlagenheit und Trauer liegen und externe Hilfe erforderlich machen.

Streß, Krise und Depression lassen sich insofern schwer miteinander vergleichen, als diese Begriffe nicht nur unterschiedliche Grade, Ausdehnungen und zeitliche Erstreckungen von seelischer Belastung meinen, sondern auch noch verschiedene Aspekte bezeichnen: Der Streßbegriff akzentuiert mit dem Verweis auf die bedrohliche Diskrepanz zwischen „Müssen/Wollen" auf der einen Seite und „Können" auf der anderen Seite mögliche *Ursachen* von psychischer Belastung; „Krise" betont einen *bestimmten Verlauf* des Erlebens und der Auseinandersetzung mit gegebenen Belastungen, und „Depression" kennzeichnet schließlich etwas Inhaltliches, nämlich einen *resultierenden* emotionalen Zustand.

Trotz der aufgezeigten Probleme — einerseits starke Überlappung der mit den Begriffen gemeinten Sachverhalte, andererseits ganz unterschiedliche Akzentuierungen — können wir auf keinen der genannten Begriffe verzichten, weil sie Phänomene bezeichnen, die von anderen Konzepten nicht ebenso gut abgedeckt werden können. Über die genannten Konzepte bzw. Sachverhalte hinaus kann man noch weitere Phänomene hinzunehmen und in eine Systematik bringen, in der sich die verschiedenen Belastungsformen vor allem im Schweregrad, in der Zeiterstreckung und in der Betonung von jeweils eher Umweltseite oder eher Subjektseite unterscheiden:

— Streß: anforderungsbezogen, geringer Schweregrad, eher kurzzeitig.
— Lebensereignis (vgl. Abschn. 1.2): eher punktuell, Reaktion offen.
— Krise: zeitlich begrenzter Prozeß der Destabilisierung und Entscheidungssuche.
— Übergänge (transitions, vgl. Olbrich 1983; Stewart 1982): allmähliche Veränderungs- und Anpassungsvorgänge, wie sie z.B. im Jugendalter stattfinden.
— langandauernde Lebensprobleme: z.B. eigene Behinderung, Armut, chronische Krankheit, schlechte Ehe, ein behindertes Kind.
— dauerhafte psychische Belastungszustände bzw. Störungen: z.B. Depression.

Zum Abschluß der Versuch einer Definition: *Krise* ist ein belastender, temporärer, in seinem Verlauf und seinen Folgen ‚offener' Veränderungsprozeß der Person, der gekennzeichnet ist durch eine Unterbrechung der Kontinuität des Erlebens und Handelns, durch eine partielle Desintegration der Handlungsorganisation und eine Destabilisierung im emotionalen Bereich mit dem zentralen Merkmal des Selbstzweifels.

Der Krisen-Begriff scheint vor allem dann sinnvoll anwendbar zu sein,
a) wenn sich negative Entwicklungen (Erleben von Belastungen, Auseinandersetzungen damit) für die Person bedrohlich zuspitzen,
b) wenn der Entwicklung eine bestimmte Dynamik auf eine „Lösung" hin — zum Guten oder zum Schlechten — innezuwohnen scheint,
c) wenn starke Stimmungsschwankungen und Ambivalenzen auftreten,
d) wenn die prozeßhaften Veränderungen auch diskontinuierlich, plötzlich sein können,
e) wenn die Person „als Ganze" betroffen ist in ihrem Selbst, in ihrer Identität, und zwar im Sinne einer Destabilisierung,
f) wenn negative Stimmungen, Emotionen und Kognitionen wie Zweifel, Selbstwertzweifel und Angst zwar vorherrschen, jedoch als überwindbar und damit temporär erscheinen.

Da es „leichte" und „schwere" Krisen gibt, ist von vorneherein eine große Bandbreite, d.h. sehr unterschiedliche Grade von „Unterbrechung der Kontinuität", „Desintegration" und „Destabilisierung" anzunehmen. Also muß man für empirische Untersuchungen vorweg bestimmte „Krisen-Indikatoren" festlegen (vgl. Kap. 4.4). Wichtiger scheint zunächst, wie oben schon angekündigt, nun jene Forschungsrichtungen und Theorien zu identifizieren, die uns angesichts des Fehlens ausgearbeiteter „Krisen-" Theorien Hinweise auf wichtige Ursache-Wirkungs-Zusammenhänge im Krisengeschehen geben und somit eine bessere Erforschung des Krisenprozesses anleiten könnten.

1.2 Theoretische Ansätze zur Erklärung von Krisenerleben und Krisenbewältigung

Psychologische Krisentheorien sollen erklären, welche Ursachen, Verläufe und Folgen individuelle Krisen, also krisenhafte Veränderungen der Person in der Begegnung mit (intern oder extern ausgelösten) seelischen Belastungen haben. Entsprechend der historisch-gesellschaftlichen, biographischen, situativen und interpersonellen Variabilität der Bedingungen können solche „Theorien" keinen hohen Allgemeinheitsanspruch haben. Sie sollen und können nur insofern etwas leisten, als sie bei der empirischen Identifizierung von mutmaßlichen Ursachen, Verläufen und Auswirkungen helfen und zwar bezogen auf eine *bestimmte* Art von Belastungen, von Personen, von raum-zeitlich begrenzten Gegebenheiten. Wenn man sich von der unhaltbaren Vorstellung frei macht, daß Krisen etwas universelles seien, wird die Analyse und Erklärung *spezifischer* Krisen durch *spezifizierte* Annahmen um so dringlicher.

So stellt sich z.B. auch die individuelle Krise der Arbeitslosigkeit heute anders dar als zur Zeit der berühmten Marienthal-Studie (Jahoda/Lazarsfeld/Zeisel, 1933). Gesellschaftliche und ökonomische Strukturen haben sich verändert, Unterstützungs- und Versorgungsmöglichkeiten sind andere; allerdings ist auch vieles gleich oder ähnlich geblieben: Der Verlust der Arbeit wird von vielen immer noch als gravierender Einbruch in die Kontinuität des Lebens, als Krise empfunden, weil die ideelle und die lebenserhaltende Rolle der Berufstätigkeit sich nicht wesentlich verändert haben. — Gegenstand theoretischer Erklärungen sind also „hier und heute" erlebte Krisen bzw. Auseinandersetzungen mit belastenden Ereignissen oder Erlebnissen, also der potentielle krisenhafte Verlauf dieser Auseinandersetzungen. Und hier interessiert sich die Psychologie — wie in anderen Forschungsbereichen auch — vor allem für intra- und inter-individuelle Unterschiede im individuellen Erleben und Verhalten, bezogen auf vergleichbare Belastungen.

Hinweise zur Beantwortung der angedeuteten Fragen erhalten wir im Prinzip von all jenen Forschungsrichtungen, Modellen und Theorien, die in irgendeiner Weise das Erleben von und die Auseinandersetzung mit Belastungen zum Gegenstand haben. Dort müssen wir zum Verständnis von Krisen Anleihen machen, da es bisher in der Psychologie keine ausgearbeitete Krisentheorie gibt. Ziel einer solchen Theorie müßte es sein, die Prozeßelemente zu benennen, die empirisch zu erheben sind, damit man die Dynamik im einzelnen verstehen kann. Wir sind der Meinung, daß vor allem die neuere Depressionsforschung, die Streß- und Lebensereignisforschung, die Untersuchung kognitiver Kontrolle und Kausalattribution sowie die sozialepidemiologische Forschung und die neuere, differentielle und lebenslauf-orientierte Entwicklungspsychologie gute konzeptionelle und methodische Möglichkeiten bieten, auch die wichtigsten Prozeßelemente des Krisengeschehens zu untersuchen. Im folgenden sollen daher aus den angesprochenen Forschungsrichtungen die für die Krisenanalyse bedeutsamsten Ansätze und Beiträge genannt werden. Die vorgestellten Konzepte, die jeweils unterschiedliche Aspekte des Krisengeschehens kennzeichnen können, fügen sich zu einem allgemeinen „Belastungs-Bewältigungs-Paradigma". (Vgl. auch die synoptischen Zusammenstellungen von Billings/Moos 1982; Filipp 1981a; Flemming/Baum/Singer 1984; Folkman 1984; Killilea 1982; McCubbin u.a. 1980; Silver/Wortman 1980.)

1.2.1 Streß und Krise

Auf einige Gemeinsamkeiten und Unterschiede von Krise und Streß hatten wir oben bereits hingewiesen. Hier ist nun zu fragen: Welche Hinweise können wir der Streß-Forschung entnehmen zur Präzisierung und Beschreibung der Ursachen, Verläufe und Wirkungen von Krisen? Zu welchen Aspekten des Krisengeschehens können wir wichtige Informationen erhalten? Wie stellt sich Krisengeschehen aus der Sicht der Streß-Forschung dar? Wie kann man intra- und interindividuelle Unterschiede im Erleben und in der Auseinandersetzung mit Krisen erklären?

Anders als das Krisen-Konzept etwa von Lindemann (s.o.) bezog sich die Streßforschung zunächst nicht auf reale Lebenssituationen (vgl. als Überblicke mit weiterführenden Literaturhinweisen Ulich/Mayring/Strehmel 1983; Lazarus/Folkman 1984; Goldberger/Breznitz 1982). Grundlegend war zunächst das auf Cannon zurückgehende und von Selye ausgearbeitete Belastungs-Aktivierungs-Paradigma, das unzählige Laboruntersuchungen anregte, die vor allem physiologische Streß-Indikatoren verwendeten. Eine zweite wichtige Phase wurde durch die Frage bestimmt, welche Persönlichkeitsvariablen (z.B. Stile der kognitiven Einschätzung von Situationen und Bedrohungen) jeweils unterschiedliche emotionale Reaktionen und Bewältigungsversuche bewirkten (vgl. z.B. Lazarus, 1966). Eine dritte und heute dominierende Richtung ist die „kognitive" Streßforschung: Sie wendet sich direkt dem Prozeß der Auseinandersetzung mit belastenden Erfahrungen und Ereignissen zu und analysiert dabei vor allem die kognitiven Einschätzungen als zentrale Handlungsdeterminanten (vgl. z.B. McGrath, 1970; Lazarus, 1981; Lazarus/Launier, 1981).

Lazarus erweiterte in seinen jüngeren Arbeiten den Streß-Begriff so sehr, daß damit nicht nur eine (erlebte) bedrohliche Diskrepanz zwischen Anforderungen und Handlungsmöglichkeiten gemeint ist, sondern die belastende Auseinandersetzung mit Schaden, Verlust, Bedrohungen und Herausforderungen aller Art, soweit diese das Wohlbefinden der Person tangieren und ihre Bewältigungsmöglichkeiten auf eine harte Probe stellen. Diese Ausweitung schränkt zwar einerseits die begriffliche Präzision des Streß-Begriffes stark ein, sie bietet aber andererseits die Möglichkeit, wichtige Einsichten auf das Krisengeschehen zu übertragen. Davon wurde bereits in einigen Untersuchungen und Sammelreferaten Gebrauch gemacht, die den Streßbegriff verwenden, um auch krisenhafte Auseinandersetzungen mit stark belastenden Lebensereignissen zu beschreiben (vgl. z.B. Billings/Moos 1982; Coyne u.a. 1981; Killilea 1982; McCubbin u.a. 1980; Pearlin u.a. 1981).

Eine der wichtigsten übertragbaren Einsichten ist die Auffassung, daß es sich bei „Streß" nicht um ein lineares, sondern spiralenförmiges Prozeßgeschehen handelt, in dem emotionale, kognitive, motivationale und handlungsmäßige Komponenten in steter Wechselwirkung miteinander verwoben sind. Lazarus und Mitarbeiter haben sich um eine Präzisierung dieses Prozesses und seiner Komponenten bemüht. Personen erscheinen in diesem Modell als aktiv Handelnde, die in einer ständigen Auseinandersetzung mit der Umwelt sich selbst und diese verändern. Möglicherweise sehr viele Male durchläuft die Person, die sich mit einer Belastung konfrontiert sieht, feed-back-Schleifen zwischen Bedrohungs-Einschätzung, Bewältigungsversuchen, Neu-Einschätzung, neuerlichen Bewältigungsversuchen, neuerlichen Bewertungen usw. (vgl. das in Kap. 3.2 entwickelte Prozeßmodell der Krisenbewältigung). Auch im Zustand der Krise gibt es diese Ketten von sich wiederholenden Rückkoppelungsschleifen, wobei es das Verdienst der neueren Streßtheorien ist, auf den unauflöslichen Zusammenhang zwischen objektiven und subjektiven Belastungsfaktoren, emotionalen Zuständen und Bewältigungsversuchen und *deren* jeweilige Rückwirkung auf die Belastung selbst und die Neuplanungen hingewiesen zu haben.

Die Person ist also weder als ein passives Opfer des Krisengeschehens anzusehen, noch gibt es universelle Krisen-Reaktionen, sondern die subjektive Einschätzung (natürlich von biographischen und situativen Determinanten mit beeinflußt) bestimmt die inter- und intraindividuell unterschiedlichen emotionalen Zuständlichkeiten, Bewältigungsplanungen und Bewältigungsversuche. Die starke Betonung kognitiver Faktoren hat allerdings die emotionalen Komponenten etwas undifferenziert gelassen. Bisher gibt es auch zu wenig Erkenntnisse darüber, unter welchen Bedingungen welche Personen welche Bewältigungsformen (Informationssuche, direkte Aktion, Aktionshemmung, intrapsychische Verarbeitung) bevorzugen, wobei auch Lazarus annimmt, daß die Dominanz von Bewältigungsformen im Verlaufe eines Streß- bzw. Krisengeschehens wechseln kann. Gegenstand von Bewältigungsversuchen können auch die emotionalen Zuständlichkeiten selbst sein.

Zusammenfassend: Die neuere Streßforschung gibt uns wichtige Hinweise vor allem zum Verlauf und zu wichtigen Prozeß-Komponenten des Krisengeschehens. In integrativen Ansätzen wurden auch einige Erkenntnisse über inter- und intra-individuelle Unterschiede im Umgehen mit belastenden Erlebnissen bzw. Ereignissen erbracht. Trotz dieser fruchtbaren Entwicklungen sollte man die Herkunft des Streßbegriffes und seinen starken Bezug auf (externe) Anforderungen, Handlungsdruck und Handlungen berücksichtigen; bei der Analyse von Krisen wären solche Festlegungen unangebracht und einengend. Eine weitere Einschränkung der Brauchbarkeit sogar des Ansatzes von Lazarus ist darin zu sehen, daß dieses Modell vor allem episodische Auseinandersetzungen mit Belastungen beschreiben kann. Eine diachronische Perspektive wurde bisher selten berücksichtigt (z.B. Coyne u.a. 1981).

1.2.2 Krise und „erlernte Hilflosigkeit"

Aus der Klinischen Psychologie und hier insbesondere der Depressionsforschung kommen für die Krisen-Analyse die anregendsten Hinweise zur Frage nach unterschiedlichen Graden der Intensität von Belastungen und Vermutungen über die Ursachen dafür. Damit wird auch auf die Frage nach den Folgen einer Krise eingegangen, insbesondere auf schwerwiegende Folgen, die etwa in der Streßforschung kaum vorkommen. Und innerhalb der Depressionsforschung sind ebenfalls die „kognitiven" Theorien die derzeit meistdiskutierten. Wir beschränken uns hier auf den Ansatz von Seligman (vgl. Seligman, 1983, 2. Aufl.; Petermann, 1983).

Oben hatten wir gesagt, daß zentrale Merkmale einer Krise Niedergeschlagenheit, Zweifel, Selbstwertzweifel seien. Die Theorie der „erlernten Hilflosigkeit" von Seligman rückt nun einen besonderen Aspekt des Selbstwertzweifels in den Mittelpunkt, nämlich die (geringe) Überzeugung, durch eigenes Tun Einfluß auf die Umwelt nehmen bzw. angestrebte Ziele erreichen zu können. Seligman hatte durch Tierexperimente festgestellt, daß Tiere lernen können, daß sie keinen Einfluß auf ihre Umwelt nehmen können. Man hatte die Bewegungsfreiheit dieser Tiere (meist Hunde) so eingeschränkt, daß sie Elektroschocks weder abstellen noch vermeiden konnten. In nachfolgenden Lernexperimenten zeigten diese Tiere gravierende Mängel im Motivations-, Lern- und Handlungsbereich; sie zeigten außerdem Anzeichen emotionaler Störungen.

Nach Seligman's Auffassung ist es nicht der Schock selbst, der die problematischen Verhaltensweisen auslöst, sondern die Erfahrung, nichts tun zu können, genauer: die Art der Erfahrungsverarbeitung. Die Erfahrungen der Nicht-Kontrollierbarkeit führen zur kognitiven Haltung oder Einstellung der Hilflosigkeit. Dieser empirisch beschriebene Zusammenhang dient Seligman als Modell für das Verständnis der Genese von Depression, wobei er freilich auch andere Arten der Depression und Ätiologie für möglich hält. Seit 1978 versucht man, die Bedingungen näher zu präzisieren, die aus der Erfahrung von Nicht-Kontrollierbarkeit eine Depression entstehen lassen können (vgl. Abramson u.a., 1978; Hautzinger, 1979). Entscheidend ist, wie der Betroffene Nicht-Kontrolle „erklärt", wie er also die Ursachen dafür attribuiert. Es wird behauptet, daß vor allem eine internal-stabil-globale Attribution der Nicht-Kontrolle bzw. des Kontroll-Verlusts zu Depressionen führe, neben anderen verschärfenden Bedingungen (vgl. auch nächsten Abschnitt).

Auf die zahlreichen Differenzierungen dieser einflußreichen Theorien kann hier nicht eingegangen werden (vgl. z.B. Garber/Seligman 1980; Petermann 1983). Die Beziehung zwischen erlernter Hilflosigkeit und Krise sehen wir so: Hilflosigkeit (und Depression) sind mögliche Zwischen- oder Endergebnisse des Krisengeschehens. Das Gefühl der Hilflosigkeit ist jedoch nicht das einzige und oft nicht das zentrale Krisen-Merkmal. Ebenso können dominieren: Trauer in der Folge von Verlust, Enttäuschung über andere, Zweifel an sich selbst. Hilflosigkeit ist aber sicher ein zentrales Merkmal bzw. treibendes Moment bei der *Verschlimmerung* einer Krise, z.B. der „Stabilisierung" hin zu einer Depression, womit das eigentliche Krisengeschehen allerdings beendet wäre. Einschränkend ist zu sagen, daß bisher noch zuviel mit Analogieschlüssen gearbeitet wird, daß aktualgenetische Fragestellungen gegenüber prozeßorientierten Bedingungsanalysen z.B. von Entwicklungs- und Erziehungsvorgängen dominieren, daß die Rolle der angeblich so entscheidenden Attributionen nach wie vor zu wenig geklärt ist (vgl. z.B. Wortman/Dintzer, 1978).

Gegenwärtig kann man der Theorie der erlernten Hilflosigkeit noch nicht den Status einer Entwicklungstheorie zusprechen, sie ist vor allem ein Defizit-Modell. Am Krisengeschehen betont sie nur bestimmte Phasen und Momente wie etwa Niedergeschlagenheit, Passivität, Einbußen an Lern-, Motivations- und Handlungsmöglichkeiten und vor allem die Einstellung: Was immer ich tun würde, ich könnte nichts Positives bewirken (Hilflosigkeit) (vgl. auch Silver/Wortman, 1980, S. 286). Es gibt aber auch Modelle, die zusätzlich die *aktiven* Komponenten im Krisengeschehen betonen, also die Phasen, in denen es zu einer Belebung oder „Kräftigung" der Problemlösungsversuche der Person kommt (vgl. Klinger 1975; Shontz 1975; Wortman/Brehm 1975). Das Verhältnis zwischen Hilflosigkeit und Handlungsbereitschaft bzw. „Widerstand" wird nach Wortman/Brehm außer von den Nichtkontrollierbarkeitserfahrungen zusätzlich von der Bedeutsamkeit des Problems oder Ziels und der ursprünglichen Erwartung im Hinblick auf die eigenen Einflußmöglichkeiten bestimmt. Hier werden sowohl gesellschaftliche wie auch biographische Einflußfaktoren zumindest angesprochen, wenn auch nicht explizit untersucht. Es wurden in anderen Untersuchungen Persönlichkeitsfaktoren gefunden, welche die Belastbarkeit in Krisensituationen erhöhen können (vgl. Kobasa, 1979; Zubin/Spring, 1977).

1.2.3 Krise und kognitive Interpretation

Bereits im Zusammenhang mit dem Seligman-Modell bzw. seiner Weiterentwicklung hatten wir auf die Rolle kognitiver Prozesse hingewiesen, in diesem Falle der Ursachenzuschreibung (Kausalattribution): Wenn ich mir die Verantwortung für Kontrollverlust oder Nicht-Kontrollierbarkeit selbst zuschreibe, wenn ich dafür meine ganze Person und nicht nur situationsspezifische Mängel (z.B. fehlende Fertigkeiten) verantwortlich mache und überdies diese Persönlichkeitseigenschaften für stabil und unbeeinflußbar halte, dann sei die Wahrscheinlichkeit einer Entwicklung zur Depression am größten. Die subjektiven Deutungen, mit deren Hilfe wir uns im Alltag das kausale Zustandekommen von Umweltereignissen zu erklären versuchen, also die Kausalattributionen, beeinflußen sowohl die Einschätzung der Belastung wie auch die Planung von Bewältigungsmöglichkeiten und die

Bewertung von Bewältigungsversuchen (vgl. Görlitz, 1983; Ulich, 1981; Ulich 1983).

In der auf Heider, Jones/Davis und Kelly zurückgehenden und in Europa vor allem über die Leistungsmotivationsforschung bekannt gewordenen Attributionsforschung muß man unterscheiden zwischen Attributionstendenzen (z.b. „external"/„internal"), den eingesetzten begrifflichen Kategorien (z.B. „Begabung"), dem Prozeß der Schlußfolgerung und schließlich dem resultierenden Urteil, oft als Entscheidung zwischen alternativen Kausalkategorien erfaßt.

Natürlich ist die Zuschreibung von Ursachen und Verantwortlichkeit (vgl. Bierbrauer, 1978) von entsprechenden Vorerfahrungen der Person, von persönlichen und gesellschaftlichen Vor-Urteilen und Normen sowie von situativen Bedingungen abhängig. Ursachenzuschreibungen müssen problem-, person- und bereichsspezifisch erfaßt werden, damit man nicht voreilig Generalisierungstendenzen bei einer Person behauptet. Auch im Krisengeschehen können Attribuierungen eine wichtige Rolle spielen. Dies hängt aber von vielen zusätzlichen Faktoren ab, z.B. der Art des Problems, der Gefahr, die Attribuierungen möglicherweise für die Selbstwertschätzung der Person bedeuten könnten, der gegebenen „Kontroll-Motivation" der Person. Manchmal ist man zu belastet oder aus anderen Gründen nicht motiviert, Ursachenfragen zu stellen; auch die Behauptung, daß wir nur bestimmte Ursachenkategorien verwenden, scheint voreilig (Ulich, 1983: Wortman/Dintzer, 1978).

Die Forschung geht bisher vorwiegend produktorientiert, nicht prozeßorientiert vor: Es wird nach Urteilen gefragt und nicht, wie diese zustandekommen. Von den Urteilen wird dann häufig auf das angeblich vorhandene Begriffsrepertoire und Urteilstendenzen geschlossen, anstatt daß man in der Wirklichkeit diejenigen Entwicklungs- und Erziehungsprozesse untersucht, die zur Ausbildung bestimmter Überzeugungen und Urteile führen. Neben dieser Bedingungsanalyse müßte man die Aktualgenese von Attributionen als spezifischer Urteile genauer untersuchen. Erschwert werden solche Prozeßanalysen durch die voreilige Neigung vieler Forscher, nur oberflächlich operationalisierte Variablen sogleich als Verhaltensprädiktoren (unabhängige Variablen) einzusetzen, ohne ihren Status als ihrerseits abhängige Variable genauer theoretisch und empirisch zu begründen.

Diese Kritik trifft im wesentlichen auch auf eine zweite, schon kurz erwähnte, wichtige kognitive Komponente im Krisengeschehen zu, nämlich die „generalisierte Kontrollerwartung" nach Rotter (vgl. Rotter, 1966, 1975). Er versteht darunter die Überzeugung einer Person im Hinblick darauf, selbst Einfluß ausüben zu können (internal control) oder von anderen gesteuert und abhängig zu sein (external control), wobei dies sowohl die Umstände wie auch andere Personen sein können. In einer Krisensituation beeinflußt die Kontrollerwartung vor allem die Einschätzung der Bewältigungsmöglichkeiten und damit auch die Bewältigungsplanung. Sowohl Kontrollerwartung wie auch Kausalattribution können sich im Krisenverlauf verändern. Mit fortschreitender Dauer der Krise und dem immer wieder erlebten Fehlschlagen der Bewältigungsversuche sinkt das Selbstvertrauen (Kontrollerwartung) und steigt möglicherweise die Zuschreibung eigener Schuld (vgl. auch Silver/Wortman, 1980).

Auch die Brauchbarkeit des Konzepts der Kontrollerwartung steigt, wenn man die biographisch-diachronische Perspektive hinzunimmt. Es ist nicht von der Hand zu weisen, daß Personen aufgrund von Erfahrungen Neigungen dazu ausbilden können, sich selbst eher als Akteur oder als Opfer zu sehen. Immerhin unterscheiden sich ja auch objektive Lebenssituationen im Hinblick auf Kontrollierbarkeit, d.h. auch im Hinblick auf Vorhersagbarkeit und Erklärbarkeit (Transparenz) von Umständen, Ereignissen, Erfahrungen (vgl. Frey u.a., 1977; Rotter, 1975). Der Eindruck eigener Ohnmacht wird zusätzlich durch situationsspezifische Einflußfaktoren hervorgerufen (vgl. Saup 1984). Neuerdings wird auch von der Lazarus-Gruppe eine „situationsspezifische" von einer „allgemeinen" Kontrollerwartung unterschieden (Folkman 1984; vgl. auch Ulich u.a. 1981).

Zusammenfassend: Erst die subjektive Interpretation von möglicherweise vergleichbaren „objektiven" Bedrohungen, kritischen Ereignissen usw. entscheidet über subjektive Belastungen und Bewältigungsplanungen. Dies bedeutet allerdings nicht, daß man objektive Krisenfaktoren und Kontrollmöglichkeiten bzw. Handlungseinschränkungen vernachlässigen darf. Erst die gemeinsame Erfassung und das Aufeinanderbeziehen von objektiven Belastungsfaktoren und subjektiver Einschätzung ermöglicht eine Gewichtung des Einflußes kognitiver Prozesse.

1.2.4 Handeln in der Krise: „Bewältigung"

Wenn Personen sich in Krisensituationen befinden, dann reagieren sie nicht nur emotional, sondern sie tun auch etwas: Sie „definieren" die Situation, sie versuchen, sich aktiv mit ihr auseinanderzusetzen, sie planen, sie antizipieren, sie bemühen sich um Informationen, sie verdrängen und verleugnen, kurz: Sie versuchen die unterschiedlichsten Arten der Bewältigung, mit unterschiedlicher Aussicht auf Erfolg und mit unterschiedlicher Wirkung. Manchmal sind wir auch gelähmt in

Krisensituationen. Wenn diese Lähmung allerdings habituell wird, sprechen wir eher von Resignation, Gleichgültigkeit oder Depression, nicht mehr von Krise.

Die Person als Handelnde aufzufassen bedeutet einen Fortschritt. Reiz-Reaktions-Theorien, auch klassische Sozialisationstheorien haben die Person eher als passives Opfer oder als Durchgangsstation von Kausalketten von Variablen angesehen. Auch die Klinische Psychologie, obwohl dem Person-Konzept meist aufgeschlossener, hat wegen ihrer Fixierung auf schwerwiegende Probleme oft übersehen, daß wir uns im Alltag auf vielfältige Weise und mit viel Erfolg mit kleinen und großen Problemen herumschlagen, *ohne* daß wir oder *bevor* wir Gegenstand von Therapien werden. Die kognitiv-handlungstheoretische „Wende" in der Psychologie, vorbereitet und eingeleitet durch Arbeiten von Tolman, Miller/Galanter/Pribram, die sozial-kognitive Lerntheorie und viele andere, manifestiert vor allem in der Sozialpsychologie (z.B. Heider), der Leistungsmotivationsforschung (z.B. Weiner; Heckhausen), in der kognitiven Verhaltensmodifikation (z.B. Meichenbaum; Mahoney; Ellis) und kognitiven Ätiologietheorien (Seligman; Beck) – diese Wende hat auch in der Streß-Forschung stattgefunden, aus welcher der Begriff der „Bewältigung" kommt. Zu nennen ist hier das einflußreiche, schon erwähnte transaktionale Modell von Lazarus, die Arbeiten von Pearlin (z.B. Pearlin/Schooler, 1978), aber im erweiterten Zusammenhang der Daseins- und Krisenanalyse schon vorher die Arbeiten von Thomae (1951, 1968, 1976) und teilweise parallel dazu die Arbeiten von Haan 1977 und Vaillant 1980.

Thomae untersuchte mit seinen Kollegen über viele Jahrzehnte hinweg Formen der Auseinandersetzung mit (belastenden) Situationen und entwickelte daraus seine dynamische Persönlichkeitstheorie. Nach seiner Auffassung entwickeln Individuen im Verlaufe ihres Lebens bestimmte Formen der Auseinandersetzung mit Klassen von bedeutsamen Ereignissen und Erfahrungen, die Thomae „Daseinstechniken" nennt. Dieser Begriff bezeichnet habituell gewordene Verarbeitungs- und Handlungssysteme, mit deren Hilfe die Person sowohl der Umwelt wie ihrem Handeln Sinn verleiht und die zugleich die Bewältigung von Aufgaben und Anforderungen ermöglichen. Sowohl für gewisse Lebensabschnitte wie für bestimmte Klassen von Situationen können bestimmte Daseinstechniken bei einer Person dominant werden, entsprechend der jeweiligen, sinngebenden „Daseinsthematiken". Thomae betont viel stärker als Lazarus die Veränderungsperspektive (zur weiteren Charakterisierung vgl. auch Ulich u.a. 1981, die Arbeiten von Thomae selbst sowie Lehr 1980).

„Coping" im Sinne von Lazarus stellt eine Unterkategorie der Daseinstechniken dar. Lazarus meint damit diejenigen Anstrengungen, die ein Individuum zur Problemlösung unternimmt, wenn die Anforderungen, mit denen es sich konfrontiert oder konfrontiert ist, bedeutsam sind für sein Wohlergehen und wenn diese Anforderungen zugleich seine Kompetenzen auf eine harte Probe stellen. Da auf den coping-Ansatz in diesem Buch noch häufig eingegangen wird (vgl. hierzu auch Braukmann/Filipp 1984; Ulich/Mayring/Strehmel 1983, sowie den eher sozialwissenschaftlich orientierten wichtigen Ansatz von Pearlin/Schooler 1978), wollen wir an dieser Stelle nur auf einige wichtige Probleme und Aufgaben der Forschung hinweisen:

In einer Krise ist es sowohl für den Betroffenen wie auch den Forscher oft sehr schwer, zu bestimmen und vorherzusagen, ob eine bestimmte Handlung (einschließlich intrapsychischer Verarbeitung) als „Bewältigung" oder besser: Bewältigungs*versuch* anzusehen ist. Die Kriterien und inhaltlichen Klassifikationen auch von Lazarus oder Pearlin sind dafür noch zu vage. Die Identifikation muß aus der Sicht des Individuums, seinen Intentionen entsprechend erfolgen; ein Bezug zu bestimmten Belastungen muß erkennbar sein. Wann aber ist etwas subjektiv bedeutsam, wann sind vorhandene Fähigkeiten hart auf die Probe gestellt, was heißt „erfolgreiches" Bewältigen? Kann es „gutes Bewältigen" in einem generalisierten, allgemeinen Sinne überhaupt geben (vgl. auch Silver/Wortman 1980, S. 329)? Was sind die Bedingungen dafür, daß Bewältigungsversuche überhaupt geplant werden können, daß sie unternommen werden, daß sie erfolgreich sind?

Wer sich mit Krisen beschäftigt, muß sich auch um die Bewältigungsversuche kümmern, die eine Person unternimmt, mit den ihr eigenen Möglichkeiten, ohne oder mit fremder Hilfe. Man sollte jedoch nicht zu viel Bewältigung erwarten. Kognitiv-handlungstheoretische Ansätze neigen manchmal dazu, in idealisierender Weise Handlungskompetenz und Handlungen auch dort zu unterstellen, wo solches — z.B. in einer schweren Krise — nicht mehr oder noch nicht vorhanden bzw. möglich ist. Handlungsmöglichkeiten zu unterstellen heißt häufig leider auch, Selbstverantwortlichkeit über-zu-attribuieren (vgl. Bierbrauer 1978). Und damit geht man dann an den externen Ursachen eines Krisengeschehens vorbei. Psychische Probleme und der Umgang mit ihnen lassen sich nicht ohne Schaden einem Modell zweckrationalen Handelns subsumieren — oder die Logik folgt gar einem ideologischen Zweckoptimismus nach dem Motto: „Probleme sind dazu da, um gelöst zu werden". Silver/Wortman (1980) weisen in diesem Zusammenhang darauf hin, daß Außenstehende die Schwere und Dauer der Krisen von anderen gerne unterschätzen und verharmlosen, was einige Wissenschaftler dann in ihre Phasen-Modelle übernommen haben: Am Ende ist alles wieder in Ordnung.

Die bisher skizzierten vier Modelle sind alle mehr oder weniger individuum-zentriert. Die folgenden vier Ansätze erweitern nun die Perspektive um wichtige Einflußfaktoren der Umwelt und Gesellschaft, auch in diachronischer Perspektive.

1.2.5 Lebensereignisse und Krisen

Im Vergleich zur klassischen Sozialisationsforschung, die den Einfluß *gegebener* Lebenslagen (z.B. soziale Schicht) auf die Entwicklung untersuchte, befaßt sich die life-event-Forschung mit *Veränderungen* von Lebenslagen (Katschnig 1980, S. 258: Montada 1982). Der Ausdruck „life event" läßt sich im Deutschen nur ungenau mit Lebensereignis, Lebensveränderung, lebensveränderndem Ereignis wiedergeben (Katschnig 1980a, S. 257). Gemeint sind damit sowohl Lebensveränderungen, Einschnitte, Markierungen oder auch kurzzeitige Übergangsphasen, die Bestandteile einer „normalen" Biographie sind (z.B. alle Institutionswechsel, Lebenslaufereignisse wie Heirat usw.) wie auch eher negative Ereignisse wie z.B. Eintritt von Arbeitslosigkeit, Tod einer nahestehenden Person. Es sind Veränderungen gemeint, welche die Person zu bestimmten Umorientierungen, Bewältigungen, Wiederanpassungen herausfordern. Die Nähe zum Krisen-Konzept wird deutlich, wenn etwa Filipp (1981, S. 24) Lebensereignisse bestimmt als „Stadien des relativen Ungleichgewichts", als „raumzeitliche, punktuelle Verdichtungen eines Geschehensablaufs". Dabei ist „Lebensereignis" natürlich eher auf der Umweltseite und „Krise" – als korrespondierender Begriff – eher auf der Subjektseite zu lokalisieren.

Was nun ein Lebensereignis oder kritisches Lebensereignis ist und wie es wirkt, dies läßt sich a priori nicht entscheiden. Es sind inzwischen aufwendige Modelle entwickelt worden, um intra- und interindividuelle Unterschiede im Umgehen mit Ereignissen untersuchbar zu machen, die ihrerseits in ihren objektiven und objektivierbaren Komponenten genauer bestimmt werden müssen (vgl. z.B. Brown/Harris 1978; Faltermaier 1984; Filipp 1981). Das Forschungsinteresse der life-event-Forschung, wie sie ursprünglich in der Sozialepidemiologie, Sozialpsychiatrie und Klinischen Psychologie entstand (vgl. Dohrenwend/Dohrenwend 1974; Faltermaier 1984; Holmes/Rahe 1967) richtete sich auf einen möglichen Zusammenhang zwischen einerseits Lebensereignissen bzw. deren Intensität und Häufung und andererseits dem Ausbruch einer physischen, später dann auch psychischen Krankheit wie z.B. Depression. Inzwischen wurden zahlreiche zusätzliche Faktoren präzisiert und teilweise auch erforscht, die den Zusammenhang etwas verdeutlichen können.

Insgesamt wurde der hypostasierte Zusammenhang recht gut bestätigt, und zwar für eine Vielzahl von unterschiedlichen körperlichen und psychischen Störungen (vgl. Überblicke bei Dohrenwend/Dohrenwend 1981a; Filipp 1981; Isherwood 1981; Lloyd 1980). Vor allem für die früheren Untersuchungen, die mit einfachen Selbsteinschätzungsskalen gearbeitet haben, wurden jedoch zahlreiche methodische Probleme genannt (vgl. Katschnig 1980a). Als vorbildlich auch in methodischer Hinsicht kann die Untersuchung von Brown/Harris (1978) gelten. Bei einer Beurteilung der Ergebnisse ist zwischen bedingenden (z.B. in der frühen Kindheit liegenden) und auslösenden (kurz oder längstens zwei Jahre vor Ausbruch einer Krankheit liegenden) Lebensereignissen zu unterscheiden; im Hinblick auf die Auslösung z.B. von Depression scheint der Zusammenhang zwischen „Krankheit" und Lebensereignis noch höher zu sein als im Hinblick auf die Prä-Determinierung (Lloyd 1980). In ähnlicher Weise gelangten Brown/Harris (1978) in ihrer Untersuchung zu einer Unterscheidung von protektiven bzw. Vulnerabilitätsfaktoren, von symptombestimmenden und ausprägenden Faktoren, auslösenden Faktoren und natürlich unterschiedlichen Reaktionen (Bewältigungsversuchen) und deren Folgen, z.B. Generalisierung von Trauer und Hoffnungslosigkeit zur Depression.

Dohrenwend/Dohrenwend (1981a) formulieren sechs Annahmen über den möglichen Zusammenhang zwischen „stress-full life events" (belastenden Lebensereignissen) und „ungünstigen Veränderungen der (gesundheitlichen) Befindlichkeit": 1. Die Opfer-Hypothese: direkte (unmittelbare) Wirkung der Ereignisse auf die Person. 2. Die Belastungs-Beanspruchungshypothese: Psychophysiologische Beanspruchung oder andere nichtpathologische Reaktionen kommen hinzu bzw. vermitteln. 3. Die Verletzbarkeits-Hypothese: Besondere soziale Situationen, Beziehungsstrukturen usw. sowie biographisch entwickelte „Dispositionen" treten hinzu und vermitteln. 4. Die Hypothese der zusätzlichen Belastung: Direkter, nicht biographisch bedingter Einfluß von sozialen Situationen und Persönlichkeitsmerkmalen. 5. Die Hypothese der Dauerbelastung: Ohne Auftreten von Lebensereignissen bewirken Dauerbelastungen (extern und intern bedingt) ungünstige Veränderungen der Person. 6. Die Hypothese der Anfälligkeit für (bestimmte) Lebensereignisse: Zunächst Symptome von ungünstigen Befindlichkeitsveränderungen, dann belastendes Lebensereignis, dann Verschlimmerung des ungünstigen Zustandes.

Die life-event-Forschung ist derzeit eines der fruchtbarsten Forschungsgebiete, in dem viele Disziplinen, so neuerdings auch die Entwicklungspsychologie (vgl. Filipp 1981; Faltermaier 1984), anregende Fragestellungen und Erweiterungen bzw. Präzisierungen ihrer Untersuchungsinteressen finden. Zum Teil scheinen frühere Ansätze zur Untersuchung von individuellen Krisen in der live-event-Forschung aufgegangen zu sein. Sehr eng, ja fast gleichlaufend sind inzwischen die Beziehungen zwischen Streß-Forschung und life-event-Forschung geworden. Für die Untersuchung von Krisen ist nicht nur der Grundgedanke eines Zusammenhangs zwischen Lebensveränderungen und körperlichen bzw. seelischen Belastungen wichtig, sondern auch die inzwischen vorgenommenen und teilweise auch schon empirisch belegten Präzisierungen der Frage, welche Lebensveränderungen bei welchen Personen unter welchen Umständen zu welchen Folgen führen. Wie schon erwähnt, gab es zu diesen Fragen auch schon vor der Rezeption der life-event-Forschung in Deutschland wichtige Theorien und Untersuchungen, z.B. von Thomae und Lehr in ihren Bonner Untersuchungen (vgl. dazu z.B. die Untersuchungen der „empty-nest-Reaktion", Lehr 1980).

1.2.6 Krise und soziale Unterstützung

Unter den Stichworten „social networks" und „social support" hat sich inzwischen ein weiterer einflußreicher und fruchtbarer Forschungsbereich etabliert, in dem es um die Frage geht, welche Rolle soziale Ressourcen, also möglicherweise unterstützende Institutionen, Freunde und nahe Angehörige bei der Entwicklung (Prä-Determination und Auslösung) und Bewältigung von Belastung und Krisen spielen können (vgl. Gottlieb/Price 1981; Killilea 1982; Mitchell/Trickett 1980; Mueller 1980; Schwarzer 1981, S. 25; Silver//Wortman 1980, S. 309 ff., Williams u.a. 1981). Es scheint in der Tat plausibel zu sein, daß das Bewußtsein, nicht allein auf der Welt zu sein, sowohl eine protektive Funktion im Hinblick auf das Ausbrechen von Krisen wie auch eine unterstützende Funktion beim Versuch der Bewältigung hat.

Allerdings gelten hier dieselben Einschränkungen und dieselbe Notwendigkeit der Präzisierung wie bei den Lebensereignissen: So, wie nicht jedes Lebensereignis bei jeder Person zu Belastungen führt, bietet weder das bloße Vorhandensein anderer Personen Schutz, noch steht fest, daß selbst nahe Angehörige in einer Krise wirklich helfen wollen und können. Um die tatsächliche Bedeutung von sozialen Netzwerken und sozialer Unterstützung erfassen zu können, muß beachtet werden:

1. Nicht die Quantität ist ausschlaggebend, sondern die Qualität. Nicht die Zahl der Freunde oder Bekannten ist wichtig, nicht einmal die Häufigkeit der Kontakte, sondern die Intensität und Intimität der Beziehungen, mögen es auch nur sehr wenige enge Beziehungen sein. Entscheidend ist, welche Art von Unterstützung man vom anderen erwarten kann, inwieweit man dem anderen vertrauen, sich auf ihn verlassen kann.
2. Es hängt von der Art des belastenden Problems, der Krise, des Lebensereignisses ab, inwieweit soziale Unterstützung Hilfe bringen kann. Bei Problemen innerhalb der Familie scheint soziale Unterstützung eher wirksam werden zu können, als bei Problemen im Arbeits- und Berufsbereich. Wenn man aber gerade die Person verliert, die einem am nächsten ist, wird man sich zunächst einsam fühlen, und andere werden wenig helfen können.
3. Nicht immer kann und will jemand angebotene soziale Unterstützung auch nutzen. Man muß also zwischen potentieller und tatsächlicher Unterstützung unterscheiden. Manchmal ist die Krise zu intensiv, die Depression zu schwerwiegend, um sich von anderen helfen lassen zu können. Oder es fehlen individuelle Fähigkeiten (Offenheit, soziale Fertigkeiten), um die Unterstützung nutzen zu können.
4. Es ist zu unterscheiden zwischen Hilfe *suchen* und Hilfe *erhalten* (vgl. auch Pearlin/Schooler 1978). Eine „Puffer-Funktion" im Hinblick auf Streß und Krise haben vor allem bestehende und funktionierende Netzwerke. Eine positive Wirkung der Unterstützung ist eher ungewiß, wenn man sich erst in der Krisensituation selbst um Hilfe bemüht (vgl. Coyne u.a. 1981, S. 446).
5. Durch eigenes Verhalten kann man seine Netzwerke „unbrauchbar" machen: Wenn das Hilfesuchen mit intensiven Klagen, Vorwürfen, Selbstmitleid oder gar Aggressionen verbunden ist, verprellt man leicht auch die freundlichsten Unterstützer. Dies erklärt, warum gerade bei intensiven Belastungen und schweren Krisen oft wenig soziale Unterstützung stattfindet bzw. ineffektiv zu sein scheint.
6. Man muß verschiedene „Funktionen" der sozialen Unterstützung unterscheiden, z.B. sachliche, materielle Hilfe; Rat und Information; emotionale Unterstützung wie Ermutigung, Trost usw. Da nicht in jeder Situation jede Form von Unterstützung gleichermaßen erforderlich und angebracht ist, können sich Effektivitätsunterschiede auch durch die Angemessenheit oder Unangemessenheit eines Unterstützungsversuchs ergeben.
7. Im Verlaufe einer Krise können diejenigen Personen, von denen wir Hilfe erwarten könnten, selbst zu einer Belastung werden

bzw. durch ihr Vorhandensein oder ihr Verhalten die Krise verschlimmern anstatt sie abzumildern. Dies ist dann der Fall, wenn sich z.B. bei Arbeitslosigkeit des Mannes die Partnerbeziehung verschlechtert, weil die Frau Achtung vor ihrem Mann verliert, weil dessen Einfluß in der Familie sinkt, weil seine Probleme die Familie belasten usw. Auch eigene Kinder können allein durch ihr Vorhandensein, d.h. durch die zusätzlichen Verantwortlichkeiten, die Krise eher verschlimmern als daß sie ablenken und — direkt oder indirekt — helfen. In der Regel stellen gerade diejenigen Personen, mit denen wir durch enge Beziehungen verbunden sind, auch Anforderungen an uns, die wir auch in der Krise nicht ganz mißachten können.

Bei der Analyse von Krisen und Krisenbewältigung ist also die prinzipielle Mehrdeutigkeit von sozialen Netzwerken zu berücksichtigen. An sich sind Netzwerke weder hemmend noch förderlich bei der Bewältigung von Belastungen. Man muß vielmehr herausfinden, welche Bedeutung die Beziehung zu einer Person in einem gegebenen Fall wirklich hat.

1.2.7 Gesellschaft und Krise

Krisenerleben und Krisenbewältigung finden immer zu einem bestimmten Zeitpunkt und in einer gegebenen Gesellschaft statt. Die meisten Krisen-,,Theorien" in der Psychologie haben diesen Sachverhalt vernachlässigt. Auch die meisten Arbeiten zur sozialen Unterstützung berücksichtigen nicht hinreichend, daß Hilfesuchen und Hilfegeben durch gesellschaftliche Normen und Bedingungen mitbestimmt werden. Am nächsten den gesellschaftlichen Bedingungen ist noch die life-event-Forschung. Während es jedoch in der life-event-Forschung meist um die relativ kurzfristige Wirkung punktueller Lebens*ereignisse* geht, meinen wir jetzt den Einfluß globaler, objektiv für ganze Gruppen von Personen gegebener Lebens*lagen*. Wir meinen mit ,,gesellschaftlichen" Einflußfaktoren hier nicht die banale Einsicht, daß ,,alles" irgendwie gesellschaftlich ,,mitbedingt" ist, sondern wir meinen konkrete, nachgewiesene Zusammenhänge.

Der amerikanische Soziologe Merton hat in seiner Theorie sozialer Abweichung bereits vor vielen Jahrzehnten darauf hingewiesen, daß in einer Gesellschaft die Möglichkeiten, Kompetenzen zur Bewältigung gegebener Anforderungen zu erwerben, ungleich verteilt sind (vgl. auch Pearlin/Schooler 1978). Dasselbe gilt für die (potentiellen) Belastungen selbst: Entsprechend ihrer materiellen Lage, Wohnlage, ihres Alters, ihres Geschlechts, ihres Sozialprestiges, ihrer Bildung, ihres Berufs usw. sind Menschen in einer Gesellschaft unterschiedlichen objektiven Belastungen ausgesetzt. Fragen nach dem Zusammenhang von gesellschaftlichen Gegebenheiten und der Wahrscheinlichkeit einer Erkrankung untersucht die Sozialepidemiologie (vgl. Keupp 1974; Keupp 1980a; Keupp/Zaumseil 1978). Als bedeutsame gesellschaftliche Faktoren wurden in ihrem Einfluß auf unterschiedliche Erkrankungsrisiken untersucht: soziale Schicht (vgl. dazu kritisch: Steinkamp 1980), soziale Mobilität, ökologische Struktur, Geschlecht, Urbanisierung, Kulturunterschiede, Einwanderung, Stadt/Land-Unterschiede, Rassendiskriminierung u.ä., und zwar auch im Hinblick auf zeitliche Veränderungen in der Geschichte.

Es wurden von der Forschung bedeutsame Zusammenhänge zwischen dem Risiko, (psychisch) zu erkranken, und gegebenen Lebenslagen gefunden, obwohl in theoretischer Hinsicht vieles noch unzureichend ist (dazu Keupp 1980a). Einer der am besten belegten Befunde bezieht sich auf den Zusammenhang zwischen Arbeitslosigkeit und dem „zunehmenden Risiko psychischer Krisen und psychiatrischer Hospitalisierung" (Keupp 1980a, S. 434). Besonders gravierend wird der Zusammenhang zwischen (objektiver) Lebenslage und Krankheitsanfälligkeit natürlich dann, wenn es zu einer Kumulierung von Risikofaktoren kommt, z.B.: Zugehörigkeit zu einer unterprivilegierten Schicht, schlechte Wohnlage, als „Gastarbeiter" in einem fremden Land, fehlendes Netzwerk, Großstadt, Arbeitslosigkeit, geringe Orientierungsmöglichkeiten usw.

Eines der umfassendsten Modelle zur Konzipierung des Zusammenhanges zwischen gesellschaftlichen Bedingungen und (psychischer) Belastung bzw. Erkrankung haben Forster/Pelikan (1977) als ein „Karrieremodell" psychischer Störungen entwickelt. Sie unterscheiden hier zunächst vier Haupteinflußfaktoren:

— Gesellschaftliche Entstehungsbedingungen wie z.B. objektive Belastungen durch Lebenslage, Lebensereignisse, soziale Konflikte, soziale Kontrolle;
— gesellschaftliche Bewältigungsmöglichkeiten wie z.B. das institutionalisierte Angebot an Hilfe, Verteilung von Mitteln usw.;
— persönliche Entstehungsbedingungen wie biographisch bedingte Anfälligkeiten, Verletzbarkeiten usw.;
— persönliche Bewältigungsmöglichkeiten wie biographisch entwickelte Kompetenzen u.ä.

Aus dem Zusammenwirken dieser Faktoren sowie der gegebenen situativen Einflüsse versuchen die Autoren dann zu erklären, auf welche

Weise von einem Alltagsproblem ausgehend unterschiedliche „Karrieren" von Erkrankungen entstehen können, die sich zwischen einfachen Konflikten und chronischer psychischer Krankheit bzw. psychischer Behinderung bewegen können.

Auch Keupp (1980b, S. 585) versucht den Zusammenhang zwischen gesellschaftlich mitbedingten Risikofaktoren, individueller Entwicklung, individuellen Anfälligkeiten und Bewältigungsmöglichkeiten, kritischen Lebensereignissen, Krise, Krisenintervention und Folgen zu präzisieren. Je nach dem konkreten Zusammenwirken dieser Faktoren kann es zu einer psychischen Störung oder zu einer Re-Stabilisierung vorher bestehender psychischer Zustände oder zu einer produktiven Verarbeitung und Weiterentwicklung der Person kommen. — Konkret bedeuteten diese konzeptuellen Differenzierungen natürlich riesige Forschungsprogramme und Projekte. Erst in wenigen Ansätzen und Untersuchungen sind überhaupt gesellschaftliche Entstehungs- und Bewältigungsfaktoren miteinbezogen worden. Beispiele: Frese (1977) untersuchte den Einfluß objektiver Kontrollmöglichkeiten (durch den Arbeiter) am Arbeitsplatz auf das Risiko psychischer Erkrankung; Brown/Harris (1978) untersuchten den Einfluß der Schicht und Wohnlage sowie der Familienstruktur und der Berufstätigkeit der Frau auf das Risiko einer depressiven Erkrankung (zum umweltbedingten Krankheitsrisiko bei Frauen vgl. zusammenfassend Keupp 1983); Pearlin u.a. (1981) untersuchten die Auswirkungen eines unfreiwilligen Berufswechsels auf Rollenprobleme und ökonomische Belastungen; McCubbin u.a. (1980) fassen Untersuchungen über „Familien-Streß und Bewältigung" zusammen.

Auf entsprechende Untersuchungen zu den Auswirkungen von Arbeitslosigkeit gehen wir im nächsten Kapitel des Buches ein. Wenn man nach den objektiven gesellschaftlichen Bedingungen von Arbeitslosigkeit fragt, dann ist insbesondere auf gesellschaftliche Veränderungen zu achten, die das Risiko von Arbeitslosigkeit mitbeeinflussen (z.B. im Falle der Lehrerarbeitslosigkeit). Darüber hinaus ist es nötig, die Lebenssituation des einzelnen möglichst objektiv und genau zu beschreiben, denn diese ist ja nicht allein durch gesamtgesellschaftliche Entwicklungen bestimmt. Für das Erleben und Handeln des einzelnen ist dann auch die subjektive Interpretation der eigenen Lebenssituation und — z.B. unter dem Gesichtspunkt der Verantwortlichkeiten für Arbeitslosigkeit — auch die subjektive Interpretation der globalen gesellschaftlichen Lage und Entwicklung bedeutsam.

1.2.8 Entwicklung, Lebenslauf und Krise

Da „Krise" in diesem Buch als ein Zustand individuellen Erlebens aufgefaßt wird, müssen wir uns nun wieder dem Individuum und seiner Entwicklung zuwenden, ohne natürlich die bisher entwickelten Perspektiven aufzugeben. Was jedoch immer noch fehlt: eine diachronische Betrachtungsweise des Krisengeschehens und der Entwicklung hin zur Krise sowie der kurz- oder langfristigen Folgen. Oben hatten wir gesagt: Eine „Krise" ist eine (belastende) *Veränderung* des Zustands einer Person im Sinne einer (vorübergehenden) Destabilisierung der Orientierungs-, Entscheidungs- und Handlungsgewißheit und -fähigkeiten sowie einer emotionalen Verstimmung mit den besonderen Merkmalen von Zweifel und Angst. Da sich mit derart komplexen Veränderungen vor allem die Entwicklungspsychologie beschäftigt bzw. beschäftigen müßte, ist nun zu fragen, ob von dort her Ansätze vorliegen, die das Verständnis von auch krisenhaften Veränderungen ermöglichen und die zu einer Integration der bisher entwickelten sieben Perspektiven führen könnten. In den letzten Jahren haben in der Entwicklungspsychologie Veränderungen stattgefunden, die dies zu ermöglichen scheinen.

Schauen wir zunächst kurz in die Geschichte entwicklungspsychologischer Theorien, soweit diese sich nicht auf kognitive Entwicklung beschränkten. Insbesondere psychoanalytisch orientierte Theoretiker haben sich mit Krisenerleben und -bewältigung befaßt. Freud selbst erkannte die gesellschaftliche Bedingtheit von gewissen Belastungen, die nach seiner Meinung regelmäßig von kleinen Kindern in unserer Gesellschaft auf bestimmten Altersstufen bewältigt werden müssen. Aber er neigte dazu, die von ihm benannten Krisen als universell („Ödipuskonflikt") anzusehen. Seine triebdynamische Orientierung hinderte ihn auch daran, das Entwicklungsgeschehen selbst mit Blick auf konkrete interpersonale Prozesse und Auseinandersetzungen mit der Umwelt genauer zu analysieren. In ähnlicher Weise hypostasierte Erikson bestimmte (veränderliche) Entwicklungsanforderungen und damit verbundene Belastungen über den Lebenslauf hinweg zu universellen Krisen (s.o.).

Inzwischen ist man in der Entwicklungspsychologie insgesamt offener für Entwicklungen über die gesamte Lebensspanne hinweg, verstanden als Auseinandersetzung mit der realen, komplexen sozialen und dinglichen Umwelt, geworden (vgl. beispielhaft Baltes 1979; Baltes/Sowarka 1983; Back 1980; Kohli 1980; Montada 1982; Oerter 1978; Rudinger 1983; Runyan 1982). Anders als bei Freud und Erikson ist es heute möglich und sogar erforderlich, sehr genau auf inter-individuelle Unterschiede zu achten. Eine allgemein akzeptierte Definition der neueren Entwicklungspsychologie besagt (Baltes/Reese/Nesselroade 1977): „Entwicklungspsychologie befaßt sich mit der Beschreibung, Erklärung und Modifikation (Optimierung) intraindividueller Veränderungen im Verhalten (und Erleben, D.U.) über den Lebenslauf hin und mit den interindividuellen Differenzen in der intraindividuellen Veränderung". Diese Positionsbestimmung einer differentiellen, person- und lebenslauforientierten Entwicklungspsychologie übernehmen wir für die Analyse von Krisen, deren Bedingungen und Folgen.

Auch das möglicherweise nur kurzzeitige Geschehen in einer Krise kann nur dann verstanden werden, wenn man seine unterschiedlichen Phasen bestimmten Orten in einem zeitlichen Kontinuum zuordnet (so definiert bekanntlich Thomae „Entwicklung"). Nicht jede krisenhafte Veränderung ist entwicklungsbedeutsam. Aber wir müssen dennoch die in der Entwicklungspsychologie in den letzten zehn Jahren formulierten Vorstellungen über Entwicklung heranziehen, wenn wir Krisen als persönlichkeitsrelevante Veränderungsprozesse sowie deren mögliche Rückwirkungen und Langzeitwirkungen verstehen wollen. — „Entwicklung" im psychologischen Sinne liegt wohl nur dann vor, wenn 1. Veränderungen zeitlich entfernte Bedingungen einschließen (historische Orientierung), wenn 2. Veränderungen Zusammenhänge und Ordnung aufweisen, wenn 3. Veränderungen Kontinuität im Wandel erkennen lassen und wenn 4. Veränderungen subjektive Sinnstrukturierungen durch die Person enthalten. Die gesamte neuere Entwicklungspsychologie ist für Krisenanalysen deshalb bedeutsam, weil wir dort prinzipiell erfahren können, wie es zu Krisen kommen kann. Die Einflußsysteme, die im Entwicklungsgeschehen insgesamt wirksam sind, müssen auch für die Entstehung eines Krisengeschehens bedeutsam sein.

Welche Einflußsysteme kann man unterscheiden, wodurch also wird Entwicklung „bewirkt"? Baltes/Sowarka (1983) nennen drei solcher Systeme (vgl. Abb. 1.1)

Die Abbildung ist so zu verstehen, daß sowohl die Person mit der dinglichen und sozialen Umwelt interagiert wie auch die Systeme untereinander, wie schließlich auch biologische (personspezifische) und ökologische Einflußfaktoren sich wechselseitig beeinflussen. Das „normativ-altersbezogene" Entwicklungssystem umfaßt solche Faktoren, die in anderen Theorien als „Entwicklungsaufgaben" bezeichnet werden, also im weitesten Sinne Normen und Anforderungen, die auf die soziale Strukturierung des Lebenslaufes durch die Gesellschaft zurückgehen. So erwartet man etwa von einem 28jährigen Mann in unserer Gesellschaft, daß er eine eigene Existenz gegründet hat oder dies zumindest kann — und nicht, daß er arbeitslos

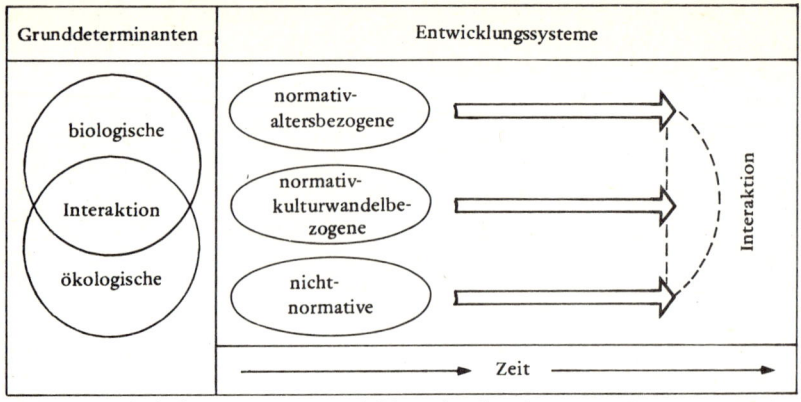

Abb. 1.1: Einflußsysteme der Entwicklung (nach Baltes/Sowarka 1983, S. 19)

ist. „Normativ-kulturwandelbezogene" Entwicklungsbedingungen umfassen gesellschaftliche und historische Einflußfaktoren wie z.B. Kriege, Landflucht, Wirtschaftskrisen, Arbeitsmigration, kulturellen Wandel usw., deren Auswirkungen ganze Generationen oder Kohorten betreffen (etwa Lehrerarbeitslosigkeit in der gegenwärtigen Generation junger Akademiker). Die dritte Gruppe von Einflußfaktoren, die „nicht-normativen", sind identisch mit den schon genannten „kritischen Lebensereignissen", also individuumsspezifischen Lebensveränderungen, wie z.B. früher Verlust der Eltern, Ehescheidung, Lottogewinn u.ä.

Mit diesen Entwicklungssystemen sind formal Konstellationen von möglichen Veränderungsursachen beschrieben, auf die das Individuum allerdings aktiv Einfluß nimmt; es trägt also zu seiner eigenen „Entwicklung" immer auch selbst bei. Diese Auffassung stimmt mit vielen schon skizzierten Ansätzen überein, z.B. auch mit dem „transaktionalen" Streß-Modell von Lazarus. Über diese Ansätze hinaus ist es jetzt aber eher möglich, die diachronische Perspektive auszufüllen, indem man die Interaktion zwischen den genannten Entwicklungssystemen nachzuweisen versucht. Besonders wichtig, weil besonders lange vernachlässigt, sind die Zusammenhänge zwischen Geschichte und individuellem Lebenslauf (dazu Elder 1981). Wir erhalten hier wichtige Hinweise zur Illustration der fundamentalen Tatsache, daß individuelles Krisengeschehen viel mit gesellschaftlichen Veränderungen zu tun hat.

Zusammenfassend: In der Entwicklungspsychologie ist aus dem bloßen Postulieren oder dem nachträglichen Rekonstruieren von „Krisen" (Freud, Erikson) die Möglichkeit zu wirklicher Bedingungsforschung entstanden. Es werden nicht mehr nur Unterschiede zwischen Lebensaltern deskriptiv festgestellt, sondern es wird gefragt, aus welchen Gründen Personen sich („entwicklungsbedeutsam") verändern, und welche interindividuell unterschiedlichen Veränderungen möglich sind bzw. stattfinden. Damit ist ein grundlegendes konzeptuelles Raster auch für die Analyse von Krisen bereitgestellt. Die Lebenslaufperspektive der neuen Differentiellen Entwicklungspsychologie kann alle anderen sieben Perspektiven als formales Prinzip übergreifen.

Die in diesem Kapitel angestellten Überlegungen werden in Kapitel 3.2 fortgesetzt; dort werden wir einige der hier skizzierten Modelle *zur Untersuchung des Krisenerlebens und der Krisenbewältigung arbeitsloser Lehrer umzusetzen versuchen* in einem Prozeßmodell, das die Variablen der in den weiteren Abschnitten des Buches dargestellten empirischen Untersuchung enthält.

2. Psychosoziale Auswirkungen von Arbeitslosigkeit

Bevor wir die Konzeption unseres München-Augsburger-Arbeitslosenlängsschnitts und dessen Ergebnisse vorstellen, erscheint es sinnvoll, sich erst einmal mit psychologischer Arbeitslosenforschung generell, mit ihrer Geschichte und ihren Forschungsergebnissen zu befassen. Damit soll zugleich ein Kontext hergestellt werden, in welchem sich sodann unsere eigene Untersuchung und ihre Ergebnisse einschätzen lassen.

Mit dem Begriff der *psychologischen Arbeitslosenforschung* ist in Abhebung zur ebenso bedeutsamen *ökonomischen und soziologischen Arbeitslosigkeitsforschung* eine Akzentuierung der subjektiven Erlebnis-, Verarbeitungs- und Bewältigungsweisen von Arbeitslosigkeit durch Arbeitslose gemeint. „Während sich die öffentliche Aufmerksamkeit verständlicherweise auf die steigenden Erwerbslosenzahlen konzentriert, lassen sich die Folgen der Erwerbslosigkeit nicht losgelöst von den Bedingungen begreifen, unter denen die große Mehrheit der Bevölkerung ihr Leben führt" (Jahoda 1983, S. 17). Ungleiche Verteilung von Arbeit auf die Personen im Erwerbstätigenalter führt zu Arbeitslosigkeit. Im Biographieverlauf des einzelnen Betroffenen läßt sich Arbeitslosigkeit als – mehr oder weniger vorhersehbares – Lebensereignis interpretieren, welches mit dem Fortfall von Arbeitseinkommen nicht nur unmittelbare finanzielle Auswirkungen zeigt, sondern mit dem Fortfall von Arbeitstätigkeit sich auch in Veränderungen der sozialen Beziehungen, von Zeitstruktur, Psychosomatik, Lebensplänen, Persönlichkeit und Identität niederschlägt.

Wer ist ein *Arbeitsloser*? Nach westdeutschem Arbeitsrecht handelt es sich dabei nicht einfach um einen Menschen ohne Arbeit, also ohne Arbeitstätigkeit und Arbeitseinkommen. Das Arbeitsförderungsgesetz definiert als arbeitslos vielmehr nur jemanden, der „vorübergehend nicht in einem Beschäftigungsverhältnis steht", der „eine Beschäftigung unter den üblichen Bedingungen des allgemeinen Arbeitsmarktes ausüben kann" und der „bereit ist, jede zumutbare Beschäftigung anzunehmen" (§ 101 und § 103 AFG — vgl. Wacker 1981a). Das Gesetz kennt also noch keine Dauerarbeitslosigkeit (in der Bundesrepublik dauert Arbeitslosigkeit für den einzelnen Betroffenen derzeit im Durchschnitt ca. acht Monate bei steigender Tendenz), und es setzt beim Arbeitslosen *Arbeitsfähigkeit und Arbeitswilligkeit* voraus.

Erwerbsunfähigkeit wird bekanntlich gesellschaftlich akzeptiert, Erwerbsunwilligkeit nicht. In dieser gesellschaftlichen Atmosphäre gilt: „Wer arbeitslos ist und bleibt, gilt entweder als leistungsgemindert oder als zu anspruchsvoll bzw. arbeitsunwillig. Ökonomische Strukturprobleme werden auf diese Weise zu individuellen Problemen der von ihnen Betroffenen gemacht" (Wacker 1981a, 18). In der Öffentlichkeit werden die ökonomisch-strukturellen Probleme von Arbeitslosigkeit in aller Regel durchaus gesehen; in der sozialen Interaktion mit dem einzelnen Arbeitslosen besteht jedoch unverkennbar die Tendenz, den Opfern aufgrund persönlicher Unzulänglichkeiten die Schuld zuzuschreiben (vgl. Kieselbach 1984). Als *gesellschaftlich akzeptierte Rollen von Nichtbeschäftigung* gelten hingegen folgende vier Kategorien: a) noch nicht Beschäftigte (Schüler und Studenten), b) nicht mehr Beschäftigte (Menschen im Ruhestand), c) wegen Kindererziehung und Hausarbeit nicht außer Haus Beschäftigte (Hausfrauen) sowie d) Erwerbsunfähige (Kranke, Behinderte und Invalide). Als politische Lösung wird teilweise versucht, Arbeitslose in eine der vier Kategorien überzuleiten (Tellegen 1984). Soweit zum Begriff des Arbeitslosen und zu seinen gesellschaftlichen Konturen.

Wie ist der Stand der psychologischen Arbeitslosenforschung? Welche psychosozialen Folgen hat Arbeitslosigkeit nach dem gegenwärtigen Kenntnisstand der Psychologie? — Dieses Kapitel versucht, anhand wichtiger exemplarischer Forschungsbeispiele Auskunft auf diese Fragen zu geben. *Exemplarisch* — aus Platzgründen, aber auch, weil die einschlägige Literatur zu diesem Thema es erklärtermaßen bislang nicht vermocht hat, einen systematischen Überblick über alle aufgezeigten Auswirkungen von Arbeitslosigkeit samt der auftretenden Moderatorvariablen zu verschaffen (siehe z.B. Jahoda 1983; Wacker 1981; Kieselbach & Offe 1979). Im folgenden wird zunächst als prominentestes aller klassischen Projekte psychologischer Arbeitslosenforschung die Marienthal-Studie vorgestellt. Nach einem Resumee der psychosozialen Auswirkungen von Arbeitslosigkeit gehen wir sodann auf bedeutsame Moderatorvariablen unter dem Leitbild einer „differentiellen Arbeitslosenforschung" ein. Das Kapitel schließt mit Überlegungen über Lücken, Mängel und Desiderate der bisherigen Arbeitslosenforschung.

2.1 Anfänge psychologischer Arbeitslosenforschung: die Marienthal-Studie

Im Jahre 1930, zur Zeit der Weltwirtschaftskrise, als nahezu ein Viertel der Arbeiterschaft in den westlichen Industrieländern arbeitslos wurde, schloß auch die Fabrik im niederösterreichischen Industriedorf Marienthal ihre Tore. *Die* Fabrik, denn es war die einzige im Dorf, und sie bot der großen Mehrheit der Dorfbewohner Lohnarbeitsplätze. Eine Forschergruppe der Universität Wien suchte Marienthal mehrere Wochen lang auf, um im Sinne der Methode der Soziographie die Folgen der Betriebsstillegung für das Dorfleben, für die sozialen Beziehungen der Menschen, für ihre psychische Verfassung und für ihre Lebensweise zu untersuchen (Jahoda, Lazarsfeld & Zeisel 1978, ursprünglich 1933). Der außerordentlich breiten Erhebung lagen u.a. zugrunde: Änderungen in der Einwohnerkartei, die Kriminalstatistik, die Buchhaltung des Konsumvereins, Bibliotheksausleihzahlen und Wahlstatistiken, systematische Beobachtungen (z.B. der Gehgeschwindigkeit auf der Straße) sowie umfangreiche Befragungen. Befragt wurden Lehrer, Pfarrer, Gewerbetreibende zur Lage im Dorf sowie 62 Einwohner zu ihrer Biographie. Das öffentliche Leben wurde untersucht und eigene Veranstaltungen für verschiedene Zielgruppen angeboten.

Je nach dem Erleben und der Verarbeitung von Arbeitslosigkeit unterscheiden die Forscher vier sogenannte *Haltungstypen* von Arbeitslosen:

— die Ungebrochenen,
— die Resignierten,
— die Verzweifelten und
— die Apathischen.

Diese Reihenfolge hängt statistisch eng mit der Einkommenshöhe der Arbeitslosen zusammen; sie wird von den Autoren zugleich auch als persönliche Entwicklungsfolge der meisten Arbeitslosen auf dem Weg in die Armut interpretiert. In der Regel waren die Arbeitslosen von der Nachricht der Stillegung schockiert und fassungslos. Sodann erfolgte eine Umstellung im Sinne von Anpassung an die neue Realität, es kam Hoffnung auf, und es wurden aktive Bewältigungsversuche unternommen. Mit deren regelrechtem Scheitern trat der Arbeitslose in eine dritte Phase der Erfolgslosigkeit, der Angst und der Verzweiflung ein. Die letzte Phase ist Apathie.

Das drastische kollektive Ausmaß von Arbeitslosigkeit krempelt den Alltag in Marienthal empfindlich um: Kinder werden nicht selten ohne Pausenbrot in die Schule geschickt. Erwachsene verbringen Wintertage im Bett sitzend, um Heizmaterial zu sparen. Die Zerstörung der gewohnten Zeitstruktur eines Tages bringt ab der Resignationsphase Langeweile mit sich, was den einzelnen wiederum emotional belastet. Die Erfahrung, nicht gebraucht zu werden, bringt Sinnverlust mit sich, ein Gefühl von Sinnlosigkeit und Nutzlosigkeit. Vorher vielfältig vorhandene Freizeitinteressen und -aktivitäten kultureller, sportlicher und politischer Art schrumpfen trotz immenser „Freizeit" zusehends. Das Wahlverhalten ändert sich so gut wie nicht: Die Marienthaler wählen vor und nach der Stillegung der Fabrik zu rund achtzig Prozent die Sozialistische Partei Österreichs. Den beruflichen Statusverlust interpretieren die Forscher als Identitätsbedrohung, welche zu kompensieren nur Vereinzelten aufgrund ausgeprägter außerberuflicher Interessen – z.B. politischem Engagement – gelingt (Jahoda, Lazarsfeld & Zeisel 1978; vgl. Jahoda 1983; Wacker 1983).

Das Ausmaß an Armut, an Unterernährung und Hunger, an unzulänglicher Kleidung und Frieren während der Weltwirtschaftskrise – so auch in Marienthal – war zweifellos *nicht allein arbeitslosigkeitsbedingt*. Arbeitslosigkeit aber verschärfte die Armut (Jahoda 1983). Auch andere „klassische" Arbeitslosenstudien bestätigen dies (Eisenberg & Lazarsfeld 1938; im Überblick Jahoda 1983, 3. Kap.). Vergleicht man die heutigen Rahmenbedingungen von Arbeitslosigkeit mit jenen zur Zeit der Weltwirtschaftskrise, so ist die *Frage nach der Gültigkeit der Forschungsergebnisse der 30er Jahre für die 80er Jahre* angesprochen. Die wichtigsten Änderungen liegen heute in durchschnittlich höherem Lebensstandard und zumeist verbesserter Sozialversicherung in den Industrieländern. Dennoch hat sich bei einer Teilgruppe der Arbeitslosen eine neue Armut herausgebildet (vgl. Bahlsen, Nackielsky, Rössel & Winkel 1985). Insgesamt haben die Ergebnisse der frühen Arbeitslosenforschung – so argumentieren deshalb Jahoda 1983 und Wacker 1983 – im Lichte der heutigen Forschungslage nach wie vor Gültigkeit, wenn auch die Grade materieller Beeinträchtigung bislang weniger krass ausgeprägt sind.

2.2 Ergebnisse der Arbeitslosenforschung:
 Psychosoziale Auswirkungen von Arbeitslosigkeit

Wie soeben anhand der Marienthal-Studie aufgezeigt, entwickelte die klassische Arbeitslosenforschung zur Zeit der Weltwirtschaftskrise Reaktionstypologien und Phasenlehren als Modelle für die Beschreibung der Folgen von Arbeitslosigkeit. Als Beispiel für *Reaktionstypo-*

logien sei an die oben genannten „Haltungstypen" der Marienthal-Studie erinnert. Als Beispiel für *Phasenlehren* kann jenes Modell von Eisenberg & Lazarsfeld 1938 (ähnlich dem der Marienthal-Studie) gelten, das vier Prozeßabschnitte der Arbeitslosigkeit thematisiert: *Schock — intensive Bewältigungsversuche — Angst und Resignation — Fatalismus.* Der heutige Stand psychologischer Theoriebildung und Arbeitslosenforschung läßt derart hochgeneralisierte Reaktionsschemata nicht mehr zu. Richtet man den Blick jedoch auf spezifische Variablen, so kann man heute von einer weitreichenden Bestätigung und erheblichen Bereicherung des Wissens über die psychosozialen Auswirkungen von Arbeitslosigkeit sprechen (Kieselbach & Wacker 1985; Warr 1984 und 1982; Jahoda 1983; Wacker 1983; Brinkmann & Potthoff 1983; Kaufman 1982; Kieselbach & Offe 1979: Kasl & Cobb 1979).

Fragt man zum Beispiel, ob Arbeitslosigkeit die physische Gesundheit beeinträchtige, so hebt Marie Jahoda immer wieder hervor: Entsprechende Forschungsergebnisse sollte man nicht als etwas Abstraktes zur Kenntnis nehmen. Ihre Einschätzung hängt immer auch davon ab, inwieweit Arbeit selbst krank bzw. gesund macht. Nach Jahoda 1983 hat Arbeit als Lohnarbeit in Industrieländern seit der Industrialisierung durchgängig fünf wesentliche Merkmale: 1) Arbeit bringt eine feste Zeitstruktur mit sich. 2) Sie bereichert soziale Erfahrungen auf Gebieten, die weniger emotional besetzt sind als zum Beispiel Partner- und Familienbeziehungen. 3) Arbeit ermöglicht Teilnahme an kollektiven Zielsetzungen und Anstrengungen. 4) Sie weist über eine berufliche Position Status und Identität zu. 5) Arbeit verlangt regelmäßige Tätigkeit (Jahoda 1983). Im Falle von Arbeitslosigkeit entsteht — abgesehen von finanziellen Problemen — für alle fünf Funktionsbereiche ein Ersatzbedarf (vgl. Brinkmann 1981). Dieses ist für den einzelnen Arbeitslosen oft mit erheblichen Schwierigkeiten verbunden. Denn in aller Regel gibt es keine biographischen Probleme und Lerngelegenheiten, in schier endloser, von außen unstrukturierter Zeit beispielsweise eigenen Bedürfnissen und Interessen nachzugehen, ohne zugleich auf soziale Bestätigung angewiesen zu sein.

Wacker stellt eine *sozialpsychologische „Grundstruktur" der Arbeitslosensituation* vor:

1) Freisetzung aus dem gewohnten Lebensrhythmus in seinem Wechsel von Arbeit und Freizeit,
2) Verlust sozialer Rollenfunktionen, die sich aus der Arbeit ergeben,

3) Stigmatisierung und Marginalisierung durch Ausgrenzung aus dem gesellschaftlichen Arbeitsprozeß,
4) Verminderung solcher sozialer Integrationschancen, die sich über die Verfügbarkeit finanzieller Mittel herstellen (Konsum),
5) Umstrukturierung der Realitätswahrnehmung und Realitätsbindung durch die Erfahrung individueller Abhängigkeit, Handlungsohnmacht und sozialer Ausgrenzung,
6) Verunsicherung der Lebensperspektive und sozialen Identität, sowie
7) Gewährleistung eines minimalen materiellen Lebensunterhalts (Wacker 1981a, S. 23).

Im individuellen Fall wird sich diese Grundstruktur der Arbeitslosensituation jeweils modifizieren. Welche subjektive Bedeutsamkeit den einzelnen Merkmalen jeweils zukommt, ist mit ein Faktor dafür, welche psychosoziale Auswirkungen Arbeitslosigkeit zeitigt. Im folgenden wird nun anhand der Forschungslage über derartige belegte Auswirkungen berichtet.

Neben *einschneidenden finanziellen Schwierigkeiten* führt Arbeitslosigkeit — je nach Dauer im individuellen Fall zunehmend — zu *psychosozialen Belastungen,* wie Brinkmann erst kürzlich für die Bundesrepublik in einem repräsentativen Längsschnitt nachweisen konnte (Brinkmann 1984). In seinem Überblicksreferat über „Economic recession and mental health" führt Warr folgende Bereiche an, in welchen eine Beeinträchtigung des psychischen Wohlbefindens bei Arbeitslosen im Vergleich zu Beschäftigten nachgewiesen wurde: Unzufriedenheit mit der gegenwärtigen Lebenssituation, Überwiegen negativer Gefühle, belastende Erfahrungen, Anpassungserlebnisse, negatives Selbstwertgefühl, Ängstlichkeit, Niedergeschlagenheit, psychischer Streß, psychiatrische Erkrankungen sowie Suizidgedanken. Etwa 15% der Befragten zeigten hingegen eine Verbesserung ihres Wohlbefindens — dies gilt jedoch zumeist für eben erst arbeitslos Gewordene (Warr 1984; vgl. auch Schwefel 1984).

Im Hinblick auf die *kognitive Auseinandersetzung mit der eigenen Lage* entwickeln Arbeitslose zum einen Eigenschuldzuschreibungen, zum anderen aber auch externe Entlastungsattributionen (Dobernigg & Pelzmann 1985; Kirchler 1984; Hentschel 1980; Kasl & Cobb 1979). Im Fall überwiegend interner Attributionen liegt nicht selten eine Anpassung an die gesellschaftliche Stigmatisierung von Arbeitslosen unter sozialem Druck vor (Grau & Thomsen 1985; Kutsch & Wiswede 1978). Überwiegend externes Attribuieren hingegen erfüllt u.U. die Funktion selbstwertdienlicher Entlastungen (Krahe 1984; Haußer 1983). Die uneinheitliche Forschungslage beruht sicher auch darauf, daß die objektiven Gegebenheiten von Arbeitslosigkeit stark variieren: Eine Einzelentlassung legt in aller Regel andere Schlußfolgerungen nahe als eine Werftstillegung mit Tausenden verlorengegangener Arbeitsplätze. Daß sich die Kausalattribution zudem beim einzelnen nach Arbeitslosigkeitsdauer unterscheiden kann, belegen Kasl & Cobb 1979 in ihrem Längsschnitt.

Was Krankheit und abweichendes Verhalten angeht, so liegen Armut und Verelendung als Bedingungsgrößen hierfür in den 80er Jahren bisher nicht in dem Ausmaß vor wie in den 30er Jahren (Kieselbach 1984; Wacker 1981a). Dennoch zeigen Arbeitslose auch heute im Vergleich zu Beschäftigten höhere Krankheitsraten, mehr Nichtseßhaftigkeit, höhere Kriminalitätsraten, verstärkte Suizidgefährdung (Wacker 1981a; Dooley & Catalono 1980). Häufigere Erkrankungen betreffen sowohl physische, psychosomatische als auch psychische Erscheinungsbilder (Warr 1982; Brinkmann & Potthoff 1983; Brenner 1979). Hier sei darauf hingewiesen, daß nicht nur eingetretene, sondern auch *antizipierte Arbeitslosigkeit* zu erheblicher Belastung führen kann (Janlert & Dahlgren 1983; Pelzmann & Winkler 1985; Frese & Mohr 1978).

Speziell *für gehobene Berufe* mit abgeschlossener Ausbildung („professionals") hat Kaufman eine Untersuchung durchgeführt, die vor allem die emotionale und kognitive Verarbeitung von Arbeitslosigkeit zum Gegenstand hatte. Bei dieser Zielgruppe führt Arbeitslosigkeit zu einem verminderten Selbstwertgefühl, zu erhöhter Ängstlichkeit, zu depressiven Tendenzen, zu sozialer Isolierung, zu verstärkter Aggressivität, zu einem Sinken der Arbeitsmotivation, zu einem Rückgang in beruflicher Kompetenz, zu vermehrt externer Kontrollüberzeugung (Gefühle der Abhängigkeit), zu Hilflosigkeit aufgrund generalisierten Kontrollverlusts bis hin zur Suizidgefährdung und vorzeitigen Sterblichkeit bei Häufung mehrerer Belastungsfaktoren (Kaufman 1982). All dies sind allerdings gruppenbezogene Ergebnisse zumeist aufgrund von Querschnitten, welche für sich genommen im Einzelfall keine Prognose zulassen.

Die Forschungsergebnisse über allgemeine individuelle Auswirkungen von Arbeitslosigkeit ließen sich um eine ganze Reihe von Merkmalen ergänzen, wie sie in Einzeluntersuchungen jeweils festgestellt wurden. Grundsätzlich bleibt jedoch bei dieser Forschungskonzeption — Wacker 1981a bezeichnet sie als *„Wirkungsforschung"* — die Frage nach der Kausalität offen: Handelt es sich tatsächlich immer um arbeitslosigkeitsspezifische Wirkungen? Oder beruhen sie auf anderen aktuellen Lebensereignissen oder Sozialisationserfahrungen? Oder liegen relativ stabile Persönlichkeitsmerkmale zugrunde, welche u.U. sogar zur individuellen Arbeitslosigkeit mit beitrugen? —

Zur letzteren Frage liegen Studien vor (z.B. Kirchler 1984), welche zu der Annahme berechtigten, daß Arbeitslose gegenüber Vergleichsgruppen über keine Persönlichkeitsmerkmale verfügen, die quasi „arbeitslosigkeitsanfällig" machen (vgl. auch Dooley & Catalano 1980; Frese 1980 sowie Wacker 1984 – „Selektions-" vs. „Verursachungshypothese" psychosozialer Symptome).

2.3 Differentielle Arbeitslosenforschung: Auf der Suche nach bedeutsamen Moderatorvariablen

„Die arbeits- und verwaltungsrechtliche Etikettierung als ‚arbeitslos' deckt relativ belastungsfreie Übergangsphasen in ein neues Beschäftigungsverhältnis ebenso ab wie Lebenssituationen, die für die Betroffenen zur persönlichen Katastrophe werden. Forschungsstrategisch ist daher eine *differentielle Arbeitslosenforschung* angezeigt ..." (Wacker 1983, S. 9). Unser Wissen aus der Arbeitslosenforschung wird erst dann einzelfallrelevant und damit zum Interventionswissen, wenn wir über allgemeine Beschreibungen der Folgen von Arbeitslosigkeit hinaus aufklären, unter welchen Bedingungen es bestimmte Arbeitslose besonders trifft und andere weniger oder gar nicht. Eine Moderatorvariable ist eine Variable, welche das Wirkungsgefüge zwischen Bedingungsgröße(n) und Auswirkungsgröße(n), also hier zwischen Arbeitslosigkeit und ihren Folgen beim Individuum steuert. „Statt allgemein von *den* Wirkungen *der* Arbeitslosigkeit zu sprechen, als ob es sich um feststehende Entitäten handelt, sind interagierende *Wirkungsketten* aufzuzeigen, an deren Ausgangspunkt der Verlust des Arbeitsplatzes steht, ohne jedoch in deterministischer Weise eine starre Verlaufsstruktur vorzuprogrammieren" (Wacker 1981a, S. 25). Anläßlich des bloßen Wissens, daß eine Person arbeitslos ist, wird es nicht reichen, aufgrund der allgemeinen Arbeitslosenforschung (siehe Abschnitt 2.2) allgemeine Prognosen anzustellen, die jeden Arbeitslosen gleichsetzen mit einem anderen. Vielmehr kommt es darauf an, über bedeutsame Moderatorvariablen Bescheid zu wissen, welche den Einzelfall zutreffender zu beschreiben vermögen und damit erst Prognosen sowie Indikationen für Interventionen zulassen.

In einer Längsschnittuntersuchung, in der 1975 und 1977 Arbeiter über 45 Jahre befragt wurden, belegten Frese & Mohr den Zusammenhang zwischen Arbeitslosigkeit und Depressivität. Entscheidend ist jedoch nicht das Entdecken dieses Zusammenhangs an sich, sondern der Nachweis, daß Arbeitslosigkeit gemäß der Theorie der erlernten Hilflosigkeit vor allem über generalisierten kognitiven

Kontrollverlust — als einer entscheidenden Moderatorvariablen — zu Depressivität führt (Frese & Mohr 1978; Frese 1977). Weitere als bedeutsam nachgewiesene Moderatorvariablen liegen in der sozialen Unterstützung durch wichtige Bezugspersonen und in der subjektiven Bedeutsamkeit von Arbeit und Beruf für das Selbstkonzept („work involvement"). Die Rolle *sozialer Unterstützung durch wichtige Bezugspersonen* zeigten Kasl & Cobb in einem Zwei-Jahres-Längsschnitt nach einer Betriebsstillegung auf: Unter den Personen, die länger als fünf Wochen arbeitslos waren, litten jene mit geringer interpersoneller Unterstützung auffallend häufiger an finanziellen Notlagen, an Zukunftsangst, an mangelnder sozialer Beachtung sowie an Symptomen der Depressivität und der Anomie (Kasl & Cobb 1979; vgl. die Untersuchung von Gore 1978 über Folgen zweier Betriebsstillegungen bei den Entlassenen). Jackson, Stafford, Banks & Warr 1983 wiesen in einem Drei-Jahres-Längsschnitt an einer Kohorte jugendlicher Beschäftigter und einer Vergleichskohorte jugendlicher Arbeitsloser nach, daß zwischen Arbeitslosigkeit und Belastung *Berufsinteresse* als Moderator wirkt. Je höher das Berufsinteresse bei Arbeitslosen, um so stärker kommt es im Einzelfall zu psychischer Belastung. Die genannten drei Moderatoren — generalisierte Kontrollüberzeugung, soziale Unterstützung und Berufsinteresse — zusammengenommen läßt sich folgern: „Wer sich also durch Arbeitslosigkeit in seinen Handlungsmöglichkeiten nicht einschneidend beeinträchtigt sieht, auf soziale Unterstützung durch Familie oder Freunde rechnen kann und Arbeit und Beruf für sich nicht als zentrales Lebensinteresse definiert, wird mit den Realbelastungen der Arbeitslosigkeit besser umgehen können als jemand, der — bei ausgeprägter Berufsorientierung und ohne soziale Unterstützung — in die Konstellation ‚individueller Handlungsohnmacht bei gleichzeitiger Abhängigkeit' gerät" (Wacker 1983, S. 11).

In ihrer Untersuchung an 78 Arbeitslosen in Sheffield/England über „Moderating factors of the psychological impact of unemployment" fand Hepworth 1980 als weitere bedeutsame Moderatorvariablen von Arbeitslosigkeit a) *Dauer von Arbeitslosigkeit* und b) *vorheriger beruflicher Status*. Mit zunehmender Dauer von Arbeitslosigkeit wird demnach subjektives Wohlbefinden zusehends beeinträchtigt (vgl. auch Warr 1984). Ferner zeigten angelernte und ungelernte Beschäftigte in der Lebenslage Arbeitslosigkeit ein deutlich schlechteres Wohlbefinden als vollausgebildete Kollegen bis hin zu Akademikern und Managern. Die gewichtigste Moderatorvariable für Wohlbefinden lag jedoch nach Hepworth im *Aktivitätsniveau*. Aktivitätsniveau ist der Grad, sich mit subjektiv sinnvollen Aktivitäten selbst zu beschäftigen ohne äußeren Druck. Was das *Lebensalter* der Arbeitslosen als

Moderator angeht, so stellte sich eine kurvilineare Beziehung in dem Sinne heraus, daß mittleres Alter mit dem relativ größten Wohlbefinden bei Arbeitslosen verbunden ist (Hepworth 1980). Auch in einer anderen Studie erwies sich das Aktivitätsniveau als bedeutsame Moderatorvariable: Formelle Nebentätigkeit, Schwarzarbeit, aber auch unbezahlte Nachbarschaftshilfe mildern die Belastungswirkung von Arbeitslosigkeit (Pelzmann, Chadora-Winter, Derow, Dobernigg & Forzi 1984).

Anhand ihrer Untersuchung über Bewältigungsversuche der Belegschaft einer stillgelegten Textilfabrik in Kärnten wies Pelzmann eine weitere bedeutsame Moderatorvariable nach — die *berufsbezogene Kontrollerwartung*. Betriebsangehörige mit eher interner berufsbezogener Kontrollerwartung sahen sich frühzeitig nach geeigneten Ersatzarbeitsplätzen um, während die extern orientierte Gruppe eher angekündigten staatlichen Programmen der Wirtschaftsförderung Glauben schenkte und keine eigenen aktiven Bewältigungsstrategien zeigte. Die in ihren beruflichen Kontrollerwartungen intern orientierten Arbeitslosen konnten aus ihren Aktivitäten (Informationssuche, Stellenbewerbungen usw.) auf die Zeit gesehen Vorteile ziehen (Pelzmann 1983 — zur kontrolltheoretischen Interpretation der Befunde vgl. Haußer 1983). Im Zusammenhang mit Kontrollerwartung gibt es in der Arbeitslosenforschung Hinweise darauf, daß als weitere vermittelnde Variablen auch *erlebter Streß* und *eingesetzte Bewältigungsstrategien* (als Reaktanz bzw. als möglicher Weg in die erlernte Hilflosigkeit) die psychosozialen Auswirkungen von Arbeitslosigkeit beeinflussen (Frese & Mohr 1978; Schultz-Gambard 1985 — vgl. auch Kap. 1 dieses Buches).

Weitere hypothetische Moderatorvariablen im Wirkungsgefüge zwischen Arbeitslosigkeit und persönlichem Wohlbefinden bzw. emotionaler Belastung diskutiert Warr — zum einen in seinem bereits erwähnten Überblicksreferat (Warr 1984), zum anderen in seinem „Editorial" zu einem Themenheft „Psychological aspects of employment and unemployment" der Zeitschrift „Psychological Medicine" (Warr 1982): Es sind dies

— *Finanzielle Lage:* Kann ein Arbeitsloser über kompensatorische Einkünfte zum Beispiel aus Vermögen, aus Zuwendungen verfügen? Hat er Beziehungen zu günstigen Einkaufsquellen von Konsumgütern?
— *Familiensituation:* Macht sich ein Arbeitsloser in seiner Familie nützlich, indem er bisherige Funktionen anderer verstärkt wahrnimmt? Wie steht seine Familie zu seinem Status als Arbeitsloser?

- *Geschlecht:* Wie wird die neue Nichterwerbstätigen-Rolle vom Arbeitslosen und seiner sozialen Umgebung gewertet? Traditionellerweise wird die Doppelrolle von Berufstätigkeit und Haushaltsführung mit Kindererziehung nur geschlechtsspezifisch akzeptiert. Durch Arbeitslosigkeit werden Frauen wieder „richtige" Hausfrauen; Männer sind bestenfalls provisorisch Hausmann und „eigentlich" Arbeitsloser (vgl. Schütze 1982).
- *Örtliche Arbeitslosenquoten:* Beruht individuelle Arbeitslosigkeit auf Massenentlassungen ganzer Branchen am Ort (kollektive Entlassung), oder bleiben Personen derselben Qualifikationsstufe in derselben Branche am Ort ungekündigt im Arbeitsverhältnis (individuelle Entlassung)?
- *Persönliche Belastbarkeit:* Inwieweit kommt jemand ganz allgemein mit Belastungs- und Krisensituationen zurecht? In welchem Ausmaß ist er in solchen Situationen verletzlich, überzogen beeinflußbar und labil?

Forschungsprojekte auf der Suche nach bedeutsamen Moderatorvariablen im Sinne differentieller Arbeitslosenforschung lassen die Hoffnung aufkommen, daß damit auch eine Brücke zwischen psychologischer Forschung über Arbeitslose und psychologischer Berufspraxis mit Arbeitslosen geschlagen wird, welche heute erst in kümmerlichen Anfängen besteht (vgl. die Dokumentation über eine einschlägige Fachtagung an der Universität Bremen — Kieselbach & Wacker 1985).

2.4 Wie geht es weiter mit der Arbeitslosenforschung? Einige Wünsche und Notwendigkeiten

Nach einer ersten Phase der unspezifischen Erforschung allgemeiner psychosozialer Auswirkungen von Arbeitslosigkeit hat sich in den letzten Jahren zusehends das Paradigma einer differentiellen Arbeitslosenforschung (siehe oben) durchgesetzt. Daneben besteht jedoch nach wie vor eine ganze Reihe Unzulänglichkeiten, mit denen sich künftige psychologische Arbeitslosenforschung auseinanderzusetzen hat und die sie möglichst beheben sollte. Ins Positive gewendet ergeben sich hieraus folgende Anforderungen.

1. *Effektspezifität:* Sind nachweisliche Befindlichkeiten, Belastungen und Reaktionen tatsächlich spezifische Effekte von Arbeitslosigkeit und nicht etwa Folgen überdauernder Persönlichkeits-

merkmale oder zeitlich paralleler Ereignisse und Erfahrungen, welche nicht systematisch mit Arbeitslosigkeit einhergehen? Zur Klärung der Effektspezifität ist es ratsam, ins Forschungsdesign Vergleichsgruppen mit nichtarbeitslosen Personen in ansonsten vergleichbaren Lebenssituationen einzubeziehen (vgl. Wacker 1983).

2. *Prozeßcharakter von Arbeitslosigkeit:* Kann man aus punktuellen Querschnitterhebungen ohne weiteres auf *die* Auswirkungen von Arbeitslosigkeit schlechthin schließen? Wünschenswert sind vermehrt Längsschnittstudien (wie z.B. Kasl & Cobb 1979 über Arbeitslosigkeit und psychische Gesundheit sowie Mohr & Frese 1981 über Arbeitslosigkeit und Depressivität), welche dem Einfluß der jeweiligen Dauer von Arbeitslosigkeit (siehe Warr 1982) und dem Ablauf von Bewältigungsversuchen samt Rückkoppelungsprozessen Rechnung tragen.

3. *Lebensereignisbezug des Erhebungsdesigns:* Wie kann man untypische „Tagesformen" der Probanden, Stimmungen und Zufallseinflüsse in der Arbeitslosenforschung ausschließen, die ein verzerrtes Bild von der psychosozialen Lage Arbeitsloser liefern? Wichtig ist hier die Ausrichtung der Erhebungszeitpunkte und der jeweils verwendeten Komponenten eines Forschungsinstrumentariums auf normierte und nichtnormierte Lebensereignisse der Arbeitslosen. Mit ganz unterschiedlichen Befunden ist zu rechnen je nachdem, ob man zum Beispiel Arbeitslose vor oder nach einem möglichen Bewerbungstermin, vor oder nach einem Umzug befragt.

4. *Belastungs-Bewältigungs-Dynamik:* Welche Vorkehrungen kann Arbeitslosenforschung treffen, damit sie ihren Forschungsergebnissen nicht quasi invariante persönlichkeitsstrukturelle Auswirkungen unterstellt, die womöglich wesentlich weniger stabil sind als vermutet? An die Stelle unterschwelliger Eigenschaftsannahmen (Arbeitslosigkeit macht ängstlich, macht depressiv, macht hilflos...) sollte eine Analyse der Belastungs-Bewältigungs-Dynamik von Arbeitslosen treten. Hierbei sind auch intervenierende Variablen in Rechnung zu stellen, welche auf die Art von Belastungs-Bewältigungs-Verläufen Einfluß nehmen.

5. *Arbeitslosenbiographie:* Worauf beruhen differentiell voneinander abweichende psychosoziale Folgen von Arbeitslosigkeit? Neben der Einbeziehung von individueller Lebenslage und Ressourcen lassen sich interindividuell unterschiedliche Auswirkungen nur aufklären, wenn zum Beispiel biographisch erworbene Kompetenzen des Umgangs mit Anforderungen, Belastungen und Krisen bei den einzelnen Arbeitslosen erforscht werden.

Es ist anzunehmen, daß hierbei Verletzbarkeit und Selbstvertrauen eine wichtige Rolle spielen. Derartiges Wissen hat im übrigen hochgradige Bedeutung für gezielte Beratungs- und therapeutische Hilfen für Arbeitslose in der psychologischen Berufspraxis.

6. *Zielgruppenspezifität der Ergebnisse:* Inwieweit lassen sich Untersuchungsergebnisse über eine bestimmte Arbeitslosengruppe auf andere Arbeitslose übertragen? Gelten Befunde über arbeitslose Jugendliche zum Beispiel auch für arbeitslose Akademiker? Gerade das Konzept einer differentiellen Arbeitslosenforschung ist unter anderem aus der Kritik an unangemessenen Generalisierungsversuchen entstanden. Das oben berichtete Ergebnis von Pelzmann, Chadora-Winter, Derow, Dobernigg & Forzi 1984, daß irgendeine Art von Tätigkeit Belastungen reduziere, steht zum Beispiel mit den Befunden unserer Untersuchung in Widerspruch (vgl. Kap. 4). Der Grund mag darin liegen, daß junge arbeitslose Lehrer in einem Ballungsgebiet weniger Möglichkeiten zur Kompensation von Nicht-Arbeit haben als arbeitslose Arbeiter in einem ländlichen Milieu (Ulich 1985). Die konzeptionelle Folgerung kann nur sein, in der Arbeitslosenforschung Parameter der Lebenslage von Arbeitslosen mit zu erheben, um die jeweilige Zielgruppe differenziert beschreiben zu können.

7. *Arbeitslosigkeit und Arbeit:* Es gibt keine einzige psychosoziale Lage und Befindlichkeit, die Arbeitslose quasi „für sich gepachtet" hätten. Will psychologische Arbeitslosenforschung nicht der gesellschaftlichen Idealisierung von „Arbeit" (und dementsprechend der Stigmatisierung von Arbeitslosen) erliegen, so hat sie ihre Forschungsergebnisse in einem breiten Diskussionsrahmen zu interpretieren. Die psychosozialen Auswirkungen von Arbeit, insbesondere gesundheitliche Risikofaktoren industrieller Lohnarbeit, wie auch der „white collar stress" (vgl. Frese, Greif & Semmer 1978), stehen den Folgen von Arbeitslosigkeit gegenüber. Die weitreichenden negativen Begleiterscheinungen individuell erfahrener Arbeitslosigkeit werfen auch die Frage nach Sinn, Struktur und Gestaltung von Arbeitsplätzen auf, soll der arbeitswillige Arbeitslose nicht „vom Regen in die Traufe" kommen (vgl. auch Jahoda 1983).

3. Konzeption und Durchführung einer empirischen Untersuchung: „Krisenerleben und Krisenbewältigung arbeitsloser Lehrer"

In den folgenden Kapiteln des Buches berichten wir über eine empirische Untersuchung, die in den Jahren 1979 bis 1984 durchgeführt und von der Deutschen Forschungsgemeinschaft gefördert wurde. An der Untersuchung waren alle Autoren beteiligt, Projektleiter waren Ulich und Haußer. In allgemeiner Hinsicht versteht sich diese Untersuchung als ein Beitrag zur Aufklärung von Krisenerleben und Krisenbewältigungsprozessen (vgl. Kapitel 1) und im besonderen als ein Beitrag zur differentiellen Arbeitslosenforschung (vgl. Kapitel 2). Wir untersuchten über einen längeren Zeitraum hinweg das Krisenerleben und die Bewältigungsversuche von arbeitslosen Lehrern, einschließlich eines Vergleiches mit berufstätigen Lehrern. Im folgenden werden wir zunächst Konzeption und Durchführung der Untersuchung schildern, um dann im 4. Kapitel des Buches die Ergebnisse wiedergeben zu können.

3.1 Ziele und Fragestellungen der Untersuchung

Das Projekt orientiert sich an Arbeiten, die Auseinandersetzungen des Individuums mit seiner Umwelt beschreiben (vgl. z.B. Lazarus/Launier 1981; Oerter 1978, 1979; Thomae 1968; Thomae/Kranzhoff 1979; Vaillant 1980, vgl. auch Kapitel 1 dieses Buches). Ausgangspunkt unserer Untersuchung ist die sehr allgemeine Frage: Was erleben und was tun Menschen, wenn sie sich in einer Krisensituation wie der Arbeitslosigkeit befinden? Diese Auseinandersetzung wollen wir aus der Perspektive von Betroffenen nachvollziehen und in ihrem Ablauf und Zusammenwirken von emotionalen, kognitiven und handlungsbezogenen Faktoren verstehen. Welche Veränderungen ihrer Lebenssituation und subjektiven Befindlichkeit erleben die Betroffenen in welchen Bereichen? Wie werden diese Veränderungen subjektiv erlebt und eingeschätzt, welche Folgen haben sie? Versucht das Individuum, mit den erlebten Veränderungen und Belastungen aktiv umzugehen, und welche Wege werden dabei beschritten? Wie verändert sich das Individuum im Verlaufe der Krise und der (evtl. versuchten) Krisenbewältigung im Hinblick auf Persönlichkeitsmerkmale, aktuelle Bewertungen sowie zukunftsbezogene Erwartungen und Planungen? Wie wirken Bewältigungsversuche auf das subjektive Erleben zurück?

Im Vordergrund unserer Untersuchung stehen also:

— Erleben *(Emotion)* der Krise (von momentanem affektiven Erleben bis zu langfristigen psychischen Folgen);
— die *Kognition* der Krise (Einschätzungs-, Kontroll- und Attributionsprozesse);
— die *Bewältigung* der Krise (von gezielten Bewältigungshandlungen bis zu Abwehr).

Der eigentliche Gegenstand des Projekts sind die wechselseitigen Beziehungen zwischen diesen Dimensionen des Erlebens und Verhaltens. Dabei ist eine *prozessuale* Betrachtungsweise bestimmend, in der berücksichtigt werden: objektive und subjektiv erlebte Umweltfaktoren, Persönlichkeitsmerkmale und personenspezifische Prozesse der Auseinandersetzung, Veränderungen (auch als Rückwirkungen) des Individuums und individuumsspezifische Formen der Auseinandersetzung („coping", „Daseinstechniken").

Arbeitslosigkeit ist nicht nur ein gesellschaftliches, sondern auch ein subjektives Phänomen. Arbeitslosigkeit ist zwar kein individuelles „Schicksal", aber sie wird immer auch von konkreten Personen individuell erlebt, erlitten, und sie muß — bei allen notwendigen äußeren Hilfestellungen und Veränderungen — auch individuell bewältigt werden. Es muß also gefragt werden, was Arbeitslosigkeit für den einzelnen Betroffenen bedeutet, wie er sie erlebt, wie er damit umgeht, welche Bereiche des Erlebens und Handelns wie betroffen sind, wie sich Wahrnehmung, Interessen, Fähigkeiten, soziale Beziehungen usw. verändern.

Daß Arbeitslosigkeit psychisch belastend ist, dies wissen wir auch ohne psychologische Forschung. Gefragt ist heute differentielle Arbeitslosenforschung, die uns darüber aufklärt, unter welchen besonderen inneren und äußeren Umständen welche interindividuell unterschiedlichen Verläufe des Krisenerlebens und -bewältigens vorkommen und vorkommen können. Entsprechend ist eine Differenzierung der Forschungsergebnisse zu erwarten. Bisher standen vor allem die (globalen) negativen psychosozialen Folgen von Arbeitslosigkeit im Zentrum von psychologischen Untersuchungen, wie etwa Verlust- und Ohnmachtserfahrungen, Fremd- und Selbst-Stigmatisierung, Vereinsamung, Enttäuschung, Trauer, Depression, Apathie.

In den letzten Jahren bemüht man sich zunehmend, stärker theoriegeleitet die konkreten Auseinandersetzungen der Person mit ihrer Arbeitslosigkeit auf der emotionalen, kognitiven und Verhaltensebene zu erfassen, um intraindividuelle Veränderungen und inter-individuelle Unterschiede auch im Längsschnitt besser untersuchen zu können. Auch der Arbeitslose ist ein sich veränderndes Individuum in einer sich verändernden Umwelt; daher sind hier transaktionale Modelle aus der Belastungs-Bewältigungsforschung angemessener als Vorstellungen von einem „passiven" Subjekt.

Diese allgemeinen Bemerkungen sollen nun differenziert werden, indem wir die *Ziele* der Untersuchung darstellen. Das übergeordnete, allgemeinste Ziel der Untersuchung ist die differenzierte Beschreibung der individuellen Konfrontationen mit der Situation „Arbeitslosigkeit". Arbeitslosigkeit wird dabei als potentielle Krisensituation aufgefaßt, die auf bestimmte strukturelle Bedingungen und individuelle Faktoren zurückgeht, die zu emotionalen Reaktionen (z.B. Veränderungen der Identität) führt und zugleich bestimmte Bewältigungsversuche erfordert. Die objektive Situation des Arbeitsmarktes und dessen Entwicklungen sowie bestimmte Qualifikations- und sonstige Unterschiede der Berufssuchenden (hier: ausgebildete Lehrer) bewirken, daß die angehenden Lehrer in unterschiedlicher Weise vom Problem der Arbeitslosigkeit betroffen sind und auch sehr unterschiedlich darauf reagieren. Die eigene Situation wird nicht nur als mehr oder minder belastend erfahren, sie wird auch im Hinblick auf ihre Bedingungen sowie unter dem Gesichtspunkt der Verantwortlichkeit, der Beeinflußbarkeit, der eigenen Handlungsmöglichkeiten usw. beurteilt. Und diese Beurteilungen, in die erworbene Deutungsmuster und Persönlichkeitsmerkmale (wie z.B. Ängstlichkeit oder Risikofreude) miteingehen, beeinflussen ihrerseits die Quantität und Qualität der eigenen Bemühungen, die Krisensituation und deren Auswirkungen zu bewältigen.

Im engeren Sinne sollen die Ziele des Projekts unter den folgenden fünf Aspekten dargestellt werden:

1. Gesellschaftsbezogene Ziele: In unserem ersten Projektantrag an die Deutsche Forschungsgemeinschaft schrieben wir 1978 (S. 6): „Ende Mai 1977 hatten sich in der Bundesrepublik 7.800 Lehrer bei den Arbeitsämtern arbeitslos gemeldet, was einer Verdoppelung der Lehrerarbeitslosigkeit gegenüber der entsprechenden Vorjahresperiode bedeutet". Sechs Jahre später, zu Beginn des Schuljahres 1983/84 gab es bereits 40.000 arbeitslose Lehrer, davon 60% Frauen. In Bayern etwa wurden zu den damaligen Einstellungsterminen nur noch 10-15% der Bewerber für das Lehramt an höheren Schulen eingestellt (Parmentier 1984). Im Herbst 1984 betrug die Zahl der arbeitslosen Lehrer bundesweit bereits etwa 60.000 (Heise 1984). Die arbeitslosen Lehrer gelten als „schwer vermittelbar". Es fehlen Berufserfahrungen, berufliche Alternativen und oft auch entsprechende Hilfen seitens der Arbeitsämter (vgl. hierzu auch Kapitel 4.1). Arbeitslose Lehrer haben keinen Anspruch auf Arbeitslosengeld. Arbeitslosenhilfe erhalten sie nur, wenn sie als „bedürftig" gelten.

Die Reaktionen der Öffentlichkeit auf diese dramatischen Entwicklungen sind bekannt: Gelegentliches Erschrecken, aber bisher, trotz einiger Vorschläge und Pläne, keine wesentlichen entlastenden Maßnahmen. Als Psychologen und Pädagogen sehen wir in dieser Situation die Notwendigkeit, durch wissenschaftlich fundierte Aufklärung Erkenntnisse über die subjektive Situation der Betroffenen beizutragen. Die „Innenseite" der Krise Arbeitslosigkeit wird in der Öffentlichkeit immer noch zuwenig thematisiert. Niemand weiß genau, welche subjektiven Belastungen und Probleme sich hinter den gewiß schon bestürzenden „objektiven" Zahlen verbergen. Wenig Hilfe bieten hier auch andere Arbeitslosenuntersuchungen, weil ihre Ergebnisse auf die hier interessierende Gruppe der arbeitslosen Lehrer nicht unbedingt übertragen werden können. So bedeutet etwa Arbeitslosigkeit in der Berufseinmündungsphase junger Erwachsener, daß der *Eintritt* in das Erwerbsleben zunächst ganz verhindert wird — eine Situation, die mit der Lage älterer Arbeitsloser nicht verglichen werden kann, und ähnlich wie die Jugendarbeitslosigkeit von (neuer) besonderer gesellschaftlicher Bedeutung ist.

Viele scheinen von einer genaueren Betrachtung der subjektiven Seite eine Ablenkung von den eigentlichen gesellschaftlichen Ursachen zu befürchten, eine Psychologisierung der Ursachen oder gar eine individualisierende Schuldzuschreibung. Diese Gefahren mögen — auch in der bisherigen psychologischen Forschung zur Arbeitslosigkeit — zwar im Prinzip bestehen, aber bisher wurde ihnen immer wirksam begegnet. Wir glauben, daß psychologische Forschungsergebnisse über Arbeitslosigkeit notwendige und unverzichtbare Aufklärung und Hilfen für gesellschaftliche Entscheidungsträger sein müssen und auch sein können. Wir erhoffen uns von den Ergebnissen unserer Untersuchung, daß zumindest einige gesellschaftlich verbreitete Ansichten über Arbeitslosigkeit eine bessere Klärung und Differenzierung erfahren werden.

2. *Forschungsstrategische Ziele:* Unsere Untersuchung stellt einen der ersten Versuche dar, die Forderungen nach einer *„differentiellen Arbeitslosenforschung"* zu erfüllen (vgl. z.B. Wacker 1983a; Kieselbach/Wacker 1985). Die „klassische" Arbeitslosenforschung war

durch das Bestreben gekennzeichnet, ein möglichst geschlossenes und einheitliches Bild der psychosozialen Folgen, also der individuellen Belastungen durch Arbeitslosigkeit zu entwerfen. Arbeitslosigkeit schaffe für alle Betroffenen eine einheitliche Belastungssituation (vgl. Kap. 2); diese Annahme bezeichnet Wacker (1984, S. 116) als „Homogenitätstheorem". Danach durchlaufen die Reaktionen auf den Arbeitsplatzverlust bestimmte Phasen, etwa: Schock; intensive Arbeitsplatzsuche; bei Mißerfolg: Angst, Selbstzweifel, Resignation; schließlich Fatalismus, Apathie, Reduktion der Ansprüche (ebd.).

Inzwischen gibt es einige Zweifel an diesem einheitlichen Bild des inaktiven, passiv leidenden Arbeitslosen. Es haben zwar auch neuere Untersuchungen, die methodisch besser angelegt waren, den Belastungscharakter der Arbeitslosigkeit dokumentiert. Immer noch ist aber eine Differenzierung notwendig im Hinblick auf die Personen oder Gruppen, welche betroffen sind, auf deren konkrete Lebenssituation und zahlreiche weitere Faktoren. Arbeitslosigkeit bedeutet heute für den einzelnen etwas anderes als zur Zeit der Marienthal-Studie, sie ist anders für einen angehenden Lehrer als für einen älteren arbeitslosen Arbeiter, ja selbst seit Beginn unserer Untersuchung im Jahre 1979 haben sich die objektiven Bedingungen für arbeitslose Lehrer verändert (noch geringere Einstellungschancen, mehr Konkurrenz um alternative Arbeitsmöglichkeiten, Verschlechterung in der Sozialgesetzgebung, vgl. Kap. 4.1).

Es kommt also darauf an, nicht nur festzustellen, *daß* Arbeitslosigkeit zu Belastungen führt, sondern: bei wem, zu welchem Zeitpunkt, in welchen Zeiträumen, in welchen Bereichen des Erlebens und Handelns, auf welche Weise, in welchem Beruf, in welcher Lebenssituation, mit welchen — kurz- und langfristigen — Folgen usw. Weiterhin muß erfaßt werden, wie die Betreffenden nicht nur mit der Situation, sondern auch mit den belastenden Folgen *umgehen*, denn die Belastung ist selbst immer auch mit eine Folge gelungener oder mißlungener Bewältigungsversuche. Daraus ergibt sich das Konzept einer „differentiellen Arbeitslosenforschung" (vgl. Kieselbach/Wakker 1985; Lehr 1982; Wacker 1981; Wacker 1983; Wacker 1984). Dem relativ einheitlich zu fassenden Tatbestand der Arbeitslosigkeit entspricht auf der Seite der Betroffenen kein ebenso einheitliches Erscheinungsbild (Wacker 1984, S. 118). „Allgemeine Aussagen über *die* Auswirkungen der Arbeitslosigkeit verbieten sich daher, da sie in unzulässiger Weise sowohl von den unterschiedlichen Kontexten abstrahieren, die Arbeitslosigkeit im lebensweltlichen Sinne erst konstituieren, als auch von den durch objektive, soziale und subjektive Ressourcen vorstrukturierten Realerfahrungen und Handlungsmöglichkeiten des Einzelnen" (Wacker 1984, S. 119).

Was folgt nun daraus für die Konzipierung von Untersuchungen? Untersuchungen sind so anzulegen, daß sich die tatsächliche Bandbreite an individuellen Lebenslagen, biographischen Vorerfahrungen, Handlungsmöglichkeiten, „Verletzbarkeiten" und Bewältigungskompetenzen, Interessen, sozialer Unterstützung u.v.m. in den Ergebnissen widerspiegeln *kann*. In der Entwicklungspsychologie und dort vor allem in der gerontologischen Forschung (vgl. z.B. Lehr 1980) wird schon seit längerem auf die interindividuellen Unterschiede von intraindividuellen Veränderungen geachtet. Auch Arbeitslosigkeit trifft immer den Einzelnen und wird „notwendig individuell erfahren. Sie trifft ihn in unterschiedlichen Lebensphasen, bei unterschiedlichen persönlichen Voraussetzungen, mit der Situation umzugehen" (Wacker 1984, S. 119).

In unserem Projekt versuchen wir, wenigstens einige dieser interindividuell unterschiedlichen Gegebenheiten mitzuerfassen und damit unterschiedliche Verläufe des Erlebens und Bewältigens der Krise zu erklären. Objektive Rahmenbedingungen werden dadurch nicht vernachlässigt. Differentielle Arbeitslosenforschung bedeutet keineswegs eine Relativierung der Tatsache, „daß Arbeitslosigkeit ein Faktor struktureller Gewalt in unserer Gesellschaft ist, der Menschen von den gesellschaftlichen Betätigungsmöglichkeiten ihrer Fähigkeiten abschneidet" (a.a.O., S. 118). Es gibt jedoch noch zahlreiche Faktoren — die nicht oder nur sehr indirekt Ausdruck dieser strukturellen Gewalt sind —, die die individuelle Belastung vermindern oder verstärken, die Bewältigung erschweren oder fördern können. Um eine Gewichtung solcher Faktoren geht es uns in unserer Untersuchung.

3. Theoriebezogene Ziele: Woher weiß man aber, welche Faktoren intra- und interindividuelle Unterschiede und Veränderungen in der Auseinandersetzung mit Arbeitslosigkeit bewirken? Antworten auf diese Frage wurden in den vorangegangenen Kapiteln 1 und 2 bereits gegeben oder vorbereitet. Es ist ein integrativer Theorieansatz zu entwickeln bzw. zu verwenden, der möglichst viele derjenigen Einflußfaktoren miteinbezieht, die sich in vergleichbaren Untersuchungen als (möglicherweise) wirksam erwiesen haben. Im ersten Kapitel dieses Buches wurden derartige Theorieansätze, die sich allgemein auf Krisenerleben und -bewältigen beziehen, dargestellt. Ziel unserer Untersuchung ist es nun, die Fruchtbarkeit und Tragfähigkeit dieses integrativen Ansatzes bzw. der Einzeltheorien zu prüfen (nachdem es natürlich schon ein wichtiges Ziel war, diese Theorien zusammenzufügen). Im nächsten Abschnitt dieses Kapitels werden wir ein Prozeßmodell der Krisenbewältigung vorstellen, das auf diesen Theorieansätzen aufbaut und die Ableitung von Variablen erlaubt.

Wir haben versucht, alle Variablen unserer Untersuchung theoriebezogen herzuleiten und zu operationalisieren. Also müßten die Ergebnisse auch Schlüsse auf die Tragfähigkeit der theoretischen Konstrukte bzw. der sie tragenden Theorien zulassen, wobei allerdings eine Reihe von Umständen zu berücksichtigen sind, auf die wir bei der Ergebnisdarstellung eingehen werden. Entscheidend war für uns der instrumentelle Wert eines Konstrukts, wie etwa der „Kontrollerwartung", für die Verdeutlichung von bestimmten Aspekten des Krisengeschehens, wobei diese Konstrukte unter günstigen Umständen auch Erklärungswert haben können. Beispiel „Kausalattribution": Hier geht es zum einen um die Frage, ob die von Weiner, Seligman und anderen behaupteten Differenzierungen auch in unserer Untersuchung gefunden werden können; und zum anderen geht es darum, ob (behauptete) *bestimmte* Ursachenzuschreibungen auch bei unseren Arbeitslosen zu den behaupteten (negativen oder positiven) Effekten führen.

Obwohl es auch in der Arbeitslosenforschung ein allgemein akzeptiertes Erklärungsmodell für Ursache-Wirkungs-Beziehungen nicht gibt, ja eigentlich gar nicht geben *kann*, werden verschiedene theoretische Ansätze angewandt, um zu Erklärungen zu kommen. Das von uns verwendete Belastungs-Bewältigungs-Paradigma ist am ehesten der Streß- und Depressionsforschung zuzuordnen (vgl. Kapitel 1), erlaubt jedoch auch die Prüfung von Ansätzen, welche ökonomische Deprivation oder die ideelle Bedeutung der Arbeit betonen (vgl. Wakker 1984, S. 121).

4. Inhaltliche Ziele: In der differenzierten Beschreibung (und ansatzweisen Erklärung) des Krisengeschehens mit seinen verschiedenen Komponenten liegt, wie schon erwähnt, das Hauptziel der Untersuchung. In unserer Längsschnittuntersuchung sollen querschnittliche Bestandsaufnahmen unterschiedlicher Ausprägungsgrade unserer Variablen im emotionalen, kognitiven und Handlungsbereich gemacht werden; es sollen individuumsspezifische Verläufe über die Zeit hin festgehalten werden; wir wollen Arbeitslose in unterschiedlichen Lebens- und Berufssituationen untereinander und mit Nicht-Arbeitslosen über die Zeit vergleichen; wir wollen schließlich Beziehungen zwischen Personen, Variablen und Gruppen untersuchen. Wir hoffen, durch dieses Vorgehen differenzierte Antworten auf Fragen geben zu können, die in der Arbeitslosenforschung oft aufgeworfen (und gelegentlich vorschnell beantwortet) wurden, wie z.B.: Gibt es einheitliche Reaktionen auf die Arbeitslosigkeit? Folgen diese Reaktionen einem bestimmten Phasenverlauf? Ist Arbeitslosigkeit unter allen Umständen bei allen Personen belastender als Arbeit? Ist die materielle Situation die schlimmste Belastung? Gibt es gravierende Auswirkungen auf soziale Beziehungen? Lassen sich die Ergebnisse von einer Untersuchung auf die andere übertragen?

Unsere Untersuchung versteht sich aufgrund ihrer Anlage ebenso als hypothesengenerierend wie hypothesenprüfend. Wir beanspruchen für unsere Ergebnisse keine vollständige Repräsentativität, die über unsere Probandengruppe hinausgeht; diese Gruppe ist allerdings im Hinblick auf zentrale Merkmale mit einer größeren Grundgesamtheit arbeitsloser Lehrer in Bayern durchaus vergleichbar (s.u.). Die Ergebnisse werden vor allem zielgruppen-spezifisch interpretiert. Das bedeutet jedoch nicht, daß – eine gelunge Operationalisierung, Erhebung und Auswertung vorausgesetzt – keine Schlüsse im Hinblick auf die Brauchbarkeit bestimmter theoretischer Konstrukte gezogen und keine Erkenntnisse über die psychische Situation Arbeitsloser erbracht werden können.

5. *Methodische Ziele:* Das Projekt ist eine Längsschnittuntersuchung, in der halbstrukturierte Explorationen durchgeführt werden, die inhaltsanalytisch nach genau festgelegten Kategorien und Regeln kodiert und statistisch ausgewertet werden. Bisher sind in der Arbeitslosenforschung Längsschnittuntersuchungen (vor allem über mehr als zwei Erhebungszeitpunkte) ebenso selten wie der Einsatz relativ offener bzw. qualitativer Verfahren. Ein wichtiges Ziel der Untersuchung besteht also darin, hier neue Wege zu gehen, also das Krisengeschehen strikt aus der Perspektive der Betroffenen zu rekonstruieren bzw. zu begleiten. Dazu werden auch „härtere" Daten über die objektive Lebenssituation, die gesellschaftliche Lage, die materielle Situation u.ä. erfaßt. Auch innerhalb des Ansatzes des in Kapitel 1 entfalteten „Belastungs-Bewältigungs-Paradigmas" sind Längsschnittuntersuchungen mit offenen Methoden bisher sehr selten, obwohl es viele Forderungen danach gibt (zum methodischen Vorgehen vgl. Kapitel 3.3).

In unserer Untersuchung haben wir die allgemeine Frage nach den Krisenverläufen arbeitsloser Lehrer in folgende Unterfragen aufgeschlüsselt:

Welche Rolle spielen
  1. objektive Situationsbedingungen gesellschaftlicher Art, welche vor allem die Wahrscheinlichkeit von Arbeitslosigkeit, die materielle und berufliche Lebenssituation beeinflussen,
  2. die individuelle Lebenssituation der Person und ihr soziales Netzwerk,

3. biographische Faktoren wie
   - Erfahrungen mit Krisensituationen und daraus resultierende Erwartungen im Hinblick auf die Bewältigung gegebener Krisensituationen (Selbstvertrauen), und
   - im Umgang mit vorangegangenen objektiven Belastungen erworbene Bewältigungskompetenzen,
4. das Interesse am Lehrerberuf und an Berufstätigkeit allgemein, sowie
5. Lebensziele der Person

für die subjektiven Einschätzungen
6. des Grades der subjektiven Belastung in verschiedenen Bereichen des Lebens und Erlebens,
7. der eigenen Möglichkeiten im Hinblick auf eine Beeinflussung der Situation, der Möglichkeit, zu planen und künftiges vorherzusehen, zu hoffen,
8. der Ursachen der eigenen Arbeitslosigkeit und der Ursachen von positiven Situationsveränderungen,
9. *bei den emotionalen Reaktionen* (subjektive Belastung, psychosomatische Beschwerden, „Depressivität"),
10. *und* wie wirkt sich dies alles

auf die Bewältigungsversuche aus?

Die Reihenfolge der genannten Faktoren impliziert *keine* a priori festgelegte Wirkungsrichtung. Vielmehr sind zahlreiche Wechsel- und Rückwirkungen anzunehmen, die jedoch aus Gründen der Vereinfachung hier weggelassen wurden. Im nächsten Schritt werden wir ein Prozeßmodell entwickeln, das die genannten Faktoren in einen psychologisch sinnvollen *Zusammenhang* bringt. Erst dann können die Variablen der Untersuchung hergeleitet werden. Zunächst soll jedoch in bezug auf die genannten Fragestellungen der Untersuchung eine „Generalhypothese" formuliert werden, in der in noch ganz allgemeiner Form eine Gewichtung der Faktoren versucht wird.

Generalhypothese:
A) Arbeitslosigkeit verändert die Lebenssituation des Betroffenen und schafft krisenhafte seelische Belastungen, die *ohne* entlastende oder moderierende Einflüsse höher sind als bei Berufstätigen und im Zeitverlauf auch noch steigen können.
B) Es gibt folgende Begleiterscheinungen bzw. Indikatoren dieser krisenhaften und belastenden Veränderungen: Lebensziele werden reduziert und kurzfristiger; man glaubt weniger bzw. immer weniger an die Vorhersehbarkeit und Beeinflußbarkeit, die Hoffnung sinkt; man sieht die Verantwortung für Probleme eher bei

sich selbst als in den Umständen; man wird passiv und resignativ in der Auseinandersetzung mit der Situation, versucht Probleme eher gedanklich als durch Handlungen zu bewältigen; Selbstvertrauen und Bewältigungskompetenzen sind gering bzw. sinken; im sozialen Netzwerk (z.B. in der Partnerbeziehung) steigen die Belastungen, die potentiellen und tatsächlichen Hilfeleistungen nehmen ab; das Interesse an den „ideellen" (pädagogischen) Komponenten des Lehrerberufs nimmt ab, materielle Aspekte der Berufstätigkeit nehmen zu; Tendenzen zur Depressivität und zu psychosomatischen Beschwerden nehmen zu, die psychische Belastung breitet sich auf immer mehr Bereiche des Erlebens und Handelns aus.

C) Unterstützende bzw. belastungsreduzierende Funktion im Krisenverlauf haben entsprechend (spiegelbildlich zu B): das Vorhandensein von Lebenszielen, eine differenzierte und weite Zeit- und Zukunftsperspektive; Hoffnung sowie der Glaube an die Vorhersehbarkeit und Beeinflußbarkeit der Situation; realistische Verantwortlichkeitszuschreibung bzw. Entlastung von eigener Schuld; anforderungsbezogene Handlungen; Selbstvertrauen und Bewältigungskompetenz; Unterstützung durch das soziale Netzwerk; Interesse an Berufstätigkeit; geringe Ausbreitung des Belastungserlebens auf weitere Bereiche des Erlebens und Handelns.

Die meisten der von uns zu untersuchenden Variablen sind also (theoretisch gesehen) zugleich (potentiell) protektive und (potentiell) Risikofaktoren. Genauere Kenntnis über den Einfluß dieser Faktoren im konkreten Fall erhalten wir nur dann, wenn wir auch personenbezogen längsschnittliche Verläufe untersuchen. Dazu muß zunächst ein Prozeßmodell entwickelt werden.

3.2 Umsetzung der Fragestellungen: Prozeßmodell der Krisenbewältigung und Variablenüberblick

Um die genannten komplexen Fragestellungen untersuchen zu können, ist es zunächst notwendig, sich eine Vorstellung vom (hypothetischen) Zusammenhang der beteiligten Einflußfaktoren und Wirkungen zu machen. Zu diesem Zweck entwickeln wir ein Prozeßmodell der Krisenbewältigung, das in idealtypischer Weise den möglichen Verlauf der Auseinandersetzung einer Person mit einer Belastung abbildet (Ulich/Haußer/Mayring/Alt/Strehmel/Grünwald 1980; Mayring/Haußer 1982; Ulich/Mayring/Strehmel 1983). Grundlegend für die Entwicklung dieses Modells waren der Ansatz von Miller/Galanter/Pribram (1960/1973) sowie die schon erwähnten Arbeiten von Lazarus (vgl. Lazarus 1981; Lazarus/Launier 1981). Die dem Modell zugrundeliegende globale Sichtweise läßt sich mit drei Thesen kennzeichnen:

1. In Belastungssituationen reagieren Personen nicht (nur) vorwiegend passiv, sondern sie versuchen, sich aktiv mit der Situation und ihren äußeren und inneren Folgen auseinanderzusetzen.
2. Also läßt sich diese Auseinandersetzung nicht durch ein lineares, einseitig gerichtetes Modell abbilden, sondern es ist eine „transaktionale" (Lazarus), prozessuale, dynamische Auffassung der Person-Umwelt-Beziehung nötig.
3. Individuen fassen wir auf als sich verändernde Personen in einer sich verändernden Umwelt; die Auseinandersetzung mit Belastungen muß also als ein Rückkoppelungsprozeß verstanden werden, der u.U. sehr oft durchlaufen wird, bis die sich verändernde Person und die veränderte Umwelt in eine neue stabile Beziehung zueinander getreten sind (was keinesfalls eine dauerhafte Problemlösung bedeuten muß, sondern ebensogut auch die „Stabilisierung" eines resignativen oder depressiven Zustands bedeuten kann).

Nach der Theorie von Lazarus läßt sich die Auseinandersetzung mit einer Belastung in folgende Prozeßglieder zerlegen:

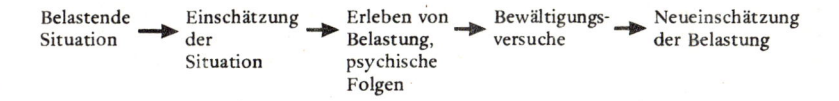

Belastende Situation → Einschätzung der Situation → Erleben von Belastung, psychische Folgen → Bewältigungsversuche → Neueinschätzung der Belastung

Um nun dieses noch sehr linear anmutende Modell in einen (nach außen und innen hin „offenen") Regelkreis umwandeln zu können, haben wir das TOTE-Modell von Miller/Galanter/Pribram herangezogen. Dieses Modell ist dazu geeignet, die wechselseitigen Beziehungen zwischen Einschätzungen (Kongruenz vs. Inkongruenz zwischen Zielen und Fakten), zielbezogenen Handlungen (hier: Bewältigungsversuchen), erneuter Ergebniseinschätzung, erneuten Handlungen usw. verständlich zu machen. In der Grundstruktur sieht dieses Modell so aus (vgl. Abb. 3.2.1):

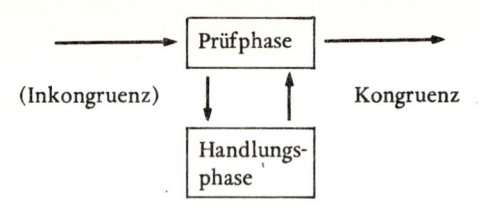

Abb. 3.2.1: Die Test-Operation-Test-Exit-Einheit (TOTE-Einheit) nach Miller, Galanter u. Pribram (1973, S. 34)

Um den Prozeßcharakter der Auseinandersetzungen mit Belastungen noch deutlicher zu machen, haben wir das Modell „auseinandergezogen" (vgl. Abb. 3.2.2):

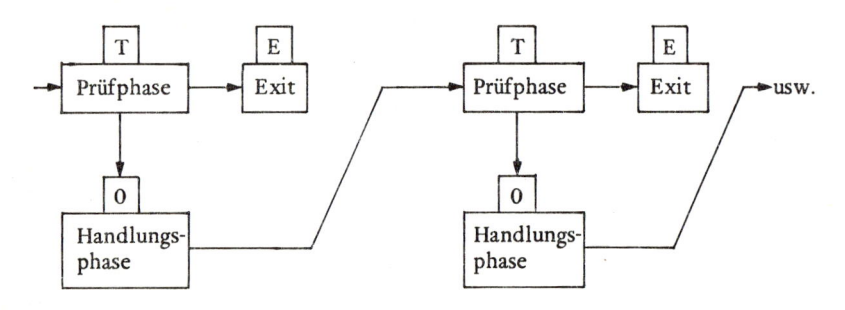

Abb. 3.2.2: Das TOTE-Prozeßmodell

Dieses formale Ablaufmodell kann nun unter Bezugnahme auf Lazarus, aber auch durch die Erweiterung von dessen Modell durch Hinzunahme z.B. biographischer Faktoren inhaltlich ausgefüllt werden. Dadurch entsteht folgendes Prozeßmodell der Krisenbewältigung (vgl. Abb. 3.2.3).

Da in dem Modell bereits Variablen enthalten sind, die später genauer erläutert werden sollen, wollen wir an dieser Stelle das Modell nur in allgemeiner Form beschreiben. Am Beginn der Auseinandersetzung mit einer — extern oder intern bewirkten und repräsentierten — Belastung befindet sich die Person in einer je gegebenen Lebenssituation, die anhand bestimmter Merkmale genau zu beschreiben ist. Die Person hat bestimmte Ziele, die das Erleben und Handeln leiten, deren Verwirklichung in der einen oder anderen Weise bedroht erscheint. Zu berücksichtigen sind ferner objektive Krisenfaktoren, die unabhängig von der sujektiven Einschätzung erfaßt werden müssen. In der Auseinandersetzung mit Bedrohungen und Belastungen finden

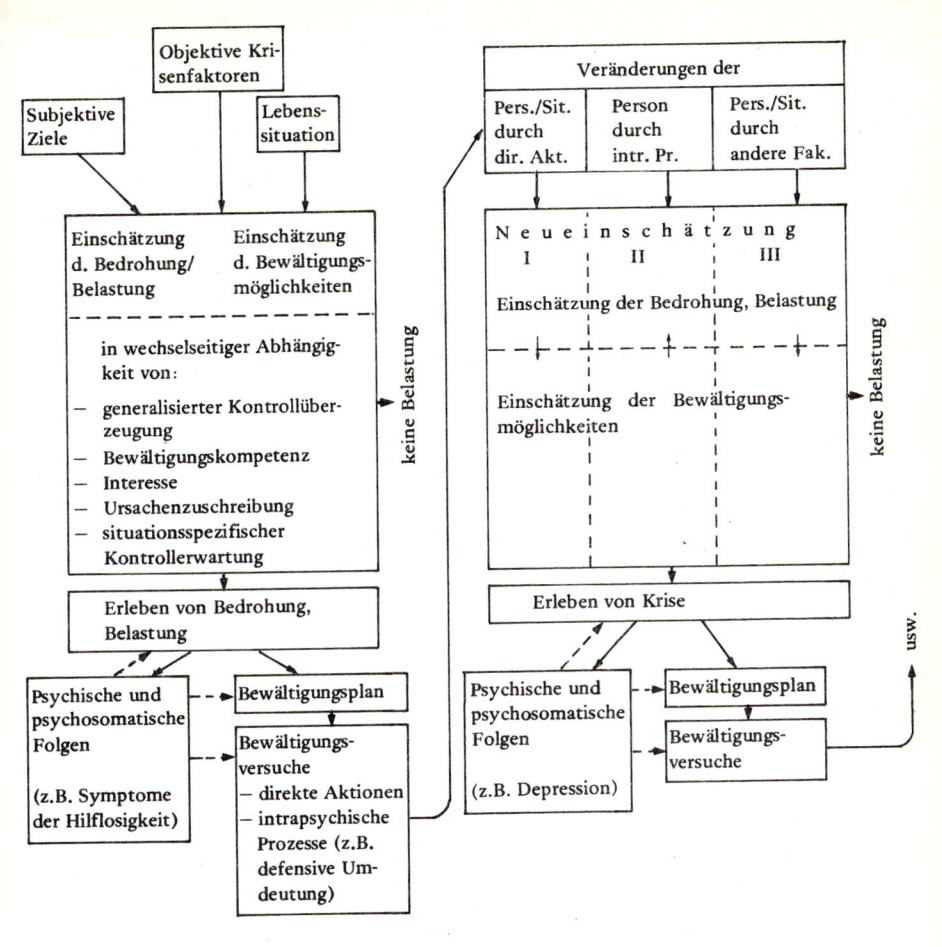

Abb. 3.2.3: Prozeßmodell der Krisenbewältigung

kognitive Einschätzungsprozesse statt — auf diese hat Lazarus besonders hingewiesen —, die in einer unauflöslichen Beziehung zu dem Erleben bzw. den Erlebniszuständen selbst stehen. Eine zeitliche Priorität von Erleben (Emotion) *oder* kognitiver Einschätzung kann realistischerweise nicht angenommen werden.

Lazarus unterscheidet zwei verschiedene, aber ebenfalls wechselseitig aufeinanderbezogene, in keiner prinzipiellen zeitlichen Abfolge stehenden Einschätzungsvorgänge: im „primary appraisal" wird der Grad der Bedrohung (von Zielen usw.) eingeschätzt, im „secondary appraisal" überlegt die Person, welche Bewältigungsmöglichkeiten sie hat. Ausgehend von diesen beiden Formen der kognitiven Verarbeitung haben wir nun die „Test-Phase" in unterschiedliche Kognitionen ausdifferenziert, und zwar entsprechend den in Kapitel 1 ausgeführten, uns brauchbar erscheinenden Theorieansätze. In der kognitiven Verarbeitung wirken biographische Einflußfaktoren wie erworbene Bewältigungskompetenz, ein bereits entwickeltes Selbstvertrauen (Kontrollerwartung) sowie ein bestehendes Interesse an dem betroffenen Bereich zusammen mit situationsbezogenen Faktoren wie Ursachenzuschreibung (auf das Problem sowie Bewältigungsmöglichkeiten bezogen) und situationsbezogene Beurteilung der eigenen Einflußmöglichkeiten (kognizierte Kontrolle) zusammen. Werden die Belastung als gering oder die Bewältigungsmöglichkeiten als ausreichend eingeschätzt, dann endet der ganze Prozeß schon hier: „Exit" (keine Belastung). Wird jedoch subjektive Belastung erlebt, so führt dies einerseits zu bestimmten Folgen wie etwa Belastungssymptomen, und andererseits, aber natürlich nicht regelmäßig, zur Planung und evtl. auch Ausführung von Bewältigungsversuchen (hier wieder nach Lazarus differenziert). Veränderungen der Person und/oder der Situation können in der Folge dieser Bewältigungsversuche auftreten, aber auch unabhängig davon. Es folgt eine Neueinschätzung („reappraisal" nach Lazarus), die im Falle eines Mißerfolgs der Bewältigungsversuche oder Andauerns der Belastung zur Verschlimmerung des Belastungserlebens, also zur „Krise" führen kann. Die Folgen können sich verschlimmern, es können neue Bewältigungsversuche unternommen werden usw. Der ganze Prozeß wird in der Regel häufig durchlaufen werden, wobei aber nicht immer alle Stufen gleichermaßen vorkommen müssen. Verbesserungen und Verschlechterungen des subjektiven Zustands können auch ohne bzw. trotz Bewältigungsversuchen eintreten.

Für die Zwecke unserer empirischen Untersuchung (vgl. auch oben die „Generalhypothese") haben wir nun die skizzierten Einflußfaktoren präzisiert und in einem Variablenmodell zusammengefaßt (vgl. Abb. 3.2.4), wobei zu beachten ist, daß der Prozeß*verlauf* durch die wiederholte, längsschnittliche Erhebung der Variablen erfaßt werden soll.

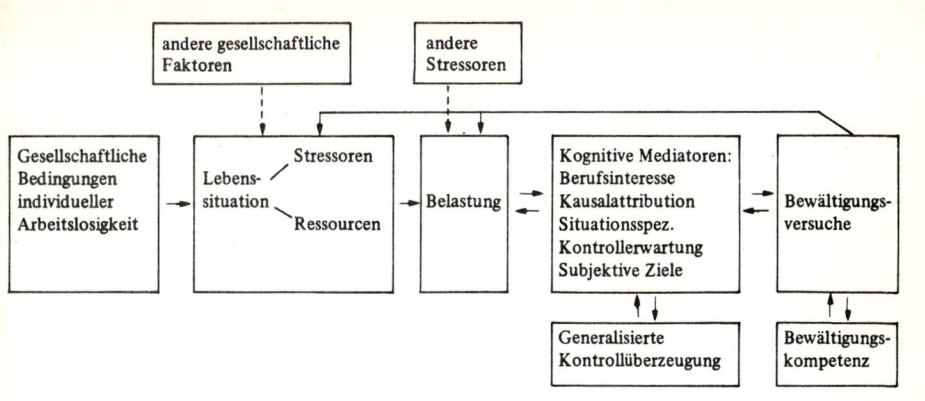

Abb. 3.2.4: Variablenschema der Untersuchung

Es folgen kurze Definitionen der in der Untersuchung verwendeten Variablen (ausführlicher in Kap. 4.1-4.8).

Objektive Voraussetzungen
Mit der Variablen „Objektive Voraussetzungen" ist die Entwicklung des Lehrerarbeitsmarktes und alternativer Beschäftigungsmöglichkeiten in der Bundesrepublik während der Zeitdauer unserer Untersuchung gemeint. Lehrerarbeitslosigkeit ergibt sich aus einer Fehlrelation zwischen Lehrerangebot und Lehrerbedarf: Je nach Perspektive werden zu viele Lehrer ausgebildet und/oder zu wenig Lehrer beschäftigt.

Lebenssituation
Die individuelle Lebenssituation wird bereichsspezifisch differenziert erfaßt, wobei ein besonderer Schwerpunkt auf den objektiven Stressoren und Ressourcen der Probanden liegt. Im einzelnen werden dabei folgende Bereiche abgedeckt:

— die *berufliche Lebenssituation,* wo neben statischen Merkmalen wie Fächerkombination und Schultyp auch veränderliche Merkmale wie Zusatzqualifikationen, gegenwärtige berufliche Tätigkeit, Vertragsart und -dauer sowie Perspektiven der Tätigkeit erhoben werden;
— die *finanzielle Situation,* für die vor allem das eigene Einkommen und ggf. das Einkommen des Partners, Geldquellen, finanzielle Verpflichtungen und Einschränkungen aufgrund der finanziellen Situation erfaßt werden;

— das *soziale Netzwerk,* unter dem alle sozialen Beziehungen des Probanden verstanden werden (vgl. Boussevain 1974). Das soziale Netzwerk wird dabei vorab in 5 Teilnetzwerke aufgeteilt: Partner, Kinder, Freunde (und Bekannte), Eltern und Organisationen. Dabei wird für jedes Teilnetzwerk erhoben, ob und in welchem Ausmaß der Proband Zugang dazu besitzt, und welche Ressourcen dort verfügbar sind. Außerdem wird erfaßt, welche potentiellen instrumentellen und affektiven Funktionen das soziale Netzwerk für den Probanden hat (vgl. Gourash 1978);
— da Arbeitslosigkeit gekennzeichnet ist durch den Verlust einer vorgegebenen *Zeitstruktur,* wurde erhoben, wieviel berufsfreie Zeit vorhanden ist, wie stark sie von außen strukturiert ist und wie sie inhaltlich ausgefüllt wird;
— in der *gesundheitlichen Lebenssituation* wird unterschieden zwischen chronischen Krankheiten und zwischen situationsabhängigen Anfälligkeiten. Außerdem werden die Auswirkungen der gesundheitlichen Situation auf die anderen Lebensbereiche erfaßt.

Belastung

Unter Belastung verstehen wir in unserer Untersuchung (in Anlehnung an Ulich 1982, S. 182ff. und 218ff.) solche Beeinträchtigungen der individuellen Befindlichkeit und Stimmung, der Erlebnis-, Verarbeitungs- und Handlungsmöglichkeiten einer Person in einer gegebenen Situation, die subjektiven Leidensdruck hervorrufen. Belastung ist also für uns der Zustand des Erleidens von Beeinträchtigungen und Mangelzuständen, das Erleben von negativen Veränderungen oder Einbußen an bereits erfahrenen oder jedenfalls möglichen positiven Erlebnis- und Handlungsmöglichkeiten. Entscheidend für die Feststellung von Belastung ist die Perspektive der Person.

Interesse

Da Arbeitslosigkeit den Verlust der bisherigen beruflichen Perspektive bedeutet, wird die Beziehung, die eine Person zu ihrem Beruf aufgebaut, und das Interesse, das sie daran entwickelt hat, von diesem Ergebnis betroffen.

Im Rahmen unserer Untersuchung wird Berufsinteresse verstanden als Ausdruck einer intensiven, lebendigen Beziehung eines Menschen zu seinem Beruf; Interesse zu haben bedeutet also nicht nur eine positive kognitive Einstellung zum Beruf (vgl. auch Schiefele/Haußer/Schneider 1979). Genauso wichtig sind dabei die emotionale Seite („am Beruf hängen", „seinen Beruf lieben") und das konkrete Handeln, also die aktive Auseinandersetzung mit ganz bestimmten Inhalten (z.B. den Fachinhalten beim Lehrer) und mit bestimmten Tätigkeiten (z.B. dem Umgang mit Kindern und Jugendlichen, dem pädagogischen Wirken).

Kausalattribution
Heider (1958) hat als erster herausgestellt, daß Wahrnehmungen von Kausalbeziehungen eine grundlegende Rolle im Leben des ‚Alltagsmenschen' spielen. Solche Kausalattributionen sind Wahrnehmungen, Einschätzungen, Beurteilungen der Ursachen einer Situation oder „subjektive Deutungen, mit deren Hilfe der Alltagsmensch sich das (kausale) Zustandekommen von Umweltereignissen und Handlungseffekten zu erklären versucht" (Ulich 1981, S. 21). Kausalattributionen sind integrativer Bestandteil des Belastungs- Bewältigungsgeschehens.

Generalisierte Kontrollüberzeugung und Situationsspezifische Kontrollerwartung
Im Rahmen seiner sozialen Lerntheorie hat Rotter (1966, 1975) den generalisierten Erwartungen des Subjekts hinsichtlich internaler Kontrolle von Verstärkung eine entscheidende vermittelnde Rolle zugedacht. Seligman (1983) hat auf die verheerenden Folgen von sich wiederholenden Kontrollverlusterfahrungen hingewiesen. Frese (1977) hat den Zusammenhang zur Arbeitslosigkeit erstmals hergestellt. Kontrollerwartung ist keine konstante Einstellung. Man muß vielmehr zwischen einer situationsspezifischen und einer situationsübergreifenden Kontrollerwartung unterscheiden. Inwieweit hinter der situationsspezifischen eine generalisierte Kontrollerwartung steht, muß empirisch untersucht werden (vgl. auch Haußer 1983).

Bei der situationsspezifischen Kontrollerwartung (‚kognitive Kontrolle', Frey 1977) unterscheiden wir drei Komponenten:

— kognitive Komponente : Erklärbarkeit, Klarheit, Vorhersehbarkeit der weiteren Entwicklung
— Handlungskomponente : Beeinflußbarkeit, Veränderbarkeit
— emotionale Komponente : Hoffnung, positives Gefühl, Optimismus der weiteren Entwicklung gegenüber.

Von Interesse ist aber nicht nur der Grad, sondern auch die Bereiche, die Inhalte der Erwartung.

Auch die situationsübergreifenden Generalisierte Kontrollüberzeugung muß bereichsspezifisch angebunden werden (vgl. 4.3.1).

Kontrollerwartung als situationsübergreifende biographische Variable ist bei uns das Selbstvertrauen, das sich beim Individuum im Umgang mit bestimmten Problemen entwickeln kann. Dieses Selbstvertrauen ist Veränderungen unterworfen.

Subjektive Ziele
In der Arbeitslosenforschung ist bereits sehr früh darauf hingewiesen worden, daß in der Arbeitslosigkeit Zeiterleben und Zukunftsperspektiven teilweise drastische Einschränkungen und Veränderungen erfahren (ganz wesentlich hierzu: Lewin 1942). Daher lag es nahe, auch in unserer Untersuchung die Frage nach den subjektiven Lebenszielen zu stellen. Diese Lebensziele interessierten uns sowohl inhaltlich wie auch unter dem Aspekt ihrer Veränderung über die Zeit hinweg (unter dem Einfluß der Arbeitslosigkeit).

Bewältigungskompetenz
Wir gehen davon aus, daß früher erworbene Bewältigungskompetenzen einen Einfluß auf die Bewältigung der aktuellen Krise Arbeitslosigkeit haben. Bewältigungskompetenzen sind definiert als Fähigkeiten, verfügbare Ressourcen in Anforderungssituationen wirkungsvoll zu nutzen. Unter Ressourcen verstehen wir dabei „Gebrauchsressourcen", z.B. materielle Ressourcen, Ressourcen aus dem sozialen Netzwerk oder berufliche Zusatzqualifikationen, Dinge also, die die Bewältigung der Arbeitslosigkeit erleichtern. Anforderung sind definiert als objektive Merkmale einer Situation, die für das Individuum potentiell belastend sind, d.h. die das Individuum normalerweise verhindern, vermeiden, beseitigen oder überwinden will (Strehmel 1984).

Bewältigungsversuche
Ausgangspunkt unserer Untersuchung von Bewältigungsversuchen ist die kognitive Streß- und coping-Theorie von Lazarus. In einer früheren Arbeit (Lazarus u.a. 1974, S. 250f.) wurde „coping" definiert als „Problemlösungsversuche, die ein Individuum unternimmt, wenn die Aufgaben, mit denen es konfrontiert ist, eher relevant sind für sein Wohlergehen, und wenn diese Aufgaben seine Anpassungsfähigkeiten auf die Probe stellen". Noch allgemeiner ist eine neuere Begriffsbestimmung (Lazarus 1981, S. 244): „Bewältigung besteht sowohl aus verhaltensorientierten als auch intrapsychischen Anstrengungen, mit solchen umweltbedingten und internen Anforderungen sowie den zwischen ihnen bestehenden Konflikten fertig zu werden (d.h. sie zu meistern, zu tolerieren, zu reduzieren, zu minimieren), welche die Fähigkeiten einer Person beanspruchen oder übersteigen".

Die genannten Handlungen (einschließlich kognitiver Vorgänge wie Umdeuten, Umstrukturieren, Sich-etwas-Vornehmen, Veränderung von Zielen usw.) müssen also subjektiv intendiert sein und einen eindeutigen Bezug zu Problemen bzw. Belastungen erkennen lassen. Da Erfolge in den genannten Situationen meist weder eindeutig planbar noch vorhersehbar sind, sprechen wir im Gegensatz zu Lazarus und anderen Coping-Theoretikern von Bewältigungs*versuchen*. Ziel der Forschung ist die Erfassung von intra- und inter-individuell unterschiedlichen Bewältigungsformen (und „Stilen") sowie von deren Beziehung zu Bedingungsfaktoren und Kovariablen.

3.3 Durchführung der Untersuchung

3.3.1 Stichprobe und längsschnittmethodisches Vorgehen

Ziel unserer Untersuchung war es, Prozesse des Erlebens und Bewältigens in der Krisensituation Arbeitslosigkeit aufzuzeigen. Dabei sollen interindividuelle Unterschiede in intraindividuellen Veränderungen dargestellt werden. In einer gestaffelten Längsschnittuntersuchung wurden 104 Lehrer über ein Jahr hinweg bis zu siebenmal interviewt. Die Stichprobe, Probandengewinnung und Probandenmotivation, das Design der Untersuchung und der Ablauf des Längsschnitts sowie die spezifische Längsschnittauswertung sollen im folgenden kurz beschrieben werden.

Stichprobe
Die Stichprobe bestand aus 104 Lehrern:

— Untersuchungsgruppe 1: 52 Lehrer, die nach dem Zweiten Staatsexamen arbeitslos waren (im Sinne der Arbeitsverwaltung, vgl. 4.1),
— Untersuchungsgruppe 2: 27 Lehrer, die befristete Aushilfsverträge an Schulen hatten (bis zu einem Jahr) und damit weiterhin von Arbeitslosigkeit bedroht waren,
— Kontrollgruppe: 25 Lehrer, die eine Planstelle erhalten hatten.

Die Geschlechterverteilung in unserer Stichprobe entsprach in etwa der Verteilung in der Gesamtheit der arbeitslosen Lehrer in der Bundesrepublik im Untersuchungszeitraum (2/3 Frauen, 1/3 Männer, vgl. Sekretariat Arbeitslose Lehrer 1983, S. 2). Das durchschnittliche Alter der Probanden lag bei 29 Jahren, 2/3 der Probanden waren verheiratet. Der größte Teil der arbeitslosen Lehrer in unserer Stichprobe waren Gymnasiallehrer (74%). Die häufigsten Fächer der Probanden waren Deutsch und Englisch, gefolgt von Geschichte, Lehramt an Grund- und Hauptschulen, Französisch und Sport. Dabei fällt auf, daß gerade Philologen, Historiker und alle Probanden mit etwas ausgefallenen Fächerkombinationen, wie etwa Spanisch, Latein oder Wirtschaftswissenschaften besonders häufig in der Untersuchungsgruppe 1 zu finden waren. Die Examensnote der Probanden, die das Kriterium für die Einstellung oder Nicht-Einstellung als Lehrer war (allerdings mit großen Unterschieden zwischen einzelnen Fächerkombinationen), betrug für die gesamte Stichprobe im Durchschnitt 2,92, in den Untersuchungsgruppen betrug sie 3,01, in der Kontrollgruppe 2,64. In der Untersuchungsgruppe 1 lag die Spannweite der Noten zwischen 1,7 und 4,25. Es wurden also auch Lehrer mit sehr guten Prüfungsergebnissen arbeitslos (die Grenznoten für die Einstellung waren jeweils an die Zahl der freien Planstellen in den einzelnen Fächerkombinationen angepaßt).

Insgesamt kann von einer gewissen Repräsentativität der Ergebnisse ausgegangen werden. Allerdings hat sich die Lage auf dem Arbeitsmarkt inzwischen laufend verschärft (vgl. 4.1).

Probandengewinnung und Probandenmotivation
Die Probanden wurden auf vielerlei Wegen für die Teilnahme an der Untersuchung gewonnen (vgl. ausführlich Ulich/Haußer/Strehmel/Mayring/Kandler 1982): über Tageszeitungen, Verbandsmitteilungen der Lehrerverbände, über Lehrerseminare an den Schulen, durch Verteilung von Informationsblättern im Arbeitsamt, durch Informationsveranstaltungen, die wir für arbeitslose Lehrer in Zusammenarbeit mit dem Münchner Arbeitslosenzentrum durchführten, und durch das „Schneeballsystem". Meistens erklärten sich die Probanden eher bereit, an der Untersuchung teilzunehmen, wenn sie schon von mehreren Seiten von unserer Untersuchung gehört hatten. Außerdem boten wir den Probanden eine Beratung an (vgl. 3.3.2) und die Probanden der Untersuchungsgruppen erhielten ein Interviewhonorar von DM 20,— pro Interview. Wie wir in einem Schlußinterview erfuhren, sah ein großer Teil der arbeitslosen Lehrer (42%) in unserer Untersuchung auch ein politisches Sprachrohr für die Probleme arbeitsloser Lehrer, nur für wenige (7%) war das Interviewhonorar auch ein Anreiz, an der Untersuchung teilzunehmen.

Die Probandenmotivation war in unserer Untersuchung insgesamt sehr gut. Es gab lediglich vier „drop-outs" durch Wegzug, aber keiner der Lehrer verweigerte ein Interview aus anderen Gründen. Die Motivation wurde auch dadurch unterstützt, daß jeder Proband über den gesamten Längsschnitt von demselben Interviewer betreut wurde. In der Literatur zur Veränderungsmessung wird immer wieder vor Meßfehlern gewarnt (vgl. Rudinger 1979), die durch Wiederholungs- und „Versuchsleitereffekte" entstehen. In Längsschnittuntersuchungen, in denen mit offenen Methoden gearbeitet wird und eine natürliche Form der Kommunikation gewählt wird, wie bei uns, spielen diese in der Experimentalpsychologie beschriebenen Fehlerquellen nur eine untergeordnete Rolle: Daß wir gute Beziehungen zu unseren Probanden aufbauen konnten, war letztlich ein Gewinn für die Qualität des Datenmaterials. Die Gespräche waren sicherlich offener und ehrlicher als in einer strikt kontrollierten Experimentalsituation (vgl. Mertens 1975). Konny*, einer unserer arbeitslosen Lehrer, gab uns z.B. folgende Rückmeldung zu den Interviews:

„Das ist halt eine willkommene Gelegenheit gewesen, das, was so abgelaufen ist in den Monaten dazwischen, jetzt mal auf einen Punkt, sprich in einen Satz zu kleiden. Während also in der Zwischenzeit du natürlich mit unheimlich viel Leuten redest und sehr viele von deinen Fragen mir von anderen Leuten gestellt werden, hatte ich das nie in diesem ganz klar vorbestimmten Rahmen: du willst dieses und dieses und dieses wissen und das immer wieder im Abstand von so und soviel. Es war wirklich nichts anderes, als wie wenn du ein Auto in die Werkstatt bringst zur Routineüberprüfung ... daß ich dann das Gefühl hatte, ja, es war schön jetzt, gezwungen zu sein, sich zu überlegen, was passiert ist, weil man normalerweise halt so vor sich hin wurschtelt, und ab und zu kommt mal der Punkt wo man ein bissel nach hinten schaut und überlegt, was hast du eigentlich gemacht."

Das Design
Die Probanden wurden in einer Längsschnittuntersuchung nach Beendigung des Referendariats (Ablegen des Zweiten Staatsexamens) dreizehn Monate lang begleitet: Die Untersuchungsgruppe 1 wurde ca. alle zwei Monate, also insgesamt siebenmal interviewt, die Untersuchungsgruppe 2 und die Kontrollgruppe wurden dreimal in jeweils halbjährlichem Abstand untersucht (vgl. Abb. 3.3.1). Vor der Hauptuntersuchung wurde in der Zeit von Oktober 1979 bis September 1981 eine Pilotstudie durchgeführt (vgl. näher Ulich/Haußer/Mayring/Strehmel/Grünwald 1981; Ulich/Haußer/Strehmel/Mayring/Kandler/Degenhardt 1983).

Zwei Probleme müssen bei der Planung einer Längsschnittuntersuchung vor allem gelöst werden: die Wahl der richtigen Erhebungszeit*punkte* und die Wahl des Zeit*intervalls*.

---

* Deckname

Zeiterleben und die subjektive Strukturierung der Zeit können intra- und interindividuell stark variieren (vgl. Thomae 1977). Der Forscher muß sich, will er die Prozesse des Erlebens und Handelns „in vivo" erfassen, auf das subjektive Zeiterleben seiner Probanden einlassen und darf nicht bei einer unkritischen Verwendung chronologischer Zeiteinheiten stehen bleiben (vgl. Riegel 1972). Problematisch wird dies aber, wenn man interindividuell vergleichbare Daten erfassen will (Strehmel 1981). Wie aber macht man dann die individuellen zeitlichen Strukturierungen von Prozessen vergleichbar?

Wir haben einen Kompromiß gewählt: Drei unserer Erhebungszeitpunkte, $t_1 - t_4 - t_7$, lagen jeweils am Beginn der Schulhalbjahre, im März und im September. Von diesen Erhebungszeitpunkten konnten wir annehmen, daß sie für viele Probanden subjektiv bedeutsam waren, da sie zugleich Einstellungstermine für die Lehrer waren: Vorher waren Aushilfeverträge abgelaufen, es wurden möglicherweise neue (aber häufig wieder befristete) Verträge abgeschlossen. Diese Zeitpunkte waren also für die meisten arbeitslosen Lehrer potentiell subjektiv hochbedeutsam, und wir konnten empirisch belegen, daß sich zu diesen Zeitpunkten auch die Lebenssituation am stärksten veränderte und die meisten Bewältigungsversuche stattfanden.

Zwischen den Erhebungszeitpunkten liefen Prozesse bei den Probanden ab, die wir nur retrospektiv erheben konnten. Die Abstände zwischen den Interviews durften nicht zu lang sein, da ein Schwerpunkt der Auswertung die statistische Analyse war und retrospektiv erhobenes Material eher einzelfallspezifisch auszuwerten ist. Andererseits war die Gefahr für Wiederholungseffekte bei zu kurzen Erhebungsintervallen groß. Von Erfahrungen aus der Pilotstudie ausgehend wählten wir daher einen Abstand von zwei Monaten.

Die Daten wurden in einem gestaffelten Längsschnitt im Zeitraum zwischen Februar 1982 und März 1984 erhoben.

Die Stichprobe war aus arbeitsökonomischen Gründen aufgeteilt in drei Untersuchungsblöcke (vgl. Abb. 3.3.1): Im ersten Block waren Probanden, die im Februar 1982 ihr zweites Staatsexamen abgeschlossen hatten und anschließend arbeitslos waren. Sie wurden bis März 1983 begleitet. Im zweiten Block waren Probanden, die im Sommer 1982 aus dem Referendardienst entlassen wurden. Diese Gruppe wurde bis Oktober 1983 untersucht, mit ihnen wurde auch die Kontrollgruppe interviewt. Der dritte Untersuchungsblock lag zwischen Februar 1983 und März 1984.

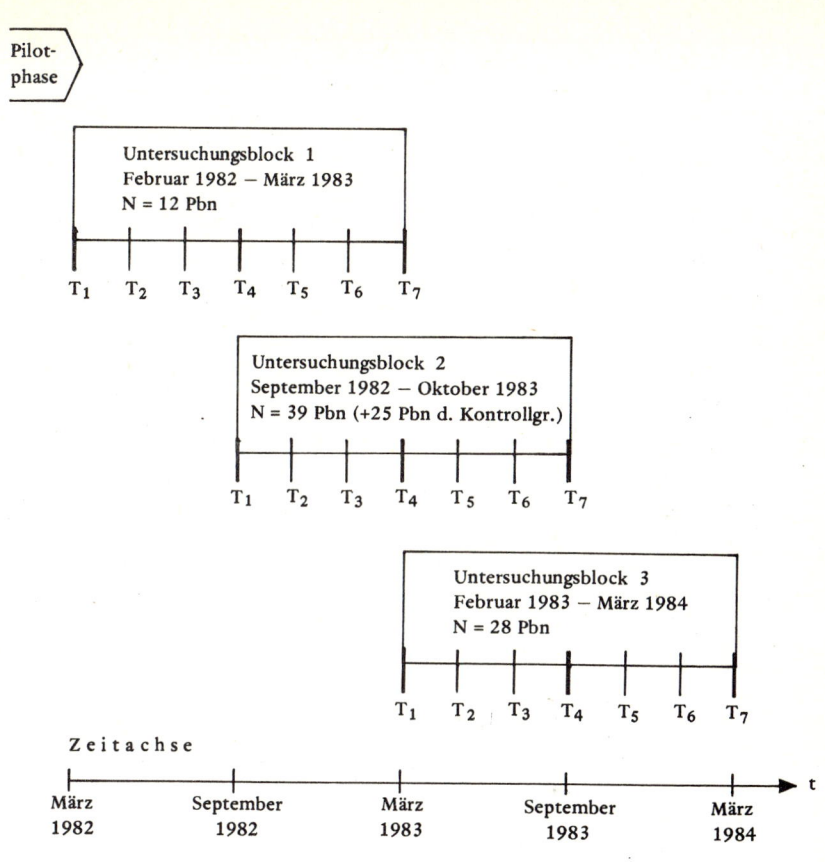

Abb. 3.3.1: Ablaufplan der Längsschnittuntersuchung

Durchführung der Untersuchung
Abbildung 3.3.2 zeigt, welche der Variablen zu welchen Erhebungszeitpunkten erfaßt wurden.

Die Lebenssituation, Belastung und die situationsspezifische Kontrolle sowie Bewältigungsversuche und subjektive Ziele wurden zu jedem Zeitpunkt erhoben, nach den anderen Variablen — Bewältigungskompetenz, generalisierte Kontrollüberzeugung, Berufsinteresse und Kausalattribution — fragten wir nur zu t_1, t_4 und t_7, da sie als relativ stabil angenommen wurden. So erhielten wir jeweils zeitpunktspezifische Meßwerte. Eine Ausnahme bildete die Erhebung der Bewältigungsversuche: Es wurden sämtliche Bewältigungsversuche erhoben, die seit dem jeweils vorangegangenen Interview stattgefunden hatten.

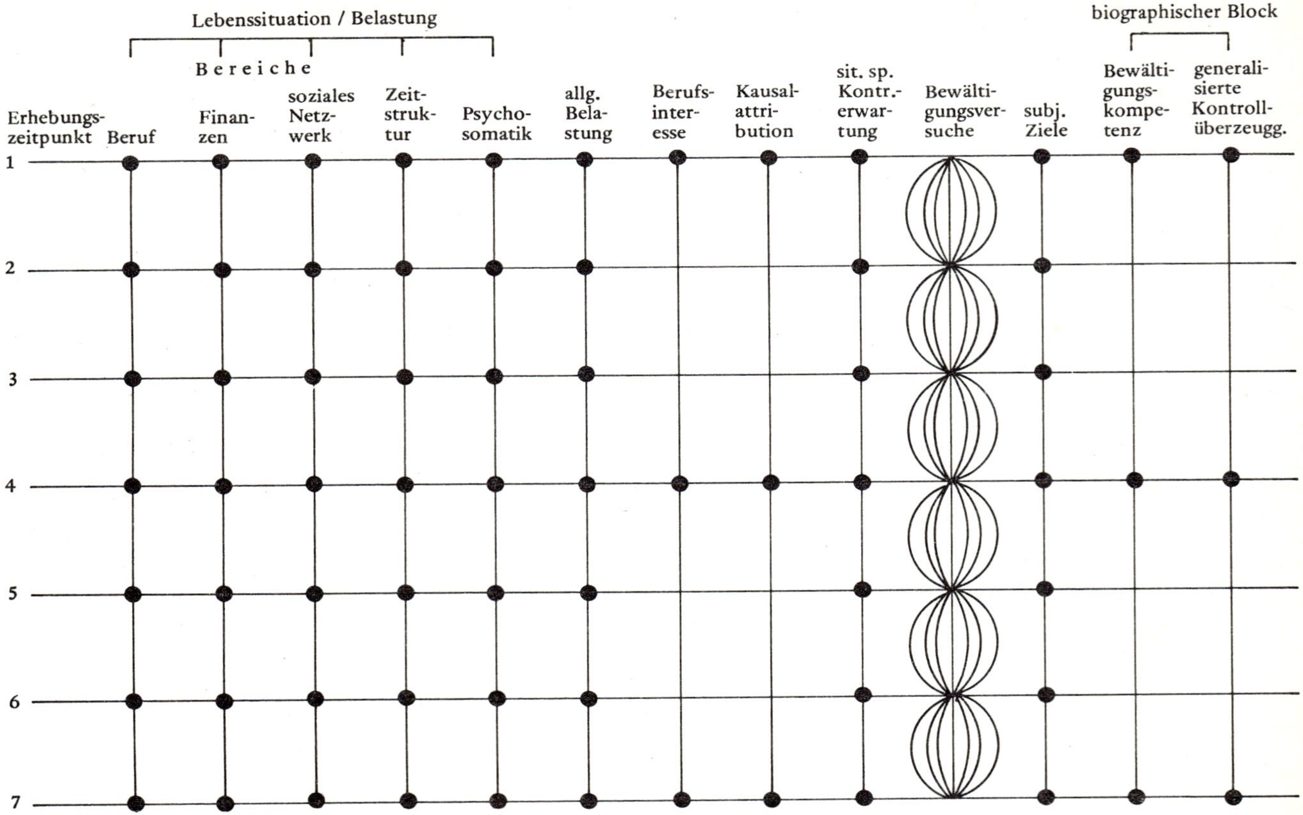

Abb. 3.3.2: Erhebungsplan der Untersuchung

So erhielten wir Informationen über Bewältigungsprozesse in dem *Zeitraum* zwischen den Interviews. Zur Kombination dieser Daten mit den *zeitpunkt*spezifischen Werten pro Person mußten in der Auswertung zusammenfassende Indizes gebildet werden.

Um die Belastungs-Bewältigungs-Prozesse möglichst detailliert und individuell zu erfassen, wurden die Interviews längsschnittbegleitend ausgewertet. Zugleich wurden damit die nachfolgenden Interviews individuell vorbereitet: In den Interviewleitfäden waren pro Fragenkomplex Kästchen freigelassen, in die die Aussagen vom letzten Interview eingetragen wurden (vgl. Anhang). So war es möglich, an vorher Gesagtes anzuknüpfen. Bei der Lebenssituation wurde dabei häufig nur noch nach Veränderungen gefragt. Die subjektiven Variablen wurden jedoch exploriert, ohne Informationen aus dem letzten Interview in das Gespräch miteinzubeziehen, da sonst eine zu starke Beeinflussung der Probanden zu befürchten gewesen wäre.

Längsschnittauswertung
Dem Problem der Veränderung des Meßinstruments im Verlauf der Längsschnittuntersuchung (Rudinger 1979) wurde durch das inhaltsanalytische Vorgehen begegnet, das Interviewmaterial wurde nach meßzeitpunktunspezifischen Regeln kodiert.

Um interindividuelle Unterschiede in intraindividuellen Veränderungen zu ermitteln, wurden Verlaufsindizes gebildet, die intraindividuelle Sequenzen in einer Variablen pro Person abbilden (vgl. Strehmel 1981). Die größte Schwierigkeit hierbei war die Komplexitätsreduktion: Schon bei einer dichotomen Variablen (wie z.B. arbeitslos vs. nicht-arbeitslos) gibt es bei sieben Erhebungszeitpunkten $2^7 = 128$ *mögliche* Verläufe. Zur Bildung von Variablen, die den Verlauf der Arbeitslosigkeit abbilden, teilten wir deshalb den gesamten Längsschnitt auf in zwei Hälften, wobei jeweils ein subjektiv bedeutsamer Zeitpunkt den Anfangs- und Endpunkt einer Sequenz darstellen sollte: die erste Längsschnitthälfte von t_1 bis t_4 und die zweite Längsschnitthälfte von t_4 bis t_7. Innerhalb dieser Sequenzen faßten wir nochmals die Zeitpunkte t_2 und t_3 bzw. t_5 und t_6 zusammen. Die intraindividuellen Veränderungen im Merkmal Arbeitslosigkeit vs. Nicht-Arbeitslosigkeit zwischen diesen Zeitpunkten waren nicht signifikant (Vorzeichentest), d.h. die Lebenssituation nach Arbeitslosigkeit vs. Nicht-Arbeitslosigkeit veränderte sich bei den Probanden in diesen Übergängen nicht wesentlich. Wir kamen so zu überschaubaren Sequenzen mit je drei Zeiteinheiten, also $2^3 = 8$ möglichen Verläufen:

- für die erste Längsschnitthälfte: $t_1 - t_2 / t_3 - t_4$
  (da zu t_1 alle Probanden der Untersuchungsgruppe 1 arbeitslos waren, hatte dieser Index aber nur vier Ausprägungen),
- für die zweite Längsschnitthälfte: $t_4 - t_5 / t_6 - t_7$.

Dieser Index war achtstellig mit folgenden Ausprägungen:

arbeitslos —	arbeitslos —	arbeitslos
arbeitslos —	arbeitslos —	nicht-arbeitslos
arbeitslos —	nicht-arbeitslos —	arbeitslos
arbeitslos —	nicht-arbeitslos —	nicht-arbeitslos
nicht-arbeitslos —	arbeitslos —	arbeitslos
nicht-arbeitslos —	arbeitslos —	nicht-arbeitslos
nicht-arbeitslos —	nicht-arbeitslos —	arbeitslos
nicht-arbeitslos —	nicht-arbeitslos —	nicht-arbeitslos

Nach der gleichen Logik wurde ein Index gebildet, der den gesamten Längsschnitt mit t_1, t_4 und t_7 umfaßte.

Diese Indizes, die den intraindividuellen Verlauf der Arbeitslosigkeit für jede Person abbilden, wurden in der Auswertung mit erhebungszeitpunktspezifischen Werten aller Variablen kombiniert.

3.3.2 Datenerhebung

Was ist der geeignetste methodische Zugang zu Krisenerleben und Krisenbewältigung unserer Stichprobe arbeitsloser Lehrer? Grundsatz der Datenerhebung in der Untersuchung war, den Einzelnen möglichst umfassend, möglichst ausführlich zur Sprache kommen zu lassen. Nicht Verhaltensbeobachtung, Test oder Fragebogen, sondern das *offene Interview* (die Exploration in der Terminologie der Bonner Schule) war die Methode der Wahl. Denn der glaubwürdigste Zeuge des eigenen Erlebens und Handelns ist das Individuum selbst. „Seine Aussagen ... stellen ... die einzige *sichere* Quelle für die Erschließung des Verhaltens in ‚natürlichen' Situationen dar" (Thomae 1968, S. 223). Das offene Interview bietet sich bei unserer Stichprobe besonders an, da ein ausgebildeter Lehrer in der Regel keine Probleme hat, komplexe Sachverhalte zu verbalisieren.

Das Forschungsinterview als möglichst offener Kommunikationsprozeß wird vor allem im Rahmen *qualitativer Sozialforschung* (vgl. Hopf/Weingarten 1979; Schwarz/Jacobs 1979; Zedler/Moser 1983) immer häufiger gefordert, jedoch unter sehr vielfältigen Bezeichnungen: Intensivinterview, unstrukturiertes Interview, qualitatives Interview, Tiefeninterview, fokussiertes Interview, narratives Interview usw. (vgl. Hopf 1978; Kohli 1978; Merton/Kendall 1979; Soeffner 1979; Schütze 1977; Garz/Kraimer 1983). Deshalb muß hier präzisiert werden: Gegenüber dem ‚klassischen' Interview der Umfrageforschung (vgl. z.B. Scheuch 1967) soll der Spielraum auf drei Ebenen erweitert werden:

— mehr Spielraum für den *Interviewten:* Er soll nicht nur aus vorgegebenen Antwortmöglichkeiten auswählen (geschlossenes Interview), sondern möglichst frei antworten können (offenes Interview);
— mehr Spielraum für den *Interviewer:* Er soll nicht an einem fertigen Fragenkatalog in Reihenfolge und Formulierung sklavisch gebunden sein (strukturiertes Interview), sondern nur einen Frageleitfaden an der Hand haben, der einen spontaneren Gesprächsablauf zuläßt (halb-strukturiertes Interview);
— mehr Spielraum in der *Auswertung:* Nicht ausschließlich vorgegebene Auswertungskategorien sollen auf ihre Häufigkeit im Interviewmaterial hin untersucht werden (quantitative Auswertung), sondern auch latente Sinngehalte, Einzelfallinterpretationen, nicht-quantifizierende Auswertungen sollen berücksichtigt werden (qualitative Auswertung).

Eine solche Konzeption bedeutet, daß die Interviews besonders sorgfältig geplant und durchgeführt werden müssen: Die Interviewdurchführung wurde nicht an Hilfskräfte delegiert, sondern von der Forschergruppe selbst durchgeführt. In der Pilotphase des Projektes wurde ein eingehendes *Interviewertraining* vorgenommen. Die Interviewer nahmen an einem Kursus in klientenzentrierter Gesprächsführung (vgl. Rogers 1972) teil. Alle Interviews der Pilotphase wurden zur gegenseitigen Supervision zu zweit durchgeführt.

Besonderer Sorgfalt bedurfte in unserem Vorgehen die Konstruktion der *Interviewleitfäden* (vgl. Anhang A). Hier konnten wir nur wenig auf Vorbilder zurückgreifen.

— Die Themenkomplexe wurden direkt aus der Theoriearbeit (vgl. Kap. 3.1) abgeleitet und in eine sinnvolle Reihenfolge gebracht.
— Parallel zu den dort entwickelten Variablendimensionen wurden Fragen zunächst vorformuliert. In eckigen Klammern wurden an zentralen Stellen Formulierungsalternativen beigefügt.
— Besonders wichtige Einstiegsfragen, Kernfragen oder Überleitungsfragen, die unbedingt gestellt werden müssen, wurden eigens gekennzeichnet. Fragen, die oft bereits im Erzählfluß mitbeantwortet werden, wurden graphisch abgesetzt.

- In runden Klammern wurden Hinweise für den Interviewer aufgenommen (Wo soll nachgefragt werden? Worauf zielt die Frage? ...).
- An einigen Stellen wurden Checklisten entwickelt, die mögliche Antwortbereiche enthalten, um im Einzelfall nachfragen zu können (z.B. Wo gibt es finanzielle Einschränkungen: Check möglicher Einschränkungen).
- Für die Folgeinterviews im Längsschnitt wurden im Leitfaden überall Kästchen freigelassen, in die der Interviewer vor dem Interview die wichtigsten Anknüpfungspunkte aus dem letzten Interview einträgt. So ist das Interview viel individueller und persönlicher zu gestalten („Sie hatten das letzte Mal gesagt, daß Sie sich finanziell sehr einschränken müssen. Ist das jetzt immer noch so?").

Wir haben im Anhang A ein Beispiel eines solchen Interviewleitfadens beigefügt. Nach einigen Überarbeitungen in der Pilotphase hat sich das Vorgehen nach solchen Leitfäden sehr bewährt.

In der Literatur zur Datenerhebung (z.B. Huber/Mandl 1982), aber auch konkret in der Pilotphase unserer Untersuchung tauchte immer wieder das Problem der Einflußnahme der Forscher auf den Untersuchungsgegenstand auf. Die Untersuchungsteilnehmer fragten uns nach unseren Ratschlägen, Einschätzungen der Situation und konkreten Tips. Auf der anderen Seite sammelten wir immer mehr Material über Zukunftsaussichten, staatliche Hilfen und Berufsalternativen für arbeitslose Lehrer. Dies führte dazu, daß wir uns entschlossen, Beratungsmappen mit solchen Informationen anzulegen. Diese Beratungsmappen, die wir in der Form einer *standardisierten Beratung* allen Untersuchungsteilnehmern zur Verfügung stellten, hatten folgenden Inhalt:

- Tips für die Bewerbung;
- Überblick über Leistungen von Arbeitsamt und Sozialamt;
- Adressenlisten von Privatschulen und Alternativschulen;
- Anstellungsmöglichkeiten als Lehrer in anderen Bundesländern (mit Adressen);
- Möglichkeiten, als Lehrer im Ausland zu arbeiten (Adressen);
- Institutionen der Erwachsenenbildung;
- eine von uns zusammengestellte Broschüre über Bereiche, in denen bisher arbeitslose Lehrer untergekommen sind (Quelle: Kammerer-Jöbges, Kammerer, Schindler, Zollondz 1980; Sagasser 1978; Gellert/Schindler 1980; Durrer/Kazemzadeh 1981a; Holtkamp/Teichler 1981).

Die Standardisierung der Beratung sollte mögliche verzerrende Einflüsse gering halten. Auf der anderen Seite ist es bei der Untersuchung so gravierender sozialer Probleme wie Arbeitslosigkeit im Sinne einer *humanen Forschung* unabdingbar, sich auch auf die Seite der Betroffenen zu stellen (vgl. Lewin 1953). Nur dadurch, daß die Untersuchungsteilnehmer bei uns nicht zu bloßen Datenlieferanten degradiert wurden, ist es erklärbar, daß bei einer Erhebung von rund 600 Interviews in einer Zeit von 1 1/2 Jahren *kein* einziges Gespräch abgebrochen wurde, *keine* Längsschnittzusage zurückgezogen wurde. Die wenigen Ausfälle, die wir zu verzeichnen hatten, waren durch Wegzug verursacht.

3.3.3 Auswertung

Ziel der Auswertungskonzeption unseres Projektes ist es, so nah an den Daten wie möglich und so quantitativ wie nötig vorzugehen. Möglichst viel vom Ausgangsmaterial, von den Aussagen der hundert ausgewählten Lehrer, soll erhalten bleiben; dort wo es sinnvoll erscheint, werden Verallgemeinerungen vorgenommen. Folgende Aufgaben mußten in der Auswertung erfüllt werden:

- Transkription der Interviews;
- Inhaltsanalytische Kodierung;
- Statistische Auswertung;
- Einzelfallanalysen.

Unabdingbare Voraussetzung ist die genaue *Dokumentation und Aufbereitung der Interviews*. Sie wurden auf Tonband aufgezeichnet – natürlich mit dem Einverständnis der Interviewten – und zu einem schriftlichen Protokoll transkribiert. Für die Transkription stellten wir genaue Anweisungen auf, die auch die Notierung von Gesprächsauffälligkeiten wie Pausen, Stottern, Lachen usw. vorschrieben (zu solchen Transkriptionsmodellen vgl. Ehlich/Switalla 1976). Es entstanden auf diese Weise über 20.000 Seiten Interviewprotokolle.

Im Mittelpunkt der Auswertung steht die *Inhaltsanalyse*. Den Ausschlag für diese gerade in letzter Zeit an Bedeutung gewinnende Methode (Krippendorff 1980; Merten 1983; Rust 1983) gaben folgende Überlegungen:

— Neben quantitativen Techniken hat sich auch ein qualitativer Ansatz der Inhaltsanalyse gebildet (Ritsert 1972; Mayring 1983, 1985), der den Schwerpunkt auch auf die Interpretation latenter Sinnstrukturen, auf Fallanalysen und vorquantitative Interpretationsschritte legt.

- Inhaltsanalyse geht schrittweise, regelgeleitet, systematisch vor und weist sich damit als nachvollziehbare, replizierbare Methode aus.
- Durch ihre Einbettung in die empirische Forschungsmethodologie hat die Inhaltsanalyse auch den Anspruch, sich an Gütekriterien messen zu lassen.
- Im Zentrum der Inhaltsanalyse steht das Erarbeiten eines Kategoriesystems; dies geschieht theoriegeleitet und materialorientiert zugleich.

Das Ablaufschema der Auswertung des Projektes verdeutlicht dies (Abb. 3.3.3; vgl. auch Mayring 1983, S. 48ff.; Ulich/Haußer/Strehmel/Mayring/Kandler 1982).

Über Hauptfragestellungen und Variablenauswahl ist schon einiges gesagt worden (vgl. Kap. 1 und Kap. 3.1). Die multidimensionale Fassung der Variablen ist die Konsequenz unseres differentiellen Ansatzes und wird im Ergebniskapitel (Kap. 4) im einzelnen vorgeführt. Kernpunkt der Auswertungskonzeption ist nun, die einzelnen Variablenausprägungen so genau zu definieren, daß eine exakte Zuordnung von Material möglich ist (vgl. Strukturierende Inhaltsanalyse, Mayring 1983; Haußer/Mayring/Strehmel 1982; Haußer 1972). Dabei haben wir ein Verfahren entwickelt, das in drei Schritten vorgeht:

- Eine theoriegeleitete, explizite *Definition* jeder einzelnen Ausprägung steht am Anfang.
- Dann werden aus dem Material typische Beispiele (*„Ankerbeispiele"*) gesammelt, die den Sinngehalt der Ausprägung verdeutlichen. Die Ankerbeispiele haben prototypische Funktion (vgl. Eckes/Six 1982) für die Ausprägung.
- Um die Ausprägungen untereinander abzugrenzen werden *Kodierregeln* formuliert, die die Zuordnung an den Schnittstellen der Ausprägungen festlegen.

In einem *Kodierleitfaden* werden diese Definitionen, Ankerbeispiele und Kodierregeln zusammengestellt. Ein Beispiel dazu in Abb. 3.3.4.

Der Kodierleitfaden wurde in der Pilotphase des Projektes entwickelt und infolge von Probekodierungen überarbeitet. Er ermöglicht es, daß die Kodierungen *interindividuell vergleichbar* sind, was die Voraussetzung einer statistischen Auswertung ist.

Den ersten Schritt der Materialbearbeitung jedoch stellt die *Fundstellenbezeichnung* dar. Da im Interview Material zu den einzelnen Variablen an ganz verschiedenen Stellen auftauchen kann, werden durch Unterstreichungen und Randnotizen mit Buntstiften (für

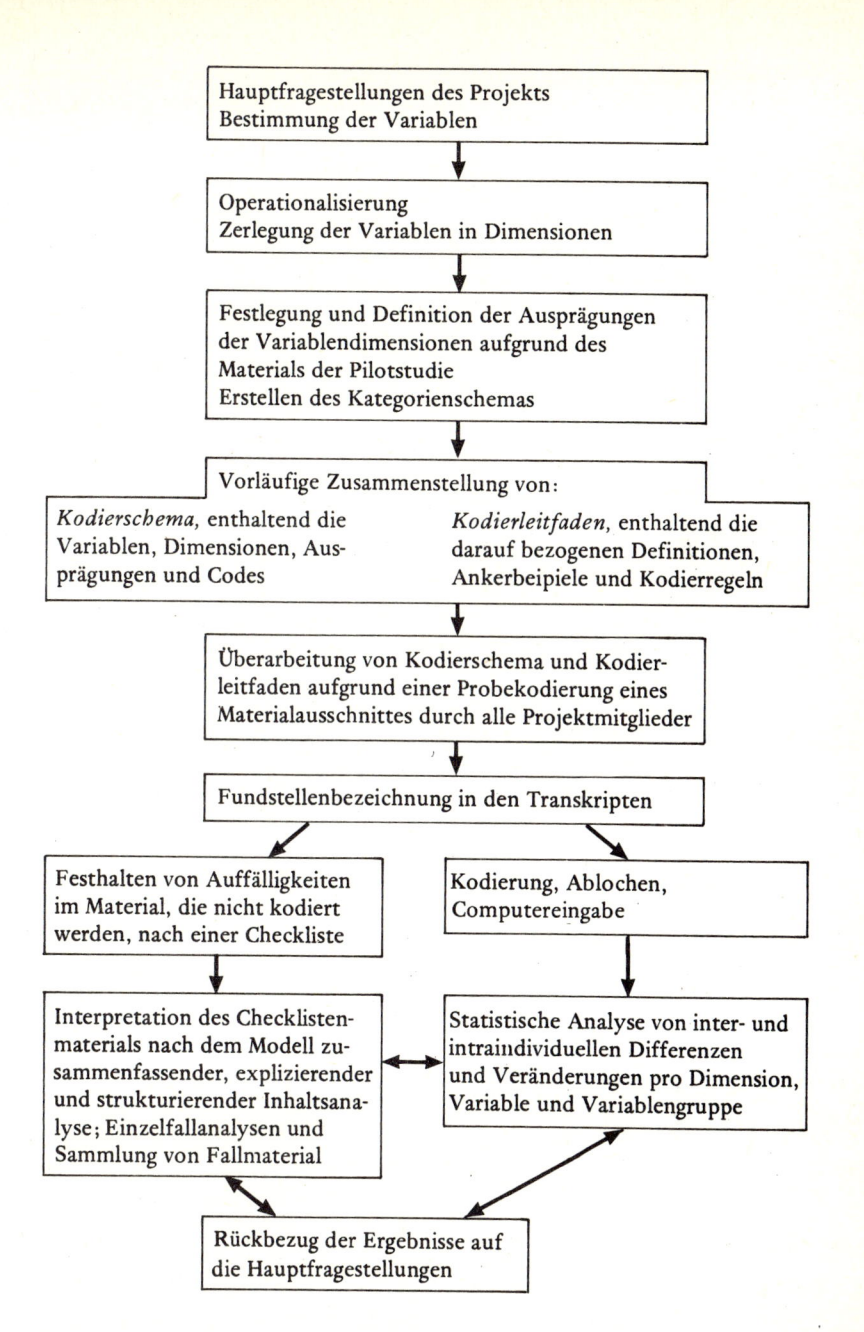

```
┌─────────────────────────────────────────┐
│ Hauptfragestellungen des Projekts       │
│ Bestimmung der Variablen                │
└─────────────────────────────────────────┘
                    ↓
┌─────────────────────────────────────────┐
│ Operationalisierung                     │
│ Zerlegung der Variablen in Dimensionen  │
└─────────────────────────────────────────┘
                    ↓
┌─────────────────────────────────────────┐
│ Festlegung und Definition der Ausprägungen │
│ der Variablendimensionen aufgrund des   │
│ Materials der Pilotstudie               │
│ Erstellen des Kategorienschemas         │
└─────────────────────────────────────────┘
                    ↓
┌───────────────────────────────────────────────────────────┐
│ Vorläufige Zusammenstellung von:                          │
│                                                           │
│ *Kodierschema*, enthaltend die    *Kodierleitfaden*, enthaltend die │
│ Variablen, Dimensionen, Aus-      darauf bezogenen Definitionen,    │
│ prägungen und Codes               Ankerbeipiele und Kodierregeln    │
└───────────────────────────────────────────────────────────┘
                    ↓
┌─────────────────────────────────────────┐
│ Überarbeitung von Kodierschema und Kodier- │
│ leitfaden aufgrund einer Probekodierung eines │
│ Materialausschnittes durch alle Projektmitglieder │
└─────────────────────────────────────────┘
                    ↓
┌─────────────────────────────────────────┐
│ Fundstellenbezeichnung in den Transkripten │
└─────────────────────────────────────────┘
         ↙                        ↘
┌──────────────────────────┐  ┌──────────────────────────┐
│ Festhalten von Auffällig- │  │ Kodierung, Ablochen,     │
│ keiten im Material, die   │  │ Computereingabe          │
│ nicht kodiert werden,     │  │                          │
│ nach einer Checkliste     │  │                          │
└──────────────────────────┘  └──────────────────────────┘
            ↓                              ↓
┌──────────────────────────┐  ┌──────────────────────────┐
│ Interpretation des Check- │  │ Statistische Analyse von │
│ listenmaterials nach dem  │←→│ inter- und intraindividu-│
│ Modell zusammenfassender, │  │ ellen Differenzen und    │
│ explizierender und struk- │  │ Veränderungen pro Dimen- │
│ turierender Inhaltsana-   │  │ sion, Variable und       │
│ lyse; Einzelfallanalysen  │  │ Variablengruppe          │
│ und Sammlung von Fall-    │  │                          │
│ material                  │  │                          │
└──────────────────────────┘  └──────────────────────────┘
              ↘              ↙
        ┌─────────────────────────────┐
        │ Rückbezug der Ergebnisse auf │
        │ die Hauptfragestellungen     │
        └─────────────────────────────┘
```

Abb. 3.3.3: Ablaufschema der Auswertung

Variable	Ausprägung	Definition	Ankerbeispiele	Kodierregeln
Selbstvertrauen	K1: hohes Selbstvertrauen	Hohe subjektive Gewißheit, mit der Anforderung gut fertig geworden zu sein, d.h. – Klarheit über die Art der Anforderung und deren Bewältigung; – Positives, hoffnungsvolles Gefühl beim Umgang mit der Anforderung; – Überzeugung, die Bewältigung, der Anforderung selbst in der Hand gehabt zu haben.	„Sicher hat's mal ein Problemchen gegeben, aber das wurde dann halt ausgeräumt: entweder von mir die Einsicht oder vom Schüler, je nachdem, wer den Fehler gemacht hat – Fehler macht ja ein jeder." „Ja klar, Probleme hatten wir natürlich, aber zum Schluß hatten wir ein sehr gutes Verhältnis, hatten wir uns gut zusammengerauft."	Alle drei Aspekte der Definition müssen in Richtung ‚hoch' deuten, zumindest soll kein Aspekt auf ein mittleres Selbstvertrauen schließen lassen; sonst Kodierung ‚mittleres Selbstvertrauen'
	K2: mittleres Selbstvertrauen	Nur teilweise oder schwankende Gewißheit mit der Anforderung gut fertig geworden zu sein	„Ich hab mich da einigermaßen durchlaviert, aber es war oft eine Gratwanderung." „Mit der Zeit ist es etwas besser geworden, aber ob das an mir oder an den Umständen lag, weiß ich nicht." „Ich bin zum Schluß mit dem Seminarlehrer ganz gut ausgekommen, aber ich hatte kein gutes Gefühl dabei – ich hab mich halt angepaßt, untergeordnet."	Wenn nicht alle drei Aspekte auf hohes Selbstvertrauen oder niedriges Selbstvertrauen schließen lassen
	K3: niedriges Selbstvertrauen	Überzeugung, mit der Anforderung schlecht fertig geworden zu sein, d.h. – wenig Klarheit über die Art der Anforderung; – negatives, pessimistisches Gefühl beim Umgang mit der Anforderung; – Überzeugung, den Umgang mit der Anforderung nicht selbst in der Hand gehabt zu haben.	„Das hat mein Selbstvertrauen getroffen; da hab ich gemeint, ich bin eine Null oder ein Minus."	Alle drei Aspekte deuten auf niedriges Selbstvertrauen, sonst Kodierung ‚mittleres Selbstvertrauen'
	K4: Selbstvertrauen nicht erschließbar	Über die Anforderungen wird zwar berichtet, aber die Art des Umgangs bleibt unklar.	„Das war am Anfang schon schwierig, aber mit der Zeit hat sich das dann gegeben.	

Abb. 3.3.4: Kodierleitfaden zur Variable Selbstvertrauen

jede Variable eine Farbe) die Textstellen (,Fundstellen') gekennzeichnet, die wesentliches Material zu den Variablen hergeben. Darauf aufbauend werden dann die Kodierungen vorgenommen: für jedes Interview werden die Kodierungen nach den Regeln des Kodierleitfadens in ein *Kodierschema* eingetragen. Einen Ausschnitt aus einem solchen Kodierschema haben wir wieder im Anhang C beigeführt. Diese Daten wurden am Leibniz-Rechenzentrum München in einer SIR-Datenbank verwaltet (vgl. Robinson u.a. 1980). Mit Hilfe des SPSS9-Programmsystems (Beutel/Schubö 1983) konnten dann mit diesen Daten inter- und intraindividuelle Differenzen und Veränderungen untersucht werden. Dabei standen folgende Verfahren im Vordergrund:

— Häufigkeitsanalysen;
— Indexbildungen, wobei nach bestimmten Kriterien Daten aus mehreren Variablen zu übergeordneten Variablen reduziert wurden (vgl. die Ergebnisteile in Kap. 4);
— Kreuztabellenanalysen; hier vor allem Korrelationsberechnungen nach Kendall's Tau, einem Maß, das Zusammenhänge ordinalskalierter Variablen unter Angabe der Richtung des Zusammenhangs und der Irrtumswahrscheinlichkeit berechnet und dabei Verbundwerte (,ties') berücksichtigt (vgl. auch Nie u.a. 1975);
— Nicht-parametrische Tests wie der Mann-Whitney-U-Test (vgl. Mann/Whitney 1947) und die Ein-Weg-Rangvarianzanalyse nach Kruskal und Wallis (H-Test, vgl. Kruskal/Wallis 1952), Verfahren, die keine Vorannahmen über Art der Verteilung der Daten implizieren (vgl. Siegel 1976).

Im einzelnen ist dies im Ergebniskapitel (Kap. 4) dargestellt. Parallel mit der Fundstellenbezeichnung und Kodierung wird anhand einer *Checkliste* nach weiteren interessanten Auffälligkeiten im Material gesucht. Fragestellungen, die sich nicht operationalisieren ließen, zusätzliche Auswertungsgesichtspunkte, bisher nicht berücksichtigte Aspekte werden in dieser Checkliste mit dem Verweis auf die jeweilige Textstelle festgehalten. Dieses Material wird dann inhaltsanalytisch weiter bearbeitet (siehe auch die Einzelfallanalysen in Ulich/Haußer/Mayring/Alt/Strehmel/Grünwald 1981; Kandler 1984).

Im Ablaufschema (Abb. 3.3.3) bilden nun die letzten drei Schritte ein Dreieck, verklammert dadurch, daß die Ergebnisse sowohl der Checkliste als auch der EDV-Auswertung auf die Hauptfragestellungen bezogen werden müssen und zugleich sich gegenseitig ergänzen. Die Hauptfragestellungen leiten die grundlegenden Interpretationen an. Zu den zentralen Ergebnissen werden Fallanalysen und Fallmaterial beigesteuert.

An dieser Auswertungskonzeption wird auch deutlich, wie unsinnig die oft hochstilisierte Gegenüberstellung qualitativer und quantitativer Methodik ist: beide sind hier ineinander verschränkt.

Der Hauptvorteil dieses schrittweisen, sehr differenzierten Vorgehens ist die intersubjektive Nachvollziehbarkeit. So lassen sich anhand des Auswertungsmodells auch Angaben zur Erfüllung von *Gütekriterien* machen. Da in empirischen Untersuchungen das Kapitel ‚Gütekriterien' oft übergangen oder mit dem Verweis auf einen Reliabilitätskoeffizienten abgetan wird, soll hier näher darauf eingegangen werden.

Ein eigenes Konzept inhaltsanalytischer Gütekriterien hat Krippendorff (1980) entwickelt (vgl. auch Janis 1965; Kaplan/Goldsen 1965). Er kommt zu acht Kriterien, anhand derer das hier vorgestellte Projekt nun eingeschätzt werden soll.

```
                    Kriterien für die
                     Qualität der
                    Inhaltsanalyse

        Validität im                          Reliabilität
       engeren Sinne

  Material-      Ergebnis-      Prozeß-
  orientiert     orientiert     orientiert

Semantische  Stichproben-  Korrelative  Vorhersage-  Konstrukt-   Stabi-   Reprodu-    Exakt-
Gültigkeit   gültigkeit    Gültigkeit   gültigkeit   gültigkeit   lität    zierbarkeit heit
   (1)          (2)           (3)          (4)          (5)        (6)        (7)       (8)
```

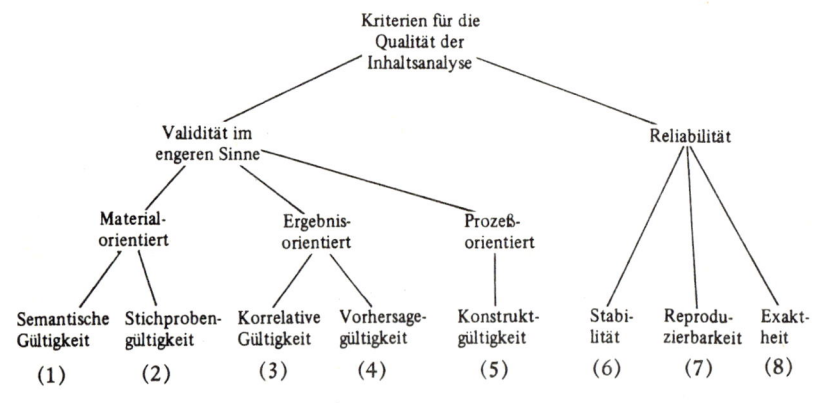

Abb. 3.3.5: Inhaltsanalytische Gütekriterien nach Krippendorff 1980, S. 158

(1) *Semantische Gültigkeit* meint dabei die Güte der Bedeutungsrekonstruktion. Sind die Bedeutungen der kodierten Kategorien immer in Übereinstimmung mit dem, was die kodierten Textstellen tatsächlich ausdrücken? Sind all die Textstellen vergleichbar, die als unter eine Kategorie fallend kodiert wurden? Ein einzelfallorientiertes Vorgehen kann dies permanent im Auswertungsprozeß überprüfen. Bei den zentralen Ergebnissen wurde nach typischen Textbeispielen gesucht um die Aussagen zu illustrieren und durch Fallanalysen zu erweitern. Dabei wurde auch überprüft ob die Kodierung semantisch sinnvoll war. Auch die Sammlung von Ankerbeispielen im Kodierleitfaden gewährleistet eine ausreichende semantische Gültigkeit: Bei jeder neuen Kodierung wurden die bisherigen Ankerbeispiele für die jeweilige Kategorie als Vergleichsmaßstab herangezogen.

(2) Auf die *Stichprobengültigkeit* ist bereits in Kapitel 3.3.1 eingegangen worden.

Zur *Kriteriumsbezogenen Gültigkeit* (3) und zur *Vorhersagegültigkeit* (4) läßt sich nur etwas sagen unter einer über das Projekt hinausreichenden Perspektive und anhand der konkreten inhaltlichen Ergebnisse.

(5) *Konstruktvalidität* kann in unserer Untersuchung als gegeben angesehen werden, da wir von Anfang an streng theoriegeleitet vorgegangen sind. Die Konzeption und Operationalisierung der Variablen bis hin zum Kodierleitfaden sind auf die in Kap. 1 dargestellten grundlegenden Theorieansätze bezogen worden.

(6) *Stabilität* ist ein Reliabilitätskriterium, das die Unveränderlichkeit der Ergebnisse bei erneuter Anwendung der Instrumente beinhaltet. Die Voraussetzungen dafür, eine genaue Beschreibung der Instrumente und der Verfahrensschritte, ein Interviewtraining und ein intersubjektiv nachvollziehbare Kodierverfahren, wurden in unserem Projekt geschaffen. Andererseits ist dieses Kriterium bei Gegenständen, die starkem sozialem Wandel unterliegen, zu vernachlässigen.

(7) Die *Reproduzierbarkeit* wurde durch eine ausschnittweise Überprüfung der Interkoderreliabilität gemessen. Dabei wurden 22 Interviews von zwei Kodierern unabhängig ausgewertet. Bei der Berechnung der Reliabilität wurde der Koeffizient R (Holsti 1969) verwandt, der die Zahl der Übereinstimmungen mit der Auftretenshäufigkeit der benutzten Kategorien verrechnet. Zusätzlich wurde der Reliabilitätskoeffizient Pi (Scott 1955) errechnet, der darüberhinaus zufällige Übereinstimmungen berücksichtigt (zu möglichen Koeffizienten vgl. im Überblick Friede 1981). Abb. 3.3.6 zeigt die beiden Koeffizienten für zentrale Belastungsmaße.

Dabei handelte es sich um in der Regel vierstufige Ordinalskalen bzw. zehnstufige Nominalskalen. Die Höhe der Koeffizienten ist insgesamt als befriedigend anzusehen.

	Pi	R
Belastungseinschätzung berufl. Bereich	.60	.73
Belastungsgrad beruflicher Bereich	.52	.68
Belastungsfaktoren berufl. Bereich	.75	.86
Belastungseinschätzung Zeitstruktur	.83	.86
Belastungsgrad Zeitstruktur	.79	.86
Belastungsfaktoren Zeitstruktur	.45	.85
Niedergeschlagenheit, Bedrücktheit	.70	.82
Konzentrationsschwierigkeiten	.70	.82
Selbstvorwürfe, Selbstwertzweifel	.81	.91
Schlaffheit, Energielosigkeit	.70	.82
Zweifel an eigenen Fähigkeiten	.71	.86

Abb. 3.3.6: Interkoderreliabilitäten bei Belastungskodierungen (Scott's Pi und Holsti's R)

(8) *Exaktheit* als Gütekriterium meint den funktionellen Standard, die Genauigkeit einer Untersuchung und drückt sich vor allem in der Regelgeleitetheit einer Analyse aus. Durch die genaue Ausarbeitung eines Auswertungsmodells, die Beschreibung des schrittweisen Vorgehens wurde diesem Kriterium Rechnung getragen.

Abschließend sei noch angemerkt, daß in der halbjährigen Pilotphase das gesamte Instrumentarium der Untersuchung immer wieder überarbeitet wurde. So zeichnet sich die Methodik durch einen hohen Grad an Kontrolliertheit und Nähe zum untersuchten Modell aus; und dies war ja das Hauptziel des Projektes — differentielle, einzelfallorientierte und statistische Analyse.

4. Ergebnisse der Untersuchung zur Lehrerarbeitslosigkeit

4.1 Lehrerarbeitslosigkeit in der Bundesrepublik – objektive Voraussetzungen der Lebenssituation unserer Probanden

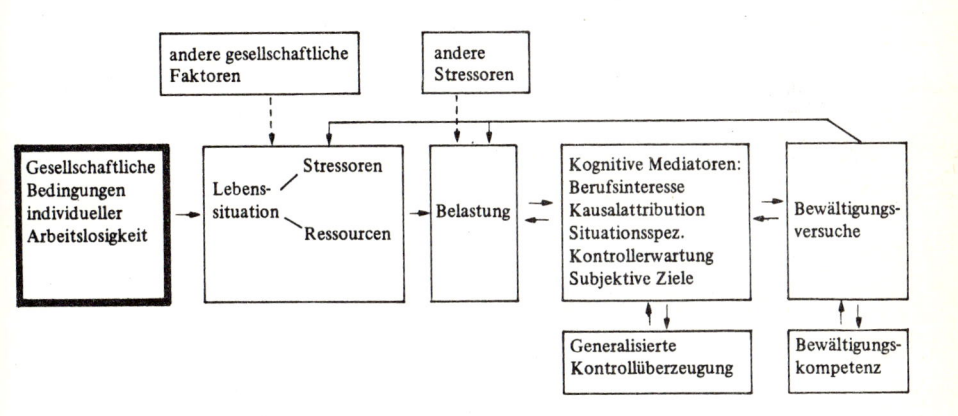

```
┌──────────────────┐   ┌──────────┐
│ andere gesell-   │   │ andere   │
│ schaftliche      │   │ Stressoren│
│ Faktoren         │   │          │
└────────┬─────────┘   └────┬─────┘
         ┆                  ┆
┌─────────────┐  ┌──────────────┐  ┌──────────┐  ┌──────────────────┐  ┌────────────┐
│Gesellschaft-│  │        Stressoren│ │          │  │Kognitive Mediatoren:│  │            │
│liche        │  │Lebens- ╱     │  │Belastung │  │Berufsinteresse   │  │Bewältigungs│
│Bedingungen  │→ │situation      │→ │          │→ │Kausalattribution │⇄ │-versuche   │
│individueller│  │        ╲     │  │          │  │Situationsspez.   │  │            │
│Arbeitslosig-│  │        Ressourcen│ │          │  │Kontrollerwartung │  │            │
│keit         │  │              │  │          │  │Subjektive Ziele  │  │            │
└─────────────┘  └──────────────┘  └──────────┘  └────────┬─────────┘  └────┬───────┘
                                                          ⇅                 ⇅
                                                   ┌──────────────┐  ┌────────────┐
                                                   │Generalisierte│  │Bewältigungs│
                                                   │Kontrollüber- │  │-kompetenz  │
                                                   │zeugung       │  │            │
                                                   └──────────────┘  └────────────┘
```

In der Bundesrepublik sind Schulsystem und Lehrerausbildung weitgehend als öffentlich-staatliche Institutionen organisiert. Dies bringt es mit sich, daß der Staat ein vollständiges *Ausbildungsmonopol* und – bis auf einige Privatschulen – ein weitgehendes *Anstellungsmonopol* für Lehrer innehat. In den letzten Jahren hat die staatliche Anstellungspolitik für Lehrer in Hinblick auf deren Status zu einem Schereneffekt geführt: Die etablierten Lehrer sind in ihrer großen Mehrheit privilegierte Staatsbeamte auf Lebenszeit mit aufsteigenden Laufbahnen, während die jungen Lehrer mit Zweitem Staatsexamen nur noch in seltenen Fällen auf Planstellen hoffen können, meist aber nur noch mit befristeten oder Stundenverträgen oder aber überhaupt nicht mehr in den Schuldienst eingestellt werden. So kommt es, daß 29 546 junge Lehrer im Herbst 1984 an den Arbeitsämtern der Bundesrepublik Deutschland arbeitslos gemeldet waren (Bundesanstalt für Arbeit 1984). Das tatsächliche Ausmaß der *Lehrerarbeitslosigkeit in der Bundesrepublik* liegt jedoch mit Sicherheit wesentlich höher, da junge arbeitslose Lehrer u.a. wegen fehlender Sozialversicherung häufig gegenüber dem Arbeitsamt keinen Leistungsanspruch haben und sich folglich auch nicht nur der Statistik zuliebe arbeitslos melden.

Die Einstellungspraxis des Staates und weitere im folgenden beschriebene Faktoren bringen auf dem Lehrerarbeitsmarkt *laufend sinkende Beschäftigungsquoten junger Jahrgänge* hervor. Diese gesellschaftlichen Bedingungen individueller Arbeitslosigkeit ändern — so ist anzunehmen — die Lebenssituation der betroffenen jungen Lehrer, erfordern Umstellung sowie kognitive und aktive Auseinandersetzung damit (vgl. das Variablenschema S. 95).

Um diese objektiven Voraussetzungen für die berufliche Entwicklung der von uns untersuchten jungen Lehrer besser zu verstehen, wird im folgenden die rapide Abwärtsentwicklung auf dem Lehrerarbeitsmarkt, wie sie sich in den letzten Jahren in der Bundesrepublik ereignet, beschrieben und sodann analysiert.

4.1.1 Die Entwicklung der Lehrerarbeitslosigkeit in der Bundesrepublik

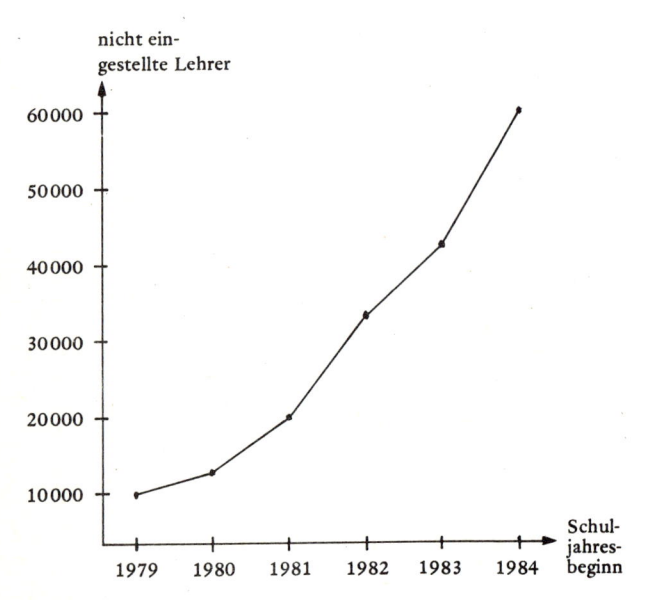

Abb. 4.1.1: Die Entwicklung der Lehrerarbeitslosigkeit in der Bundesrepublik: Mit zweitem Staatsexamen ausgebildete, aber nicht eingestellte Lehrer 1979 — 1983 (Quelle: Sekretariat Arbeitslose Lehrer der GEW 1983, S. 2, sowie Heise 1984, S. 20).

In den Sechziger bis in die Mitte der Siebziger Jahre war in der Bundesrepublik — auch von offizieller Seite — von einem gravierenden Lehrermangel die Rede (vgl. Timmermann 1984). Unter den Abiturientenjahrgängen wurde für das Lehrerstudium und den Lehrerberuf geworben. Sodann setzte jedoch eine restriktive Periode der Lehrerbeschäftigung ein, welche auf einem Vernachlässigen des Bildungssektors in den Staatshaushalten beruhte (vgl. im einzelnen Haußer & Mayring 1984), in der Öffentlichkeit jedoch mit dem Geburtenrückgang und den in der Folge sich abschwächenden Schülerjahrgängen begründet wurde. Abbildung 4.1.1 zeigt das *exponentiell beschleunigte Anwachsen der Zahlen neu ausgebildeter, aber nicht eingestellter junger Lehrer.* Dabei handelt es sich jeweils um die neuen Nicht-Einstellungs-Zahlen pro Schuljahr; die tatsächliche Zahl der Betroffenen und das sich hieraus ergebende Ausmaß an Arbeitslosigkeit kumuliert sich erst aus diesen Zahlen. Da sich der Lehrerberuf in den letzten Jahrzehnten verstärkt zum Frauenberuf entwickelte, sind Frauen unter den arbeitslos gemeldeten Lehrern überrepräsentiert: Ihr Anteil beträgt in den letzten Jahren rund zwei Drittel (Sekretariat Arbeitslose Lehrer 1983, S. 2). Unter der Annahme unveränderter politischer Weichenstellungen auf dem Lehrerarbeitsmarkt prognostiziert das Kieler Institut für Weltwirtschaft selbst bei optimistischen Annahmen *bis 1990 eine Zahl von 150 000 ausgebildeten, aber arbeitslosen Lehrern in der Bundesrepublik Deutschland* (Schmidt 1982).

Wegen des genannten weitgehenden Anstellungsmonopols des Staats für Lehrer im Schuldienst stellt sich für abgewiesene Lehrer die Frage nach qualifikationsadäquaten außerschulischen Beschäftigungsmöglichkeiten. Es zeigt sich, daß *entsprechende Ersatzberufe zwar breit gestreut* sind, von ihrer geringen Stellenzahl her *jedoch keine nennenswerte Entlastung* bringen. Parmentier faßt empirische Untersuchungen hierzu mit der Angabe folgender Einsatzfelder zusammen: Aus- und Fortbildung in Betrieben und in der Verwaltung; Beratung in der Freizeit- und der Sozialpädagogik; Redaktions-, Lektorats-, Dokumentations-, Archiv- und Bibliothekstätigkeiten, aber auch abnehmer- und kundenorientierte Tätigkeiten in Öffentlichkeitsarbeit, Werbung und Vertrieb sowie Verkaufs- und Informationsberatung im Datenverarbeitungsbereich. In all diesen Sparten kann die pädagogisch-didaktische Kompetenz des Lehrers zumindest in Teilaspekten von Nutzen sein. Dagegen läßt sich die fachwissenschaftliche Kompetenz des Lehrers — vor allem bei geisteswissenschaftlichen Fächern — in berufsfachlichen Teilarbeitsmärkten weniger gebrauchen (Parmentier 1984; Kammerer-Jöbges/Kammerer/Schindler/Zollondz 1980).

Insgesamt zeigt sich jedoch, daß die *Aufnahmekapazität alternativer, qualifikationsnaher Beschäftigungsfelder für Lehrer sehr begrenzt* ist, zumal dort durchgängig auch andere Berufsprofile mit hohen Arbeitslosenquoten zu Lehrern in Konkurrenz stehen (vgl. Durrer/Kazemzadeh 1981). Die problematischen Versuche, arbeitslose Lehrer in Wirtschaftsunternehmen zu beschäftigen (Falk/Weiss 1984), können nur als ein Modell verstanden werden, an den zu klein geratenen Kuchen an Stelle anderer zu gelangen: Auf einen freien Akademikerarbeitsplatz in der Bundesrepublik kommen nämlich derzeit rund zehn Bewerber (Bericht des Präsidenten der Bundesanstalt für Arbeit — Süddeutsche Zeitung vom 14.11.84). Unsere Längsschnittuntersuchung über die Krisenbewältigung arbeitsloser Lehrer umfaßt als Erhebungszeitraum die Spanne von Februar 1982 bis März 1984 (siehe Abschnitt 3.3.1). Abb. 4.1.2 gibt anhand exemplarischer Daten einen Überblick, wie sich über diese Zeit hinweg der *Lehrerarbeitsmarkt in der Bundesrepublik und speziell in Bayern,* wo die Untersuchung stattfand, entwickelte. In der zeitlichen Abfolge von oben nach unten dokumentiert Abb. 4.1.2, daß sich die Aussichten des einzelnen Lehrers, nach bestandenem Zweitem Staatsexamen regulär in den Schuldienst eingestellt zu werden, *so gut wie stetig verschlechtert* haben. Dabei liegt die Quote der fertig ausgebildeten, aber nicht eingestellten Lehrer in Wirklichkeit noch höher, da sich eine ganze Reihe junger Lehrer in nüchterner Beurteilung ihres im Staatsexamen erreichten Notendurchschnitts erst gar nicht bewirbt.

Was die materielle Lage arbeitsloser Lehrer im Untersuchungszeitraum als Teil ihrer Lebenssituation (siehe Abschnitt 4.2) angeht, so wurde bereits darauf hingewiesen, *daß nur ein Bruchteil der Betroffenen Anspruch auf Arbeitslosengeld, Arbeitslosenhilfe oder Sozialhilfe hat.* Dies beruht u.a. auf dem Zeitbeamtenstatus der Referendare zwischen Erstem und Zweitem Staatsexamen. Für arbeitslose Lehrer entfällt damit nicht nur häufig ein Unterhaltsgeld, sondern auch ein Anspruch auf Umschulungsmaßnahmen. Zudem wurden die Leistungen durch das Arbeitsförderungskonsolidierungsgesetz im Januar 1982 — unmittelbar vor der empirischen Phase unseres Längsschnitts — gekürzt (keine ABM-Stellen im Öffentlichen Dienst, längere Anwartzeiten für Leistungen u.a.). Nach dem Zweiten Staatsexamen werden Arbeitslose häufig als Aushilfslehrer unterhalb der Grenze der Sozialversicherungspflicht eingestellt — so die bayerische Lösung der 11-Stunden-Verträge (11 Unterrichtsstunden pro Woche) zur Rekrutierung einer Art „pädagogischer Feuerwehr" an den Schulen. Auch damit ist jungen Lehrern für den Fall anschließender vollkommener Arbeitslosigkeit in Hinblick auf ihre materielle Sicherheit nicht geholfen.

Juli – Dez. 81	Gymnasiallehrer: 55% werden in den Schuldienst eingestellt (Bayern). Realschullehrer: 48% werden in den Schuldienst eingestellt (Bayern). KMK-Statistik: 10 700, das sind 32% Abweisungen von Bewerbern für den Schuldienst (BRD). GEW-Hochrechnung: ca. 20 000 abgewiesene Lehrer, das ist rund jeder zweite Bewerber (BRD). Arbeitslose in der BRD: fast 1,5 Millionen.
Jan. – Juni 82	Gymnasiallehrer: 45% werden in den Schuldienst eingestellt (Bayern). Realschullehrer: 72% erhalten Einstellungsangebote (Bayern). GEW errechnet 29 400 arbeitslose Lehrer in der BRD.
Juli – Dez. 82	Kultusminister Maier: keine neuen Planstellen für Lehrer (Bayern). GEW-Hochrechnung: 33 000 abgewiesene Lehrer (BRD). Arbeitslose in der BRD: erstmals über 2 Millionen.
Jan. – Juni 83	Gymnasiallehrer: 27% werden in den Schuldienst eingestellt (Bayern). GEW kritisiert bisherige staatliche Strategien gegen Lehrerarbeitslosigkeit (20 Vorschläge). Lehrerstudentenzahlen sinken drastisch aufgrund von Abschreckung. Arbeitslose in der BRD erstmals über 2,5 Millionen.
Juli – Dez. 83	Gymnasiallehrer: 15% werden in den Schuldienst eingestellt (Bayern). dpa-Umfrage in den Bundesländern: Nur 20% der Lehramtsbewerber werden eingestellt.
Jan. – Juni 84	Für 960 Bewerber aller Schularten in Bayern stehen 150 Planstellen zur Verfügung (entspricht einer Einstellungsquote von 15,6%). 5 000 Lehramtsbewerber in Bayern stehen auf Wartelisten des Kultusministeriums — keine absehbaren Chancen (Bayern). Staatsregierung beschließt Abbau der Lehrerausbildungskapazität an den bayerischen Hochschulen.

Abb. 4.1.2: Der Lehrerarbeitsmarkt während des Zeitraums des München-Augsburger Arbeitslosenlängsschnitts

4.1.2 „Lehrerschwemme" oder „Lehrermangel"? — Ein Modell des Lehrerarbeitsmarkts

Ein und dieselbe Lage in den Schulen und auf dem Lehrerarbeitsmarkt mag je nach Perspektive und Interessenlage so oder so bewertet werden — von einem Ministerialrat womöglich als Lehrerschwemme, von einem Elternbeirat als Lehrermangel. Werden diese Termini von offizieller staatlicher Seite gebraucht, so heißt *Lehrerschwemme* seit jeher im Klartext schlechte Anstellungschancen, *Lehrermangel* hingegen gute Anstellungschancen für junge Lehrer. Auch für den Lehrersektor scheint die empirisch belegte *Zyklustheorie akademischer Karrieren* von Titze Gültigkeit zu haben. Danach kam es in der historischen Entwicklung von Studiengängen an deutschen Hochschulen in zyklischer Abwechslung zu Überfüllungskrisen und Entleerungen, was weniger mit sich wandelndem gesellschaftlichem Bedarf als vielmehr mit Steuerungsmechanismen für gesellschaftliche Berechtigungen und Privilegien zu tun hat. Daß der *Lehrerstudiengang besonders konjunkturgeschüttelt* ist, rührt zweifellos mit von der bürokratisch bedingten Verzögerung staatlicher Steuerungseingriffe her: So wurden bis Mitte der Siebziger Jahre Abiturienten eifrig für den Lehrerberuf geworben, als sich längst eine Verringerung der Schülerjahrgänge durch den sogenannten „Pillenknick" abzeichnete — jenes Phänomen, welches später zur monokausalen Begründung fehlenden Lehrerbedarfs herhalten mußte. Und ein Jahr bevor die Lehrerausbildungskapazität an den bayerischen Hochschulen einschneidend reduziert wurde (1984 — siehe Abb. 4.1.2), prognostizierte die Kultusministerkonferenz für die Zeit ab 1985 ein Anwachsen der Schülerzahlen und damit einen Mehrbedarf an Lehrern bei den Grundschulen beginnend.

1977, in den Anfängen der Lehrerarbeitslosigkeit in der Bundesrepublik, hatte die Bund-Länder-Kommission für Bildungsplanung in ihrer *Lehrerbedarfsprognose* aufgrund ihrer Globalbilanz für das Jahr 1980 ein Defizit von 30 000 bis 35 000 Lehrern in den Schulen der Bundesrepublik prognostiziert — allerdings bei Zugrundelegung der günstigeren Variante der Schüler-Lehrer-Relation des Bildungsgesamtplans. Bei Zugrundelegung der ungünstigeren Variante hatte sich für 1980 dagegen ein Überschuß von 12 000 bis 17 000 Lehrern ergeben (Bund-Länder-Kommission 1977, S, 12f). Dieses Rechenexempel anhand der beiden Varianten von Schüler-Lehrer-Relationen belegt sehr augenfällig, daß Lehrerarbeitslosigkeit keine monokausal-mechanisch bedingte Folgeerscheinung zum Beispiel des Geburtenrückgangs darstellt, sondern ein gesellschaftliches Phänomen ist, das aus einem Wirkungsgefüge politisch beeinflußter Faktoren hervorgeht.

Das *Modell des Lehrerarbeitsmarkts* (Abb. 4.1.3) zeigt, daß Lehrerarbeitslosigkeit auf der Relation „größeres Lehrerangebot als Lehrerbedarf" bzw. „geringerer Lehrerbedarf als Lehrerangebot" beruht. Lehrerangebot wie auch Lehrerbedarf stellen jedoch variable Größen dar, die beide bildungs- bzw. gesellschaftspolitisch beeinflußt werden. So führt beispielsweise erst bei absichtlichem Konstanthalten der

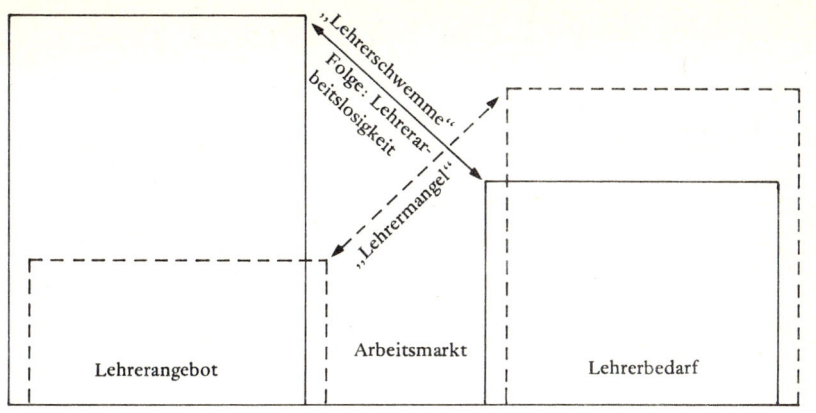

"Lehrerschwemme"
Folge: Lehrerarbeitslosigkeit
"Lehrermangel"

Lehrerangebot | Arbeitsmarkt | Lehrerbedarf

Einflußfaktoren auf Lehrerangebot
- Abiturientenquote
- Lehrerstudenten pro Studienjahr
- Kandidaten der 1. bzw. 2. Lehramtsprüfung einschl. Erfolgsquote und Notenverteilung

Einflußfaktoren auf Lehrerbedarf
- Geburtenstärke pro Jahrgang, gegenwärtige und künftige Schülerzahlen
- Schüler-Lehrer-Relation
- Wochenstundentafeln der Schüler
- Lehrverpflichtung der Lehrer

Abb. 4.1.3: Modell des Lehrerarbeitsmarkts

Schüler-Lehrer-Relation, der Wochenstundentafeln der Schüler und der Lehrverpflichtung der Lehrer ein Sinken der Geburtenquote unweigerlich zu einem Sinken des Lehrerbedarfs. Anders ausgedrückt: In dieser Konstellation wird die pädagogische Qualität von Schule und Unterricht als Konstante behandelt. Alle in Abb. 4.1.3 dargestellten Einflußfaktoren auf Lehrerangebot und Lehrerbedarf — mit Ausnahme der Geburtenstärke pro Jahrgang — sind unmittelbar bildungspolitisch beeinflußbare Größen. Ein — wie sich mittlerweile herausstellt — vorübergehender Geburtenrückgang muß nicht mit mechanischer Logik ein paar Jahre später einen Kostenrückgang im Bildungswesen zur Folge haben.

Daß die Bildungsquote in der Bundesrepublik (Anteil der Bildungsausgaben am Staatshaushalt bzw. am Bruttosozialprodukt) seit 1981 bzw. 1982 im Vergleich zum Vorjahr gesenkt wurde (Bundesministerium für Bildung und Wissenschaft 1983/84, S. 221), steht im Widerspruch zu den konkreten Schulverhältnissen vor Ort. So fielen zum Beispiel im Schuljahr 1983/84 an allen Münchener Schulen rund 300 000 Unterrichtsstunden aus Lehrermangel aus (Berechnung des Schulreferats der Stadt München — Süddeutsche Zeitung vom 9.1. 84). Im internationalen Vergleich leistet sich die *Bundesrepublik*

Deutschland eine erstaunlich niedrige Bildungsquote (Unesco 1983, S. IV — 5ff). Insgesamt sind in der Bundesrepublik Deutschland jedoch derzeit die bildungs-, finanz- und gesellschaftspolitischen Bahnmarken so gesetzt, daß der *Höhepunkt der gegenwärtigen historischen Epoche von Lehrerarbeitslosigkeit in absehbarer Zeit noch nicht überschritten* sein wird (vgl. Starr 1983). Die bisherigen staatlichen Programme und Maßnahmen erwiesen sich auf das Ausmaß des Problems bezogen als ungeeignet oder unzureichend (Putzhammer 1983).

4.2 Beschreibung der Lebenssituation

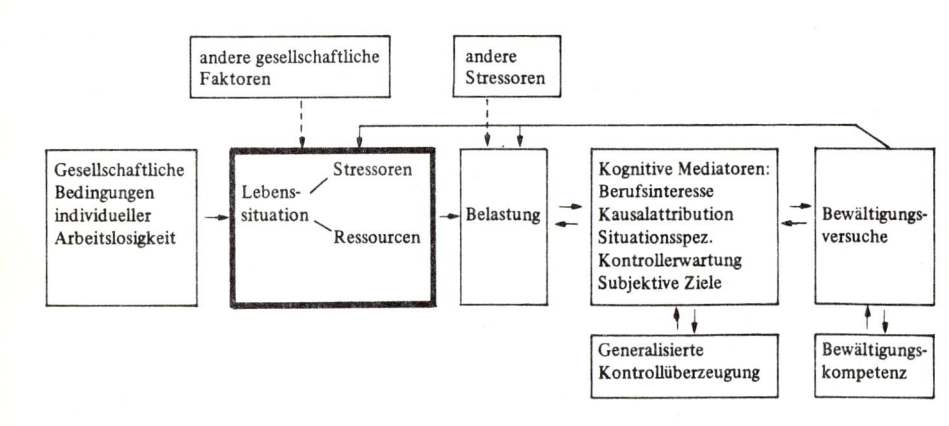

Die allgemeine Fragestellung unseres Projekts lautet: Was erleben und was tun Personen, wenn sie sich in einer (potentiellen) Krisensituation wie der Arbeitslosigkeit befinden? Zur Beantwortung dieser Fragen gehen wir zunächst ebenso allgemein davon aus, daß die Person versucht, sich aktiv mit dieser Situation auseinanderzusetzen: Sie schätzt die Situation ein, sie erlebt Herausforderungen und Belastungen, sie unternimmt Bewältigungsversuche, sie nimmt aktiv Einfluß auf die gegebene Situation. Wenn wir nun diese Prozesse aus der Perspektive der Betroffenen nachvollziehen wollen, müssen wir wissen, welche Rolle die jeweils gegebene Situation für die subjektive Belastung, die Einschätzungen und Bewältigungsversuche spielen. Konkret: Wir müssen die objektiv gegebenen Merkmale der Lebenssituation unabhängig von den Reaktionen und Handlungen der Person zu erfassen versuchen, um das tatsächliche Gewicht der Merkmale der

Lebenssituation im Prozeß des Krisenerlebens und der Bewältigungsversuche bestimmen zu können.

Die Begründung für dieses Vorgehen liegt in dem Sachverhalt, daß scheinbar identische Lebenssituationen von verschiedenen Personen durchaus unterschiedlich eingeschätzt und auch emotional unterschiedlich erlebt werden. Würden wir jedoch nur die subjektiven Einschätzungen der Probanden erheben, kämen wir möglicherweise zu verzerrten Befunden über die tatsächliche Bedeutung objektiv gegebener Merkmale der Situation „Arbeitslosigkeit". Ein wesentliches Ziel dieser Untersuchung ist es ja gerade, die vermittelnde Rolle kognitiver Interpretationen zu erfassen — und das können wir nur dann, wenn wir wissen, worauf diese Interpretationen sich beziehen. Unser Ansatz steht hier durchaus in der Tradition „kognitiver" Theorien der Belastung und Bewältigung wie etwa von Thomae und Lazarus (vgl. Kap. 2), wobei wir die Interaktion zwischen vorgegebenen Merkmalen der Lebenssituation und deren Einschätzung besonders betonen.

Mit dem Begriff „Lebenssituation" meinen wir Merkmale der individuellen Lebenssituation, die aufgrund von Arbeitslosenuntersuchungen sowie aufgrund unserer eigenen Voruntersuchung als potentielle „Stressoren" bzw. „Ressourcen" angesehen werden können. „Stressoren" sind Merkmale der Lebenssituation, die potentiell belastende Anforderungen darstellen und daher Gegenstand aktiver Veränderungsversuche sein können; Stressoren reduzieren (theoretisch) die Chancen der Person zur Problemlösung. Demgegenüber stellen „Ressourcen" Merkmale der Lebenssituation dar, die von der Person (theoretisch) als Hilfsmittel zur Problemlösung und Überwindung der Krise genutzt werden können.

In welchen Bereichen der gegebenen Lebensumwelt und Lebenssituation könnten nun derartige Stressoren und Ressourcen liegen? Aufgrund bisheriger Forschungsbefunde und theoretischer Überlegungen haben wir die Lebenssituation in fünf Bereiche unterteilt (ausführlicher dazu Ulich u.a. 1981, S. 8ff).:

— berufliche Lebenssituation,
— finanzielle Lebenssituation,
— soziales Netzwerk,
— Struktur der vorgegebenen Zeit (Woche und Tag),
— gesundheitlicher Zustand.

Aufgrund von Forschungsbefunden — auch außerhalb der Arbeitslosenforschung kann man nicht davon ausgehen, daß emotionale Belastungen sich in allen Lebensbereichen gleichzeitig und gleichermaßen intensiv zeigen bzw. auswirken. Die Frage, in welchen und wievielen Lebensbereichen emotionale Belastungen auftreten, kann nur empirisch beantwortet werden. Eine Generalisierung von Belastungserleben über mehrere oder gar alle Lebensbereiche hinweg kann also vorweg nicht behauptet werden; wir vermuten vielmehr — und die Ergebnisse haben dies bestätigt —, daß die Generalisierung selbst ein eigenes Maß von (hoher) Belastung ist, das nur ganz bestimmte Personen mit spezifischen Merkmalen ihrer Lebenssituation kennzeichnet. Kurz gesagt: Die Untersuchungsziele einer „differentiellen Arbeitslosenforschung" erfordern eine differenzierte Erfassung bereichsspezifischer Merkmale der Lebenssituation und eine empirische Überprüfung der Generalisierungsfrage.

Im folgenden soll nun für jeden dieser Lebensbereiche Beruf, Finanzen, soziales Netzwerk, Zeitstruktur und Gesundheit dargestellt werden, in welchem Umfang Stressoren und Ressourcen vorhanden sind, wie sie genutzt werden und welche Veränderungen sich im Verlauf der Untersuchung ergeben haben. Umfang und Veränderung werden für die *Untersuchungsgruppe (n=79)* und für die *Zeitpunkte* t_1, t_4 *und* t_7 beschrieben. Bei der beruflichen Lebenssituation wird jedoch zusätzlich auf die Untersuchungsgruppe 1 (n=52) eingegangen.

Dieses Kapitel des Buches enthält im Gegensatz zu den dann folgenden Kapiteln keine Aussagen über Zusammenhängen zwischen einerseits Merkmalen der gegebenen Lebenssituation bzw. deren Veränderungen und andererseits kognitiven Einschätzungen, entsprechenden Belastungen und Bewältigungsversuchen. Die Bedeutung von Merkmalen der Lebenssituation wird jeweils in den Kapiteln dargestellt, in denen diese anderen Variablen abgehandelt werden.

4.2.1 Die berufliche Lebenssituation

Zusatzqualifikationen
Nach dem 2. Staatsexamen verfügen Lehrer in der Regel über eine fundierte Ausbildung in ihren Fächern und über pädagogische Erfahrung, die sie auch für einen außerschulischen Einsatz in Lehrtätigkeiten einsetzbar machen. Neben diesen im Laufe des Studiums und des Referendariats erworbenen Qualifikationen haben einige Lehrer jedoch auch zusätzliche Qualifikationen, die neben oder vor dem Studium erworben wurden. Da Zusatzqualifikationen möglicherweise gerade arbeitslosen Lehrern den Zugang zu alternativen Beschäftigungsmöglichkeiten erleichtern, haben wir ausführlich nach solchen Qualifikationen gefragt. Zum ersten Untersuchungszeitpunkt nannten immerhin fast zwei Drittel der Probanden eine Zusatzqualifikation, je-

der Dritte dieser Probanden konnte sogar mehr als eine Zusatzqualifikation nennen.

Um einen generellen Überblick über die vorhandenen Ressourcen zu bekommen, faßten wir die Zusatzqualifikationen zunächst zu einem Index zusammen, der die Chancen auf dem Arbeitsmarkt mißt. Dabei zeigte sich, daß zu Beginn der Untersuchung nur etwas mehr als ein Drittel der Probanden überhaupt keine Zusatzqualifikationen hatte, fast die Hälfte ging mit erhöhten Chancen aufgrund von z.B. Sprach-, Schreibmaschinen-, Steno- oder EDV-Kenntnissen auf den Arbeitsmarkt, nur 15% der Probanden verfügten jedoch über eine berufliche Zweitqualifikation.

Am häufigsten wurde als Zusatzqualifikation ein früherer Job, für den keine besondere Ausbildung nötig war, genannt (36%). Es folgen Schreibmaschinenkenntnisse (24%), Sprachen (18%), eine früher absolvierte Lehre (12%), Zweitstudium (12%) und Stenokenntnisse (8%). Im Verlauf der Untersuchung erwarben sich 11% der Probanden Qualifikationen hinzu. Dabei ist das Spektrum der erworbenen Kenntnisse reichhaltig: Schreibmaschinenkurs, EDV-Ausbildung, Taxischein, Elektrikerlehre, betriebswirtschaftliche Kurse, Ausbildung zum Trickfilmer.

Merkmale der beruflichen Lebenssituation

Die berufliche Lebenssituation und ihre Veränderung bildete einen wichtigen Teil unserer Untersuchung und wurde mit einer Vielzal von Fragen erhoben (vgl. den Leitfaden im Anhang). Um die Antworten darauf überschaubar und leichter interpretierbar zu machen, bildeten wir verschiedene Indizes zur beruflichen Lebenssituation, deren Grundverteilungen und Veränderungen wir im folgenden erläutern.

1. Für den Index *„berufliche Aktivität"* gruppierten wir die Probanden danach, ob sie vollkommen ohne Arbeit sind („nicht erwerbstätig") oder ob sie irgendeine Arbeit ausführen („erwerbstätig", vgl. Abbildung 4.2.1)

	T_1		T_4		T_7	
	n = 79		n = 77		n = 73	
	abs.	%	abs.	%	abs.	%
Nicht erwerbstätig	29	37	8	10	8	11
Erwerbstätig	50	63	69	90	65	89

Abb. 4.2.1: *Berufliche Aktivität*

2. Auf diesem Index aufbauend wurden für einen weiteren Index *„beruflicher Status"* die erwerbstätigen Probanden danach aufgeteilt, wie die jeweilige Tätigkeit vertraglich geregelt ist. Dabei unterschieden wir zwischen folgenden Gruppen: „Nebenerwerbstätig", darunter fallen Tätigkeiten, die in der Stundenzahl unter der Versicherungspflicht liegen. „Befristet angestellt" bedeutet, daß die Probanden zwar eine versicherungspflichtige Tätigkeit ausführen, der Arbeitsvertrag jedoch bis maximal 1 Jahr befristet ist. Unter „Unbefristet angestellt" fallen diejenigen Probanden, die eine unbefristete Angestelltstelle oder eine Planstelle innehaben (vgl. Abbildung 4.2.2).

	T_1		T_4		T_7	
	n = 79		n = 77		n = 73	
	abs.	%	abs.	%	abs.	%
Nicht erwerbstätig*	29	37	8	10	8	11
Nebenerwerbstätig	23	29	25	32	19	26
Befristet angest.	27	34	31	40	21	29
Unbefristet angest.	–	–	13	17	25	34

* Faßt man „nicht erwerbstätig" und „nebenerwerbstätig" zusammen, bekommt man die Gruppe der nach den Richtlinien der Arbeitsverwaltung arbeitslosen Probanden, befristet und unbefristet angestellte Probanden werden als Nicht-Arbeitslose bezeichnet. Wird deshalb im folgenden von Arbeitslosen und Nicht-Arbeitslosen gesprochen, handelt es sich immer um eine Zusammenfassung der hier definierten Gruppen.

Abb. 4.2.2: Beruflicher Status

Die beiden Tabellen zeigen, daß unsere Probandengruppe sich erheblich von anderen Arbeitslosen unterscheidet. Der Beginn der Arbeitslosigkeit (t_1) bedeutet für sie keineswegs auch den Beginn von Untätigkeit. Da wegen des vergangenen beruflichen Status als Beamte auf Zeit nur die wenigsten Probanden staatliche Unterstützung in irgendeiner Form (Arbeitslosenhilfe, Sozialhilfe) beanspruchen können, sind sie gezwungen, von Anfang an aktiv zu werden, um für ihren Lebensunterhalt zu sorgen.

Auf den ersten Blick suggeriert Abbildung 4.2.2, daß es mit der beruflichen Entwicklung der Probanden doch eigentlich aufwärts geht. Das ist richtig, wenn man sich die Abnahme der nicht erwerbstätigen Probanden und die Zunahme der unbefristet angestellten Probanden ansieht. Am Ende unserer Untersuchung ist jedoch immer noch mehr als ein Drittel der Probanden arbeitslos und ein knappes Drittel ist immer noch in befristeten Stellen tä-

tig. Wenn man außerdem noch in Betracht zieht, daß unsere Probanden nach abgeschlossenem Studium und Referendarzeit sich eigentlich voll Tatendrang auf den Beginn einer beruflichen Laufbahn eingerichtet haben, wirken diese Zahlen eher bedrückend.
3. Die oben dargestellten Verteilungen drücken nur einen allgemeinen Trend aus. Daß die individuelle berufliche Entwicklung der Probanden jedoch auch großen Schwankungen ausgesetzt war, zeigt die folgende Tabelle, die die Verteilung des in Kap. 3.3.1 beschriebenen *Verlaufsindex der Veränderung des beruflichen Status* wiedergibt (vgl. Abbildung 4.2.3):

	$T_1 - T_4 - T_7$ (n = 72) abs. %
immer Arbeit	19 26
erst zu t_7 nicht mehr arbeitslos	12 17
ab t_4 nicht mehr arbeitslos	14 19
arbeitslos-ni. arbeitsl.-arbeitsl.	4 6
zu t_7 wieder arbeitslos	5 7
immer arbeitslos	18 25

Abb. 4.2.3: Veränderungen des beruflichen Status

Diese Tabelle belegt noch deutlicher, daß die berufliche Situation nach einem Untersuchungszeitraum von mehr als einem Jahr keineswegs geklärt ist. Nicht nur, daß einige Probanden wiederholt zwischen Arbeitslosigkeit und Nicht-Arbeitslosigkeit pendeln, der große Anteil der nur befristet angestellten Probanden könnte zur Folge haben, daß für viele Probanden der Wechsel zwischen Arbeit und Arbeitslosigkeit zur immer wiederkehrenden Bedrohung wird. Einige unserer Probanden haben enormes Geschick entwickelt, sich von einer Schwangerschaftsvertretung zur nächsten zu hangeln, wobei ständig die Gefahr besteht, etwa nur einen 11-Stunden-Vertrag zu bekommen und dann sich oder die Familie nicht mehr ernähren zu können.
4. Informationen über den derzeitigen Arbeitsplatz der Probanden wurden zu dem Index *„Sicherheit des Arbeitsplatzes"* verdichtet. Dabei wurden je nach Vertragsdauer und Perspektive des Arbeitsplatzes die Bewertungen „unsicherer Arbeitsplatz", „relativ sicherer Arbeitsplatz" und „sicherer Arbeitsplatz" vergeben. Natürlich steigt auch hier — analog zur teilweisen Verbesserung der beruflichen Situation der Probanden — die Anzahl der Probanden, die einen relativ sicheren bzw. sicheren Arbeitsplatz haben. Aufmerk-

sam macht hier jedoch auch, daß ein Drittel der Probanden, die zu t_4 als nicht arbeitslos gelten, trotzdem nur einen unsicheren Arbeitsplatz hat, zu t_7 sind es immerhin noch 26%. Einen nach Vertragsdauer und Perspektive wirklich sicheren Arbeitsplatz haben zu t_4 nur knapp 20% aller Probanden (n=77), zu t_7 sind es erst 32% (n=73).

Die folgende Übersicht zeigt schließlich noch, wo konkret die Probanden der Untersuchungsgruppe arbeiten. Es sei noch darauf hingewiesen, daß einige von ihnen mehr als eine Arbeitsstelle haben (z.B. einen 11-Stunden-Vertrag und Nachhilfeunterricht), so daß die Prozentuierung mehr als 100% ergeben kann (vgl. Abb. 4.2.4).

	t_1 (n = 51) abs. %	t_4 (n = 64) abs. %	t_7 (n = 57) abs. %
A) Als Lehrer			
Planstelle	— —	6 9	10 15
BAT-Zeitvertrag (an öff. Schulen)	20 39	21 30	15 22
11-Stunden-Vertrag	17 33	19 27	13 19
Privatschule	6 12	7 10	11 16
Nachhilfe	5 10	9 13	5 8
Volkshochschule	3 6	4 6	4 6
Erwachsenenbildung	1 2	2 3	3 5
sonstige Lehrtätigk. (z.B. Sportverein)	1 2	4 6	5 8
B) Andere Tätigkeiten			
Beruf m. nicht-päd. Fachqualifikation	3 4	4 6	6 9
Sonstiges (z.B. Büro, Taxi)	1 2	8 11	8 12
C) Neue Ausbildung (Umschulung, Lehre)	2 4	3 4	2 3

Abb. 4.2.4: Inhalte der beruflichen Tätigkeiten (Mehrfachnennungen möglich)

Die Arbeit im Lehrerberuf scheint trotz aller Widerstände und Hindernisse für die meisten Probanden die am erstrebenswerteste zu sein (vgl. Kapitel 4.6). Das nimmt nicht weiter wunder, denn für diese Aufgabe sind sie schließlich lange Jahre hindurch ausgebildet worden. Außerdem haben sie auch aufgrund des engen Arbeitsmarktes so gut wie keine anderen Möglichkeiten, ihre Fähigkeiten äquivalent einzusetzen.

5. Welcher *Art der Tätigkeit* die Probanden nachgehen, das heißt, welche Qualifikationen die Arbeitsplätze unserer Probanden allgemein erfordern, wurde ebenfalls zu einem Index zusammengefaßt (vgl. Abb. 4.2.5)

	t_1		t_4		t_7	
	(n = 79)		(n = 77)		(n = 74)	
	abs.	%	abs.	%	abs.	%
Arbeitslos	55	66	33	43	27	37
Unqualif. Arbeit	4	5	13	17	20	27
Arbeit m. Fachqual.	—	—	2	3	3	4
Arbeit als Lehrer	23	29	29	38	24	32

Abb. 4.2.5: Art der Tätigkeit

Unsere Probanden arbeiten also entweder als Lehrer oder in unqualifizierten Jobs, die meist nur eine Aushilfs- oder Nebenerwerbstätigkeit, wie Büroarbeiten oder Taxifahren sind. Tätigkeiten, in denen fachliche Qualifikationen erforderlich sind, werden nur in Ausnahmefällen ausgeübt.

Berufliche Situation der Untersuchungsgruppe 1
Die Untersuchungsgruppe 1 war bei Beginn der Untersuchung in einer besonders schwierigen beruflichen Lage. Mehr als die Hälfte der Probanden übte überhaupt keine Tätigkeit aus, 44% waren nebenerwerbstätig. Im Verlauf der Untersuchung besserte sich die Situation zusehends, im Vergleich mit der gesamten Untersuchungsgruppe war der berufliche Status der Untersuchungsgruppe 1 jedoch zu jedem Zeitpunkt schlechter (vgl. Abb. 4.2.2). In Abbildung 4.2.6 ist die Entwicklung des beruflichen Status dieser Gruppe im einzelnen dargestellt. Auch hier fällt auf, daß zu t_7, nach mehr als einem Jahr immer noch knapp die Hälfte der Probanden überhaupt keine Arbeit hat oder nur einer Nebenerwerbstätigkeit nachgeht.

Neben der allgemeinen Veränderung des beruflichen Status erscheint uns auch die individuelle berufliche Entwicklung der Probanden wichtig. Dabei zeigt sich folgendes Bild (vgl. Abb. 4.2.7):

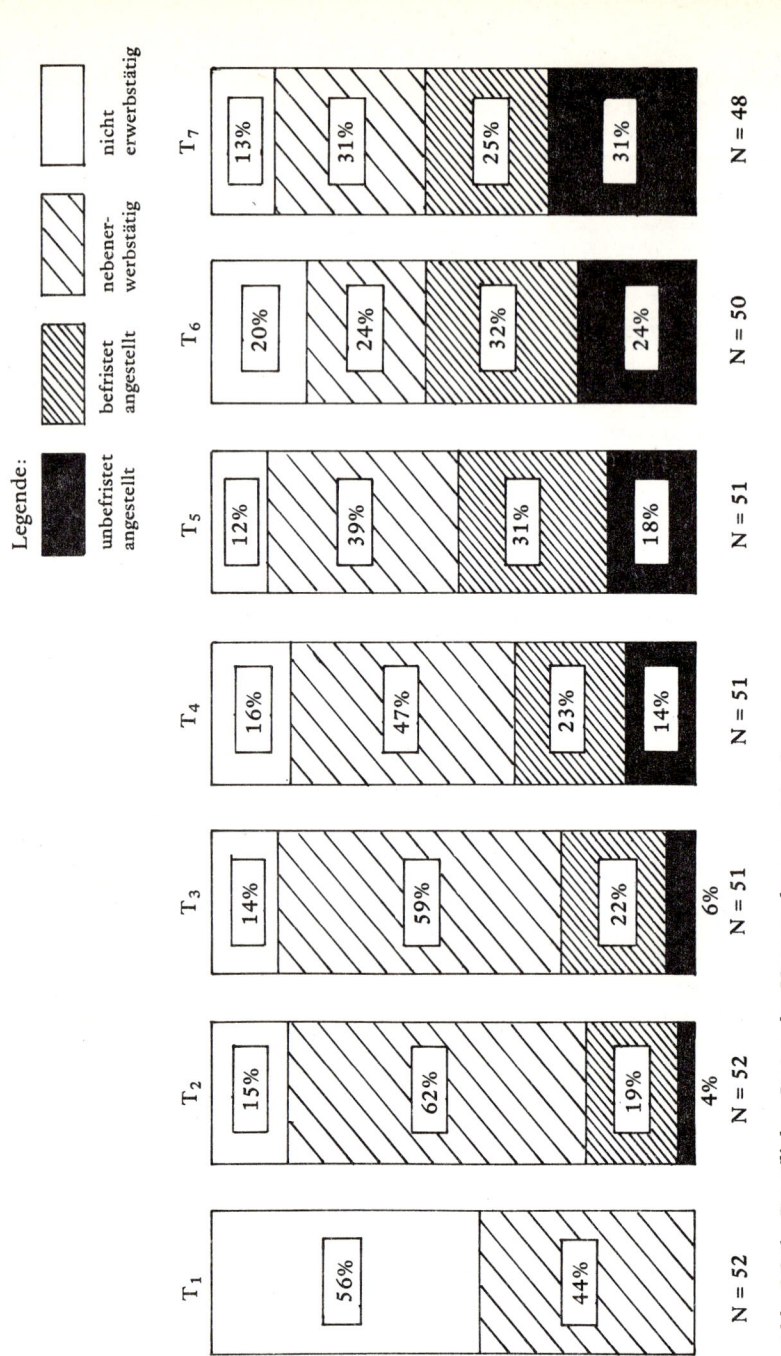

Abb. 4.2.6: Beruflicher Status der Untersuchungsgruppe 1

	(Untersuchungsgruppe 1) (n = 48)	
	abs.	%
im gesamten Zeitraum arbeitslos	16	33
wiederholt arbeitslos	9	19
1/2 Jahr und länger arbeitslos, dann durchgehend Arbeit	15	31
2-4 Monate arbeitslos, dann durchgehend Arbeit	8	17

Abb. 4.2.7: Veränderung des beruflichen Status

Man sieht, daß nur ein geringer Teil dieser Gruppe relativ schnell Arbeit findet. Bei fast einem Drittel dauert es länger als ein halbes Jahr, einem weiteren Drittel gelingt es überhaupt nicht, in der Arbeitswelt Fuß zu fassen. Man muß außerdem noch bedenken, daß unsere Untersuchung nach etwas mehr als einem Jahr beendet und bei vielen Probanden abzusehen war, daß sie wieder arbeitslos werden würden. Die Zahl von 9 Probanden, die wiederholt arbeitslos wurden, würde sich also bei einer Fortsetzung der Untersuchung noch weiter erhöhen.

4.2.2 Die finanzielle Lebenssituation

Mit dem Ablegen des 2. Staatsexamens und der Entlassung aus dem Referendariatsdienst beginnt für die nicht in den Staatsdienst übernommenen Lehrer in der Regel eine schwierige finanzielle Zeit. Da die Lehrer keinen Anspruch auf Arbeitslosengeld haben und ihnen Arbeitslosen- oder Sozialhilfe nur bei nachgewiesener Bedürftigkeit zusteht (wobei das Einkommen der Eltern mit einbezogen wird), stehen diejenigen Lehrer, denen es nicht geglückt ist, wenigstens eine Aushilfsstelle zu bekommen, vor großen finanziellen Problemen.

Ein Vergleich des Einkommens während der Referendariatszeit mit dem Einkommen zum ersten Untersuchungszeitpunkt macht dies deutlich: Im Einkommen gleichgeblieben sind 21 Probanden (27%, n=79), verbessert haben sich 13 Probanden (14%, n=79). Verschlechtert haben sich 45 Probanden (57%, n=79), wobei sich bei 27 dieser Probanden (60%) das frühere Nettoeinkommen von ca. 1900 DM auf 0 DM eigenes Einkommen verringerte; 4 Probanden, die voher ca. 1900 DM zur Verfügung hatten, verdienten zu t_1 nur mehr ca. 500

DM. Natürlich hatten – wenn man Arbeitslose und Nicht-Arbeitslose in diesem Zusammenhang vergleicht – die arbeitslosen Probanden ein signifikant niedrigeres Einkommen als nicht-arbeitslose Probanden (T = .84, ***[1]).

Da die meisten der Probanden verheiratet sind oder mit einem Partner zusammenleben, faßten wir die Angaben zum eigenen Einkommen und zum Einkommen des Partners zu einem Index *Haushaltseinkommen* zusammen. Abbildung 4.2.8 zeigt, wie sich das Haushaltsnettoeinkommen der Untersuchungsgruppe im Vergleich zur Gruppe der Probanden entwickelt, die während des gesamten Untersuchungszeitraumes arbeitslos waren. Man sieht deutlich, daß sich als Folge der zunehmenden beruflichen Aktivität die finanzielle Lage der Probanden der Untersuchungsgruppe zunehmend verbessert. Dagegen bleibt die finanzielle Situation der dauerarbeitslosen Probanden durchweg gleich.

Ein Vergleich mit dem Nettoeinkommen eines angestellten gleichaltrigen Lehrers (ca. 2800,–) zeigt, daß sich zum Ende unserer Untersuchung erst etwas über die Hälfte der Probanden der Untersuchungsgruppe in etwa einem Einkommen derselben Höhe genähert haben. Berücksichtigt man dazu noch, daß es sich bei den Zahlen in Abbildung 4.2.8 ja um ein *Haushaltseinkommen* handelt, fällt der Vergleich noch ungünstiger für unsere Probanden aus.

In dieser Tabelle ebenfalls nicht berücksichtigt sind die Geldquellen, aus denen sich das Haushaltseinkommen zusammensetzt. Faßt man alle Geldquellen, die die Probanden genannt haben, zusammen, steht die eigene Arbeit an erster Stelle, gefolgt vom Partner als Quelle des Haushaltseinkommens. An dritter Stelle folgen dann Ersparnisse, an vierter Stelle werden Zuwendungen der Eltern genannt. Ganz unten auf dieser Rangliste steht die Unterstützung aus der öffentlichen Hand: Arbeitslosenhilfe erhalten zu t_1 nur 4 Probanden, Sozialhilfe nur eine Probandin. Man sieht also, daß von einem „Ausruhen in der sozialen Hängematte" bei unseren Probanden nicht die Rede sein kann.

Im Verlauf der Untersuchung gewinnt – aufgrund der zunehmenden beruflichen Stabilisierung – die eigene Arbeit immer mehr an Bedeutung. Die Ersparnisse sind ab t_4 ziemlich aufgebraucht und auch die Eltern scheinen ihre Unterstützungsmaßnahmen weitgehend eingestellt zu haben. Die Zahl der Arbeitslosenhilfeempfänger wächst auf 6 Probanden und bleibt bis t_7 stabil.

---

1 In den folgenden Ergebniskapiteln werden die Signifikanzniveaus abgekürzt wiedergegeben: *** : $p \leq .001$, ** : $p \leq .01$, * : $p \leq .05$.

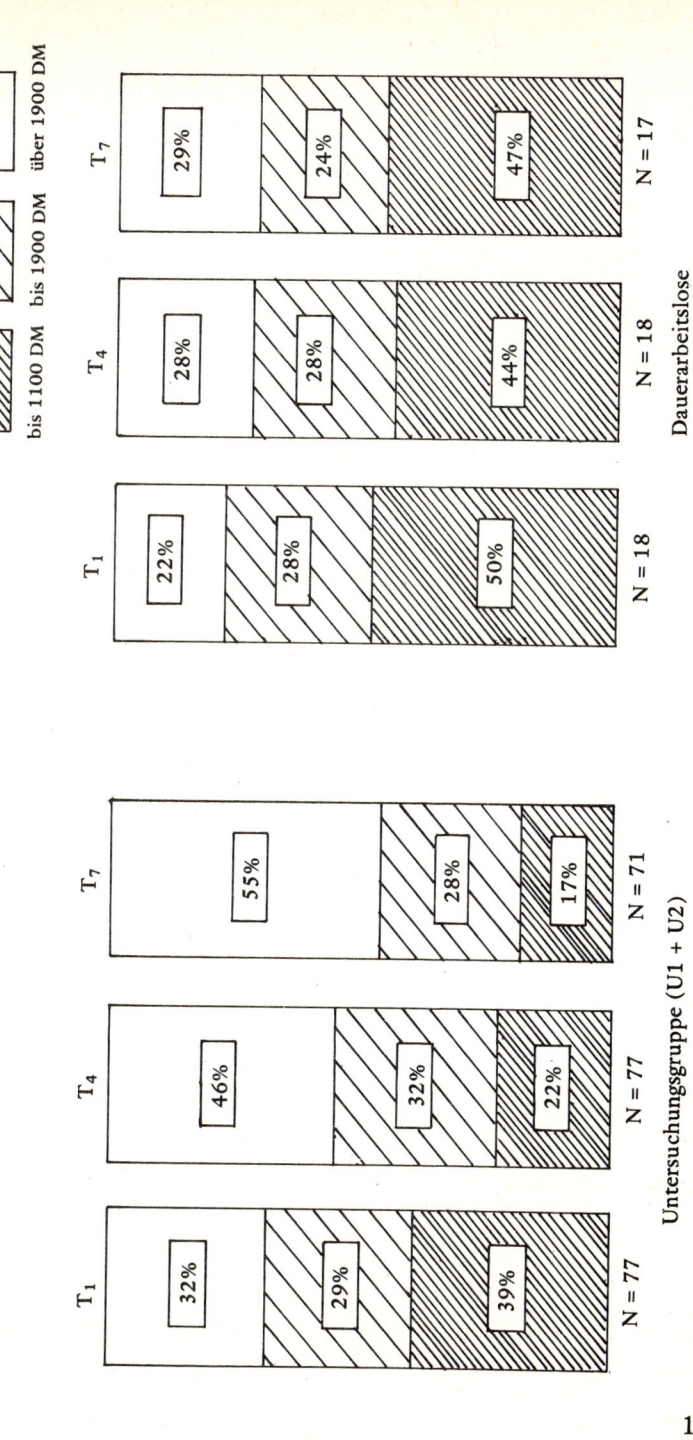

Legende:

▨ bis 1100 DM ▨ bis 1900 DM ☐ über 1900 DM

T₁	T₄	T₇
22%	28%	29%
28%	28%	24%
50%	44%	47%
N = 18	N = 18	N = 17

Dauerarbeitslose

T₁	T₄	T₇
32%	46%	55%
29%	32%	28%
39%	22%	17%
N = 77	N = 77	N = 71

Untersuchungsgruppe (U1 + U2)

Abb. 4.2.8: Haushaltsnettoeinkommen im Vergleich

Die veränderten finanziellen Verhältnisse führten zu t_1 bei mehr als der Hälfte der Probanden zu Einschränkungen im Lebensstandard. In erster Linie waren dabei kleinere persönliche Ausgaben wie z.B. Bücher, Zeitschriften, Cafebesuch betroffen, an zweiter Stelle standen größere Anschaffungen, wie z.b. Kleidung, Schuhe, Möbel. Es folgen Einschränkungen im Urlaub und der Freizeit, am Auto (einschließlich Neuanschaffungen), bei der Benutzung öffentlicher Verkehrsmittel, in den Wohnverhältnissen und zuletzt Einschränkungen aufgrund von Schulden. Im Verlauf der Untersuchung müssen sich etwas weniger Probanden einschränken (t_4: 47%, t_7: 41%), wobei deutlich sichtbar wird, daß auf größere Anschaffungen zunehmend verzichtet bzw. aufgeschoben werden und daß der Anteil der Probanden, die sich aufgrund von Schulden einschränken muß, immer größer wird.

4.2.3 Lebensbereich Soziales Netzwerk

Daß das soziale Umfeld, in dem der einzelne lebt, genauso wie Beruf und finanzielle Situation als Ressource oder Stressor wirkt, ist in der Literatur ausführlich belegt (vgl. Liem/Liem 1979; Strehmel/Degenhardt 1985). Um Informationen zum Sozialen Netzwerk genauer erheben zu können, teilten wir es in fünf Teilbereiche (Partner, Kinder, Freunde/Bekannte, Eltern, Organisationen) auf. Im folgenden soll nun für jeden dieser Teilbereiche beschrieben werden, wie sich das jeweilige Teilnetzwerk zusammensetzt, welche Veränderungen sich im Verlauf der Untersuchung ergeben haben und ob es Unterschiede aufgrund der beruflichen Lebenssituation gibt. Die Bedeutung des jeweiligen Teilbereichs als Ressource oder Stressor ist in Kapitel 4.4 beschrieben.

Teilnetzwerk Partner
Zu Beginn der Untersuchung waren mehr als 80% der Probanden verheiratet, lebten mit einem(r) Partner(in) zusammen oder standen sonst in einer festen Partnerbeziehung. Diese Zahl blieb im Verlauf der Untersuchung relativ konstant, nur der Anteil der verheirateten Probanden erhöhte sich leicht.

Teilnetzwerk Kinder
Nur etwas mehr als ein Viertel der Probanden hatte zu t_1 überhaupt Kinder, die meisten davon (81%, n=27) hatten 1 Kind, nur 5 Probanden hatten 2 Kinder. Im gesamten Untersuchungsverlauf wurden in der Untersuchungsgruppe 3 Kinder (4%, n=79) geboren. Diese Zahl

ist eigentlich sehr klein, wenn man bedenkt, daß die Probanden gerade in dem Alter sind, in dem man eine Familie gründet. Zum Beispiel wurden im selben Zeitraum in der Forschergruppe, die in der Regel n=6 Personen umfaßte, ebenfalls 3 Kinder (50%) geboren. Man sieht also, daß der Wunsch nach Kindern immer mehr hinausgeschoben bzw. unterdrückt wird, weil man es in der unsicheren beruflichen und finanziellen Situation nicht wagt, Kinder in die Welt zu setzen (vgl. auch Kapitel 4.7).

Teilnetzwerk Freunde und Bekannte
Für Freunde und Bekannte wurde die Größe des jeweiligen Kreises getrennt erhoben. Etwas mehr als die Hälfte der Probanden nannte einen Freundeskreis, der 3 bis 6 Personen umfaßt, bei jeweils knapp 20% war der Freundeskreis größer (mehr als 7 Freunde) oder kleiner (1 bis 2 Freunde). Zu Beginn der Untersuchung gaben allerdings auch 5 Probanden an, überhaupt keinen Freund zu haben. Diese Zahl erhöhte sich bis t_7 auf 8 Probanden. Im Verlauf der Untersuchung ließ sich eine Tendenz zur Verkleinerung des Freundeskreises feststellen. Wir glauben jedoch nicht, daß sich der Freundeskreis wirklich verkleinert, sondern vermuten, daß sich mit der Erfahrung von Arbeitslosigkeit die Einschätzung des Freundeskreises verändert: Man überlegt sich genauer, wen man zu den engen Freunden zählt (vgl. dazu auch Liem/Liem 1979).

Diese Vermutung wird noch dadurch unterstützt, daß der Bekanntenkreis tendenziell immer größer eingeschätzt wird: Personen, die dem engen Freundeskreis nicht mehr zugeordnet werden wollen, werden jetzt zu den Bekannten gezählt.

Die Kontakthäufigkeit mit Freunden und Bekannten geht im Lauf der Zeit etwas zurück: Die Anzahl der täglichen Treffen nimmt ab, dafür sieht man sich nur mehr mehrmals bis einmal pro Woche. Eine unserer Hypothesen war, daß gerade bei arbeitslosen Probanden die Kontakthäufigkeit abnimmt, da die Freunde und Bekannten — wenn sie nicht auch gerade arbeitslos sind — durch die Berufstätigkeit in anderen zeitlichen Zusammenhängen leben. Dies trifft für die Zeitpunkte 1 und 4 nicht zu, zu t_7 treffen jedoch arbeitslose Probanden ihre Freunde und Bekannten signifikant seltener als nicht-arbeitslose Probanden (T=-.22 **). Eine andere Erklärung für die Abnahme der Kontakthäufigkeit ist, daß die Probanden zu Beginn der Untersuchung noch wesentlich mehr freie Zeit hatten, um ihre Freunde und Bekannten zu treffen. Im Verlauf der Zeit ändert sich die berufliche Situation ja zusehends, es gibt immer weniger Probanden, die überhaupt keiner Tätigkeit nachgehen, dagegen haben viele Probanden gleich zwei Aushilfsarbeiten auf einmal. Dies läßt die freie Zeit zusehends schrumpfen und wirkt sich auch auf die Häufigkeit der Kontakte mit Freunden und Bekannten aus.

Teilnetzwerk Eltern
Beide Eltern leben noch bei etwa drei Viertel der Probanden, bei 16 Probanden ist bereits ein Elternteil gestorben, ein Proband hat überhaupt keine Eltern mehr. Die Kontakthäufigkeit zu den Eltern ist abhängig vom Wohnort der Eltern, deshalb definierten wir als Kontakt neben direkten Besuchen auch Telefongespräche und den Briefverkehr mit den Eltern. Zu Beginn der Untersuchung nahmen zwei Drittel der Probanden mindestens einmal pro Monat Kontakt zu den Eltern auf. Nur 8 Probanden sahen ihre Eltern selten oder nie. Im Verlauf der Untersuchung intensivierte sich der Kontakt zu den Eltern zusehends. Zu t_4 stellten bereits 84% der Probanden mindestens einmal pro Monat Kontakt zu ihren Eltern her, zu t_7 waren es 88%. Anscheinend führen gerade Krisenzeiten dazu, daß sich die Probanden zusehends der Teilnahmebereitschaft der Eltern erinnern und in Anspruch nehmen.

Teilnetzwerk Organisationen
Etwas mehr als zwei Drittel der Probanden sind Mitglied einer oder mehrerer Organisationen. Die meisten davon sind in einem der Lehrerverbände (Philologenverband, Bayrischer Lehrer- und Lehrerinnen-Verband, Realschullehrerverband) organisiert (65%), etwas mehr als ein Drittel (37%) ist Gewerkschaftsmitglied (GEW). Parteimitglied oder Mitglied in einer sonstigen politischen Organisation sind nur 6% der Probanden, in einem Sport- oder Freizeitverein sind 9% der Probanden Mitglied.

Die Aktivität in den Organisationen beschränkt sich bei den meisten Probanden zu t_1 auf eine rein formelle Mitgliedschaft (78% der organisierten Probanden) oder die Teilnahme an Einzelveranstaltungen (20%). Regelmäßig an Veranstaltungen nehmen nur 15% der Probanden teil, eine verantwortliche Funktion haben nur 4% der organisierten Probanden. Im Zeitverlauf gewinnt man den Eindruck, daß sich die organisierten Probanden immer mehr auf die rein formelle Mitgliedschaft beschränken.

Funktionalität des Netzwerks
Um einen Einblick zu bekommen, wie die Probanden selbst die Ressourcen ihres Netzwerks einschätzen, versuchten wir mit der Frage: „Wenn Sie ein persönliches Problem haben, haben Sie dann jemanden, zu dem Sie gehen können?" die affektive (Zuspruch, Trost, Aussprache) und die instrumentelle (Hilfe, Ratschläge) Funktionalität

des Netzwerks zu erheben. Dabei wird jedoch nur nach dem *Potential des Netzwerks* gefragt, nicht jedoch, ob diese Funktionen wirklich in Anspruch genommen wurden.

Um die Antworten auf die Fragen nach der Funktionalität des Netzwerks etwas zu verdichten, wurde auch hier ein Index gebildet, der beschreibt, ob das Netzwerk nur affektive Funktionen, nur instrumentelle Funktionen, beide Funktionen oder überhaupt keine Funktion hat. Keine Funktion hat das soziale Netzwerk zu t_1 nur für 7 (9%) Probanden, eine Zahl, die auch über die Zeit relativ stabil bleibt. Nur affektive Funktionen erfüllt das soziale Netzwerk für 26% der Probanden, auch hier ergeben sich über die Zeit gesehen keine nennenswerten Unterschiede. Nur instrumentelle Funktionen hat das soziale Netzwerk bei 25% der Probanden, hier nimmt die Zahl über die Zeit hinweg leicht ab. Sowohl auf affektive Hilfe als auch instrumentelle Hilfe können zu t_1 40% der Probanden rechnen. Auch diese Zahl bleibt über die Zeit hinweg stabil. Im Zusammenhang mit der beruflichen Lebenssituation ergeben sich bei dieser generellen Einschätzung des Netzwerkpotentials keine wesentlichen Unterschiede.

4.2.4 Zeitstruktur

Schon Jahoda/Lazarsfeld/Zeisel (1933) erwähnen in ihrer Arbeitslosenstudie, daß sich die Zeitstruktur der arbeitslosen Marienthaler völlig auflöst. Wo vorher die Arbeit den Tag strukturierte, wird die jetzt im Überfluß vorhandene freie Zeit planlos vertan. So vermuteten wir auch bei unseren Probanden, daß nach dem Wegfall des regelmäßigen Unterrichtens die neu gewonnene Zeit mehr Stressor als Ressource ist. Um die Informationen über die Zeit zu verdichten — wir hatten die Probanden nach der Anzahl der freien Halbtage und der von ihnen eingeschätzten Strukturiertheit der freien Zeit gefragt — bildeten wir einen Index, der das *Ausmaß der berufsfreien Zeit* mißt (vgl. Abb. 4.2.9):

	t_1 (n = 78) abs. %	t_4 (n = 75) abs. %	t_7 (n = 73) abs. %
keine berufsfreie Zeit	34 44	44 59	49 67
etwas berufsfreie Zeit	16 20	17 23	9 12
viel berufsfreie Zeit	28 36	16 21	15 21

Abb. 4.2.9: Ausmaß der berufsfreien Zeit

Aufgrund der zunehmenden beruflichen Tätigkeit, nimmt auch die Zahl der Probanden zu, die über keine berufsfreie Zeit mehr verfügt und für die die freie Zeit keine Anforderung mehr darstellt. Es gibt jedoch zu allen Zeitpunkten einen recht beträchtlichen Anteil an Probanden mit viel berufsfreier Zeit, für die die freie Zeit zum Problem wird (vgl. Kapitel 4.3).

Die freie Zeit wird in erster Linie mit Hausarbeit und Hobbies ausgefüllt, es folgen berufliche Aktivitäten, Treffen mit Leuten und Aktivitäten mit der Familie. Politische Arbeit spielt eine untergeordnete Rolle. Um noch eine zusätzliche Information über die Anforderungen der Zeitstruktur zu bekommen, faßten wir diese Aktivitäten zu einem weiteren Index zusammen, der aussagt, ob zur Gestaltung der berufsfreien Zeit *Eigeninitiative* erforderlich ist (z.B. bei Hobbies, berufsbezogenen Aktivitäten) oder nicht (z.B. Hausarbeit, Aktivität mit der Familie). Dabei zeigt sich, daß zu Beginn der Untersuchung knapp die Hälfte (44%) der Probanden Aktivitäten ausüben, für die sie selbst die Initiative ergreifen müssen (z.B. Hobbies, Leute treffen). Zu t_1 ergreifen nur mehr als 26% der Probanden die Eigeninitiative zur Freizeitgestaltung. Der starke Rückgang ist damit zu erklären, daß auch die berufsfreie Zeit der Probanden im Untersuchungsverlauf stark zurückging; Probanden, die keine berufsfreie Zeit zur Verfügung haben, wurden daher bei „Eigeninitiative nicht erforderlich" gerechnet.

Wichtiger jedoch als die reine Deskription der berufsfreien Zeit und der Inhalte, die sie ausfüllen, ist, ob die Anforderungen, die daraus entstehen so groß sind, daß sie zu Belastungen führen. Darauf wird in Kapitel 4.3 näher eingegangen.

4.2.5 Lebensbereich Gesundheit

Eine nicht zu unterschätzende Ressource kann die physische und psychische Gesundheit des Einzelnen sein, die ihm hilft, den Belastungen aus den anderen Lebensbereichen widerstandsfähiger gegenüber zu stehen. Natürlich kann eine angegriffene Gesundheit auch als Stressor wirken, sei es weil sie vor der Arbeitslosigkeit schon geschwächt war — durch den Schulstreß zum Beispiel — oder weil sie durch die Arbeitslosigkeit in Mitleidenschaft gezogen wird.

Wir haben deshalb sowohl chronische Krankheiten und Anfälligkeiten als auch situationsabhängige Anfälligkeiten erhoben. Der Gesundheitszustand der Probanden zu Beginn der Untersuchung war eigentlich sehr gut, nur 20% der Probanden nannten Krankheiten und Anfälligkeiten.

Situationsabhängige Anfälligkeiten schilderten zu t_1 32 Probanden (41%), wobei vor allem Magen-Darm-Beschwerden, Anfälligkeiten der Atemwege, nervöse Beschwerden, allgemeines Kränkeln und Herz-Kreislauf-Beschwerden genannt wurden. Anscheinend treten derartige Anfälligkeiten besonders zu Beginn der Arbeitslosigkeit auf, denn zu t_4 und t_7 verringerte sich die Zahl der Probanden, die sich nicht gesund fühlten, um die Hälfte, die Art der Beschwerden blieb in etwa gleich.

Zu t_1 und t_4 schildern die arbeitslosen Probanden die meisten Beschwerden, zu t_7 sind es jedoch mehr nicht-arbeitslose Probanden, die über situationsabhängige Beschwerden berichten. Hier macht sich bereits wieder berufsbezogener Streß bemerkbar.

Zusammenfassend läßt sich sagen, daß sich sowohl die berufliche als auch die finanzielle Lebenssituation im Verlauf der Untersuchung verbessert, jedoch nicht in dem Maße, wie es für unsere Probanden wünschenswert wäre. Dies betrifft vor allem den viel zu hohen Anteil an arbeitslosen Probanden gegen Ende der Untersuchung, aber auch den großen Anteil an Probanden, die nur befristet angestellt sind. Auch die monatlichen Einkünfte liegen noch weit unter dem, was die Probanden nach Ausbildung und Alter verdienen könnten.

In der Zusammensetzung des sozialen Netzwerks ergeben sich keine auffälligen Veränderungen, wichtig erscheint uns jedoch, daß sich der Kontakt zu den Eltern im Untersuchungsverlauf intensiviert. Daß die Organisationen bei unserer Probandengruppe eine so geringe Rolle spielen, hatten wir nicht erwartet. Anscheinend lädt jedoch das Verhalten der meisten Lehrerorganisationen und Gewerkschaften gegenüber ihren arbeitslosen Kollegen keinen davon zu intensiverer Teilnahme ein.

Durch die zunehmende berufliche Aktivität erledigt sich auch das Problem der berufsfreien Zeit fast von selbst. Wichtig erscheint uns jedoch hier, ob berufsfreie Zeit, in welchem Umfang sie auch zur Verfügung steht, Belastungen hervorbringt oder entlastend wirkt.

4.3 Die biographischen Voraussetzungen und deren Veränderungen

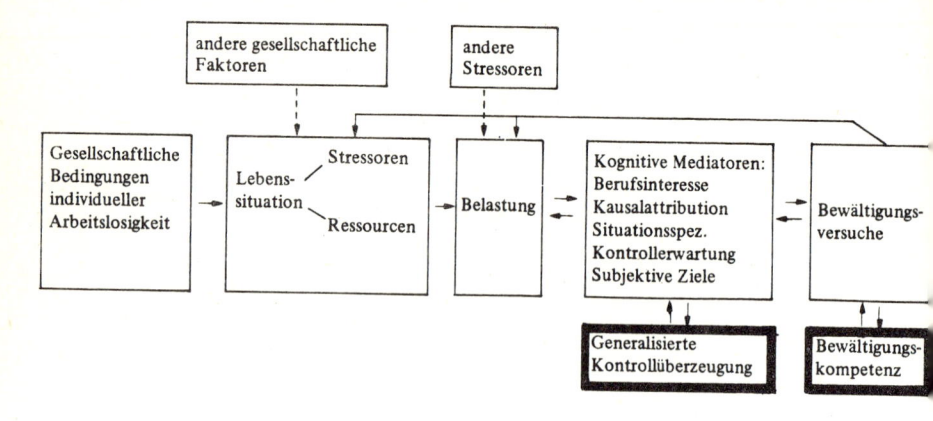

```
┌─────────────────┐         ┌──────────┐
│ andere gesell-  │         │ andere   │
│ schaftliche     │         │Stressoren│
│ Faktoren        │         │          │
└────────┬────────┘         └────┬─────┘
         ╎                       │
         ╎            ┌──────────┘
         ▼            ▼
┌──────────────┐  ┌──────────┐              ┌───────────────────┐
│Gesellschaftl.│  │     Stressoren           │Kognitive Mediatoren:
│Bedingungen   │  │Lebens- ╱                 │Berufsinteresse    │  ┌──────────────┐
│individueller │→ │situation    →│Belastung│↔│Kausalattribution  │↔ │Bewältigungs- │
│Arbeitslosig- │  │        ╲                 │Situationsspez.    │  │versuche      │
│keit          │  │     Ressourcen           │Kontrollerwartung  │  │              │
└──────────────┘  └──────────┘               │Subjektive Ziele   │  └──────┬───────┘
                                             └─────────┬─────────┘         │
                                                       ▲                   ▲
                                             ┌─────────┴────────┐  ┌───────┴──────┐
                                             │ Generalisierte   │  │Bewältigungs- │
                                             │ Kontrollüberzeugung│ │kompetenz     │
                                             └──────────────────┘  └──────────────┘
```

Im theoretischen Ansatz des Projekts gingen wir immer davon aus, daß in die aktuelle Auseinandersetzung mit einem (potentiell) belastenden Lebensereignis immer auch lebensgeschichtlich entwickelte Persönlichkeitsmerkmale eingehen (vgl. Ulich/Haußer/Strehmel/Mayring & Kandler 1982; Ulich/Mayring & Strehmel 1983). Wie kann man jedoch solche Erlebnis- und Handlungsbereitschaften angemessen erfassen?

4.3.1 Theoretischer und methodischer Ansatz

Mit der Einbeziehung von (relativ) überdauernden Persönlichkeitsmerkmalen in unserem theoretischen Ansatz verfolgen wir ein doppeltes Ziel: Zum einen soll deren Gewicht und Einfluß beim Erleben und beim Versuch der Bewältigung der Krisensituation Arbeitslosigkeit bestimmt werden, sowohl inter- wie intraindividuell. Und zum anderen soll geprüft werden, ob und inwieweit, unter welchen Bedingungen usw. auch diese Persönlichkeitsmerkmale sich im Verlaufe des Krisenerlebens und der Krisenbewältigung ändern.

Aufgrund der Voruntersuchung sowie aufgrund methodischer und theoretischer Überlegungen erkannten wir immer deutlicher die prinzipiellen Probleme, die sich beim Versuch einer retrospektiven Erhebung biographischer Variablen ergeben können. Zwei anforderungen sollte eine solche Erhebung aus unserer Sicht erfüllen:

1. Die Gefahr von Erinnerungstäuschungen und Artefakten sollte möglichst klein gehalten werden;

2. es sollten solche Variablen erhoben werden, die in möglichst enger Beziehung zu den im Krisengeschehen wirksamen Faktoren stehen.

Zur Erfüllung dieser beiden Forderungen griffen wir Anregungen aus der Life-event-Forschung (Filipp 1981) und einem bestimmten Bereich der Angstforschung (Weidenmann 1978) auf. Leitend war dabei die Annahme, daß wir Hinweise auf die Rolle bestimmter biographischer Variablen im aktuellen Krisengeschehen vor allem aus der „Krisenbiographie" einer Person erhalten. Ausgangspunkt war dabei die aus der Life-event-Forschung stammende Vorstellung, daß sich zu bestimmten Zeitpunkten in ihrem Lebenslauf viele oder die meisten Mitglieder einer bestimmten Alters- und Gesellschaftsgruppe, Berufsgruppe usw. bestimmten („normativen") Lebensereignissen gegenüberstehen, mit denen sie sich mehr oder weniger erfolgreich auseinandersetzen müssen (vgl. „Entwicklungspsychologie des Erwachsenenalters": Lehr 1978; Whitbourne & Weinstock 1982). Die Lebensereignisse stellen potentiell Herausforderungen dar, mit der Möglichkeit langfristig wirksamer Veränderungen der Persönlichkeit.

Uns interessieren nun jene Erlebnisbereitschaften, Verarbeitungsformen und Handlungskompetenzen, die sich in und aufgrund der Auseinandersetzung mit potentiell belastenden Lebensereignissen persönlichkeitsspezifisch entwickelt haben. Um die Gefahr von Erinnerungstäuschungen und Artefakten möglichst klein zu halten, haben wir drei Lebensereignisse bzw. -phasen ausgewählt, die zum einen in der Biographie der Personen noch nicht zu weit zurückliegen, und die zum anderen in möglichst enger Beziehung zur gegenwärtigen Situation stehen (s.u.).

Die biographischen Variablen wurden zu den Haupterhebungszeitpunkten jeweils alle 6 Monate, also zu t_1, t_4 und t_7 erfaßt. Zu t_1 wurden die Daten aus der früheren Krisenbiographie der Probanden erschlossen, zu t_4 und t_7 jeweils aus den Bewältigungserfahrungen, die die Probanden im Verlauf des Längsschnitts gemacht hatten. Zunächst soll die Erschließung der Variablen aus der Krisenbiographie der Probanden (t_1) geschildert werden.

In der Untersuchung interessiert uns nicht das gesamte Repertoire an Bewältigungserfahrungen, das ein Lehrer mitbringt und auch nicht, ob er an sämtliche denkbare Situationen mit einem hohen Selbstvertrauen herangeht. Im Rahmen unserer Untersuchung waren lediglich solche Bewältigungskompetenzen und Kontrollüberzeugungen wichtig, die sehr konkret auf Anforderungen bezogen sind, die auch in der Situation „Arbeitslosigkeit" typischerweise auftreten. Es interessierte uns also, ob jemand „gute" oder „schlechte" biographische Voraussetzungen für die Bewältigung dieser spezifischen Krisensituation mitbrachte (Strehmel 1984).

Für die Operationalisierung der biographischen Variablen suchten wir nach Anforderungen in den verschiedenen Lebensbereichen, die in früheren Krisensituationen und in der aktuellen Krisensituation Arbeitslosigkeit in vergleichbarer Weise auftraten und erstellten ein *für die Arbeitslosigkeit typisches* und aus Gründen der interindividuellen Vergleichbarkeit *standardisiertes Anforderungsprofil* mit folgenden Anforderungsthematiken:

— im beruflich-sozialen Bereich: keine Arbeit haben,
— im Bereich soziales Netzwerk: Angewiesensein auf soziale Unterstützung,
— im finanziellen Bereich: wenig Geld haben,
— im Bereich Zeitstruktur: viel unstrukturierte Zeit haben.

Aufgrund theoretischer Überlegungen, sowie auf Grund von Expertenurteilen haben wir drei Ereignisse bzw. kritische Phasen ausgewählt, in denen teilweise ähnliche Anforderungen wie in der Arbeitslosigkeit zu vermuten waren (vgl. Abb. 4.3.1).

Ereignisse	mögliche Anforderungen
Auszug aus dem Elternhaus	— finanzielle Anforderungen — Anforderungen im Bereich soziales Netzwerk — Anforderungen im Bereich Zeitstruktur
Praxisschock, Praxisdruck, Ängste, Konflikte in der Referendarzeit	— beruflich-soziale Anforderungen — Anforderungen im Bereich soziales Netzwerk
Prüfung zum 2. Staatsexamen	— beruflich-soziale Anforderungen — Anforderungen im Bereich soziales Netzwerk

Abb. 4.3.1: Ausgewählte kritische Phasen und ihre Anforderungsstrukturen zur Erfassung der biographischen Variablen

Es kann grundsätzlich vier unterschiedliche „Typen" von Krisenbiographie geben:

1. Eine Anforderungsthematik wurde
   als belastend erlebt und bewältigt

2. Eine Anforderungsthematik wurde *als belastend erlebt* und „nicht" bzw. schlecht bewältigt

3. Eine Anforderungsthematik wurde *nicht als belastend erlebt,* weil das Problem nicht als solches wahrgenommen, also z.B. „verdrängt" wurde (repressors)

4. Eine Anforderungsthematik wurde *nicht als belastend erlebt,* weil Distanzierung, Intellektualisierung (sensitizers) stattfand.

Schlüsse auf die hier interessierenden Variablen — Bewältigungskompetenzen und generalisierte Kontrollüberzeugung — waren also nicht in jedem Falle gleich gut möglich. Im ungünstigsten Falle, wenn also keine „Krisenerfahrungen" von den Personen berichtet wurden, konnten wir keine Werte für die Variablen erschließen. Die Operationalisierung der biographischen Variablen war für uns ein erster Versuch, interindividuell vergleichbare Werte aus den Krisenbiographien der Probanden retrospektiv und mit qualitativen Erhebungsmethoden zu erschließen. Viele Probleme, darunter das oben genannte, blieben dabei noch ungelöst.

Zusammengefaßt: Aus Gründen der interindividuellen Vergleichbarkeit wurden „standardisierte" Lebensereignisse — als potentielle Anlässe für das Wirksamwerden bzw. die (weitere) Ausbildung oder Stabilisierung krisenbezogener Persönlichkeitsmerkmale — im Interview angesprochen. Damit sollten jene Erfahrungen, Erwartungen und Kompetenzen erfaßt werden, von denen angenommen wird, daß sie — als relativ überdauernde Persönlichkeitsmerkmale — auch in der aktuellen Arbeitslosigkeit als potentieller Krisensituation wirksam sind. Zugrunde liegt also die Annahme, daß man aus dem bisherigen Erleben von und Umgehen mit einer Krise auf das Erleben und Verhalten in künftigen Krisen schließen kann (vgl. Ulich/Haußer/Strehmel/Mayring & Kandler 1982).

4.3.2 Bewältigungskompetenz: Theoretischer Ansatz

Mit diesem Begriff bezeichnen wir einen Teil-Komplex von Handlungskompetenz, nämlich jene „Fähigkeiten", die sich *in* und *für* die Bewältigung von Krisen- oder Belastungssituationen ausgebildet haben (wobei auch hier das subjektive Urteil der Person für das Erleben von Belastung ausschlaggebend ist). Genauer verstehen wir unter Bewältigungskompetenz die aus der Krisenbiographie erschlossene Fähigkeit einer Person, verfügbare Ressourcen in Anforderungssituationen wirkungsvoll zu nutzen (vgl. Strehmel 1984; Roskies/Lazarus 1980). Ressourcen können sein (vgl. auch Folkman/Schäfer/Lazarus 1979):

— materieller Art (z.B. Geld)
— sozial-emotionaler Art (z.B. Hilfen aus dem Netzwerk)
— eigene früher erworbene Fähigkeiten (z.B. berufliche Zusatzqualifikationen).

Bewältigungskompetenz wird als transaktionales Konzept aufgefaßt: Die Bewältigungskompetenz zeigt sich in der Wechselwirkung zwischen Ressourcen, die für die Bewältigung einer Anforderung notwendig sind, und den Fähigkeiten der Person, die den wirkungsvollen Einsatz der Ressourcen ermöglichen (Strehmel 1984). Eine Anforderungssituation, in der Ressourcen zu ihrer Bewältigung zur Verfügung stehen, kann trotzdem belastend sein, wenn eine Person nicht über die entsprechenden Kompetenzen verfügt, diese Ressourcen wirkungsvoll zu nutzen. Ohne verfügbare Ressourcen können Kompetenzen andererseits nicht zum Tragen kommen. In vielen Untersuchungen, die den Zusammenhang zwischen Belastungen und Bewältigungskompetenzen zum Thema haben, wird gerade der zuletzt genannte Aspekt vernachlässigt (z.B. Becker 1984). Nicht allein die individuelle Kompetenz, sondern auch äußere Bedingungen wie z.B. die Verfügbarkeit von Ressourcen, entscheiden darüber, welche Möglichkeiten der Bewältigung eine Person in einer Anforderungssituation überhaupt hat.

Fragestellungen
Folgende Fragestellungen wurden untersucht:
— Gibt es Unterschiede in der Bewältigungskompetenz zwischen Probanden der Untersuchungsgruppe und der Kontrollgruppe? Haben Lehrer, die eine Planstelle erhalten haben, „bessere" psychische Voraussetzungen, sind sie in den verschiedenen Lebensbereichen kompetenter?
— Sind bei Kompetenteren generell günstigere Verläufe in der beruflichen Entwicklung zu beobachten?
— Sind kompetente Personen weniger belastet?
— Welche Rolle spielen verfügbare Ressourcen dabei?

Operationalisierung der Variablen Bewältigungskompetenz
Aus der Krisenbiographie wurde im einzelnen für die Erfassung der Variablen Bewältigungskompetenz erschlossen,
a) ob ein Proband von den oben beschriebenen Anforderungen in seiner Biographie berichtete und ob sie belastend für ihn waren, wenn nicht, so konnten die weiteren Punkte — siehe unten — nicht kodiert werden,
b) wie im einzelnen die Anforderungen bewältigt wurden („Bewältigungsstile" analog der Operationalisierung der Bewältigungsversuche, vgl. Abschnitt 4.8)
   — eher durch Handlungen oder eher kognitiv,
   — eher problembezogen oder eher selbstbezogen,
   — eher offensiv oder eher defensiv,
c) ob der Proband dabei die Anforderungen mit bestimmten Strategien und Fertigkeiten bewältigt hatte, die von uns als „kompetent" definiert waren (vgl. Abb. 4.3.2).

Anforderungen	kompetente Bewältigungsstrategien
beruflich-sozialer Bereich	
keine Arbeit haben	— Informationssuche — die Anforderungen einer Stelle/Arbeit/Aufgabe einschätzen — Selbstdarstellung und Durchsetzungsvermögen gegenüber Vorgesetzten
finanzieller Bereich	
wenig Geld haben	— Sparmaßnahmen — Geldbeschaffung (z.B. durch Jobben)
Bereich soziales Netzwerk	
Angewiesensein auf soziale Unterstützung	— vorhandene Netzwerkressourcen heranziehen und nutzen — Netzwerkressourcen aufbauen, Hilfe suchen im sozialen Netzwerk
Bereich Zeitstruktur	
viel unstrukturierte Zeit haben	— sich selbst Ziele setzen — den Tag planen

Abb. 4.3.2: Anforderungen und „kompetente" Bewältigungsstrategien zur Erschließung der Variablen „Bewältigungskompetenz"

Bewältigungskompetenzen haben sich in der Krisenbiographie einer Person entwickelt und können sich auch in der Arbeitslosigkeit weiter verändern. Analog zu dem eben beschriebenen Vorgehen wurde daher zu den späteren Erhebungszeitpunkten t_4 und t_7 danach gefragt, ob ein Proband im Verlauf der Arbeitslosigkeit die von uns definierten Anforderungen erlebte, ob sie für ihn belastend und damit bewältigungsrelevant waren, wie er sie bewältigen konnte, ob er dabei die von uns als kompetent definierten Strategien und Fertigkeiten eingesetzt hatte und ob dies einen Einfluß auf das Selbstvertrauen (vgl. 4.3.4) hatte.

4.3.3 Ergebnisse zur Variablen Bewältigungskompetenz

Arbeitsloswerden oder nicht ist unabhängig
von individuellen Kompetenzen.
Gibt es Unterschiede in der Bewältigungskompetenz zwischen arbeitslosen Lehrern und der Kontrollgruppe?

In der Arbeitslosenforschung wird immer wieder diskutiert, ob Arbeitslosigkeit psychische Belastungen *verursacht*, da z.B. wichtige Bedürfnisse (materielle Bedürfnisse, soziale Anerkennung, ...) der Person nicht erfüllt werden (*Verursachungshypothese*) oder ob Arbeitslosigkeit *infolge* von psychischen Defiziten und Belastungen auftritt, z.B. bei von vornherein depressiveren und inkompetenteren Persönlichkeiten, die den gesellschaftlichen Anforderungen und Normen nicht standhalten und daher aus dem gesellschaftlichen Prozeß ausgegrenzt werden (*Selektionshypothese*). Frese & Mohr (1978, S. 319) vermuten, daß der Arbeitslose in einen Teufelskreis gerät: „Als Folge der Arbeitslosigkeit entwickelt er psychische Störungen, diese bereiten ihm wiederum Schwierigkeiten bei der Arbeitssuche und reduzieren seine Chance der Wiedervermittlung".

Bei der Zielgruppe unserer Untersuchung, arbeitslosen Lehrern, wurde vom Staat nach den Examensnoten darüber entschieden, wer eine Stelle als beamteter Lehrer erhielt und wer nicht. Diejenigen, die eine solche Stelle nicht erhielten, mußten sich auf dem freien Lehrerarbeitsmarkt für Stellen bewerben oder sich um eine Aushilfstätigkeit bemühen. Welche Rolle spielen Bewältigungskompetenzen dabei? Waren diejenigen mit den besseren Noten auch die kompetenteren Persönlichkeiten?

Für die Beantwortung der ersten Frage wurden die Probanden der Untersuchungsgruppe, diejenigen also, die keine Lehrerstelle im Staatsdienst erhalten hatten, mit der Kontrollgruppe verglichen. In keiner Dimension der Variablen Bewältigungskompetenz unterschieden sich die Gruppen zu t_1 signifikant. Das heißt, Probanden der Kontrollgruppe hatten bisherige Krisensituationen nicht „kompetenter" bewältigt und auch in der Art der Bewältigung (dem Bewältigungsstil) unterschieden sie sich nicht von den Lehrern, die keine Planstelle erhalten hatten. Es war also nicht so, daß diejenigen, die arbeitslos wurden, weniger Bewältigungskompetenz in ihrer Biographie entwickelt hatten, als die, die nicht arbeitslos wurden. Die Selektionshypothese ist damit widerlegt.

Konnten kompetentere Personen die Arbeitslosigkeit eher bewältigen?
Was brachte den Betroffenen ihre Kompetenzen im weiteren Verlauf? Gab es bei kompetenten Personen einen günstigeren Verlauf in der beruflichen Entwicklung?

Betrachtet man die Zusammenhänge zwischen dem jeweils aktuellen beruflichen Status und der Bewältigungskompetenz zu t_1, t_4 und t_7, so kommt man zu folgendem Ergebnis: Erst zu t_7 gibt es bedeutsame (signifikante) Zusammenhänge im beruflichen Bereich (Tau = .38*) und im Bereich soziales Netzwerk (Tau = .39*). Probanden, die in diesen Bereichen höhere Kompetenzen aufwiesen, waren zu t_7 in einer vergleichsweise besseren beruflichen Situation, die weniger Kompetenten dagegen waren eher immer noch (oder wieder) arbeitslos, bzw. lediglich nebenerwerbstätig.

Über die Richtung eines Kausalzusammenhangs sei hier jedoch keine Aussage gemacht. Sicherlich sind nicht allein die Kompetenzen der Person verantwortlich dafür, daß ein Betroffener sich letztlich in einer besseren Lebenssituation befindet. Andere Faktoren, z.B. Ressourcen aus dem sozialen Netzwerk, eine günstige Fächerkombination, Zusatzqualifikationen und auch eine Portion Glück können dabei eine Rolle gespielt haben.

Auch die Gruppen, die sich in ihrem *Verlauf* der Arbeitslosigkeit unterschieden (vgl. Verlaufsindizes, Abschnitt 3.3.1) weisen unterschiedliche Werte in der Bewältigungskompetenz auf: Probanden, die sich im Verlauf der Arbeitslosigkeit in der zweiten Längsschnitthälfte unterschieden, hatten unterschiedlich hohe soziale Kompetenzen zu t_4. Soziale Kompetenzen also, die aus Bewältigungsprozessen in den ersten Monaten der Arbeitslosigkeit zu t_4 erschlossen wurden, kamen möglicherweise in der Folgezeit zum Tragen: Sozial Kompetentere hatten einen günstigeren Verlauf in ihrer beruflichen Entwicklung zu verzeichnen.

Sind Kompetente weniger belastet?
Es ist zu vermuten, daß Probanden, die höhere Kompetenzen zur Bewältigung der Krisensituation Arbeitslosigkeit besitzen, auch weniger belastet sind (zu Belastung vgl. 4.4). Kompetenzen müßten sich im Verlauf des Längsschnitts belastungsreduzierend auswirken. Vorhandene Bewältigungskompetenzen haben Einfluß auf die Einschätzung der eigenen Bewältigungsmöglichkeiten (vgl. das Prozeßmodell, Abschnitt 3.2): Wenn jemand frühere Krisensituationen in seiner Biographie kompetent bewältigen konnte, dann dürfte er sich auch in der Arbeitslosigkeit weniger überfordert und hilflos fühlen.

Für den beruflichen Bereich kamen wir zu folgendem Ergebnis: *biographisch* erworbene Kompetenzen zur Bewältigung beruflich-sozialer Anforderungen (t_1) wirken sich in der Arbeitslosigkeit kaum belastungsreduzierend aus. Lediglich mit dem Grad der beruflichen Belastung gab es einen signifikanten Zusammenhang mit der biographisch erfaßten Bewältigungskompetenz zu t_1 (Tau = .29*). Kompetente und Nichtkompetente unterschieden sich zu Beginn des Längsschnitts jedoch nicht in ihren Werten anderer Belastungsmaße.

Anders in der zweiten Hälfte unserer Längsschnittuntersuchung. Probanden, die in den ersten Monaten der Arbeitslosigkeit an ihre Situation „kompetent" herangegangen waren (womit nicht gesagt ist, ob sie mit ihren Strategien auch Erfolg hatten), für die also zu t_4 ein hohes Ausmaß an Bewältigungskompetenz im beruflichen Bereich erschlossen werden konnte, waren zu t_5 und t_6 weniger allgemein belastet und der Generalisierungsgrad der Belastung (vgl. 4.4.4) war bei ihnen in der gesamten zweiten Längsschnitthälfte ($t_4 - t_7$) signifikant niedriger als bei anderen, d.h. Kompetente waren in weniger Lebensbereichen belastet als weniger Kompetente.

Die Ergebnisse in den anderen Bereichen waren weniger deutlich. Wir waren aber auch bei den eingangs diskutierten theoretischen Überlegungen davon ausgegangen, daß neben individuellen Kompetenzen auch entsprechende Ressourcen zur Verfügung stehen müßten, damit Bewältigungskompetenz überhaupt zum Tragen kommen könnte.

Welche Rolle spielen Zusatzqualifikationen als Ressourcen im beruflichen Bereich?
Die Korrelationen zwischen Bewältigungskompetenz und den bereichsspezifischen und allgemeinen Belastungsmaßen wurde kontrolliert durch entsprechende bereichsspezifische Ressourcen.

Im beruflichen Bereich wurde der Zusammenhang zwischen der Bewältigungskompetenz und beruflicher und allgemeiner Belastung durch das Vorhandensein von Zusatzqualifikationen (vgl. 4.2) kontrolliert: Es war zu vermuten, daß Probanden, die berufliche Zusatzqualifikationen zu ihrem Lehrerexamen hatten, auf dem Arbeitsmarkt bessere Chancen hatten, wenn sie nur außerdem die Kompetenzen besaßen, die Qualifikationen bei der Arbeitssuche auszuspielen. Durch einen günstigeren Verlauf der beruflichen Entwicklung bedingt, würden sie — so war unsere Vermutung — auch weniger stark belastet sein.

Diese Hypothese konnte nicht bestätigt werden. Bei Probanden, die Zusatzqualifikationen hatten, wären stärkere Korrelationen zwischen hoher Bewältigungskompetenz und niedriger Belastung zu erwarten gewesen, als bei Probanden, die bei Bewerbungen nur ihren Abschluß als Lehrer vorzuweisen hatten. Das Gegenteil war der Fall: Bei den Probanden, die sogar eine berufliche Zweitqualifikation hatten, gab es zu keinem Zeitpunkt einen signifikanten Zusammenhang zwischen einer hohen Bewältigungskompetenz und niedrigen Belastung. Auch in der Gruppe der Probanden mit Qualifikationen, die ihre Chancen auf dem Arbeitsmarkt ein wenig erhöhen könnten (z.B. frühere Jobs, vgl. 4.2), waren die Kompetenteren weder beruflich noch allgemein niedriger belastet als andere, die eine geringe Kompetenz im beruflich-sozialen Bereich gezeigt hatten. Wider Erwarten wurde dafür in der Gruppe der Probanden, die keinerlei Zusatzqualifikationen zum zweiten Staatsexamen vorzuweisen hatten, der Zusammenhang zwischen hoher Bewältigungskompetenz und geringer beruflicher Belastung zu t_7 signifikant (Tau = .5*).

Wie ist dieses Ergebnis zu interpretieren? Nützten die Zusatzqualifikationen auf dem Arbeitsmarkt nichts? Oder wurden sie nicht als Ressourcen wahrgenommen und genutzt? Viele Probanden, die berufliche Zweitqualifikationen hatten, waren über den zweiten Bildungsweg zum Lehrerberuf gekommen. Sie hatten wegen schlechter Chancen oder wegen mangelndem Interesse an ihrem ersten Beruf ein Lehrerstudium angefangen. Vielleicht wollten sie schon immer Lehrer werden oder der Beruf erschien ihnen aus anderen Gründen (z.B. weil sie Kinder hatten) günstiger. Diese Probanden, die auf einem längeren und mühsameren Weg zum Lehrerberuf gekommen waren, hingen vielleicht mehr an ihrem Beruf:

So meinte z.B. Tobias, der vor dem Lehrstudium schon eine Maschinenschlosserlehre und ein Fachhochschulstudium für Maschinenbau absolviert hatte: „Also ich habe viele Ratschläge aus der Bekanntschaft: ‚Mensch, geh doch mal in die Industrie und mach doch mal was anderes', eigentlich bis zum Schluß hinausgedrängt. Also da habe ich mich schon so verhalten, daß ich gesagt habe, also lieber weder eine volle Stelle oder lieber ein Zeitvertrag wieder, als jetzt in die Industrie gehen ..., das ist aber keine rationale Entscheidung, da hängt viel Gefühl mit drin." (t_1)

Daß sie gerade den Lehrerberuf nicht ausüben konnten, war für diese Probanden eher zusätzlich belastend. Vor dem Hintergrund ihrer bisherigen Berufsbiographie war ihre berufliche Zweitqualifikation subjektiv keine Ressource, die sie in der Situation der Arbeitslosigkeit nutzen konnten oder wollten. Das Vorhandensein der Zusatzqualifikation war verbunden mit Prozessen der beruflichen Sozialisation und dem Aufbau eines besonderen Interesses am Lehrerberuf (vgl. 4.6), was letztlich zu zusätzlichen Belastungen führte, die mögliche positive Effekte durch bessere Arbeitsmarktchancen wieder aufhoben.

Affektive Ressourcen im sozialen Netzwerk sind am wichtigsten.
Sozialen Netzwerken wird in der Regel Ressourcenfunktion zugesprochen (vgl. Keupp 1982): Menschen in Krisensituationen können aus dem sozialen Netzwerk Trost und Zuspruch, aber auch konkrete Hilfen bei der Problemlösung, Informationen und Dienstleistungen erhalten. Auch in schwierigeren materiellen Situationen können Personen aus dem sozialen Netzwerk helfend eingreifen. Die Möglichkeiten, Hilfen aus dem sozialen Netzwerk zu erhalten (unabhängig davon, wieviel jemand aktuell und tatsächlich erhält), das „Netzwerkpotential" des einzelnen also, wurde in einem Index zusammengefaßt (vgl. 4.2). Mit diesem Index kontrollierten wir den Zusammenhang zwischen Kompetenzen im sozialen Netzwerk auf der einen Seite und allgemeinen Belastungsmaßen auf der anderen Seite. Es war zu vermuten, daß, wenn Ressourcen im sozialen Netz vorhanden waren, stärkere Korrelationen zwischen Belastung und Bewältigungskompetenzen auftreten müßten.

Die Ergebnisse bestätigten unsere Hypothese teilweise und differenzierten sie: Bei den Probanden, die *kein funktionales Netzwerk* hatten, traten auch keine signifikanten Korrelationen zwischen hohen sozialen Kompetenzen und niedriger Belastung auf. Bei Probanden, die *affektive Ressourcen* in ihrem sozialen Netzwerk hatten (aber keine instrumentellen, vgl. 4.2), war die allgemeine Belastung zu t_1 und t_4 signifikant niedriger, wenn die Probanden Kompetenzen besaßen, diese Ressourcen wirkungsvoll einzusetzen (Zusammenhang zwischen Bewältigungskompetenz und der allgemeinen Belastung: t_1: Tau = -.4*, t_4: Tau = -.42*). Zu t_1 und t_7 war bei Probanden, die es verstanden, ihre affektiven Netzwerkressourcen in der Krisensituation Arbeitslosigkeit zu nutzen und die dadurch Trost und Hilfe von anderen erhielten, der Generalisierungsgrad der Belastung deutlich niedriger (t_1: Tau = -.56*, t_7: Tau = -.59*), d.h. sie waren insgesamt in weniger Bereichen belastet als andere. Weiterhin zeigte sich, daß *instrumentelle Ressourcen* in der Situation der Arbeitslosigkeit weniger belastungsreduzierend waren, selbst wenn soziale Kompetenzen bei den Probanden vorhanden waren. Affektive Ressourcen, also Möglichkeiten der Probanden, ihre Probleme bei anderen loszuwerden, Trost und Hilfe zu finden, spielen in der Situation der Arbeitslosigkeit eine sehr viel wichtigere (belastungsreduzierende) Rolle für die Probanden als instrumentelle Ressourcen (z.B. in Form von finanzieller Hilfe).

Verwunderlich war allerdings, daß bei Probanden mit einem *multifunktionellen Netzwerk,* also Personen, die *sowohl* affektive *als auch* instrumentelle Hilfe aus dem Netzwerk erhalten können, der oben beschriebene Zusammenhang zwischen hoher Kompetenz und niedrigen Belastungswerten so deutlich nicht auftrat. Vermutlich spielen hier wieder andere zusätzliche Variablen eine Rolle, z.B. die Qualität der Netzwerkbeziehungen, ihre Intensität und Intimität oder die Motivation, die Ressourcen aus dem sozialen Netzwerk in der Krisensituation Arbeitslosigkeit überhaupt zu nutzen. Manche Probanden wollen ihre Probleme gar nicht immer bei ihren Freunden „abladen", sie erwarten vielleicht auch nicht allzu viel Verständnis von Freunden, die eine Situation wie Arbeitslosigkeit nicht selber kennen oder sie wollen generell lieber alleine mit ihrem Problem fertig werden (zur Problematik sozialer Unterstützung aus dem Netzwerk vgl. auch 4.4.3). Auch hier ist also wieder die subjektive Sicht der Probanden entscheidend dafür, ob Ressourcen aus dem Netzwerk als solche wahrgenommen und genutzt werden.

Was ist das Fazit?
Für das soziale Netzwerk konnte der vermutete Zusammenhang bestätigt werden: Bewältigungskompetenzen können sich belastungsreduzierend auswirken, aber nur wenn die nötigen Ressourcen dazu vorhanden sind. Sowohl im beruflichen Bereich als auch beim sozialen Netzwerk wurde aber deutlich, daß dieser Zusammenhang nicht automatisch auftritt. Kompetenzen auf der einen und Ressourcen auf der anderen Seite sind jeweils für sich genommen nur notwendige, aber nicht hinreichende Bedingungen für Belastungsreduktion. Zusätzliche *Aktualisierungsbedingungen* dafür, daß die Kompetenzen, Ressourcen wirkungsvoll zu nutzen, auch tatsächlich zum Tragen kommen, müssen berücksichtigt werden: z.B. die subjektive Sicht der Probanden, was in einer Situation als Ressource wahrgenommen wird, die Motivation, bestimmte Ressourcen auch einzusetzen, persönliche Interessen und die Hoffnung, daß Bewältigungsversuche auch Erfolg haben werden.

4.3.4 Zum Konzept der Generalisierten Kontrollüberzeugung

Das Konzept der Generalisierten Kontrollüberzeugung als biographisch entwickelter Erwartungshaltung des einzelnen, inwieweit er seine Umwelt beeinflussen kann, geht auf Rotter's (1966; 1975) soziale Lerntheorie zurück. Es hat heute in der psychologischen Forschung großen Einfluß gewonnen (z.B. Lefcourt 1976; Mielke 1982; Krampen 1982). Dabei wurde immer wieder herausgestellt, daß eine hohe Generalisierte Kontrollüberzeugung das subjektive Befinden und die Bewältigungsversuche des Einzelnen positiv beeinflußt. Niedrige Kontrollüberzeugung dagegen kann zu Gefühlen der Hilflosigkeit und depressiven Symptomen führen (Seligman 1983). Gerade Arbeitslosigkeit kann als ein solcher Fall von Kontrollverlust erlebt werden (Frese 1977). Dies sind jedoch keine automatischen Prozesse (Silver/Wortmann 1980). Zu unterscheiden ist zwischen einer Generalisierten Kontrollüberzeugung und einer Situationsspezifischen Kontrollerwartung (vgl. Abschnitt 4.5). Erfahrungen von Kontrollverlust müssen nicht in jedem Fall zu einer niedrigen Generalisierten Kontrollüberzeugung führen (vgl. auch Folkman 1984). Andererseits fassen wir Kontrollüberzeugung nicht als konstante Einstellung ('trait') auf; sie verändert sich im Laufe der Entwicklung.

Bei der Operationalisierung haben wir auf den Begriff *Selbstvertrauen* zurückgegriffen, da er uns für den Einzelnen anschaulicher erschien (vgl. zum Begriff Selbstvertrauen Groschek 1980). So definieren wir Generalisierte Kontrollüberzeugung als das Selbstvertrauen, das der Einzelne im Umgang mit als problematisch empfundenen Anforderungen entwickelt. Im Interview haben wir die Probanden bei jeder als belastend erlebten Anforderungsthematik (vgl. Abschnitt 4.3.1) gefragt, inwieweit der Umgang mit der Anforderung sein Selbstvertrauen beeinflußt habe. Die genauen Regeln für die Auswertung wurde bereits — als Beispiel für den Kodierfaden, Abb. 3.3.4 — dargestellt.

4.3.5 Ergebnisse zur Generalisierten Kontrollüberzeugung (Selbstvertrauen)

Die wichtigsten Ergebnisse zur Generalisierten Kontrollüberzeugung sollen nun in einigen Punkten dargestellt werden. Doch zunächst unsere Annahmen zu dieser biographischen Einflußgröße:

- Nicht jeder entwickelt eine *generalisierte* Kontrollüberzeugung; man muß verschiedene Grade der Generalisiertheit des Selbstvertrauens unterscheiden.
- In den biographischen Voraussetzungen zu Anfang der Untersuchung (t_1) erwarten wir keine systematischen Unterschiede zwischen Untersuchungs- und Kontrollgruppe; Arbeitslose bringen kein geringeres Selbstvertrauen in die Arbeitslosigkeit mit.
- Im Verlauf der Arbeitslosigkeit erwarten wir aber schon ein leichtes Sinken des Selbstvertrauens durch die negativen Erfahrungen.
- Für Probanden, die sich trotz Arbeitslosigkeit ein hohes Selbstvertrauen bewahren, wirkt dies protektiv, d.h. verhindert dies starke Belastungen.
- In diesem Sinne rechnen wir zwar mit einem gleichsinnigen, aber nicht extrem ausgeprägten Zusammenhang mit der Situationsspezifischen Kontrollerwartung.

Unterschiedliche Generalisiertheitsgrade
Ein wichtiger Punkt unserer Auffassung von Generalisierter Kontrollüberzeugung war, die Generalisiertheit nicht von vorne herein durch die Methode zu unterstellen (vgl. auch Haußer 1983). Deshalb legten wir keinen vorgefaßten Fragebogen (z.B. Rotter-Skala) vor. Wir wollten im Einzelfall die Generalisierung überprüfen. Wenn in vielen Bereichen, gegenüber vielen Anforderungen ein *gleichsinniges* (hohes oder niedriges) Selbstvertrauen entwickelt wird, so ist von Generalisiertem Selbstvertrauen zu sprechen. Wenn jedoch widersprüchliche Werte auftauchen, so kann man keine Generalisierung feststellen. Abb. 4.3.3 zeigt, daß dies immerhin bei rund 20% unserer Untersuchungsgruppe der Fall ist. Damit ist gezeigt, wie gefährlich es ist, durch die Methode die Generalisierung bereits vorzugeben.

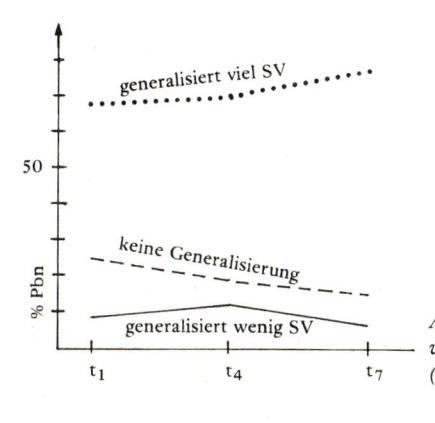

Abb. 4.3.3: Generalisiertheit des Selbstvertrauens in der Untersuchungsgruppe (% der Pbn) (N = 79)

Zunächst überraschend ist in Abb. 4.3.3, daß die Mehrzahl (um 70%) generalisiert *viel* Selbstvertrauen zeigt und nur sehr wenig generalisiert niedriges Selbstvertrauen haben.

Das liegt zum einen daran, daß viele Probanden unserer Untersuchung trotz Arbeitslosigkeit sich ihr Selbstvertrauen erhalten (im übernächsten Abschnitt dieses Kapitels wird darauf eingegangen). Es liegt aber auch an unseren harten Kriterien. In mehreren Bereichen, auf verschiedene Anforderungen in der Arbeitslosigkeit durchweg niedriges Selbstvertrauen zu zeigen ist doch sehr selten. Deshalb haben wir zusätzlich einen Selbstvertrauensgesamtwert gebildet, der nicht nach der Generalisiertheit, sondern nur nach der aktuellen Höhe des Selbstvertrauens unterscheidet.

Keine Unterschiede in den biographischen Voraussetzungen
Vergleicht man nun die Untersuchungsgruppe mit der Kontrollgruppe, so zeigen sich zu t_1 keine signifikanten Unterschiede. Arbeitslose haben in ihrer Biographie *kein* niedrigeres Selbstvertrauen entwickelt; mangelndes Selbstvertrauen kann also keine Rolle beim Arbeitslos-Werden gespielt haben. So selbstverständlich vielen dieses Ergebnis sein mag, so wichtig ist es doch, dies auch als empirisch gesichert festzuhalten.

Gerade in der heutigen Zeit wird verstärkt versucht, Arbeitslose als die Schwächeren in unserer Gesellschaft abzustempeln: Wer sich nur genügend bemühe, wer genügend Selbstvertrauen entwickele, der werde schon etwas finden, denn jeder sei seines Glückes Schmied. Aber dies läßt sich nach unseren Ergebnissen *nicht* aufrechterhalten. Die Selektionshypothese (vgl. Abschnitt 4.3.3) muß also — ebenso wie für die Variable Bewältigungskompetenz — zurückgewiesen werden. Hier nun die Gruppenunterschiede im Selbstvertrauen für alle Erhebungszeitpunkte.

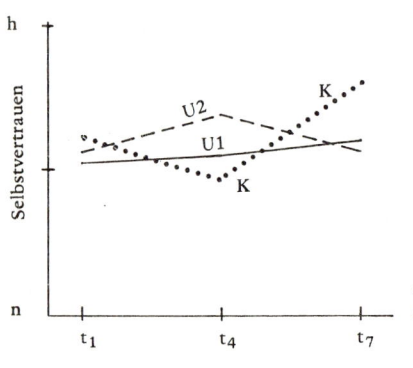

Abb. 4.3.4: Gruppenunterschiede im Selbstvertrauen (Mediane)

Auch zu t_4 und t_7 sind die Unterschiede nicht signifikant. Insgesamt zeigen sich wenig Veränderungen über die Zeit. Nur ganz zuletzt steigen die Selbstvertrauenswerte für die Kontrollgruppe etwas an. Selbst im Extremgruppenvergleich der Dauerarbeitslosen mit der Kontrollgruppe ergeben sich keine nennenswerten Unterschiede.

Kein Sinken des Selbstvertrauens durch Arbeitslosigkeit
In der letzten Graphik (Abb. 4.3.4) sieht man überdies, daß das Selbstvertrauen in den Untersuchungsgruppen entgegen unseren Annahmen im Durchschnitt *nicht* sinkt. Auch in der Kontrastgruppe der Dauerarbeitslosen ist eher ein ansteigender Trend zu beobachten. Die aktuelle Lebenssituation in der Arbeitslosigkeit hat wenig Einfluß auf das Selbstvertrauen. Dies zeigt auch Abb. 4.3.5, in der zu jedem Zeitpunkt die aktuell Arbeitslosen mit den zum jeweiligen Zeitpunkt nicht Arbeitslosen verglichen wurden. Die Arbeitslosen erreichen hier zu t_7 sogar tendenziell etwas höhere Werte! Aber es ergeben sich hier, wie auch nach anderen Merkmalen der aktuellen Lebenssituation (Sicherheit des Arbeitsplatzes, Haushaltseinkommen, berufliche Zusatzqualifikationen) keine signifikanten Unterschiede. Immer liegen die Werte etwas über der Mitte. Einzige Ausnahme ist das soziale Netzwerk. (Abb. 4.3.6). Wer hier keine Ressourcen besitzt, wer keinen Freundes- oder Bekanntenkreis hat, der ihm affektiv oder instrumentell eine Unterstützung sein kann, der zeigt sehr niedrige Selbstvertrauenswerte (Tau t_1 = .20*; Tau t_4 = .18*). Das Selbstvertrauen scheint also ein sehr grundsätzlicher Umweltbezug des einzelnen zu sein, der nicht so schnell von äußeren Veränderungen der Lebens-

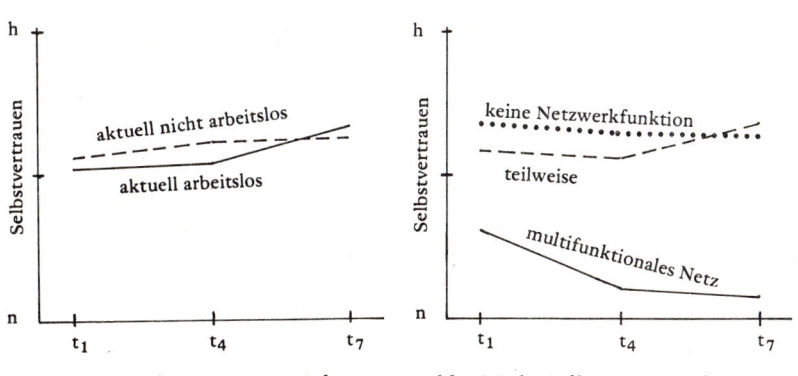

Abb. 4.3.5: Selbstvertrauen nach aktuellen Arbeitslosigkeitskriterien (Mediane)

Abb. 4.3.6: Selbstvertrauen in Abhängigkeit vom sozialen Netzwerk (Mediane)

situation ins Wanken zu bringen ist, der aber eng mit dem Eingebundensein in soziale Beziehungen verknüpft ist (vgl. zum Netzwerk auch Abschnitt 4.4).

Sich-Selbst-Vertrauen als protektiver Faktor
Wir haben gesehen, daß trotz ungünstiger äußerer Voraussetzungen (Arbeitslosigkeit) viele unserer Probanden ihr Selbstvertrauen nicht aufgeben. Dieses Sich-Selbst-Vertrauen scheint zugleich eine wichtige Form der Bewältigung der Situation Arbeitslosigkeit zu sein. Später (Kapitel 4.5.5) werden wir eine vermutlich korrespondierende Bewältigungsform in dem ‚Sich-Hoffnung-Machen' kennenlernen. Je ungünstiger die Lebenssituation sich für den einzelnen gestaltet, desto wichtiger ist es für ihn, das Selbstvertrauen nicht zu verlieren, *um die Probleme überhaupt angehen zu können*. So haben wir bei unseren Probanden ein Ansteigen solcher konstruktiv selbstbezogener Bewältigungsversuche feststellen können (vgl. Kapitel 4.8).

Andererseits ist es für manche auch eine Stärkung des Selbstvertrauens, mit schwierigen Situationen fertig zu werden. Hier das Beispiel einer Lehrerin, die zurückblickt auf ein halbes Jahr völliger Arbeitslosigkeit, unterbrochen von kurzfristiger Nebenerwerbstätigkeit.

„F.: Würdest Du sagen, diese Zeit insgesamt hat Dein Selbstvertrauen gestärkt oder auch angeknackst; diese Zeit hat irgendwie Spuren hinterlassen?
L.: Wohl beides. Also ich mein, in der Richtung hat es sicher mein Selbstvertrauen gestärkt, daß man auch sieht, man kann das alleine und man wird damit fertig. Andererseits ist es insgesamt sicher für die Selbstsicherheit nicht förderlich, wenn man sieht, es geht einfach nichts voran, man kriegt einfach keinen Job; und dann traut man sich nicht mehr so viel zu. Aber z.B. der Umgang mit Behörden – Arbeitsamt, Schulreferat, Kultusministerium, BAFÖG-Schulden stunden lassen – da hab ich viel gelernt an Sicherheit und Selbstvertrauen". (Zilli t_4)

Selbstvertrauen erweist sich als wirksamer protektiver Faktor (vgl. auch Kap. 4.5.5), es schützt vor Belastungen.

In Abb. 4.3.7 sieht man, daß hohes Selbstvertrauen mit ganz geringer Belastung, niedriges Selbstvertrauen dagegen mit sehr hoher Belastung einhergehen (Höhe des Selbstvertrauens: Tau t_1 = .16 n.s., Tau t_4 = .60***, Tau t_7 = .44***; Generalisiertheit des Selbstvertrauens: Tau t_1 = .17*, Tau t_4 = .23**, Tau t_7 = .23**). Dieser Effekt zeigt sich zu Anfang unserer Untersuchung (t_1) noch nicht in dem Umfang. Erst im Verlauf der Auseinandersetzung mit Arbeitslosigkeit gehen die Kurven scherenartig auseinander. Die protektive Wirkung zeigt sich also erst dann, wenn *trotz ungünstiger beruflicher Lebenssi-*

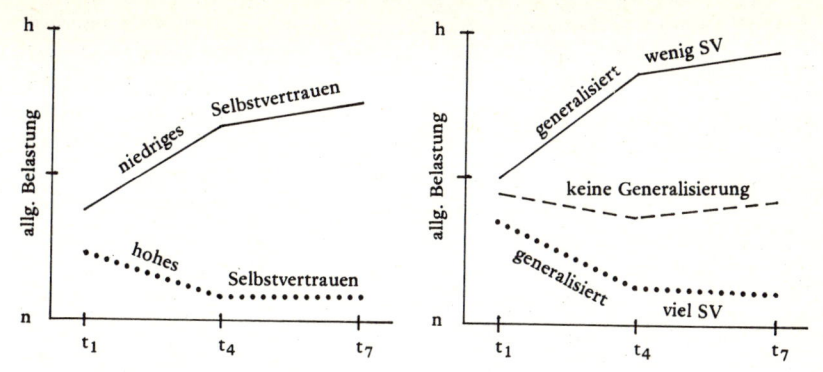

Abb. 4.3.7: Allgemeine Belastung in Abhängigkeit von Höhe und Generalisiertheit des Selbstvertrauens (SV) (Mediane)

tuation (Arbeitslosigkeit) ein *hohes Selbstvertrauen beibehalten* wird. Dann erst kommt das Selbstvertrauen wirklich zur Geltung als Voraussetzung für eine aktive Bewältigung der Situation.

Nur schwache Zusammenhänge zur situationsspezifischen Kontrollerwartung
Das biographisch entwickelte Selbstvertrauen — unsere Operationalisierung Generalisierter Kontrollüberzeugung — hat einen Einfluß auf die Situationsspezifische Kontrollwahrnehmung (vgl. auch Kap. 4.5). Der Zusammenhang ist jedoch nicht übermäßig stark.

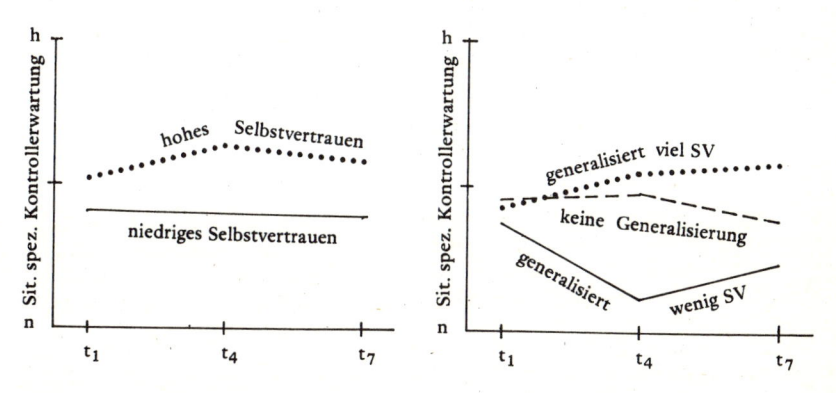

Abb. 4.3.8: Situationsspezifische Kontrollerwartung in Abhängigkeit von Höhe und Generalisiertheit des Selbstvertrauens (SV) (Mediane)

Um die Mitte des Längsschnittes (t_4) ist der Zusammenhang am ausgeprägtesten (Tau = .24 ** bzw. .20 *). Probanden mit generalisiert wenig Selbstvertrauen zeigen hier sehr geringe Situationsspezifische Kontrollerwartung. Daß die Zusammenhänge aber insgesamt nicht ausgeprägt sind, liegt daran, daß in die situationsspezifische Kontrollerwartung sehr stark die Bedingungen der konkreten Lebenssituation einfließen, in die Generalisierte Kontrollüberzeugung jedoch weniger (vgl. vorletzten Abschnitt in diesem Kapitel). Dies deckt sich auch mit den Postulaten von Folkman (1984). Situationsspezifische Kontrolle muß sich mit der Situation auseinandersetzen, Generalisierte Kontrolle kann viel eher ein Mittel kognitiver Bewältigung sein, eine Möglichkeit des Sich-Selbst-Vertrauens trotz ungünstiger Bedingungen.

Selbstvertrauen trotz Arbeitslosigkeit kann man aus verschiedenen Quellen schöpfen. Solche Faktoren, wie sie in unserer Untersuchung genannt wurden, können sein: ein guter Freundes- und Bekanntenkreis, die Mitarbeit in Arbeitslosenselbsthilfegruppen und auch ein politisches Engagement im Kampf gegen Arbeitslosigkeit.

4.4 Belastung und Krise

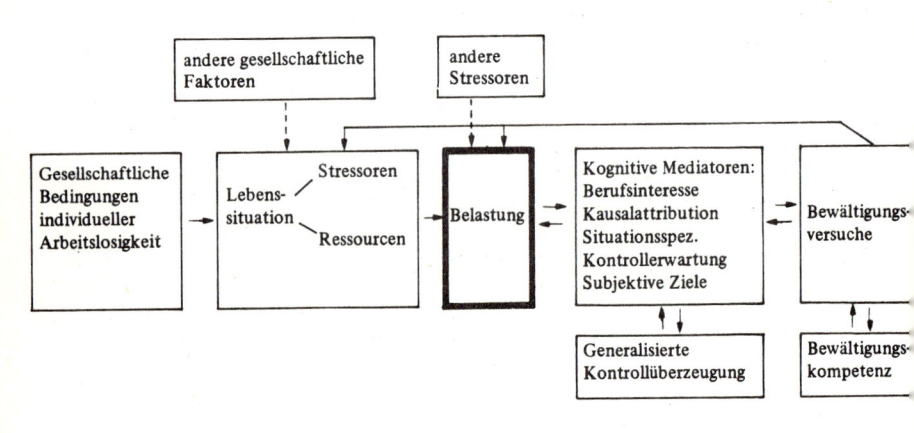

In diesem Kapitel wollen wir schildern, wie die Probanden der Untersuchungsgruppe 1 die Arbeitslosigkeit erleben, was sie konkret belastet und wie sich die Belastungen im Zeitverlauf auswirken.

4.4.1 Konzept und Operationalisierung von psychischer Belastung

Arbeitslosigkeit bedeutet nicht nur den Verlust von Arbeit, sondern häufig eine Veränderung in sämtlichen Bereichen der Lebenssituation. Diese Veränderungen können, müssen aber nicht, zu starken Belastungen führen. Den Begriff „Belastung" hatten wir im ersten Kapitel eingeführt, um damit eine Reihe negativer Veränderungen individueller psychischer Zuständlichkeiten zu bezeichnen. Allgemein gesagt ist eine psychische Belastung eine — subjektiven Leidensdruck erzeugende — Beeinträchtigung der individuellen Befindlichkeit und Stimmung, sowie der Erlebnis-, Verarbeitungs- und Handlungsmöglichkeiten einer Person in einer gegebenen Lebenssituation. Also ist psychische Belastung der Zustand des Erleidens von Beeinträchtigungen und Mangelzuständen, sowie Einbußen von bereits erfahrenen oder möglichen positiven Erlebnis- und Handlungsmöglichkeiten. Die Spannweite der durch diesen Begriff erfaßten negativen Erlebnisformen reicht von vorübergehenden Verstimmungen bis zu schwerwiegenden und dauerhaften Identitätsveränderungen wie z.B. Depressionen.

Differentielle Entwicklungspsychologie und Arbeitslosenforschung gehen davon aus, daß objektiv gleich oder ähnlich erscheinende Ereignisse subjektiv ganz unterschiedlich erlebt werden können, je nach der bisherigen Biographie, den weiteren Umständen der Lebenssituationen, den Erwartungen an sich selbst und an die Zukunft, dem Vorhandensein möglicher oder tatsächlicher sozialer Unterstützung u.ä.m.. Daher ist eine monokausale Beziehung zwischen Arbeitslosigkeit und dem Ausmaß der psychischen Belastung nicht zu erwarten. Zu erklären sind vielmehr die intra- und interindividuellen Unterschiede und Verläufe in den emotionalen Reaktionen auf scheinbar gleich erscheinende „objektive" belastende Lebensereignisse. Arbeitslosigkeit allein führt weder zu einer *bestimmten* Intensität erlebter Belastungen, noch dazu, daß eine Person sich in *allen* Lebensbereichen gleichermaßen belastet fühlt.

Bereits in der Generalhypothese (Kap 3.1) wurden Vermutungen über Bedingungen und Symptome krisenhaften Erlebens der Arbeitslosigkeit formuliert: Arbeitslosigkeit verändert die Lebenssituation des Betroffenen und schafft krisenhafte seelische Belastungen, die ohne entlastende oder moderierende Einflüsse höher sind als bei Berufstätigen. Dabei kommt es auch darauf an, welche Erfahrungen die Betroffenen mit Arbeitslosigkeit im Zeitablauf machen. Es gibt u.a. folgende Begleiterscheinungen dieser krisenhaften und belastenden Veränderungen: Man glaubt z.B. weniger bzw. immer weniger an die Vorhersehbarkeit und Beeinflußbarkeit der eigenen beruflichen Situation. Man wird passiver und resignativer in der Auseinandersetzung mit der Situation, das Selbstvertrauen sinkt, im sozialen Netzwerk (z.B. in der Partnerbeziehung) steigen die Belastungen, die soziale Unterstützung nimmt ab, Tendenzen zur Depressivität und zu psychosomatischen Beschwerden nehmen zu, die psychische Belastung weitet sich auf immer mehr Bereiche des Erlebens und Handelns aus.

Welche empirischen Indikatoren haben wir nun verwendet, um individuelle Belastungen zu erfassen? Die Variable Belastung wurde sowohl allgemein, wie auch bereichsspezifisch operationalisiert. Das allgemeine subjektive Befinden wurde mittels 16 Items erhoben, die verschiedenen Depressionsskalen entnommen waren und zu denen sich die Probanden frei äußern sollten (siehe Anhang B). Die Items wurden inhaltsanalytisch ausgewertet, die Werte nach bestimmten Kodierregeln auf einer fünfstufigen Skala zu einem „*Gesamtwert allgemeine Belastung*" zusammengefaßt. Unser Instrument hat sich bereits in einer anderen Untersuchung (Saup 1984) bewährt.

Bei dem Verfahren gab es drei Zwischenwerte:

— Zwischenwert „*emotionale Belastung*": Dieser Wert war um so höher, je eher die Probanden Items zustimmten, wie z.B. „Ich fühle mich niedergeschlagen und bedrückt", „Ich fühle mich nervös und unruhig", „Ich habe Angstzustände", „Ich habe wenig Freude und Lust am Leben".
— Zwischenwert „*kognitive Belastung*": Für diesen Wert waren Items bestimmend, wie z.B. „Ich grüble sehr viel", „Ich mache mir Selbstvorwürfe und zweifle an meinem Selbstwert" oder „Ich zweifle an meinen Fähigkeiten".
— Zwischenwert „*Belastung Handlungsstruktur*": Hierfür standen z.B. folgende Items: „Es fällt mir schwer, mich zu konzentrieren", „Die alltäglichen Dinge gehen mir nur langsam von der Hand" und „Ich fühle mich schlaff und energielos".

Für psychosomatische Beschwerden wurde den Probanden eine Beschwerdenliste von Zerrsen (1977) vorgelegt.

Neben der allgemeinen Belastung, durch die beschrieben wird, wie sich die Probanden subjektiv fühlen, wurde bereichsspezifisch erhoben, wie die Situation in den Bereichen Beruf, Finanzen, Zeitstruktur und im sozialen Netzwerk jeweils eingeschätzt wurde und inwieweit sie belastend war. Für jeden Bereich wurde erhoben:

— das „*primary appraisal*" (Lazarus), die Einschätzung der Person, ob die Situation in einem Bereich für sie belastend, ent-

lastend, ambivalent (sowohl be- als auch entlastend) oder irrelevant war,
— der *Grad der Belastung* (keine — schwache — starke Belastung),
— konkrete *Belastungsfaktoren:* Anlässe für die subjektive Belastung,
— konkrete *Entlastungsfaktoren:* Faktoren, die in der Situation Erleichterung brachten.

Bei den Be- und Entlastungen waren Mehrfachnennungen erlaubt. Dabei gingen wir von einem Konzept multipler Stressoren (vgl. Ulich/Mayring/Strehmel 1983) aus: Es wurde nicht unterstellt, daß die genannten Belastungen allein durch die Arbeitslosigkeit zustande gekommen waren, vielmehr konnte angenommen werden, daß dabei eine Reihe von Faktoren und Prozessen innerhalb und außerhalb der Person eine Rolle spielen. Wir faßten die genannten Belastungen daher eher auf als Belastungen, die *in* der Arbeitslosigkeit auftreten und *durch* die Arbeitslosigkeit mitbeeinflußt sein können (z.B. Verschärfung von Partnerkrisen).

Ein weiterer empirischer Indikator für den Schweregrad der individuellen Belastung war der *Generalisierungsgrad* der Belastung. Er wurde bereichsübergreifend in einem Index erfaßt und gibt an, in wievielen Bereichen bei einer Person Belastungen auftreten, wie hoch also das Ausmaß multipler Belastungen ist.

4.4.2 Das Erleben im Zeitablauf

In der Arbeitslosenforschung finden sich immer wieder Modelle, die die psychischen Reaktionen auf Arbeitslosigkeit phasenhaft in ihrem Verlauf beschreiben (vgl. dazu Kap. 2). Linde Pelzmann (1982, S. 254) z.B. schildert drei Phasen:

„Zunächst betrachtet der Arbeitslose den Verlust seines Arbeitsplatzes als vorübergehend und richtet sich auf eine willkommene *Erholungspause* ein. Doch diese Einstellung verschwindet mit zunehmender Dauer der Arbeitslosigkeit und die Betroffenen geraten in ein *Stadium der Erschöpfung.* Die Spannungen in der Familie und im Bekanntenkreis nehmen zu, Meinungsverschiedenheiten werden zu handfesten Auseinandersetzungen. In einem dritten Stadium ergreift den Arbeitslosen dann ein Gefühl der *Hoffnungslosigkeit.* Aus finanziellen Gründen, und weil er seine Arbeitslosigkeit als Schande empfindet, wird das gesellschaftliche Leben eingeschränkt, die Betroffenen fühlen sich noch mehr isoliert, minderwertig und unfähig".

Lassen sich solche Phasen auch in unserer Untersuchung nachweisen?

Die arbeitslosen Lehrer in unserer Untersuchung waren nicht sozialversichert und dadurch darauf angewiesen, Geld zu verdienen. Oft war dies aber nur in sogenannten „Nebenerwerbsjobs" möglich, die zudem befristet waren (vgl. 4.1). Unsere Stichprobe wurde im Verlauf des Längsschnitts immer heterogener: Nur wenige fanden bald eine Arbeit, einige wurden nach einiger Zeit wieder arbeitslos, andere blieben ganz arbeitslos oder schlugen sich mit immer wieder neuen Jobs durch.

Unsere Längsschnittuntersuchung war so angelegt, daß die 3 wichtigsten Erhebungszeitpunkte t_1, t_4 und t_7 zu den für arbeitslose Lehrer subjektiv bedeutsamen Einstellungsterminen zu Beginn der Schulhalbjahre lagen. Zu dieser Zeit waren die Aushilfeverträge meistens abgelaufen und die Chancen für neue Verträge waren günstiger als zu anderen Zeitpunkten im Schuljahresverlauf. Für viele Probanden fand ein Wechsel ihrer beruflichen Situation statt. Wir vermuteten, daß sich dieser Wechsel auch im subjektiven Befinden niederschlagen würde. Diese Vermutung wurde voll bestätigt.

Abb. 4.4.1 zeigt die signifikanten Korrelationen verschiedener bereichsspezifischer und allgemeiner Belastungsmaße mit der jeweiligen beruflichen Lebenssituation (dem beruflichen Status, vgl. 4.2) über alle 7 Erhebungszeitpunkte der Untersuchungsgruppe 1.

	t_1	t_2	t_3	t_4	t_5	t_6	t_7
Berufliche Belastung	n.s.	n.s.	n.s.	-.321**	-.408***	-.296*	-.258*
Finanzielle Belastung	n.s.	n.s.	n.s.	-.428***	-.445***	-.237*	n.s.
Belastung Partnerbeziehung	n.s.	n.s.	n.s.	-.267*	-.270*	n.s.	-.276*
Generalisierungsgrad der Belastung	n.s.	n.s.	n.s.	-.454***	-.467***	-.373**	-.442***
Allgemeines subjektives Befinden	n.s.	n.s.	n.s.	-.406***	-.380**	-.213*	-.238*

Abb. 4.4.1: Korrelation zwischen dem beruflichen Status und Belastungsmaßnahmen (Kendall's Tau).

In der 1. Längsschnitthälfte, bis t_3 also, finden wir keine signifikant von 0 verschiedenen Korrelationen. Das bedeutet, daß die Belastungen bis zu diesem Zeitpunkt in keinem direkten Zusammenhang mit der aktuellen beruflichen Lebenssituation stehen. Ganz anders sieht es in der zweiten Längsschnitthälfte ab t_4 aus: Nach dem Einstellungstermin zu t_4, ein halbes Jahr nach der Entlassung aus dem Referendariat wirkt sich Arbeitslosigkeit, bzw. eine schlechte berufliche Lebenssituation negativ auf das subjektive Befinden und Belastungen in fast allen Lebensbereichen aus.

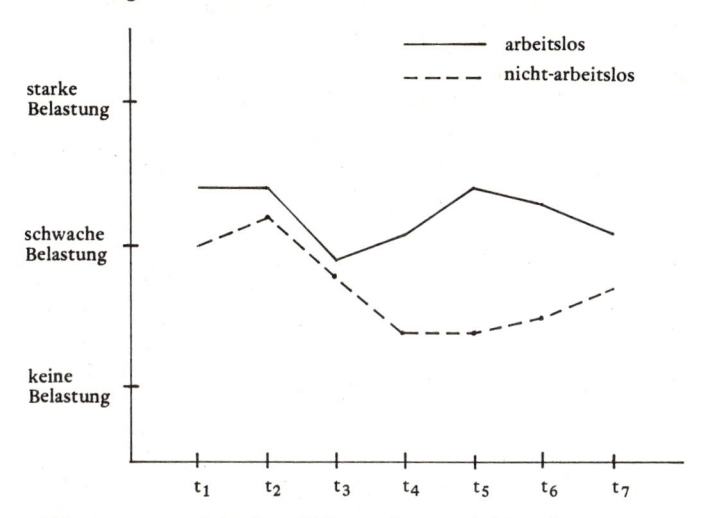

Abb. 4.4.2: Grad der beruflichen Belastung bei jeweils Arbeitslosen und Nicht-Arbeitslosen (Mediane)

Es finden sich hohe Korrelationen im beruflichen Bereich (vgl. Abb. 4.4.2), noch höher sind die Koeffizienten jedoch im finanziellen Bereich. Auch in der Partnerbeziehung zu t_4, t_5 und t_7 gibt es bei den arbeitslosen Probanden signifikant stärkere Belastungen. Insgesamt sind die bereichsspezifischen Belastungen in der 2. Längsschnitthälfte höher generalisiert und auch die allgemeine Belastung ist signifikant höher.

Diejenigen, die zu dem subjektiv bedeutsamen Zeitpunkt t_4 *immer noch* oder *wieder* arbeitslos sind, leiden jetzt, *und auch weiterhin* unter ihrer Situation. Vor dem Termin war bei vielen eine eher abwartende Haltung zu beobachten.

Der Übergang von der ersten zur zweiten Längsschnitthälfte, ca. 6 Monate nach der Entlassung aus dem Referendariat, stellt also in unserer Stichprobe einen deutlichen *Wendepunkt* dar. Daß hier eine Art Weichenstellung für das weitere subjektive Befinden, abhängig vom bisherigen Arbeitslosigkeits*verlauf* stattfand, ließ sich auch mit Tests bestätigen, die mit den verschiedenen Verlaufsindizes (vgl. 3.3.1) durchgeführt wurden.

Das wichtigste Ergebnis: Die Gruppen, die sich in ihrem Verlauf der Arbeitslosigkeit in der 1. Längsschnitthälfte (t_1-t_4) unterschieden, wiesen in der 2. Längsschnitthälfte (t_4-t_7) signifikant unterschiedliche Belastungswerte auf. Genauer: Diejenigen, die am Anfang der 2. Längsschnitthälfte zu t_4 *immer noch* oder *wieder* arbeitslos waren, waren zu t_4 und auch in der darauffolgenden Zeit signifikant stärker belastet als die übrigen Probanden, die bis t_4 eine Arbeit gefunden hatten.

Tab. 4.4.3 zeigt das Ergebnis der U-Tests (vgl. Siegel 1976, vgl. 3.3.3), für die die Dauerarbeitslosen und die Wiederholtarbeitslosen in der 1. Längsschnitthälfte zusammengefaßt wurden, um mit den übrigen Probanden verglichen zu werden.

	t_1	t_2	t_3	t_4	t_5	t_6	t_7
Berufliche Belastung	n.s.	n.s.	n.s.	*	**	*	*
Finanzielle Belastung	n.s.	n.s.	n.s.	***	***	**	*
Belastung Partnerbeziehung	n.s.	n.s.	*	**	**	n.s.	n.s.
Generalisierungsgrad der Belastung	n.s.	n.s.	n.s.	***	**	*	*
Kognitive Belastung	n.s.	*	*	*	***	n.s.	n.s.
Allgemeines subjektives Befinden	n.s.	**	**	***	**	n.s.	n.s.

Abb. 4.4.3: Belastungen in verschiedenen Verlaufsgruppen der 1. Längsschnitthälfte (U-Tests)

Die Gruppen unterschieden sich über t_4 hinaus in ihren beruflichen und finanziellen Belastungen, in der Partnerbeziehung gab es bei den Arbeitslosen in der kritischen Sequenz t_3-t_4-t_5 stärkere Belastungen. Auch der Generalisierungsgrad war erst ab t_4 bei den Arbeitslosen deutlich höher und dies setzte sich bis zum Ende des Längsschnitts fort. Ein etwas anderes Muster zeigte sich beim allgemeinen psychischen Befinden und dem dazugehörigen Zwischenwert „Kognitive Belastung". Hierfür wurden die Tests schon innerhalb der beschriebenen Sequenz in der 1. Längsschnitthälfte (ab t_2) signifikant, die Verlaufsgruppen unterschieden sich aber nicht bis zum Ende des Längsschnitts in ihrer Belastung, sondern nur bis t_5. Die Maße für die allgemeine Belastung drücken also offensichtlich stärker die aktuelle Befindlichkeit in der jeweiligen Lebenssituation aus, sie verändern sich empfindlicher bei einem Wechsel der Lebenssituation, die ja für die 2. Längsschnitthälfte mit dem hier beschriebenen Verlaufsindex (für t_1 - t_4) nicht mehr erfaßt ist.

Ein weiteres überraschendes Ergebnis: Die Belastungen in der 2. Längsschnitthälfte standen in keinem Zusammenhang mit dem *Verlauf* der Arbeitslosigkeit in diesem Zeitraum, wenngleich — Abb. 4.3.1 — sehr wohl ein Zusammenhang mit dem aktuellen beruflichen Status bestand. Bei den Analysen mit dem Verlaufsindex, der den Verlauf der Arbeitslosigkeit in der 2. Längsschnitthälfte beschreibt, wurden die Tests über die Belastungsmaße nicht signifikant! Das heißt, der Verlauf der Arbeitslosigkeit in der 2. Längsschnitthälfte hat keinen nennenswerten Einfluß mehr auf das subjektive Befinden der Probanden. Ausschlaggebend für das Erleben der Situation waren die Erfahrungen der Probanden *im ersten halben Jahr* nach ihrer Entlassung.

In unserer Untersuchung konnten die Phasenmodelle anderer Arbeitslosenstudien (vgl. Kap. 2) nicht bestätigt werden. Allerdings gab es für unsere Zielgruppen einen typischen Krisenlauf: Waren die Probanden ein halbes Jahr nach ihrer Entlassung arbeitslos oder wurden sie zu t_4 wieder arbeitslos, so setzte eine Krise ein: Die Arbeitslosen waren dann in verschiedenen Lebensbereichen, im finanziellen und beruflichen Bereich, sowie in ihrer Partnerbeziehung, signifikant stärker belastet, die Belastungen waren insgesamt stärker generalisiert und das allgemeine psychische Befinden war schlechter. Dieser Verlauf war jedoch sehr deutlich geknüpft an bestimmte Einstellungstermine, die durch den Lehrerarbeitsmarkt vorgegeben waren und die für die Probanden auch subjektiv von hoher Bedeutung waren: In den ersten Monaten nach der Entlassung steht die subjektive Belastung in keinem Zusammenhang mit der beruflichen Lebenssituation. Diejenigen, die in dieser Zeit arbeitslos sind, hoffen darauf, beim nächsten Einstellungstermin eine Stelle als Lehrer zu finden. Die, die arbeiten, sind in den meisten Fällen von erneuter Arbeitslosigkeit bedroht bzw. arbeiten unter schlechten Bedingungen, sie hoffen auf eine Verbesserung der Situation. Die Erwartungen an den Einstellungstermin zu t_4 sind bei den meisten Probanden — ob sie nun arbeitslos sind oder nicht — groß. Werden sie enttäuscht, so besteht die Gefahr einer Krise. Erfahrungen mit dem bisherigen Verlauf der Arbeitslosigkeit bis zu diesem subjektiv bedeutsamen Zeitpunkt wirken sich entsprechend *verzögert* aus: Erst ab dem entscheidenden Einstellungstermin sind diejenigen, für die sich die berufliche Situation nicht verbessert hat, stärker belastet. Erst länger andauernde Arbeitslosigkeit und das Verstreichen eines Termins, der eine entscheidende Verbesserung der beruflichen Situation hätte bringen sollen, ist kriseninduzierend: Die Hoffnungen haben sich nicht erfüllt.

4.4.3 Bereichsspezifische Belastungen

Beruflicher Bereich
Wie schätzen die Probanden der Untersuchungsgruppe 1 ihre berufliche Situation im Zeitablauf ein? Was belastet sie konkret? Wie machen sich berufliche Belastungen im subjektiven Befinden bemerkbar?

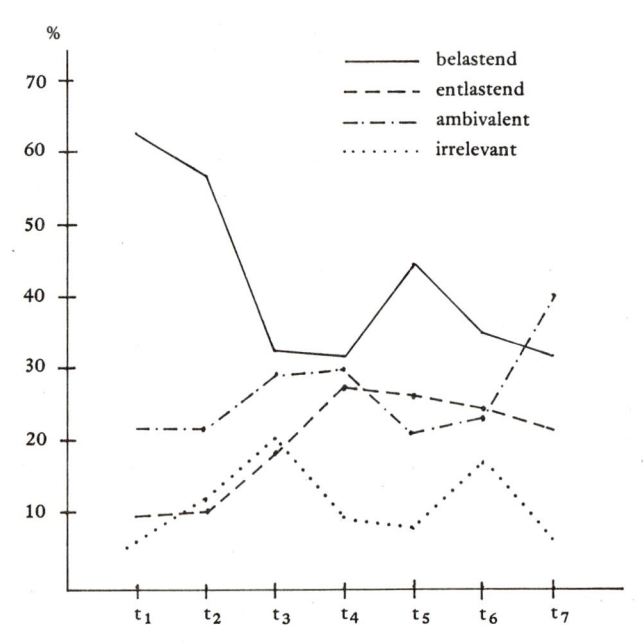

Abb. 4.4.4: Grundauszählungen der beruflichen Belastung — primary appraisal — in der Untersuchungsgruppe 1

Abb. 4.4.4 zeigt die relativen Häufigkeiten der Nennungen in der Dimension „primary appraisal" im Zeitverlauf. Aus der Abbildung wird deutlich, daß die Situation von den meisten Probanden zum ersten Erhebungszeitpunkt kurz nach Entlassung aus dem Schuldienst als *belastend* eingeschätzt wurde. Zwei Beispiele aus den Interviews:

Regina: „Ja, ganz einfach das Gefühl, man ist jetzt out, ein Outsider in der Gesellschaft. Man gehört nicht mehr dazu, irgendwie. Alles arbeitet und braust an einem vorüber und man sitzt hier" (t_1).

Sandra: „...einfach die Tatsache, daß es jetzt aus ist. Und man hat das ganze ja gemacht, schon mit dem Gedanken, daß man in den Beruf gehen will. Da hätte ich es gar nicht anzufangen brauchen, bloß um einen Abschluß zu haben. Mein Gott, was hab ich da davon. Es ist schon deprimierend, wenn man dann plötzlich dasitzt und es kümmert sich keiner" (t_1).

Nur für einen kleinen Teil der Probanden war die Situation zu diesem Zeitpunkt irrelevant oder sogar entlastend. Von einer Erholungsphase zu Beginn der Arbeitslosigkeit kann also keine Rede sein. Die Zahl der Nennungen für die Kategorie „belastend" fiel nach t_1 deutlich ab, erreichte aber zu t_5 einen neuen Höhepunkt. Zu diesem Zeitpunkt erlebten viele Probanden – wie aus weiteren Ergebnissen noch deutlicher wird – eine Krise. Auch wenn die berufliche Lebenssituation der Probanden im Verlauf des Längsschnitts immer heterogener wurde, war das Problem der Arbeitslosigkeit für die meisten Probanden zu diesem Zeitpunkt noch nicht gelöst: Knapp über die Hälfte der Probanden (51%) waren zu diesem Zeitpunkt immer noch arbeitslos, 31% hatten lediglich eine befristete Aushilfsstelle.

Was konkret belastete die Probanden im Verlauf des Längsschnitts? Über die gesamte Dauer des Längsschnitts standen zwei typische Probleme Arbeitsloser im Vordergrund: Die Unsicherheit und die Stellensuche. Für die meisten Probanden war die *Unsicherheit* der beruflichen Situation belastend. Dieser Belastungsfaktor wurde von Arbeitslosen, aber auch von Probanden, die zwischenzeitlich eine Arbeit gefunden hatten, über den gesamten Längsschnitt hinweg am häufigsten genannt, wenn auch mit abnehmender Tendenz (t_1: 54%, t_7: 31%). Auch dies ist damit zu erklären, daß nur ganz wenige Probanden einen unbefristeten Arbeitsvertrag erhielten, die meisten waren von erneuter Arbeitslosigkeit bedroht:

Margret: „Am schlimmsten ist echt, daß man eben nicht weiß, was kommt. Daß man gar nichts planen kann..." (t_3).

Auch die *Stellensuche* und dabei vor allem die häufigen Ablehnungen, erwiesen sich ebenfalls als sehr belastend für die arbeitslosen Lehrer. Sie war im gesamten Verlauf des Jahres, in dem wir die arbeitslosen Lehrer begleitet haben, weiterhin ein bedeutender Belastungsfaktor, vor allem jedoch in der 2. Längsschnitthälfte ($t_4/t_5/t_6$). In diesem Zeitraum wurde die Stellensuche jeweils von 16-21% der Probanden als Belastungsfaktor genannt.

Hanni: „...Ja, es ist schon ziemlich anstrengend, also... es kostet mich halt immer wieder viel Überwindung, da hinzugehen zu den Leuten und praktisch als Bittsteller da anzukommen. Und meistens weiß ich ja eh schon, was sie sagen..." (t_7).
Regina: „...daß halt überhaupt nichts ist, nur Absagen, das ist schon irgendwie sehr schockierend. Man hat das Gefühl, das ist ein Sack und der ist total zu. Da ist keine Möglichkeit, reinzukommen." (t_1).

Neben der Unsicherheit und der Stellensuche machte den Lehrern kurz nach ihrer Entlassung zu schaffen, daß ihre Ausbildung nun scheinbar umsonst war und daß sie ihren Beruf nicht ausüben durften (27%). Dies verlor aber schnell an Bedeutung, andere Belastungsfaktoren traten dafür stärker in den Vordergrund. Eine Reihe von Probanden konnte immerhin einige Stunden in der Schule unterrichten. Ihre Situation dort war allerdings alles andere als befriedigend: Viele fühlten sich dort von Kollegen nicht anerkannt, bei kurzfristigen Aushilfsverträgen war es in der Regel nicht möglich, einen näheren Kontakt zu den Schülern aufzubauen und auch das Gehalt für die unterrichteten Stunden war im Vergleich zu den verbeamteten Kollegen nicht gerade üppig. Abgesehen davon boten solche Aushilfsverträge keinerlei Perspektiven für eine unbefristete Anstellung – sie wurden von den meisten nur als kurzfristige und oft zusätzlich belastende Notlösung angesehen:

Veronika: „... Ich hab einfach die Nase voll, ständig hier irgendwo anzuklopfen ... Ich halt das einfach nicht mehr aus, weißt? Das macht mich krank, gell, und ich mag auch nicht mehr diese blöden 6 Stunden und 8 Stunden. Das hängt mir zum Hals raus: bei den Kollegen bist du ein Pseudo, zu den Schülern kannst du nichts aufbauen, zu dir selber kannst du nichts aufbauen. Du bist eigentlich nur eine Korrekturmaschine, die die Stunden runterreißt. Du kriegst da auch ein ganz anderes Verhältnis. Du schaust, krieg ich die Stunden zusammen ... nimmst das wirklich als Job. Du nimmst das echt als Job und dann kommen ein paar Schüler, die laufen dir in die Quere, die dich nicht als Job nehmen und dann zerreißt es dich schier ... Das tut dir dann so weh, gell." (t_4).

Mit der Wiederaufnahme einer Berufstätigkeit – sei es weiterhin als Arbeitsloser mit höchstens „Nebenerwerbsjobs", sei es in befristeten Aushilfsverträgen oder sei es in einem ganz anderen Bereich – wurden *arbeitsbedingte Belastungen* immer häufiger genannt (t_1 : 4% – t_4 : 19% – t_7 : 39%). Nicht nur Arbeitslosigkeit, sondern auch Arbeit unter bestimmten Bedingungen kann zu Belastungen führen, z.B. wenn der Aufbau einer langfristigen Lebensperspektive aufgrund von Befristung des Arbeitsverhältnisses verhindert wird. In der zweiten Längsschnitthälfte hing der Index „beruflicher Status" zwar signifikant mit dem Grad der beruflichen Belastung zusammen, aber zu t_7

war die Stärke des Zusammenhangs – vermutlich aus den eben genannten Gründen – nur noch schwach. Auch Probanden, die Arbeit hatten, fühlten sich also zu diesem Zeitpunkt (t_7) beruflich belastet, Probanden die solche arbeitsbedingten Belastungen nannten, wiesen sogar meistens hohe Werte in der allgemeinen Belastung auf.

Vergleicht man Berufstätige mit solchen Probanden, die überhaupt keiner Erwerbstätigkeit nachgehen, so ergeben sich über die gesamte Dauer des Längsschnitts keine signifikanten Unterschiede in der Belastung. Auch dies zeigt, daß *nicht* etwa *allein* das Tätigsein Belastungen verhindert, es kommt vielmehr darauf an, *unter welchen Bedingungen* Arbeit stattfindet und ob die Betroffenen damit Sinn verbinden und eine Lebensperspektive aufbauen können.

Als *ambivalent* wurde die berufliche Situation von den Probanden am ehesten zu t_4 und zu t_7 eingeschätzt. Das heißt, die Lehrer konnten ihrer Situation zu diesen Zeitpunkten neben den negativen Aspekten auch positive Seiten abgewinnen. Vor allem zu t_7 bewerteten auch Probanden, die eine Arbeit gefunden hatten, ihre berufliche Situation zwiespältig: einerseits waren sie froh, überhaupt arbeiten zu können, andererseits waren die Bedingungen ihres Arbeitsverhältnisses belastend. Einige Lehrer arbeiteten nun auch in Bereichen, in denen sie ihre Ausbildung kaum einsetzen konnten, für die sie überqualifiziert waren und in denen sie noch keine langfristige Perspektive für ihr weiteres Berufsleben sahen. So meinte eine Probandin, die als Hilfskraft in einem Büro arbeitete:

Gudrun: „Ich mein, ich hoffe halt immer, vielleicht gegen die Vernunft, daß ich irgendwann mal was finde, das mich eben mehr ausfüllt und was meinen Fähigkeiten eben entspricht. Und manchmal finde ich es schon traurig, daß eben vieles, was ich weiß und kann, daß das so brachliegt, daß man das halt absolut gar nicht benutzt in dem Beruf, den ich jetzt eben ausübe." (t_7).

Zu Beginn des Längsschnitts nannten einige Probanden auch *entlastende* Faktoren: z.B. daß sie nicht im Lehrerberuf arbeiten mußten und sich beruflich umorientieren könnten. Diese Aspekte verloren jedoch im Verlauf des Längsschnitts immer mehr an Bedeutung. Viele Probanden schienen desillusioniert über die Möglichkeiten, mit ihrer Ausbildung alternative Berufsfelder zu finden. Später wurde die Tatsache, endlich eine Arbeit gefunden zu haben, zum wichtigsten Entlastungsfaktor. Diese Erleichterung, wieder arbeiten zu können, schließt jedoch nicht aus, daß die Situation zugleich weiterhin als belastend eingeschätzt wurde: Die Situation wurde für immer mehr Probanden zunehmend ambivalent.

Die berufliche Situation wurde nur zu t_3 und t_6 von einer nennenswerten Anzahl Probanden als *irrelevant* eingeschätzt (t_3 : 20%, t_6 : 17%). Diese Erhebungszeitpunkte lagen jeweils vor den nächsten Einstellungsterminen (t_4 und t_7), so daß eine Veränderung der beruflichen Lebenssituation von den meisten vorher nicht mehr (sondern erst zum nächsten Einstellungstermin) erwartet wurde. Neue Bewältigungsversuche, z.B. Bewerbungen, wurden oft erst nach Ablauf des alten Vertrages geplant. Auch wurde erneut drohende Arbeitslosigkeit in der Regel so gut wie nicht antizipiert, vor allem wenn die Lehrer in ihren Aushilfsjobs bis zum Schuljahresende noch „im Streß" waren. Selbst wenn die Unsicherheit bedrückend war, unternahmen viele Probanden nichts, versuchten zu verdrängen.

Interviewer: „Und warst halt noch ziemlich beschäftigt mit dem Job ...?"
Wolfgang: „Ja. Ja, das muß ich schon sagen, daß mich das einigermaßen gehindert hat überhaupt mich da für andere Jobs zu interessieren. Da war immer jede Woche irgendwas, irgendeine Korrektur, so daß du einfach nicht einmal Zeit gehabt hast, da effektiv ein Schriftstück (eine Bewerbung, d.Verf.) zu verfassen" (t_3).

Nachdem wir geschildert haben, welche konkreten Probleme arbeitslose Lehrer haben und wie die Einschätzungen der beruflichen Situation im Längsschnitt aussah, soll nun darauf eingegangen werden, in welchen Belastungssymptomen sich berufliche Belastung niederschlägt: Hierüber gaben uns Korrelationen der beruflichen Belastung mit den Items zur Erfassung der allgemeinen Belastung Aufschluß. Abb. 4.4.5 zeigt eine Auswahl von Items, die mit beruflicher Belastung korrelieren.

Berufliche Belastungen gingen einher mit Gefühlen des Niedergeschlagenseins und der Bedrücktheit, Nervosität und Unruhe, Angstzuständen, wenig Lust und Freude am Leben, Grübeln, Selbstvorwürfen und Selbstwertzweifeln, Energielosigkeit, sowie Gefühlen der Unsicherheit und Nutzlosigkeit und Zweifeln an den eigenen Fähigkeiten.

Dazu einige Beispiele aus dem Interviewmaterial:

Margret beschreibt ihre *innere Unruhe* folgendermaßen:
Margret: „Ja ... man ist immer so, so auf dem Sprung, so gepannt irgendwie ..." (t_2)
Grübeln wird meist als ein Kreisen der Gedanken um die berufliche Situation beschrieben:
Wolfgang: „Ja, das hängt mit der Situation zusammen, daß es momentan keinen Ausweg gibt und — aber ich mein, da versuch ich mir halt — da versuch ich mich selbst einzufangen, das nützt ja nichts, wenn man merkt, daß man dann im Kreis sich dreht" (t_2).
In der Arbeitslosigkeit stellen sich häufig *Selbstwertzweifel* ein:

Grad der beruflichen Belastung	t_1	t_2	t_3	t_4	t_5	t_6	t_7
Ich fühle mich niedergeschlagen und bedrückt	.47***	.57***	.49***	.44***	.37***	.42***	n.s.
Ich fühle mich nervös und unruhig	n.s.	.31**	.30**	.37**	.31**	.32**	.38***
Ich habe Angstzustände	.25*	.44***	.23*	.38**	.50***	.42***	.21**
Ich habe wenig Lust und Freude am Leben	.19*	.31**	n.s.	.29**	.39**	.23*	n.s.
Ich mache mir Selbstvorwürfe und zweifle an meinem Selbstwert	.38**	.23*	n.s.	.24*	.56***	.56***	n.s.
Ich fühle mich unsicher	.21*	.24*	n.s.	n.s.	.55***	.38**	.38**
Ich zweifle an meinen Fähigkeiten	.27**	n.s.	n.s.	.23*	.26*	.34**	n.s.
Ich fühle mich nutzlos	.29**	.37**	n.s.	.19**	.42**	n.s.	.28**
Ich grüble sehr viel	n.s.	.42***	n.s.	.43***	.42***	.30**	.20*
Ich fühle mich schlaff und energielos	.23*	.26*	n.s.	.23*	.38**	.27**	.24*

Abb. 4.4.5: Symptome beruflicher Belastung: Korrelationen zwischen dem Grad der beruflichen Belastung und ausgewählten Belastungsitems (Kendall's Tau)

Interviewer: „Womit hängt denn so was zusammen, also in welchen Situationen kommt so was vor?"
Regina: „Ja, wie gesagt, das kommt manchmal ganz grundlos, wenn ich fürchterlich depressiv und deprimiert bin und ich mein, da zweifelst du dann schon an deinem Selbstwert, wenn du dir überlegst, mei, was bringst du der Gesellschaft? Ob ich jetzt da wär oder nicht, ist eigentlich wurscht ..." (t_3).
Eine typische Antwort zu dem Item „Ich fühle mich *schlaff und energielos*":
Isolde: „Ja. Es ist auch so, daß diese Arbeitslosigkeit mit allen Konsequenzen, die haben eine gewisse Lähmung bei mir verursacht. Ich war also auf einmal wie apathisch und wenig unternehmungslustig. Ich bin nicht aktiv und spontan, irgendwelche Initiativen hab ich nicht ergriffen ..." (t_2).

Zweifel an den eigenen Fähigkeiten kommen auf, wenn das Feedback von anderen fehlt:
Jeanette: „... mir sagt niemand ich bin gut, und mir sagt niemand ich bin schlecht, und ich kann mich auch selber irgendwie nicht einschätzen, weil bei mir das eigentlich fast immer so war, daß ich mich selber nach Außeneinschätzungen eingeschätzt habe. Also das war (zögert) ausschlaggebend für meine Selbsteinschätzung, wie mich die anderen einschätzen ..." (t_5).

Finanzielle Situation
Eng mit der beruflichen Lage der Probanden hängt die finanzielle Situation zusammen. Schon im ersten Abschnitt des Kapitels wurde deutlich, daß auch im finanziellen Bereich Belastungen erst in der 2. Längsschnitthälfte direkt mit der Arbeitslosigkeit zusammenhingen. Die Korrelationen zwischen der *finanziellen* Belastung und der jeweiligen beruflichen Lebenssituation (dem beruflichen Status) waren sogar höher als die Zusammenhangsmaße zwischen der *beruflichen* Belastung und dem beruflichen Status. Vergleicht man dieses Ergebnis mit entsprechenden Zusammenhangsmaßen zwischen finanzieller Belastung und dem Haushaltseinkommen, so fällt auf, daß die Korrelationen wiederum niedriger sind als mit der beruflichen Lebenssituation (vgl. Abb. 4.4.6).

	t_1	t_2	t_3	t_4	t_5	t_6	t_7
Haushaltseinkommen x finanzielle Belastung	n.s.	n.s.	n.s.	-.28	-.46***	n.s.	-.23*
Beruflicher Status (arbeitslos vs. nicht-arbeitslos) x finanzielle Belastung	n.s.	n.s.	n.s.	-.55***	-.65***	-.29*	n.s.
Beruflicher Status (arbeitslos vs. nicht-arbeitslos) x berufliche Belastung	n.s.	n.s.	n.s.	-.33*	-.48**	-.35*	-.31*

Abb. 4.4.6: Die finanzielle Belastung korreliert am stärksten mit Arbeitslosigkeit (Kendall's Tau)

Nicht allein die objektive finanzielle Situation der Probanden war also ausschlaggebend für die Belastung in diesem Bereich, sondern die Tatsache, arbeitslos zu sein, verstärkte die Belastungen. Vor allem der Status „Arbeitslosigkeit" machte also aus, daß sich die Probanden finanziell mehr Sorgen machten, z.B. wegen der Instabilität der jeweiligen finanziellen Situation und durch die Antizipation neuer finanzieller Notlagen, aber auch durch finanzielle Abhängigkeiten von anderen. Die berufliche Unsicherheit impliziert, daß die Probanden keine größeren Ausgaben planen können und daß sie möglicherweise bei erneuter Arbeitslosigkeit einige Zeit durch Ersparnisse überbrücken müssen. Die Unsicherheit der finanziellen Situation wurde im Verlauf des Längsschnitts von 18-35% der Probanden, meistens von Frauen genannt.

Am allerhäufigsten werden jedoch von t_1 bis t_7 die finanziellen Einschränkungen in der Arbeitslosigkeit beklagt: der Verzicht auf Anschaffungen und die Notwendigkeit, jede Mark vor dem Ausgeben umdrehen zu müssen (am häufigsten zu t_7: 64%). Dies betrifft vor allem Probanden mit einem unsicheren Job: Trotz eines vielleicht momentan ausreichenden Einkommens sehen sie ständig die Notwendigkeit zu sparen. Ein weiterer, häufig genannter Belastungsfaktor war die finanzielle Abhängigkeit von anderen – zumeist vom Partner, aber auch von den Eltern:

Interviewer: „Belastet dich denn diese Situation?"
Regina: „Ja, die belastet mich schon ziemlich, weil ich mir halt immer vorgestellt habe, jetzt nach dem Studium bin ich finanziell unabhängig. Und jetzt werde ich wieder von meinem Freund finanziell abhängig werden. Und das belastet mich schon sehr stark ... Weil ich mir denke, ich möchte nicht auf der Basis mit jemand zusammenleben. Sondern ich möchte, daß wir gleichberechtigt zusammenleben ..." (t_1).
Hanni: „ ... Mein Vater, der kann nächstes Jahr in Pension gehen, im Herbst, und ist dann 62, glaube ich – ja. Und überlegt sich also jetzt, ob er nicht noch weiter arbeitet mit dem Argument, er hat es jedenfalls gesagt, daß er uns dann besser unterstützen kann ... Das empfind ich schon als belastend, ja. Weil die betrachten mich halt immer noch als das Kind, das unterstützt werden muß und überhaupt nicht als selbständigen Menschen ..." (t_2).

Die Zahl der Probanden, die die finanzielle Abhängigkeit von anderen als Belastungsfaktor nennen, liegt zwischen 6% und 21%. Selbst wenn also durch das Einkommen des Partners oder durch die finanzielle Unterstützung von den Eltern das Auskommen gesichert ist, können subjektiv Belastungen durch finanzielle Abhängigkeiten von anderen auftreten.

Bereich soziales Netzwerk
Dem sozialen Netzwerk wird in Krisensituationen stets ein „buffering effect" zwischen den Anforderungen einer Krisensituation und der psychischen und physischen Gesundheit zugeschrieben. Das soziale

Netzwerk hat in Krisensituationen vor allem Ressourcenfunktion (vgl. Keupp 1982): Es bietet den Betroffenen emotionale Unterstützung, materielle Hilfe und Dienstleistungen, Vermittlung von Informationen und Herstellung von neuen sozialen Kontakten. Diese Funktionen sind auch in der Arbeitslosigkeit von Bedeutung: Belastungen können abgemildert und aufgefangen werden, die Betroffenen können das soziale Netzwerk zur Bewältigung ihrer Situation nutzen.

Kasl & Cobb (1979) z.B. führten eine Längsschnittstudie mit arbeitslosen Männern durch, die ihren Arbeitsplatz wegen einer Betriebsschließung verloren hatten. Sie berichten, daß sich Probanden, wenn sie schon länger arbeitslos waren und wenn sie wenig Unterstützung aus dem sozialen Netzwerk erhielten, subjektiv stärkere Probleme mit ihrer finanziellen Situation hatten („economic deprivation"), daß sie größere Zukunftsängste hatten, sich von dem sozialen Umfeld weniger respektiert fühlten und einen höheren Grad an Depressivität und Anomie aufwiesen. Gore (1978) hat gezeigt, daß Arbeitslose, die nur wenig soziale (interpersonelle) Unterstützung erhielten, einen höheren Cholesterinspiegel und mehr Krankheitssymptome zeigten und stärker emotional belastet waren. Sie kommt zu dem Ergebnis: Soziale Unterstützung stellt einen Puffer zwischen Stressoren und Belastungssymptomen dar, während das Fehlen ausreichender sozialer Unterstützung aus dem sozialen Netzwerk Krisen verschärft.

Über Belastungen, die in der Arbeitslosigkeit durch das soziale Umfeld entstehen können, wurde bisher wenig geforscht, schon gar nicht unter systematischer Einbeziehung des Netzwerkkonzepts (vgl. Strehmel & Degenhardt 1985). Auch in der Netzwerkliteratur gibt es nur wenige Hinweise dazu: Fiore, Becker & Coppel (1983) haben in einer Untersuchung gezeigt, daß das Ausbleiben von Unterstützung, die eigentlich von den Betroffenen erwartet wurde, und andere zusätzliche Belastungen aus dem Netzwerk eine Krisensituation verschärfen können.

Silver & Wortman (1980) weisen ebenfalls auf mögliche negative Netzwerkeffekte hin: Wenn in Krisensituationen von den „natürlichen Helfern" falsche Erwartungen auf Hilfe geweckt werden und unrealistische Einschätzungen der Situation unterstützt werden, fällt es der betroffenen Person letztlich noch schwerer, ihre Situation adäquat zu bewältigen. Auch können sich die von einer Krise betroffenen Personen durch zu viele gute Ratschläge bedrängt und in ihrer Entscheidungsfreiheit eingeschränkt fühlen — sicherlich ist dies auch häufig ein Problem für Arbeitslose. Gerade diese können z.B. unter einem Rechtfertigungsdruck geraten, wenn sie dennoch weiterhin arbeitslos bleiben — denn implizit wird dabei die individuelle Kontrolle in der Situation der Arbeitslosigkeit unterstellt. So können gut gemeinte Hilfsangebote aus dem sozialen Netzwerk ins Gegenteil umschlagen: die Arbeitslosen führen Mißerfolge stärker auf das eigene Versagen zurück, das Selbstvertrauen sinkt, die Krise verschärft sich (vgl. Strehmel & Degenhardt 1985).

Im folgenden soll kurz die Operationalisierung des Netzwerks in unserer Untersuchung beschrieben werden. Danach soll gezeigt werden, welche konkreten Be- und Entlastungen das soziale Umfeld für die Probanden bedeutete. Schließlich soll gezeigt werden, welchen Stellenwert soziale Unterstützung, aber auch sozialer Streß im Verlauf der Arbeitslosigkeit bei den arbeitslosen Lehrern hatte.

Wie wurde das soziale Netzwerk in unserer Untersuchung erfaßt? Wir teilten das gesamte persönliche Netzwerk auf in fünf *Teilnetzwerke*, d.h. deutlich unterscheidbare soziale Beziehungskreise der Person, zu denen wir Vermutungen über ihre Bedeutungen in der Krise Arbeitslosigkeit hatten. Diese Teilnetzwerke waren: Partner, Kinder, Freunde und Bekannte, Eltern und schließlich Organisationen.

Darüber hinaus konstruierten wir zwei netzwerkübergreifende Indizes:

— Der Index „soziale Unterstützung" drückt aus, in welchem Ausmaß das soziale Netzwerk entlastende Funktion für die Person hat.
— Der Index „sozialer Streß" gibt an, in welchem Ausmaß Belastungen aus dem sozialen Netz heraus entstehen.

In diese Indizes wurden nur die Teilnetzwerke Partner, Freunde/Bekannte und Eltern einbezogen, da zu wenige Probanden Kinder hatten und den Organisationen von unseren Probanden subjektiv zu wenig Bedeutung beigemessen wurde (s.u.). Zunächst soll aber nun auf die einzelnen Teilnetzwerke und ihre Bedeutung für die arbeitslosen Lehrer eingegangen werden.

Im Bereich Partnerbeziehung war der Grad der Belastung zu t_4, t_5 und t_7 bei den Arbeitslosen und Nebenerwerbstätigen signifikant höher als bei den beruflich Bessergestellten. Immer mehr Probanden schätzten im Verlauf des Längsschnitts ihre Partnerbeziehung ambivalent ein: einerseits hatte der Partner bzw. die Partnerin eine wichtige unterstützende Funktion, andererseits entstanden — besonders bei fortgesetzter Arbeitslosigkeit — immer häufiger Spannungen. Die subjektiv bedeutsamen Zeitpunkte t_4 und t_7 waren auch für die Partnerbeziehung eine kritische Zeit: hier waren die negativen Korrelationen am stärksten (vgl. Abb. 4.4.1). Zu diesen Zeitpunkten fühlten sich die Probanden in gewisser Weise unter Druck gesetzt und Verständnis und Unterstützung vom Partner konnten die Belastungen durch die berufliche und finanzielle Situation nur unzureichend lindern.

Interviewer: „Wie steht denn er zu deinen Sachen, die du da jetzt gestartet hast oder ausprobiert hast ... Sprecht ihr da drüber oder unterstützte er dich da irgendwie?"
Hanni: „Das ist ein bißchen so ein heikles Thema, weil er — glaube ich, ganz gern hätte — daß da — ja, daß ich das mit mehr Energie anpack — oder so. — Daß ich irgendwie energischer an die ganze Sache rangeh ... — und — er — er wollte, glaube ich, daß ich da, daß ich so alle Hebel in Bewegung setz, auch von unserem Bekanntenkreis her, daß ich da schau und möglichst alle Beziehungen auslote und so ... das akzeptiert er schon, wenn ich aktiv werde. Bloß die Zeit, wo ich halt nichts getan habe, oder so, da ist er auch irgendwie — ja auch aggressiv geworden, weil er meine Unzufriedenheit da mitgekriegt hat, daß ich rumhäng und eigentlich nichts tu, um die Situation zu ändern". (t_7).

Allgemeine Spannungen in der Partnerbeziehung nahmen im Zeitverlauf immer mehr zu. Zu Beginn der Untersuchung befürchteten außerdem viele Probanden, als Arbeitslose vom Partner nicht mehr voll anerkannt zu werden. Dieser Belastungsfaktor verlor aber schnell an Bedeutung, offenbar hatten sich die Befürchtungen nicht bestätigt.

Ein weiterer wichtiger Belastungsfaktor war die finanzielle Abhängigkeit vom Partner. Vor allem Frauen empfanden es außerdem als belastend, wenn sich die Rollenverteilung in der Partnerbeziehung änderte. Sie fühlten sich in ein Hausfrauendasein gedrängt:

Kerstin: „Jaja, ich richte mich eben gerade nach meinem Freund ziemlich, weil ich mache halt jetzt den Haushalt ... das fängt mir natürlich auch an, auf die Nerven zu gehen, ich meine, ich tue es schon gern, aber es ist so gar nichts, es spielt sich so was ein, also es wird so selbständig das Ganze, es verselbständigt sich und da hat man nicht mehr so viel Einfluß" (t_4).

Insgesamt aber erhielten die Probanden aus der Partnerbeziehung über die gesamte Dauer des Längsschnitts wichtige emotionale Unterstützung. Immer mehr empfanden Probanden vor allem die Tatsache, nicht allein auf der Welt zu sein, als entlastend. Zwar konnte ihnen der Partner bei der Bewältigung ihrer Arbeitslosigkeit nicht helfen, sie waren vielleicht sogar von ihm enttäuscht oder fühlten sich unter Druck gesetzt, ohne ihn wäre andererseits alles noch schlimmer gewesen. Die Entlastung durch den Partner wurde also *indirekter:* nicht mehr direkte emotionale Unterstützung in der Krisensituation stand im Vordergrund, vielmehr verhinderte der Partner allein dadurch, daß er da war, vielleicht noch Schlimmeres:

Sandra: „Nee, was halt hilfreich ist, das ist einfach die Tatsache, daß ich weiß, mir wird da nichts vorgeworfen oder daß niemand von mir erwartet, daß ich jetzt irgendwas auch, mit aller Gewalt mir eine Beschäftigung such oder Geld verdien, sondern daß das akzeptiert wird." (t_4).

Kinder spielten insgesamt in unserer Stichprobe nur eine geringe Rolle. Wenn die Probanden jedoch Kinder hatten, dann hatte dies eher eine entlastende Funktion für sie. In der Arbeitslosigkeit einmal mehr Zeit für die Kinder zu haben und überhaupt durch sie eine Aufgabe zu haben, empfanden die meisten Eltern als positiv. Belastungen durch die Kinder traten eher auch bei denjenigen Probanden auf, die einer Berufstätigkeit nachgingen. Sie klagten über zu wenig Zeit für die Kinder und machten sich häufig wegen ihrer Verantwortung für die Kinder Sorgen. Auch hier dürfte die Unsicherheit der Probanden über ihre berufliche Zukunft im Hintergrund stehen. Auch bei Arbeitslosen war die Beziehung zu ihren Kindern manchmal beeinträchtigt:

Isolde: „ ... ich habe festgestellt, obwohl die Referendarszeit an sich eine Belastung war, ... daß ich dem Kind gegenüber offener und freundlicher bin, wenn ich auch eine andere Tätigkeit habe, da habe ich mich viel intensiver mit ihm beschäftigt, als wenn es ständig nebenherläuft." (t_1)

Belastungen im *Freundes- und Bekanntenkreis* standen in keinem Zusammenhang mit der beruflichen Lebenssituation. Die Probanden befanden sich nach Beendigung ihrer Ausbildung in einer Lebensphase, die *für alle* Veränderungen in der Lebenssituation und auch in den Beziehungen zu Freunden und Bekannten bedeutete. Es traten — gleichgültig, ob die Probanden arbeitslos waren oder nicht — Belastungen auf: Die Arbeitslosen klagten über den Verlust von Kontakten zu Freunden und Bekannten, sie fühlten sich immer mehr ausgeschlossen und zogen sich immer stärker zurück, die Berufstätigen fanden kaum noch Zeit, sich mit Freunden zu treffen. In erster Linie aber stellten Freunde und Bekannte doch eine positive Ressource dar: sie boten den Arbeitslosen emotionale Unterstützung, konnten in der Krisensituation Arbeitslosigkeit konkrete Hilfe bieten (z.B. finanzieller Art, durch Beziehungen, Informationen über Jobs usw.). Für einige Probanden war es auch entlastend, mehr Zeit für Treffen zu haben und gerade in der Anfangszeit der Arbeitslosigkeit war für manche der Kontakt zu Gleichbetroffenen wichtig. Bei einigen Probanden veränderte sich jedoch die Qualität der Beziehungen: Ansprüche wurden zurückgeschraubt, man erwartete von den Freunden weniger Verständnis, diskutierte eigene Probleme, die man durch die Arbeitslosigkeit hatte, nicht mehr mit ihnen, reduzierte den

Austausch mit ihnen auf verbleibende gemeinsame Erfahrungsbereiche. Dennoch wurde der Freundeskreis weiterhin als entlastend eingeschätzt.

Sandra: „Also ich vermeide es in letzter Zeit, über die Situation zu reden, da hat man lange genug geredet, es ändert sich nichts. Ab und zu kommen so halt die Bemerkungen, na, bist du immer noch Hausfrau. Und da sage ich halt ‚ja‘ und damit ist für mich das erledigt." (t_3)

Ähnlich wie in der Partnerbeziehung erhielten die Probanden auch hier *weniger direkte* emotionale Unterstützung bei der Bewältigung ihrer Probleme, allein die Tatsache, Kontakte zu haben, erleichterte ihre Situation:

Interviewer: „Ja. — Wie bewertest du jetzt so die Situation in deinem Freundes- und Bekanntenkreis, ist das jetzt eher so ein Rückhalt für dich oder ..."
Margret: „Ja, ... ich muß also sagen, ich bin manchmal schon ganz schön, wie sagt man, den Tränen nahe, zum Beispiel jetzt am Jahresanfang beim Stammtisch wieder, wenn jeder erzählt: ‚Was hast denn du jetzt für Klassen?'. Und ich steh halt wieder da, und hab nix. Aber da — ansonsten sehen die das als sehr lustig, also wie ich da wiedergekommen bin, haben sie gleich gesagt ‚Ach, unsere Arbeitslose ist wieder da'. So ungefähr. Und das find ich eigentlich recht, recht nett ... Das ist halt unheimlich lustig und das war mir schon immer sehr viel, sehr wichtig, sehr viel wert, daß ich da das einfach vergessen hab, zumindest für einen Abend, wenn man nicht grad von der Schule spricht, vergessen hab, weil soviel anderes, soviel Blödsinn gemacht wird und dadurch das andere in den Hintergrund verdrängt wird." (t_7)

Die sozialen Beziehungen im Freundes- und Bekanntenkreis werden insgesamt immer ambivalenter, stellen für die Arbeitslosen aber keinen allzu großen Belastungsfaktor dar. Aus dem Fallmaterial wurde jedoch deutlich, daß trotz gleichbleibender emotionaler Unterstützung nach unseren Daten die Qualität der Beziehungen sich veränderte: die Unterstützung wurde indirekter, gedämpfter, da den Arbeitslosen ein gemeinsamer Erfahrungsbereich mit ihren meist berufstätigen Freunden und Bekannten fehlte.

Zu Beginn der Arbeitslosigkeit empfanden auffällig viele Probanden der Untersuchungsgruppe 1 die Beziehung zu ihren *Eltern* als belastend (25%). Am häufigsten wurde als Grund genannt, daß die Eltern sich Sorgen um ihre Kinder machten, sich von der Situation betroffen zeigten und dies wiederum belastete ihre Kinder, die arbeitslosen Lehrer. Der Anteil der Probanden, der Belastungen in der Beziehung zu den Eltern nannte, nahm jedoch kontinuierlich ab, dafür nahm die unterstützende Funktion der Eltern immer mehr zu: vor allem moralischer Zuspruch und eine mögliche finanzielle Unterstützung, wenn es hart auf hart kommen sollte, war für die Probanden entlastend.

Insgesamt war der Bereich *Organisationen* in unserer Untersuchung von geringer Bedeutung für die Probanden. Zu Beginn der Arbeitslosigkeit erhofften sich noch 19% der Probanden konkrete Hilfen von den Organisationen, in denen sie Mitglied waren, doch sank der Anteil der Probanden, der diesen Entlastungsfaktor nannte, kontinuierlich. Zu t_7 wurden – wenn überhaupt – am ehesten persönliche Kontakte durch die Organisation als Entlastungsfaktor genannt. Organisationen, wie Lehrerverbände oder die Gewerkschaft, wurden zunehmend als irrelevant von den arbeitslosen Lehrern eingeschätzt, was auch zeigt, daß in diesen Organisationen, trotz der hohen Lehrerarbeitslosigkeit, zu wenig für die Betroffenen getan wird.

Welche Rolle spielt aber nun die *soziale Unterstützung* insgesamt in der Krisensituation Arbeitslosigkeit? Welche Bedeutung hat sozialer Streß dabei?

Abb. 4.4.7 zeigt die Mediankurven für das Ausmaß sozialer Unterstützung in den Gruppen, die sich im Verlauf der Arbeitslosigkeit in der ersten Längsschnitthälfte unterscheiden. Diejenigen Probanden, die schon zu t_2 bereits wieder Arbeit fanden und auch zu t_4 noch Arbeit hatten, erhielten von Anfang an mehr soziale Unterstützung aus dem Netzwerk als alle anderen Gruppen. Der Unterschied wird jedoch erst ab t_4 und weiterhin bis zum Ende des Längsschnitts signifikant. Bedeutsame (signifikante) Unterschiede lassen sich also auch hier erst mit einem *Verzögerungseffekt* nachweisen. Erst nach einem halben Jahr nach der Entlassung macht es sich auch in den Netzwerkbeziehungen bemerkbar, ob jemand in den vergangenen Monaten überwiegend arbeitslos war oder nicht. In den Kurven fällt auf, daß bei den überwiegend Arbeitslosen das Ausmaß sozialer Unterstützung nicht etwa absinkt – eher im Gegenteil. Herausragend ist durchwegs die Gruppe derjenigen, die nur kurze Zeit arbeitslos bleibt. Bei diesen Probanden ist zu vermuten, daß sie sich bei der Arbeitssuche ihre Ressourcen aus dem sozialen Netzwerk zunutze machen konnten.

Ist nun der *soziale Streß* aus dem Netzwerk nur die andere Seite der Medaille der sozialen Unterstützung? Abb. 4.4.8 zeigt deutlich, daß dies nicht der Fall ist. So ist das Ausmaß von Belastungen aus dem sozialen Netzwerk z.B. in der Gruppe der Wiederholt-Arbeitslosen am höchsten, diese Gruppe erhält jedoch zugleich relativ viel soziale Unterstützung (vgl. Abb. 4.4.7). Die Beziehungen im sozialen Netzwerk dürften in dieser Gruppe am ehesten ambivalent sein. Weiterhin fällt

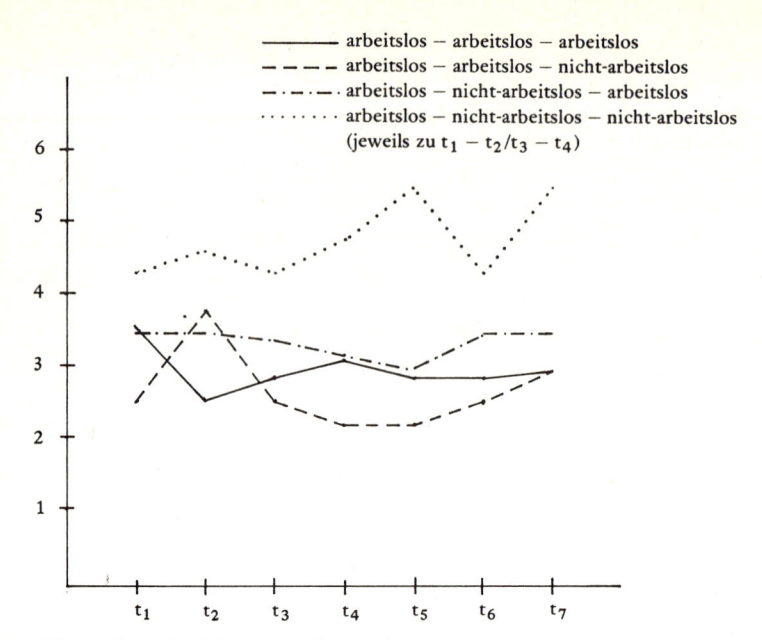

Abb. 4.4.7: Soziale Unterstützung in den Verlaufsgruppen der 1. Längsschnitthälfte (Mediane)

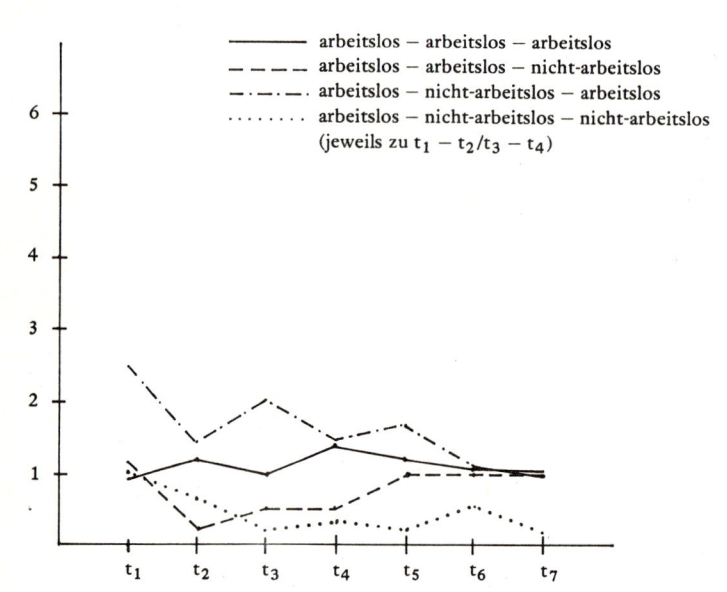

Abb. 4.4.8: Sozialer Streß in den Verlaufsgruppen der 1. Längsschnitthälfte (Mediane)

auf, daß die Werte für die soziale Unterstützung aus dem Netzwerk bei allen Gruppen höher liegen als für das Ausmaß an sozialem Streß. Das Netzwerk hat also für die Probanden in erster Linie entlastende Funktion. Andere Bereiche der Lebenssituation, z.B. die berufliche oder finanzielle Situation, werden in der Regel belastender eingeschätzt als das soziale Netzwerk.

Auch für das Ausmaß an sozialem Streß aus dem Netzwerk wurden verschiedene Verlaufsgruppen mittels nichtparametrischer Tests verglichen. Ähnlich wie bei dem Grad der sozialen Unterstützung und anderen Belastungsvariablen gab es auch hier nur signifikante Unterschiede zwischen Gruppen, die sich im Verlauf der Arbeitslosigkeit in der *ersten* Längsschnitthälfte unterschieden: Diejenigen, die zu t_4 immer noch oder wieder arbeitslos waren, waren in der Sequenz von t_2 zu t_5 bedeutend (signifikant) mehr Belastungen aus dem sozialen Netzwerk ausgesetzt als diejenigen, die zu t_4 wieder Arbeit hatten. Es ergab sich also hier *kein Verzögerungseffekt*, die Belastungen hingen unmittelbarer mit der Entwicklung der beruflichen Situation zusammen als das Ausmaß sozialer Unterstützung. Dennoch waren hier, wie auch für die soziale Unterstützung lediglich die ersten sechs Monate nach der Entlassung aus dem Referendariat ausschlaggebend: Ein Vergleich der Verlaufsgruppen, die sich in ihrer beruflichen Entwicklung in der zweiten Längsschnitthälfte unterschieden, ergab keine signifikanten Unterschiede im Ausmaß der Belastungen bzw. der sozialen Unterstützung aus dem sozialen Netzwerk.

Steht die soziale Unterstützung (bzw. sozialer Streß) nun immer in einem Zusammenhang mit dem subjektiven Befinden (der allgemeinen Belastung)?

	t_1	t_2	t_3	t_4	t_5	t_6	t_7
soziale Unterstützung	-.32*	n.s.	n.s.	-.31*	-.43***	-.25*	n.s.
sozialer Streß	.22*	.55***	.38***	.24*	.35**	.22*	.27*

Abb. 4.4.9: Korrelationen der Netzwerkindizes mit der allgemeinen Belastung (Kendall's Tau)

Abb. 4.4.9 zeigt, daß dies nicht immer der Fall ist: Das Ausmaß sozialer Unterstützung korreliert zu t_1, dann aber erst wieder von t_4 bis t_6 signifikant mit der allgemeinen Belastung. Nicht immer im Verlauf der Längsschnittuntersuchung besteht der Zusammenhang, der in der Literatur häufig vor allem mit Querschnittuntersuchungen belegt wurde, und dies kann wieder durch die Heterogenität der Lebenssituation unserer Probanden und den Verzögerungseffekt durch den subjektiv bedeutsamen Einstellungstermin zu t_4 interpretiert werden. Ein Zusammenhang zwischen dem Ausmaß an sozialem Streß und der allgemeinen Belastung besteht dagegen kontinuierlicher: In der Sequenz von t_2 bis t_7 unterscheiden sich Probanden, die im unterschiedlichem Maße Belastungen aus dem sozialen Netzwerk ausgesetzt sind, auch in den Werten der allgemeinen Belastung.

Bereich Zeitstruktur
In vielen Arbeitslosenuntersuchungen wird hervorgehoben, daß Arbeitslose unter der fehlenden Strukturierung der Zeit leiden. Lewin hat sich als einer der ersten in seinem berühmten Aufsatz „Zeitperspektive und Moral" (1942) mit den Auswirkungen von Arbeitslosigkeit auf das gesamte Zeit- und Zukunftserleben, auf Initiative, Handlungsmotivation und Selbstvertrauen (in unserer Untersuchung: Kontrollüberzeugung und situationsspezifische Kontrollerwartung), auf die Zielsetzung und die Ausdauer bei Planungen und Handlungen beschäftigt. Bis heute gibt es zahlreiche interessante Untersuchungen zu diesen Problemen (vgl. z.B. Bergius 1957; Bergmann 1983) auch im Hinblick auf Arbeitslosigkeit (vgl. z.B. Heinemann 1982). Wenn man nun nach den Auswirkungen der arbeitslosigkeitsbedingten Veränderung des Zeiterlebens in unserer Untersuchung fragt, so sind von vornherein die wachsende Heterogenität der individuellen Lebenssituation sowie bestimmte Spezifika unserer Probanden (Arbeitslosigkeit in der Berufseinmündungsphase bei Akademikern) zu berücksichtigen.

Die Verteilung der Belastungseinschätzung im Bereich Zeitstruktur wies wieder darauf hin, daß eine fehlende Strukturierung der Zeit zu Beginn der Arbeitslosigkeit von den Probanden der Untersuchungsgruppe 1 *nicht* als willkommene Erholungsphase empfunden wurde, wie dies manche Phasenmodelle (z.B. Pelzmann 1982) glauben machen wollen: Zu Beginn der Arbeitslosigkeit empfanden 36% der Probanden den Verlust der Zeitstruktur im Tagesablauf als belastend, nur 18% empfanden die Situation als entlastend, 22% der Probanden nannten sowohl entlastende wie aber auch belastende Aspekte und für 24% hatte die fehlende Struktur im Tagesablauf keinen Einfluß auf ihr subjektives Befinden. Einige Probanden verglichen die Arbeitslosigkeit mit ihrer Studentenzeit: auch damals war die Notwendigkeit gegeben, sich die freie Zeit selbst einzuteilen. Den arbeitslosen Lehrern fiel es also oft weniger schwer als anderen Arbeitslosen, zumindest einen Teil ihrer freien Zeit selbst zu strukturieren und zu nutzen.

Überhaupt machten sich in diesem Bereich Spezifika unserer Stichprobe bemerkbar: Arbeitslose Lehrer haben gerade eine lange und sehr aufwendige Ausbildung hinter sich und möchten nun ihre ersten „richtigen" Berufserfahrungen machen. Bei älteren Arbeitnehmern, die nach längerer Berufstätigkeit arbeitslos werden, macht sich vielleicht eher Verschleiß und Erschöpfung bemerkbar. Die arbeitslosen Lehrer aber hätten mehr Energien zu arbeiten, sie haben jedoch nicht die Möglichkeit dazu. Unsere Probanden befinden sich außerdem in einer Lebensphase, in der andere sich vielleicht schon „etabliert" haben, d.h. irgendwo Fuß gefaßt haben, eine Familie gegründet haben und eine feste Anstellung haben. Bei Lehrern, die in der Berufseinmündungsphase arbeitslos werden, werden diese Dinge blockiert oder ganz verhindert (vgl. 4.7). Einerseits haben die arbeitslosen Lehrer vielleicht mehr Kompetenzen, die viele freie Zeit, die sie nun plötzlich haben, selber auszunützen, andererseits ist die freie Zeit aber auch für sie eher ein „tragisches Geschenk". Sie würden die Zeit lieber mit Arbeit nutzen, da die Arbeit in ihrem Beruf schließlich auch das war, worauf sie die ganzen letzten Jahre hingearbeitet hatten. Belastungen in der Zeitstruktur hingen nicht immer direkt mit dem Ausmaß an berufsfreier Zeit zusammen: die Kompetenzen der Person, die Zeit zu nutzen, dürften hier auch eine Rolle spielen. Nur zu t_1, t_2 und t_5 wurden Korrelationen zwischen dem Belastungsgrad und dem Index für das Ausmaß freier Zeit (vgl. 4.2) signifikant (t_1: Tau = .49***, t_2: Tau = .29*, t_5: Tau = .3*). Nur zu t_1 bestand ein Zusammenhang zwischen dem Belastungsgrad und der Notwendigkeit, Eigeninitiative für die Strukturierung des Tagesablaufs zu entfalten. Das bedeutet, daß sich vor allem zu Beginn der Arbeitslosigkeit ein zu hohes Ausmaß freier Zeit und die Notwendigkeit, zur Strukturierung der Zeit Eigeninitiative zu ergreifen, auch in der subjektiven Belastung niederschlug. Später verlor sich dieser Zusammenhang.

In der Marienthalstudie (Jahoda, Lazarsfeld und Zeisel 1933) wurde eindrucksvoll belegt, daß bei Männern in der Regel der Zerfall der Zeitstruktur in der Arbeitslosigkeit viel drastischer vonstatten ging als bei Frauen, die sich aufgrund traditioneller Rollen mehr auf Hausarbeit zurückziehen. Auch dies trifft für unsere Stichprobe so generell nicht zu: nur zu t_1 bestand ein signifikanter Zusammenhang zwischen dem Grad der Belastung und Geschlechtszugehörigkeit: Männer hatten größere Probleme mit der freien Zeit. Wenn Hausarbeit von den arbeitslosen Lehrern stärker übernommen wurde, so war dies in der Regel nicht entlastend.

Die meisten Probanden der Untersuchungsgruppe 1 fühlten sich ohne Arbeit nicht ausgefüllt, es fehlte ihnen, von anderen gefordert zu werden und es fiel ihnen schwer, sich selbst Ziele zu setzen.

Kerstin: „ ... ‚Ich habe besondere Freude an bestimmten Dingen und Tätigkeiten' (Belastungsitem). Das ist eigentlich auch nimmer der Fall, dadurch daß jetzt alles möglich ist jederzeit, ist der Reiz von bestimmten Dingen weggefallen ..." (t_5)

Vor allem Frauen empfanden es als Manko, keiner anerkannten sinnvollen Tätigkeit nachgehen zu können, Männern fiel es generell schwerer, sich den Tag zu strukturieren und sich dabei selbst Ziele setzen zu müssen. Einige Lehrer empfanden es allerdings auch als eher angenehm und entlastend, sich den Tag selber einteilen zu können und nicht verplant zu sein.

„Freizeit" in dem Sinne haben Arbeitslose jedoch nicht. Dinge, die sie früher in ihrer freien Zeit gemacht haben, machten nun weniger Spaß:

Alfred: „Ich kann die Aktivitäten einfach nicht so unbeschwert genießen, ich ärger mich zum Teil selber darüber, aber es geht einfach nicht. Wenn ich ein, zwei Stunden Gitarre gespielt habe, dann leg ich das weg und dann fühl ich mich also nicht so, als wenn ich das gemacht hätt und ich hätt vorher gearbeitet oder so." (t_2)

4.4.4 Bereichsübergreifende Belastung

Bei länger anhaltenden Belastungen in der Lebenssituation ist zu vermuten, daß die Belastungen sich ausbreiten, übergreifen auf andere Bereiche, sich generalisieren. Die Lebensbereiche sind miteinander vernetzt: Arbeit und Arbeitslosigkeit bestimmen die finanzielle Situation und den Tagesablauf, Belastungen in diesen Bereichen können sich in sozialen Beziehungen niederschlagen: Nervosität und Gereiztheit, aber auch Bedrücktsein, Selbstwertzweifel und Energielosigkeit, Symptome also, die (s.o.) mit beruflicher Belastung einhergehen, können sich in sozialen Beziehungen negativ auswirken. Der veränderte Status und der fehlende gemeinsame Erfahrungsbereich Arbeit, sowie mangelnde finanzielle Ressourcen, können ebenfalls Beziehungen im sozialen Netzwerk verändern und beeinträchtigen.

Dieses Sich-Ausbreiten der Belastungen über immer mehr Lebensbereiche wurde mit der Variablen „Generalisierungsgrad der Belastung" erfaßt. Abb. 4.4.10 zeigt, daß auch hier die Situation ab t_4 von besonderer Bedeutung ist: die Kurven gehen plötzlich auseinander.

Waren die Probanden also in der zweiten Längsschnitthälfte immer noch bzw. erneut arbeitslos, so war der Generalisierungsgrad ihrer

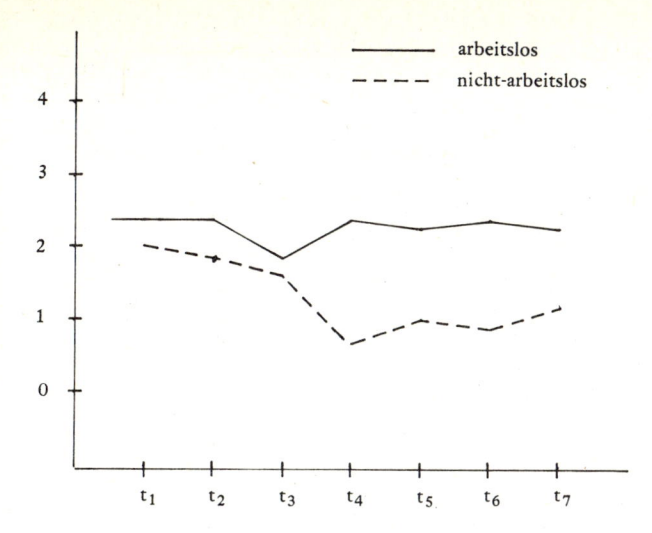

Abb. 4.4.10: Generalisierung der Belastung bei jeweils Arbeitslosen und Nicht-Arbeitslosen im Zeitablauf (Mediane)

Belastungen signifikant höher (t_4 : Tau = .66***, t_5 : Tau = .68***, t_6 : -.46**, t_7 = -.58***). Bei Probanden, die in dieser Zeit wieder Arbeit hatten, lag der Generalisierungsgrad deutlich unter dem Niveau der ersten Längsschnitthälfte. Offenbar fand dann wieder eine „Normalisierung" der Lebenssituation statt.

Im Abschnitt über die Belastungen im beruflichen Bereich wurde betont, daß nicht nur Arbeitslosigkeit, sondern auch Arbeit (unter bestimmten Bedingungen) Belastungen nach sich ziehen kann. Dies gilt aber nur für die bereichs*spezifische* Einschätzung der beruflichen Situation und für das allgemeine psychische Befinden. Generalisierungsprozesse finden hingegen *nur* in der Arbeitslosigkeit verstärkt statt. Aus der Höhe der Korrelationskoeffizienten in Abb. 4.4.1 kann man ersehen, daß sich innerhalb der Untersuchungsgruppe 1 Arbeitslose und Nicht-Arbeitslose gegen Ende des Längsschnitts — bedingt durch die schlechten Arbeitsbedingungen der Nicht-Arbeitslosen — in ihren bereichsspezifischen und allgemeinen Belastungswerten eher wieder anglichen, der Generalisierungsgrad der Belastung ging dagegen in den Gruppen immer weiter auseinander.

Ein Vergleich der Belastungswerte der allgemeinen Belastung und dem Generalisierungsgrad der Belastung in verschiedenen Verlaufsgruppen (1. Längsschnitthälfte) belegt dies noch deutlicher (vgl. Abb. 4.4.11 und 4.4.12):

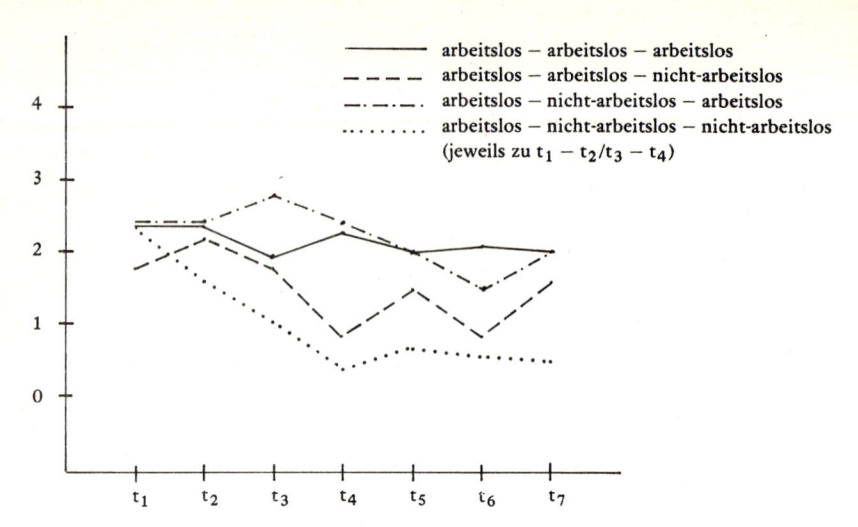

Abb. 4.4.11: Generalisierungsgrad der Belastung in verschiedenen Verlaufsgruppen der 1. Längsschnitthälfte

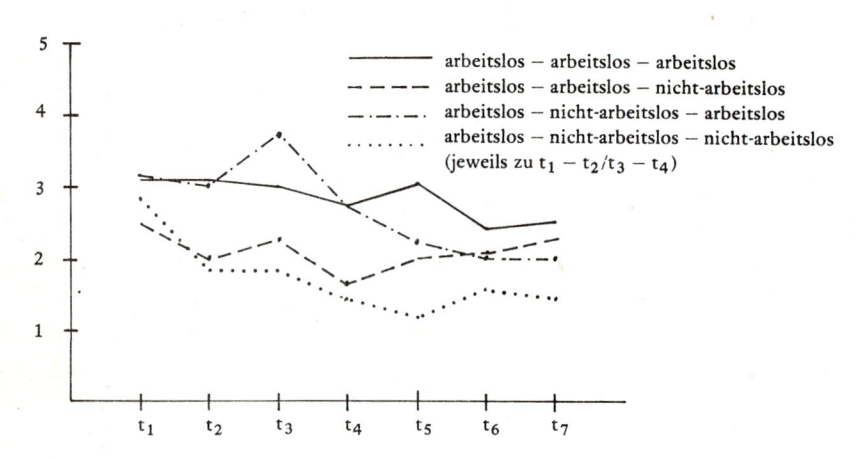

Abb. 4.4.12: Grad der allgemeinen Belastung in verschiedenen Verlaufsgruppen der 1. Längsschnitthälfte

Die Mediankurven für die allgemeine Belastung nähern sich gegen Ende des Längsschnitts wieder einander an, während die Verläufe des Generalisierungsgrades der Belastung immer stärker auseinander-„strahlen". Der Generalisierungsgrad in der Gruppe der Probanden, die von t_1 bis t_4 durchweg arbeitslos war, stieg ab t_3 leicht aber kontinuierlich an. Bei denjenigen aber, die schon zu t_2 bzw. t_3 wieder Arbeit fanden, sank der Generalisierungsgrad der Belastung kontinuierlich ab bis t_4 und blieb dann auf einem sehr niedrigen Niveau stabil. Anders in Abb. 4.4.12 zur allgemeinen Belastung: Hier stiegen auch die Kurven derjenigen Verlaufsgruppen, die bis t_4 Arbeit gefunden haben, am Ende des Längsschnitts wieder an. Der Vergleich der Abbildungen zeigt, daß zwar sowohl bei Arbeitslosen als auch bei Nicht-Arbeitslosen bereichsspezifische und allgemeine Belastungen auftreten können, multiple, generalisierte Belastungen treten aber nur in der Arbeitslosigkeit auf, da in dieser Krisensituation das Gefüge der verschiedenen Lebensbereiche im Alltag der Probanden aus dem Gleichgewicht geraten ist.

4.4.5 Bedeutet Arbeitslosigkeit eine persönliche Krise?

Unsere bisherige Analyse des Zusammenhangs von Arbeitslosigkeit und Belastung hat — ganz im Sinne der differentiellen Arbeitslosenforschung — ergeben, daß es im Erleben von Belastungen interindividuelle Unterschiede sowohl querschnittlich wie auch im zeitlichen Verlauf gibt, die wir mit jeweils spezifischen Bedingungskonstellationen recht gut erklären konnten. Zugleich ergab sich aber auch, daß unter besonders ungünstigen Umständen bei den Betroffenen schwerwiegende Belastungen im Sinne von „Krisen" (vgl. Kap. 1) entstehen können, *die in erster Linie mit der Arbeitslosigkeit zusammenhängen.* Wie war nun dieser Nachweis zu führen?

Angesichts der zunehmenden Heterogenität der Lebensbedingungen unserer Probanden und angesichts der Vielzahl positiv und negativ moderierender Faktoren (vgl. dazu auch die folgenden Kapitel), schien es zunächst schwierig, von der Arbeitslosigkeit *allein* eine direkte Beziehung zum Erleben einer Krise herzustellen. Daher sind wir auch den umgekehrten Weg gegangen und haben die Frage gestellt: Welche Probanden sind in unserer gesamten Untersuchungsgruppe besonders hoch belastet, und welche Rolle spielt bei diesen die Arbeitslosigkeit? Die nun auszuführenden Ergebnisse zeigen, daß diese besonders hoch Belasteten sowohl in extremer Weise von Arbeitslosigkeitserfahrungen betroffen waren wie auch eine Anzahl der im ersten Kapitel des Buches hergeleiteten Krisen-Indikatoren aufwiesen.

Als „hochbelastet" wurden all jene Probanden bezeichnet, die in der zweiten Längsschnitthälfte mindestens zu einem Erhebungszeitpunkt starke oder extrem starke allgemeine Belastung aufwiesen. Das

Kriterium war auf die zweite Längsschnitthälfte beschränkt, da sich erst hier verschiedene Gruppen von Probanden signifikant in ihren Belastungen unterschieden und daher auch erst hier das Zusammentreffen verschiedener Krisenindikatoren unterstellt werden konnte. Da Krise etwas Vorübergehendes ist (vgl. Kap. 1) sollte ein hoher Belastungswert nur mindestens einmal auftreten.

Was sind das für Leute, die in eine Krise geraten? Die Extremgruppe bestand aus 15 Probanden. *Alle* waren nach ihrer Entlassung mindestens ein halbes Jahr ohne Unterbrechung arbeitslos. 10 waren sogar im gesamten Untersuchungszeitraum (13 Monate) arbeitslos. Nur zwei von ihnen erhielten zu t_4 eine befristete Arbeit, sie wurden danach erneut arbeitslos. Drei Probanden fanden nach einem Jahr zu t_7 wieder Arbeit. Die meisten von ihnen hatten allerdings zumindest zeitweise im Untersuchungszeitraum „Nebenerwerbsjobs", die ihnen jedoch keine längerfristigen Perspektiven eröffneten.

Daß sich in unserer Extremgruppe nur 15 Probanden befinden, ist angesichts der schon erwähnten Heterogenität der Lebensbedingungen und der Vielzahl möglicher Moderatoren nicht verwunderlich. Bei der Klärung der Frage, warum nicht viel *mehr* (arbeitslose) Probanden hochbelastet waren, sind zusätzlich die schon erwähnten Spezifika unserer gesamten Zielgruppe sowie der Erhebungszeitraum mitzubedenken: nach einem Jahr, also nach Abschluß unserer Erhebung steigen die Belastungen auch bei anderen Arbeitslosen möglicherweise viel stärker und schneller an. Die sehr eindeutigen Ergebnisse der Extremgruppenanalyse sind also vor allem auf solche Arbeitslose übertragbar, die ihre Situation unter den im folgenden geschilderten (ungünstigen) Bedingungen erleben.

In ihrer finanziellen Lebenssituation unterscheiden sich die Probanden nicht von den übrigen Lehrern der Untersuchungsgruppe 1. Bedingt durch ihre langandauernde Arbeitslosigkeit hatten sie jedoch höhere Anforderungen durch die fehlende Zeitstruktur zu bewältigen, das aber schon ab t_2, ab t_5 mußten sie dabei auch signifikant mehr Eigeninitiative ergreifen als die übrigen Probanden der Untersuchungsgruppe 1.

Von außen gesehen, allein von der Lebenssituation her, unterschieden sich die Probanden der Extremgruppe lediglich in ihrer beruflichen Situation: alle hatten langandauernde Erfahrungen mit Arbeitslosigkeit gemacht. Doch sie waren nicht die einzigen, die solche Erfahrungen machen mußten. Warum gerieten andere nicht in eine Krise? Worin unterschieden sie sich von den Probanden der Extremgruppe?

Ein Vergleich in der allgemeinen Belastung erscheint zunächst als trivial, war doch dieses Belastungsmaß in der zweiten Längsschnitthälfte Kriterium für die Bildung der Extremgruppe. Abb. 4.4.13 zeigt jedoch, daß die Probanden der Extremgruppe *von Anfang an* höhere Werte in der allgemeinen Belastung aufwiesen als die übrigen Probanden der Untersuchungsgruppe 1.

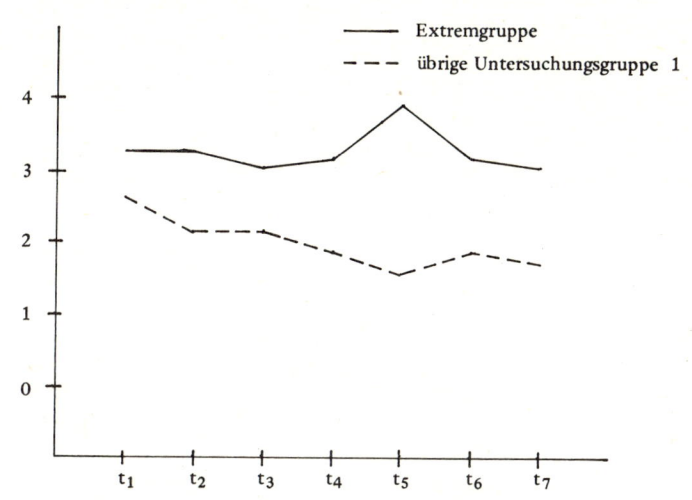

Abb. 4.4.13: Grad der allgemeinen Belastung in der Extremgruppe und der übrigen Untersuchungsgruppe 1 (Mediane)

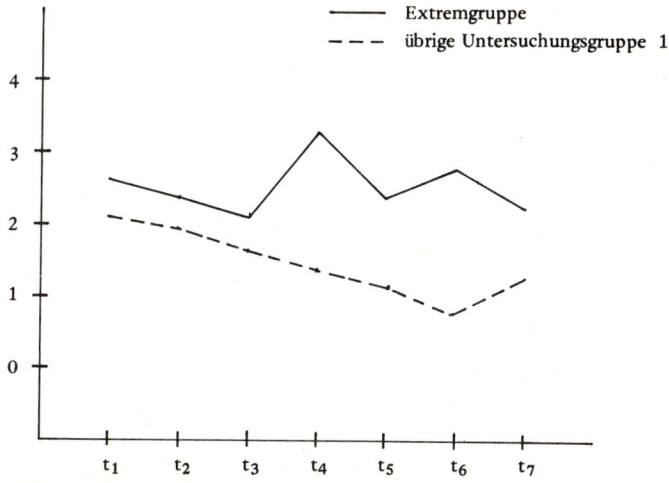

Abb. 4.4.14: Generalisierungsgrad der Belastung in der Extremgruppe und der übrigen Untersuchungsgruppe 1 (Mediane)

Dasselbe Bild in Abb. 4.4.14: Auch der Generalisierungsgrad der Belastung war bei ihnen von Anfang an höher (allerdings erst ab t_4 signifikant höher). Sind es vielleicht doch die von vornherein „schwächeren", inkompetenteren Persönlichkeiten, die in eine Krise geraten?

Dagegen spricht, daß sich die Probanden in ihren biographisch erworbenen Bewältigungskompetenzen, d.h. in ihren Fertigkeiten, die sie bei der Bewältigung früherer Krisen gezeigt hatten, *nicht* unterschieden. Dagegen spricht auch, daß sie aufgrund bisheriger Krisenerfahrungen in ihrer Biographie zu Beginn der Arbeitslosigkeit *nicht* weniger Selbstvertrauen als andere hatten (vgl. Kap. 4.3). Sie schätzten aber zu Beginn ihrer Arbeitslosigkeit ihre berufliche Situation belastender ein. Abb. 4.4.15 zeigt jedoch, daß dies im Verlauf des Längsschnitts nicht immer der Fall war.

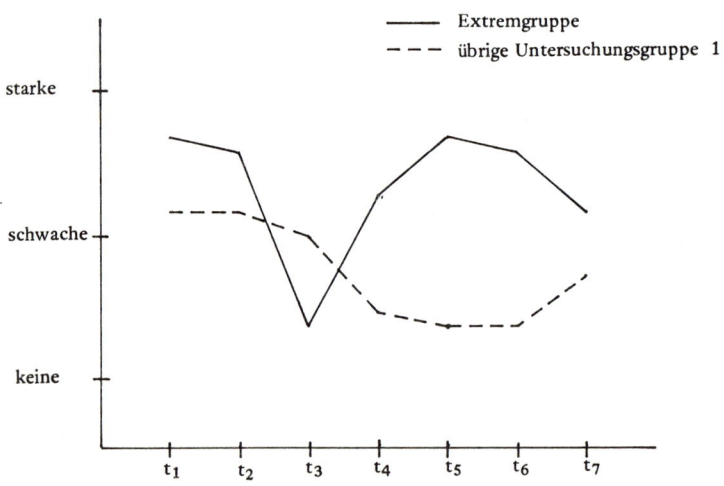

Abb. 4.4.15: Grad der beruflichen Belastung in der Extremgruppe und der übrigen Untersuchungsgruppe 1 (Mediane)

Außerdem erlebten sie die Beziehungen zu ihren Freunden zu t_1 belastender als andere. Auf das gesamte Netzwerk bezogen, erhielten sie tendenziell weniger soziale Unterstützung (der Unterschied war jedoch zu t_1 nicht signifikant) und waren zu t_1 insgesamt nicht stärker durch Beziehungen im sozialen Netzwerk belastet (vgl. Abb. 4.4.16 und 4.4.17).

Sie schätzten aber ihre Situation zu Beginn der Arbeitslosigkeit tendenziell als weniger beeinflußbar und weniger vorhersehbar ein, ihre *situationsspezifische Kontrollerwartung* in der Arbeitslosigkeit war

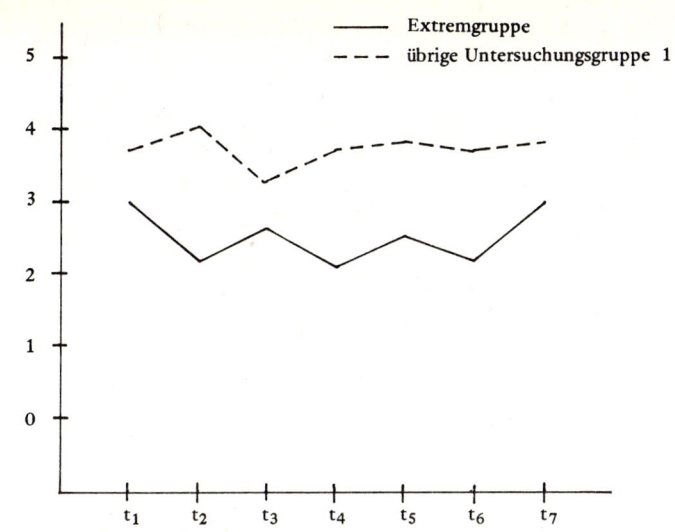

Abb. 4.4.16: Soziale Unterstützung in der Extremgruppe und der übrigen Untersuchungsgruppe 1 (Mediane)

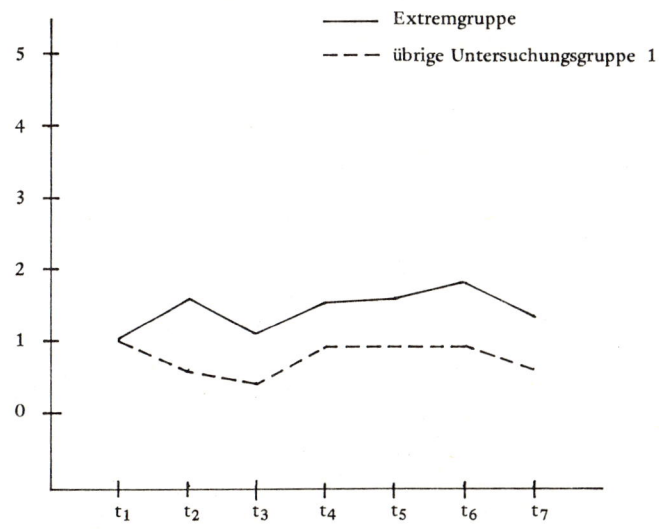

Abb. 4.4.17: Sozialer Streß in der Extremgruppe und der übrigen Untersuchungsgruppe 1 (Mediane)

situationsspezifische Kontrollerwartung in der Arbeitslosigkeit war schon zu t_1 signifikant niedriger: (zur situationsspezifischen Kontrolle vgl. Abschn. 4.3).

Wir hatten es in der Extremgruppe also nicht mit Personen zu tun, die von Beginn an eine ungünstigere Lebenssituation hatten oder deren biographische Voraussetzungen ungünstiger waren als die anderer arbeitsloser Lehrer. Allerdings schätzten die Probanden der Extremgruppe die Krisensituation Arbeitslosigkeit und da vor allem ihre eigenen Kontrollmöglichkeiten ungünstiger ein und waren in dieser spezifischen Anforderungssituation schon zu t_1 stärker beruflich belastet. Sie schienen von Beginn der Arbeitslosigkeit an *verletzlicher* in dieser spezifischen Krisensituation.

Dies äußerte sich auch in einer Reihe von Belastungssymptomen, die die Probanden der Extremgruppe bereits zu t_1 verstärkt aufwiesen: stärkere Niedergeschlagenheit, mehr Angstzustände, größere Probleme, Entschlüsse zu fassen, weniger Lust und Freude am Leben, Selbstvorwürfe und Selbstwertzweifel, Energielosigkeit, Unsicherheit und Zweifel an den eigenen Fähigkeiten.

Nachdem wir die Eingangsvoraussetzungen der Probanden der Extremgruppe diskutiert haben, wollen wir nun berichten, in welchen Variablen die Probanden die Arbeitslosigkeit in ihrem Verlauf anders erlebten als der Rest der Untersuchungsgruppe 1:

	t_1	t_2	t_3	t_4	t_5	t_6	t_7
Berufliche Belastung	.27*	n.s.	n.s.	.29*	.66***	.40**	.37**
Finanzielle Belastung	n.s.	n.s.	n.s.	.45**	.34*	.41**	—
Psychosomatische Belastung	n.s.	.31*	.38*	.35*	.40*	.62***	.66***
soziale Unterstützung	n.s.	n.s.	n.s.	-.48**	-.42**	-.46**	n.s.
sozialer Streß	n.s.	.39**	.34*	n.s.	.29*	.41**	.39**
Generalisierungsgrad der Belastung	n.s.	n.s.	n.s.	.44**	.57***	.53***	.54***
situationsspezifische Kontrollerwartung	.37**	.31*	n.s.	.47**	.48**	.31*	.33*

Abb. 4.4.18: Korrelationen mit dem Extremgruppenindex (Extremgruppe vs. übrige Untersuchungsgruppe 1; Kendall's Tau)

Abb. 4.4.18 zeigt Korrelationen mit bereichsspezifischen Belastungen (einschließlich der psychosomatischen Belastung), den Netzwerkindizes, dem Generalisierungsgrad der Belastung und der situationsspezifischen Kontrollerwartung. Beruflich und finanziell waren die Probanden der Extremgruppe in der zweiten Längsschnitthälfte stärker belastet. Besonders fällt der hohe Korrelationskoeffizient mit dem Grad der beruflichen Belastung zu t_5 auf. Zu t_4 und t_7 fühlen sich die Probanden auch stärker als andere im Bereich Zeitstruktur belastet. In ihren psychosomatischen Belastungen zeigten die Probanden der Extremgruppe fast zu allen Zeitpunkten signifikant höhere Werte. Im sozialen Netzwerk läßt sich folgender Verlauf feststellen: Schon in der ersten Längsschnitthälfte ab t_2 traten stärkere Belastungen in verschiedenen Teilnetzwerken und insgesamt über das soziale Netzwerk auf. Doch erst ab t_4 erhielten die Probanden der Extremgruppe auch signifikant weniger soziale Unterstützung als die übrigen Probanden der Untersuchungsgruppe 1 (vgl. Abb. 4.4.16 und 4.4.17). Ihre sozialen Beziehungen waren also fast von Beginn an ambivalenter: einerseits entlastend, andererseits konnte sich die unterstützende Funktion des Netzwerks gar nicht voll entfalten, da in Beziehungen zugleich Spannungen und Belastungen auftraten. Schließlich verlor das Netzwerk seine unterstützende Funktion in der zweiten Längsschnitthälfte immer mehr.

Fast über die gesamte Dauer des Längsschnitts (außer zu t_3) fiel die Extremgruppe durch eine niedrige situationsspezifische Kontrollerwartung auf (vgl. Abb. 4.4.19).

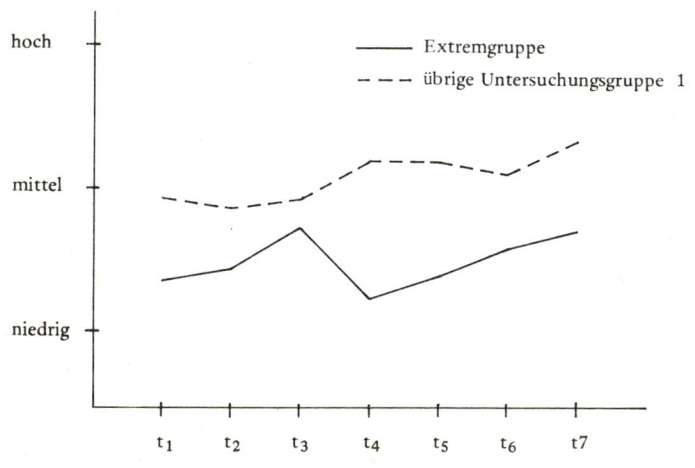

Abb. 4.4.19: Situationsspezifische Kontrollerwartung in der Extremgruppe und der übrigen Untersuchungsgruppe 1 (Mediane)

Vor allem die Beeinflußbarkeit und die Vorhersehbarkeit waren es, die von den extrem belasteten Probanden als geringer eingeschätzt wurden. Ihre Hoffnung verlor ein Teil der Probanden aber selbst in der Krise nicht (vgl. auch Abschn. 4.5). Das Selbstvertrauen (vgl. Abschn. 4.3) sank jedoch: zu t_4 und t_7 waren die Werte der Probanden der Extremgruppe signifikant niedriger als bei den übrigen Probanden der Untersuchungsgruppe 1.

Langandauernde Arbeitslosigkeit kann also Krisen bedingen, wenn außerdem folgende Faktoren hinzukommen:

— eine fehlende Überzeugung, die Situation aus eigener Kraft ändern zu können,
— mangelnde Vorhersehbarkeit der Zukunft,
— ein geringes Selbstvertrauen,
— fehlende soziale Unterstützung.

Wie aber äußerte sich die Krise, welche Symptome traten verstärkt auf? Die Belastungsitems zur Erfassung der „allgemeinen Belastung" geben darüber Aufschluß. Abb. 4.4.20 zeigt Korrelationen mit einer Reihe von Items, die auch schon im ersten Kapitel als Krisenindikatoren genannt wurden.

Über die gesamte Dauer des Längsschnitts äußerten die Probanden der Extremgruppe mehr als andere arbeitslose Lehrer der Untersuchungsgruppe 1 weniger Lust und Freude am Leben und sie waren eher niedergeschlagen und bedrückt. Andere emotionale Belastungen wie z.B. Angstzustände traten allerdings nur zeitweise verstärkt auf, in der zweiten Längsschnitthälfte drückten sich die Ängste der Probanden verstärkt in Alpträumen aus.

Stärker als bei den übrigen Probanden der U1 traten bei denen, die die Situation krisenhaft erlebten, folgende *kognitive* Belastungen auf: Selbstvorwürfe und Selbstwertzweifel. Zweifel an den eigenen Fähigkeiten, Grübeln und das Gefühl der Unsicherheit.

Auch in der Handlungsstruktur machte sich die Krise bemerkbar: Die Probanden fühlten sich eher schlaff und energielos (von Beginn an) und es fiel ihnen schwerer, Entschlüsse zu fassen (vgl. Abb. 4.4.21).

Die Korrelationen konzentrierten sich am stärksten zu t_5 und waren hier auch häufig höher als zu anderen Zeitpunkten. Fast ein dreiviertel Jahr nach Beginn der Arbeitslosigkeit, d.h. ca. 2 1/2 Monate nach dem kritischen Zeitpunkt t_4 war die Wahrscheinlichkeit am größten, daß es zu einer Krise kam. Besonders hoch waren zu diesem Zeitpunkt die Korrelationen mit den Items der kognitiven Belastung, der Zusammenhang mit dem Zwischenwert kognitive Belastung war zu

	t_1	t_2	t_3	t_4	t_5	t_6	t_7
Ich fühle mich niedergeschlagen und bedrückt	.29*	.43**	n.s.	.29*	.38**	.52***	.41***
Ich habe Angstzustände	.23*	n.s.	.20*	n.s.	.49***	n.s.	.35*
Ich habe oft Alpträume	n.s.	n.s.	n.s.	.43**	.51***	.33**	.27**
Ich habe wenig Lust und Freude am Leben	.25*	.33**	.39**	.24**	.42***	.49***	.36**
Ich mache mir Selbstvorwürfe und zweifle an meinem Selbstwert	.28*	.39**	.37*	.29*	.42***	.37**	n.s.
Ich zweifle an meinen Fähigkeiten	.29*	n.s.	.33*	.38**	.28**	.24*	n.s.
Ich grüble sehr viel	n.s.	n.s.	n.s.	.36**	.42**	.31*	.42**
Ich fühle mich unsicher	.42**	.40**	n.s.	.34*	.53***	.60**	.60***
Ich fühle mich schlaff und energielos	.39**	.32*	.43**	.54***	.64***	.44**	.45**
Es fällt mir schwer, Entschlüsse zu fassen	.36*	n.s.	.32*	.50***	.49**	.37**	.38**

Abb. 4.4.20: Korrelationen der Belastungsitems mit dem Extremgruppenindex (Extremgruppe vs. übrige Untersuchungsgruppe 1; Kendall's Tau)

diesem Zeitpunkt hoch signifikant (Tau = .79). Zu diesem Zeitpunkt, nach Verstreichen des so wichtigen Einstellungstermins zu t_4, *bewerteten* viele Probanden ihre Situation, das bisher Erreichte. Die Bilanz sah bei den Probanden der Extremgruppe bedrückend aus, ihre niedrigen Erwartungen bezüglich der Beeinflußbarkeit der Situation hatten sich bestätigt und verstärkt, sie fühlten sich der Situation noch hilfloser ausgesetzt:

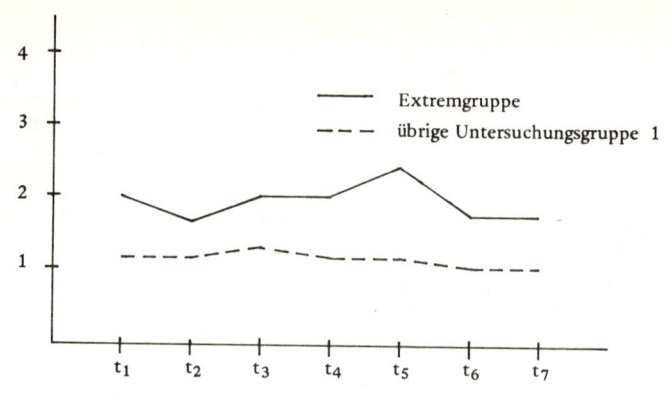

*Abb. 4.4.21: „Ich fühle mich schlaff und energielos",
Extremgruppe vs. übrige Untersuchungsgruppe 1
(Mediane)*

Interviewer: „Wenn du mal so deine gesamte Situation jetzt anschaust. Was empfindest du da so als am Schlimmsten?"

Adam: „Am Schlimmsten ist eigentlich das, daß ich sagen kann, ich hab eigentlich meine zukünftige Entwicklung eigentlich sehr wenig in der Hand. Ich kann nicht sagen, ich liefere jetzt das oder das, oder mach das oder das, und dann tritt das ein. Das kann ich nicht sagen. Das sind halt immer nur Abwicklungen, daß das gemacht werden muß, Abwicklungen, die aber nicht besonders, wie soll ich sagen, irgendwas ebnen in der Zukunft ... Das heißt, daß im Grunde genommen die Umwelt, oder die anderen, mit denen man agiert, daß die sich gleichgültig gegenüber einem erweist. Der zeigt ja keine Reaktionen, gel. Das ist genau so, als wenn du immer gute Sachen lieferst oder dich anstrengst oder was lieferst, was bietest, und das ist dem anderen völlig wurscht" (t_5).

Die Extremgruppenanalyse belegt eindeutig die Berechtigung unserer Generalhypothese (vgl. 3.1): Unter ungünstigen Bedingungen führt Arbeitslosigkeit zu hohen psychischen Belastungen. Für unsere Untersuchung kann man dies nun folgendermaßen präzisieren: Hochbelastete sind — im Vergleich zu anderen — in besonderer Weise von Arbeitslosigkeitserfahrungen betroffen. Es gilt jedoch *nicht* der Umkehrschluß: Arbeitslosigkeit führt unter allen Umständen zu hoher emotionaler Belastung. Abb. 4.4.22 faßt die Ergebnisse noch einmal schematisch zusammen.

Ausgangsbedingungen:

Lebenssituation:	biographische Voraussetzungen:
vergleichbare/ähnliche Stressoren und Ressourcen	vergleichbare Bewältigungskompetenz, vergleichbares Selbstvertrauen

Vermittelnde Bedingungen und Transaktionale Prozesse:

hoch Belastete	mittel/geringer Belastete
— *Arbeitslosigkeitserfahrung:* mindestens ein halbes Jahr ohne Unterbrechung arbeitslos — stärkere Anfangsbelastung durch Arbeitslosigkeit („Schock") — von Beginn an mehr Belastungssymptome (Unsicherheit, Selbstzweifel, Energielosigkeit) — geringere situationsspezifische Kontrollerwartung (vor allem geringere Einschätzung der Beeinflußbarkeit der Situation, geringe Vorhersehbarkeit der Zukunft) — tendenziell weniger soziale Unterstützung	— *Arbeitslosigkeitserfahrung:* mit Unterbrechungen arbeitslos, befristete Verträge — geringere Anfangsbelastung durch Arbeitslosigkeit — von Beginn an weniger krisenspezifische Belastungssymptome — höhere situationsspezifische Kontrollerwartung — mehr soziale Unterstützung

Folgen

Krise	keine Krise
im zweiten halben Jahr nach Beginn der Arbeitslosigkeit: — weiterhin Arbeitslosigkeit, bzw. Bedrohung durch erneute Arbeitslosigkeit — stärkere berufliche und finanzielle Belastung — weniger Unterstützung aus dem sozialen Netzwerk, mehr sozialer Streß — höhere psychosomatische Belastung — höhere Generalisierung der Belastung — das Selbstvertrauen sinkt — mehr Belastungssymptome wie Selbstzweifel, Grübeln, Unsicherheit, Lähmung der Handlungsfähigkeit	entsprechende Veränderungen und Merkmale fehlen

Abb. 4.4.22: Wann kommt es zu einer Krise? (Vergleich Extremgruppe mit weniger Belasteten in Untersuchungsgruppe 1)

4.5 Die kognitive Interpretation der Situation Arbeitslosigkeit

Prozesse kognitiver Einschätzung spielen bei der Entstehung und Bewältigung von Belastungen eine wichtige Rolle – dies wurde bereits mehrmals gesagt. Neben den grundsätzlichen Ansätzen von M. Arnold und R.S. Lazarus haben das vor allem neuere Arbeiten immer wieder betont (Folkman 1984; Johnson/Sarason 1979; Miller 1979). In diesem Kapitel soll dem genauer nachgegangen werden. Wie sieht der einzelne seine Situation? Welche Gedanken macht er sich hinsichtlich der Ursachen seiner Arbeitslosigkeit *(Kausalattribution)*? Inwieweit meint er, die Situation selbst in der Hand zu haben *(Situationsspezifische Kontrollerwartung)*? Diese kognitiven Interpretationen schieben sich zwischen objektive Faktoren (Arbeitslosigkeit) und subjektive Konsequenzen (Belastung und Bewältigung).

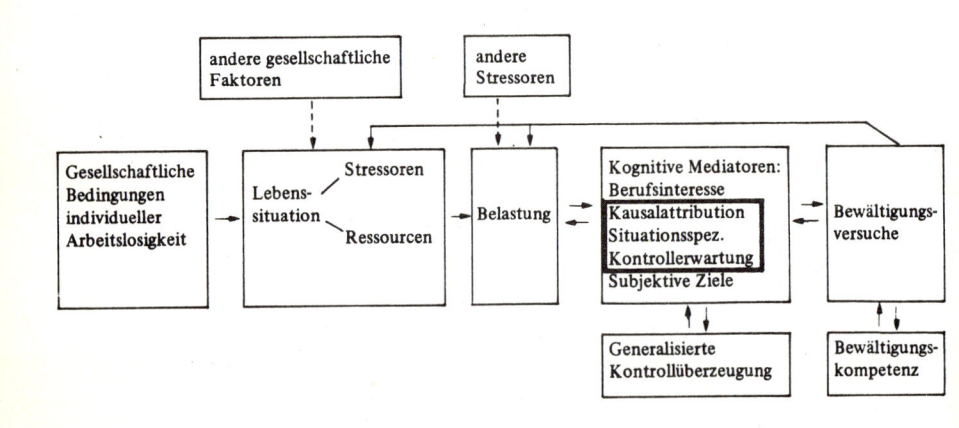

Sie können dabei immer eine doppelte Funktion haben. Als *Krisenindikator* können sie Ergebnis der sich verschlechternden Lebenssituation sein, als *protektiver Faktor* können sie vor Belastung schützende Funktion für den Einzelnen besitzen. Die beiden von uns untersuchten Variablen kognitiver Interpretation, Kausalattribution und Kontrollerwartung ergänzen sich nun in gewisser Hinsicht: Kausalattribution ist in die Vergangenheit, Kontrollerwartung in die Zukunft gerichtet. Beide Variablen verstehen sich als *situationssspezifische* Einschätzungen, im Gegensatz zu situationsübergreifenden Variablen wie der Generalisierten Kontrollüberzeugung.

4.5.1 Hypothesen

Die Hauptfragestellungen bezüglich der Variablen kognitiver Interpretation lassen sich in drei Punkten zusammenfassen:

1. Bestätigung des *multidimensionalen Ansatzes:* Gerade bei kognitiven Variablen scheint es uns zweifelhaft, den einzelnen zu einem eindeutigen Urteil anhand vorgegebener Kategorien zu zwingen, wie ein Großteil bisheriger Forschung dies praktiziert. Geht man dagegen offener und differenzierter vor, so vermuten wir, daß auch die Ergebnisse vielschichtiger werden.
2. Arbeitslosigkeit als *Kontrollverlust* (krisenindizierende Funktion der kognitiven Interpretation): Der einzelne sucht zunehmend die Schuld für die Arbeitslosigkeit bei sich selbst, nennt mehr unveränderliche und globale Ursachenfaktoren. Die Einschätzung der Beeinflußbarkeit der Situation sinkt, die Situation wird hoffnungsloser.
3. Kognitive Einschätzungen als *protektive Faktoren:* Hohe Kontrollerwartung trotz Arbeitslosigkeit dürfte eine entscheidende Entlastung für den einzelnen bedeuten.

Diese Hypothesen verfolgend wollen wir zunächst auf die Variable ‚Kausalattribution' eingehen.

4.5.2 Operationalisierung von Kausalattribution

Im Interview wurde der einzelne ohne Vorgabe von inhaltlichen oder dimensionalen Kategorien gefragt, was die Ursachen für seine eigene Arbeitslosigkeit seien; gegebenenfalls wurde durch Nachfragen zu einer genaueren Erklärung angeregt. Die inhaltsanalytische Auswertung hatte folgende Konzeption:

Bis zu 4 verschiedene einzelne Ursachen und ein Hauptfaktor (ein Gesamturteil) wurden im Material pro Interview identifiziert und kodiert. Diese Kausalfaktoren wurden zunächst inhaltlich erfaßt nach einem in der Pilotstudie theoriegeleitet und empirisch entwickelten Kategoriensystem.

Jeder Ursachenfaktor wurde dann in einem zweiten Schritt einer dimensionalen Einstufung unterzogen. Solche Dimensionen haben in der Attributionsforschung immer eine zentrale Rolle gespielt (vgl. zum Überblick Debler 1984, S. 194ff.). Neben den klassischen Dimensionen aus der Leistungsmotivationsforschung „intern vs. extern" und „stabil vs. variabel" (vgl. Weiner 1974) haben wir die

Ungünstige Individuelle Bedingungen
— Ungerechte Bedingungen
— Zusätzliche Störfaktoren

Pech
— Pech in der Prüfung
— Allgemeiner Pechvogel
— Kein Bedarf an Lehrern
— Falsche Fächerkombination

Seminarlehrer/Prüfer
— Politische Schwierigkeiten mit Seminarlehrern/Prüfern
— Anpassungsschwierigkeiten

Staatsregierung
— Fehlplanung
— Bildungsetat zu gering
— Kultusministerium
— Unflexible Einstellungspraxis

Eigenes Versagen
— Allgemeines Versagen
— Versagen im Beruf
— Falsche Berufsentscheidung
— Zu wenig Vorbereitung

Gesellschaftliche Entwicklung
— Stellenwert des Bildungssektors zu gering
— Finanzkrise
— Lehrerschwemme

Abb. 4.5.1: Kategoriensystem Kausalattribution

Unterscheidung global vs. spezifisch herangezogen, die auch im reformulierten Hilflosigkeitsmodell (Abramson/Seligman/Teasdale 1978) zugrundegelegt wird. Bei der dimensionalen Analyse des Gesamturteils gingen wir einen Schritt weiter. Die drei bipolaren Dimensionen wurden in 6 unabhängige Dimensionen aufgespalten:

— Grad der Externalität;
— Grad der Internalität;
— Grad der Stabilität;
— Grad der Variabilität;
— Grad der Globalität;
— Grad der Spezifität.

Es erschien uns also wahrscheinlich, daß jemand in einer so komplexen Situation wie Arbeitslosigkeit externale *und* internale, stabile *und* variable, globale *und* spezifische Ursachenfaktoren zugleich nennt. Die bisherige Methodologie der Attributionsforschung, die engstirnig dichothomisierend vorgeht, sollte dadurch durchbrochen werden (vgl. Ulich/Haußer 1979; Haußer 1984).

Nach den Kausalurteilen fragten wir im Längsschnitt dreimal, zu t_1, t_4 und t_7. Gegenstand der Attribution war jeweils das ursprüngliche Arbeitslos-Werden („Was sind Ihrer Meinung nach die Ursachen dafür, daß Sie nach dem 2. Staatsexamen keine Anstellung gefunden haben?"). Zu t_4 und t_7 fragten wir darüber hinaus noch nach dem

Kausalurteil, bezogen auf die Ergebnisse bisheriger Bewältigung („Was sind die Ursachen dafür, daß Ihre bisherigen Bemühungen Erfolg/keinen Erfolg hatten?" „Warum ist das bisher so gelaufen").

Für diese *bewältigungsbezogenen Kausalurteile* konnten wir ein ähnliches Auswertungsschema verwenden; nur das inhaltliche Kategoriensystem mußte verändert werden und eine Trennung von Ursachenfaktoren für Erfolg und Mißerfolg der Bewältigung vorgenommen werden. Dabei wurden ähnliche Hauptkategorien wie bei den arbeitslosigkeitsbezogenen Attributionen verwendet und die Faktoren für Erfolg und Mißerfolg parallel formuliert.

Erfolg	Mißerfolg
Individuelle Bedingungen	
– Zusatzqualifikationen	– Mangel an Zusatzqualifikationen
– Persönliche Beziehung	– Fehlende Beziehungen
– Organisationszugehörigkeit	– Organisationszugehörigkeit
– Familienkonstellation (z.B. Partner)	– Ungünstige Familienkonstellation
– Finanzielle Ressourcen	– Schulden, mangelnde finanzielle Ressourcen
	– Gesundh. Einschränkungen
	– Schwangerschaft
Persönliche Eigenschaften	
– Flexibilität	– Mangel an Flexibilität
– Mobilität	– Mangel an Mobilität
– Psychische Stärke	– Psychische Anfälligkeit
– Eigenes Anspruchsniveau	– Selbstzweifel
– Priorität Beruf	
– Selbstüberzeugung	
Anstrengung/Versagen	
– Informationssuche	– Zu wenig Informationssuche
– Richtiges Bewerbungsverhalten	– Ungünstiges Bewerbungsverhalten
– Einarbeitung, Bewährung	– Einarb./Bewährung nicht gelungen
– Umorientierung gelungen	– Auf andere verlassen, keine Eigeninitiative
– Eigeninitiative	
– Hohes Interesse	– Zu wenig Interesse, keine Lust
– Rechtzeitig gehandelt	– Zu spät gehandelt
Zufall	
– Glück gehabt (konkret)	– Pech gehabt (konkret)
– Schicksal, Fügung	– Schicksal, Fügung
	– Pech mit Berufs-, Fächerentscheidung

Erfolg	Mißerfolg

Lehrerarbeitsmarkt

− Kultusministerium konkret	− Kultusminister, Fehlplanung
− Einstellungspraxis	− Bildungsetat zu gering
− Lehrerbedarf	− Kultusministerium konkret
− Konkurrenz unter Lehrern	− Einstellungspraxis
	− Kein Bedarf an Lehrer
	− Konkurrenz unter Lehrern

Gesellschaftliche Entwicklung

− Gesellschaftliches Klima	− Stellenwert, Bildung zu gering
− Qualifikation	− Finanz-/Wirtschaftslage
− Arbeitslosigkeit insgesamt	− Gesellschaftliches Klima
	− Vorurteile von Arbeitgebern
	− ‚Über'qualifikation
	− Arbeitslosigkeit insgesamt

Institutionen

− Arbeitsamt − Beratung	− Arbeitsamt − fehlende Beratung
− Arbeitsamt − Unterstützung	− Arbeitsamt − fehlende Unterstützung
− Sonst. staatl. Unterstützung	− fehlende Unterstützung − Sonstiges
− Selbsthilfegruppen	− fehlende Möglichkeit zur Umschulung
− Umschulung	

Abb. 4.5.2: Kategoriensystem bewältigungsbezogene Kausalattribution

Neben dieser quantifizierenden Auswertung war es ebenso ein Ziel, die Prozeßdynamik der Kausalattribution (vgl. Ulich 1983) an Einzelfällen zu rekonstruieren.

4.5.3 Ergebnisse zur Kausalattribution

Die wichtigsten Ergebnisse zur Kausalattribution sollen nun in einigen Punkten zusammengefaßt werden.

Der einzelne nennt mehrere Kausalurteile
Das *multifaktorielle* Vorgehen hat sich eindeutig *bewährt*. Der Großteil der Probanden nennt zwei bis drei Ursachenfaktoren, immerhin 17% (t_1) nennen 4 Faktoren und nur ein geringer Teil beschränkt sich auf eine Nennung (Abb. 4.5.3.). Die Ergebnisse der vielen Attributionsanalysen, die ihre Probanden auf einen einzigen

	t_1		t_4		t_7	
	Pbn	%	Pbn	%	Pbn	%
1 Ursachenfaktor	7	9,2	9	15,0	17	26,2
2 Ursachenfaktoren	28	36,8	28	46,7	23	35,4
3 Ursachenfaktoren	28	36,8	15	25,0	19	29,2
4 Ursachenfaktoren	13	17,1	8	13,2	5	9,2
Σ	76	99,9	60	99,9	65	100,0

Abb. 4.5.3: Kausalattribution: Anzahl der Nennungen pro Proband

Kausalfaktor beschränkt haben, erscheinen auf diesem Hintergrund suspekt. Die vielen Ursachennennungen in unserer Untersuchung weisen aber auch darauf hin, daß das Lebensereignis ‚Arbeitslosigkeit' von hoher Erklärungsbedürftigkeit (vgl. Haußer 1980; Hastie 1984) für die Betroffenen ist. Interessant ist hier auch der zeitliche Verlauf: Gegen Ende des Längsschnittes werden immer weniger Ursachenfaktoren genannt. Die Probanden scheinen sich immer klarer zu werden über die Ursachen ihrer Arbeitslosigkeit, ihr Urteil wird eindeutiger.

Die gesellschaftlichen Faktoren an erster Stelle
Bei den einzelnen Nennungen werden am häufigsten Faktoren aus der Gruppe ‚Staatsregierung' und ‚Gesellschaftliche Entwicklung' genannt. Abb. 4.5.4 nennt jeweils die fünf häufigsten Ursachen:

Kausalfaktoren t_1	%	Kausalfaktoren t_4	%	Kausalfaktoren t_7	%
Bildungsetat zu gering	14.1	Bildungsetat zu gering	12.7	Bildungsetat zu gering	15.3
Stellenwert ‚Bildung' zu gering	12.1	Finanzkrise	11.3	Stellenwert ‚Bildung' zu gering	11.8
Finanzkrise	12.1	Staatliche Fehlplanung	11.3	Finanzkrise	10.4
Staatliche Fehlplanung	9.0	Stellenwert Bildung zu gering	10.6	Staatliche Fehlplanung	9.0
Unflexible Einstellungspraxis	7.5	Versagen in der Prüfung	6.3	kein Bedarf an Lehrern	5.6

Abb. 4.5.4: Die häufigsten Ursachenfaktoren in Prozent der Nennungen

Bedenkt man, daß 19 inhaltliche Antwortkategorien für die Auswertung zur Verfügung standen, dann zeugt es von erstaunlicher Übereinstimmung der Antworten, wenn immer die gleichen vier Faktoren an der Spitze stehen. Auch daß internale Gründe eine so untergeordnete Rolle spielen (nur zu t_4 an fünfter Stelle der Nennungen ‚Versagen in der Prüfung'), hatten wir nicht erwartet. Zwei Erklärungen, denen im folgenden noch nachgegangen wird, können dafür herangezogen werden.

- Ein Arbeitsloser ist heute verstärkt mit Vorurteilen vom ‚Versager' oder ‚Arbeitsunwilligen' konfrontiert (vgl. z.B. Grau/Thomsen 1985). So scheint das Kausalurteil unserer Lehrer oft eine dezidierte Stellungnahme gegen solche Vorurteile zu sein. Es scheint auch einen gewissen Schutz gegen Schuldzuweisungen zu bewirken. Externalisierung als Bewältigungsform (vgl. z.B. Krahe 1984) mag bei dem einen oder anderen eine Rolle gespielt haben.
- Auf der anderen Seite haben wir es im Falle arbeitsloser Lehrer mit einer klar strukturierten Situation zu tun, die – einen gewissen Informationsstand vorausgesetzt – die Bandbreite für die Kausalattribution stark einschränkt. Jeder der Betroffenen hat während des Referendariats selbst erfahren, daß laufend Unterricht ausfällt und die Klassenstärken eher zunehmen (vgl. Kapitel 4.1), daß also eigentlich jeder arbeitslose Lehrer gebraucht würde, um einen sinnvollen und angemessenen Unterricht zu ermöglichen. Die objektiven Voraussetzungen strukturieren also das Kausalurteil vor.

Bestätigung des multidimensionalen Ansatzes
Auch bei der dimensionalen Analyse der Kausalurteile hat sich das differenzierte Vorgehen bewährt. Über die Hälfte der Probanden nennt externale *und* internale, stabile *und* variable, globale *und* spezifische Kausalfaktoren (Abb. 4.5.5).

Hier ein typisches Beispiel:

Interviewer: „Was würdest Du sagen, waren die Ursachen dafür, daß Du keine Stelle bekommen hast?"
Gudrun: „Ja, zum einen, daß ich einfach so spät dran war mit meinem Examen. Ja und das kann man natürlich wieder auf verschiedene Ursachen zurückführen, meinetwegen falsche Studienwahl oder ungenügende Vorbereitung der Berufswahl oder irgendwas. Zum anderen eben auch die Entwicklung der wirtschaftlichen Situation. Also ich mein, das war zum Teil wirklich meine Schuld. Und zum anderen Teil eben die äußeren Umstände. Ich mein, ich könnte es wirklich nicht sagen, was da jetzt stärker war. Das kann ich also beim besten Willen nicht sagen." (Gudrun t_7)

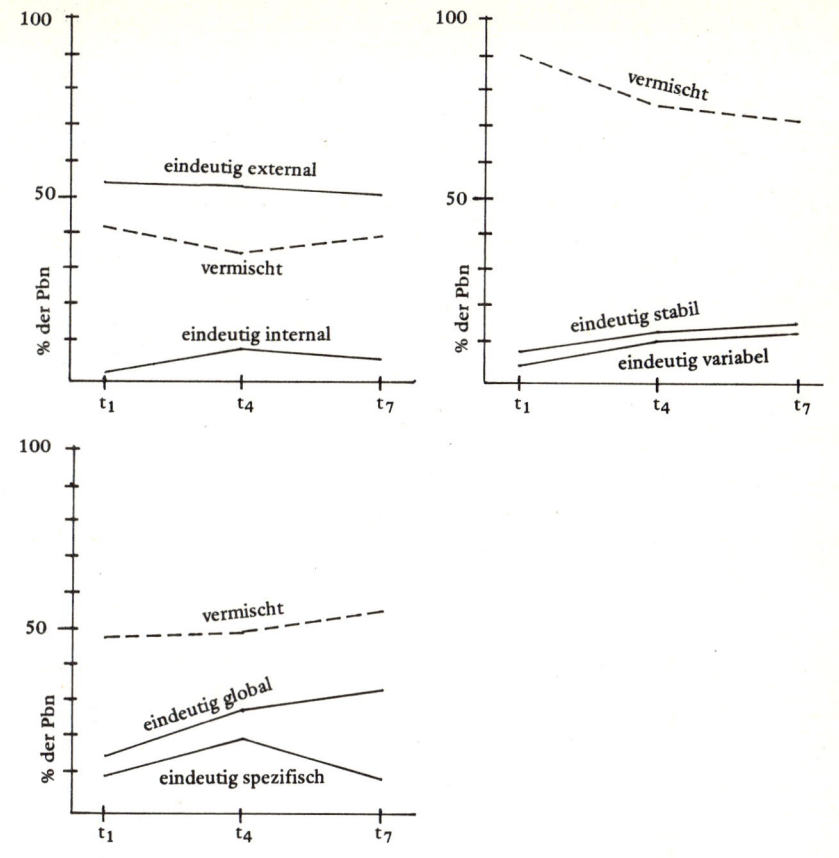

Abb. 4.5.5: Dimensionalität des Kausalurteils in Prozent der Probanden der Untersuchungsgruppe

Insgesamt gesehen sind die Kausalurteile vorherrschend external, etwas häufiger stabil als variabel und eher global. Das Vorherrschen der externalen und globalen Dimension war nach den häufigsten inhaltlichen Nennungen einleuchtend. Daß ‚stabil' und ‚variabel' so nah beieinanderliegen, kommt daher, daß die Ursachenfaktoren „Finanzkrise" und „Staatliche Fehlplanung" von den arbeitslosen Lehrern vorwiegend variabel aufgefaßt wurden. Hier zeigt sich die Hoffnung vieler Betroffenen (entgegen aller Prognosen!), daß die Lehrerarbeitslosigkeit nur ein vorübergehendes Phänomen sei. Die Faktoren „Bildungsetat zu gering" und „Stellenwert Bildung zu gering" dagegen werden vorwiegend stabil interpretiert.

Der Kausalfaktor ‚eigenes Versagen'
Obwohl ‚eigenes Versagen' nur vom geringen Teil der Probanden als Ursachenfaktor für die eigene Arbeitslosigkeit genannt wird, soll dieser Gruppe näher nachgegangen werden. Denn immerhin wird von rund 40% der Probanden ‚eigenes Versagen' als ein Kausalfaktor unter mehreren erwähnt, und bei einem kleinen Teil (rund 20%) steht er sogar an wichtigster Stelle (Gesamturteil) (vgl. Abb. 4.5.6).

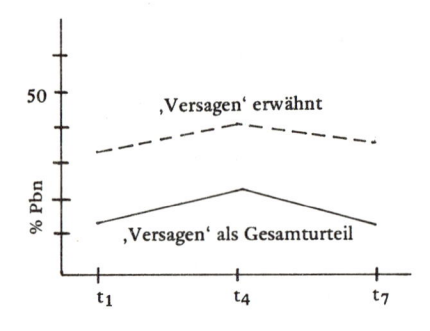

Abb. 4.5.6: ‚Versagen' als Kausalurteil in Prozent der Pbn

Interessant ist hier auch der zeitliche Verlauf, denn es tritt ein Trend auf, zu t_4 mehr ‚Versagen' zu attribuieren als sonst. Um die Mitte des Längsschnittes haben bereits einige unserer Probanden wieder eine Anstellung gefunden, der erste Druck ist geschwunden, man kann gelöster über die Situation reden, auch eher über eigenes Versagen nachdenken.

Dies soll am Beispiel der Kausalattribution einer Lehrerin verdeutlicht werden, die nach anfänglicher Arbeitslosigkeit über eine Vertretungsstelle bereits zu t_4 eine feste Anstellung gefunden hat. Hierzu folgender Interviewausschnitt:

Interviewer: „Was würdest Du sagen, worauf Du das zurückführst, warum Du jetzt keine Stelle direkt bekommen hast?"
Laura: „Ja, eindeutig auf meine Noten, weil ich mit etwas mehr Energieaufwand im Staatsexamen eben besser hätte sein können. Aber das waren damals bei mir auch persönlich katastrophale Bedingungen. Ich habe also wirklich erst drei Monate vorher angefangen, mich vorzubereiten. Das lag eben daran, daß ich damals sowieso keine Vorstellungen hatte, wie das überhaupt weitergehen sollte, was so eine Note mal bedeuten könnte."
Interviewer: „Machst Du Dir manchmal Vorwürfe, wenn Du mehr gelernt hättest, hättest Du sofort eine Stelle gekriegt?"
Laura: „Nee, überhaupt nicht. Also ich würde mir Vorwürfe machen, wenn ich jetzt keine Stelle gekriegt hätte, aber so bin ich wirklich froh um jeden Tag, den ich nicht gelernt habe, sondern mehr gelebt habe!" (Laura t_4)

Abb. 4.5.7 zeigt das Auftauchen des Kausalfaktors ‚eigenes Versagen' in Abhängigkeit von der beruflichen Lebenssituation des einzelnen. Es zeigt sich vor allem zu t_4, daß Nicht-Arbeitslose viel eher über eigenes Versagen sprechen. Zu t_7 mag dieser Effekt sich wieder verflüchtigt haben; das Staatsexamen liegt nun schon weit zurück. Das Kausalurteil ist gefestigter, eindeutiger, abgeklärter.

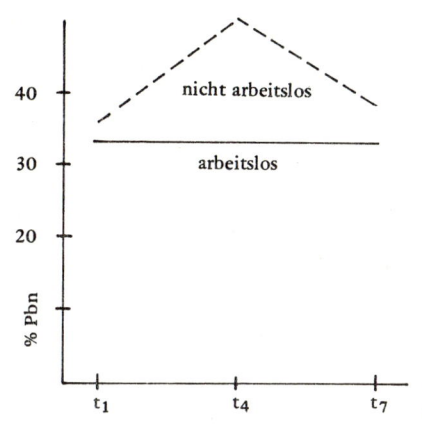

Abb. 4.5.7: Kausalfaktor ‚eigenes Versagen' in Abhängigkeit von Arbeitslosigkeit

Dies bedeutet auch, daß die Variable *Kausalattribution nicht generell als Krisenindikator* in unserer Stichprobe anzusehen ist: Bei sich verschlechternder Lebenssituation treten nicht — wie erwartet — verstärkt ‚Versagens'-Attributionen auf. Die Tendenz ist eher umgekehrt. Das Nachdenken über eigenes Versagen als Ursache ist auch als ein Teil kognitiver Bewältigung zu sehen, die in der Mitte des Längsschnittes, der virulentesten Zeit für unsere Versuchspersonen, in der sich am meisten entscheidet (vgl. Kap. 4.4), auffällig stark ist.

Diese These läßt sich auch stützen durch eine Untersuchung von Bulman/Wortman (1977) an Querschnittgelähmten, in der ein Zusammenhang zwischen Selbstbeschuldigungen und positivem Fertigwerden mit der eigenen Behinderung gefunden wurde.

In der ersten Längsschnitthälfte haben Probanden, die ‚eigenes Versagen' mit anführen, *mehr* positive, hoffnungsvolle Gefühle ihrer Zukunft gegenüber (zu t_1 signifikant: Tau = .19*) (Abb. 4.5.8). Die Attribution ‚eigenes Versagen' geht auch nicht mit größerer Belastung einher. Es scheint sich hier eher um ein kurzfristiges In-Betracht-Ziehen internaler Faktoren zu handeln. So behält auch nur der geringste Teil dieses Kausalurteil über die Zeit bei (nur 11% der 76 Befragten nennen zu *jedem* Zeitpunkt den Kausalfaktor ‚eigenes Versagen' und nur 4% nennen zu *jedem* Zeitpunkt ‚Versagen' als Gesamturteil).

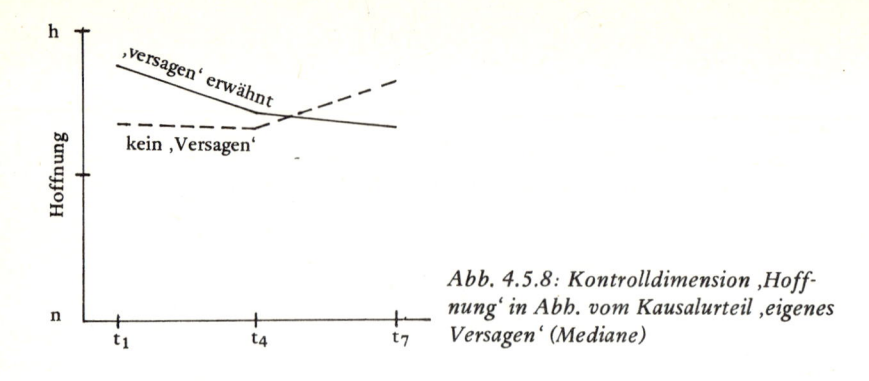

Abb. 4.5.8: Kontrolldimension ‚Hoffnung' in Abh. vom Kausalurteil ‚eigenes Versagen' (Mediane)

Ein etwas anderes Bild erhält man, wenn man sich die Gruppe der Dauerarbeitslosen gesondert betrachtet. In dieser Gruppe wird — wie nach den bisherigen Ergebnissen zu erwarten war — *weniger* eigenes Versagen attribuiert. Unter diesen wenigen steigt die allge-

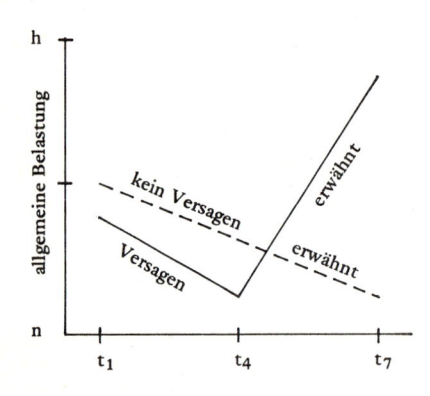

Abb. 4.5.9: Allgemeine Belastung in Abhängigkeit vom Kausalurteil ‚eigenes Versagen' innerhalb der Gruppe der Dauerarbeitslosen (Mediane)

meine Belastung zu t_7 jedoch sprunghaft an und unterscheidet sich signifikant (Kendall's Tau = .70**) von Dauerarbeitslosen, die kein Versagen attribuieren (Abb. 4.5.9). Die Versagensattribution wirkt also erst belastend bei einer Arbeitslosigkeit von über einem Jahr. In eine ähnliche Richtung weist auch folgender Extremgruppenvergleich: Probanden, die zu *allen* Zeitpunkten Versagen attribuieren (N = 8) wurden verglichen mit Probanden, die zu *keinem* Zeitpunkt Versagen attribuieren (N = 19). Es ergeben sich keine Unterschiede in der Lebenssituation und der Kontrollerwartung, wohl aber wieder zu t_7 in der Belastung (allgemeine Belastung t_7: Tau = .46**; psychosomatische Belastung t_7: Tau = .49**).

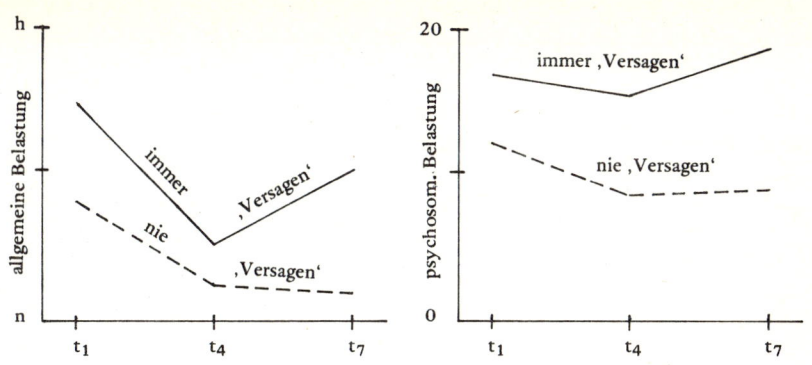

Abb. 4.5.10: Kontrastgruppen in der ‚Versagens'-Attribution in ausgewählten Belastungsmaßen (Mediane)

Die Ergebnisse zur Kausalattribution sind vor allem auch bedeutsam für solche Fälle von Kontrollverlust, für solche kritische Lebensereignisse, in denen die objektive Bedingungsstruktur weniger offensichtlich und eindeutig ist wie bei der Lehrerarbeitslosigkeit, Situationen also, in denen mehr internale Kausalattributionen zu erwarten sind.

Es entsteht nun ein differenzierteres Bild:

— erst nach *längerer* Arbeitslosigkeit und
— nur bei *durchgängiger* Versagensattribution

ist ein Zusammenhang mit Belastung aufzuweisen. Dies deckt sich auch mit Ergebnissen der Attributionsforschung, wonach kein *genereller* Zusammenhang zwischen Attribution und emotionalen Befindlichkeiten anzunehmen ist (z.B. Pekrun 1983; Wollert u.a. 1983). Auch in der psychologischen Arbeitslosenforschung neuerer Zeit wurden Zweifel an der These geäußert, daß Arbeitslose die Ursachen ihrer Arbeitslosigkeit zunehmend bei sich selbst suchen (Pelzmann u.a. 1984; Kirchler 1984a). Nur differentielle Forschung kann hier Aufklärung schaffen. Mit diesen letzten Ergebnissen ist bereits übergeleitet zu den Attributionshypothesen der Seligman-Gruppe.

Die Seligman-Hypothesen auf dem Prüfstand
Spezifische Hypothesen über die Rolle von Kausalattribution in Situationen des Kontrollverlustes in ihrer Auswirkung auf emotionale Belastungen haben Abramson/Seligman/Teasdale (1978) aufgestellt:

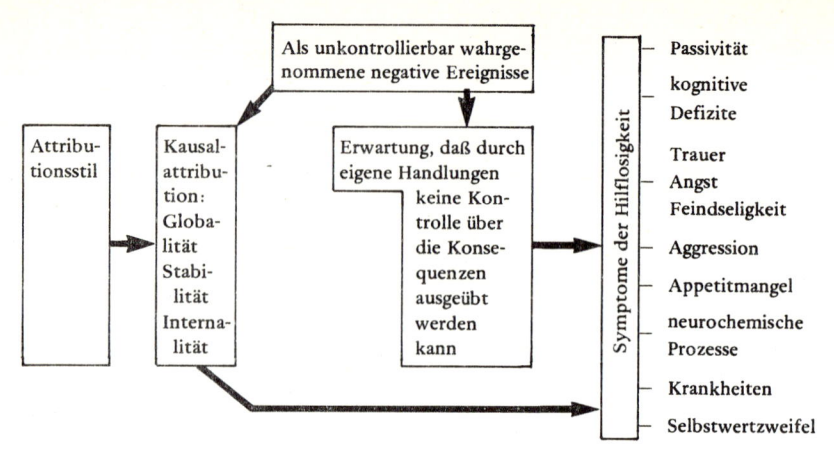

```
┌──────────────┐  ┌──────────────┐   ┌──────────────────┐
│              │  │              │   │ Als unkontrollierbar wahrge-
│              │  │              │   │ nommene negative Ereignisse
│              │  │              │   └────────┬─────────┘
│              │  │              │            ▼                        ─ Passivität
│              │  │ Kausal-      │   ┌──────────────┐                    kognitive
│ Attribu-     │  │ attribu-     │   │ Erwartung, daß durch │ ─┐         Defizite
│ tionsstil    │─▶│ tion:        │──▶│ eigene Handlungen    │  │       ─ Trauer
│              │  │ Globa-       │   │ keine Kon-           │  │         Angst
│              │  │ lität        │   │ trolle über          │  │ S      ─ Feindseligkeit
│              │  │ Stabi-       │   │ die Konse-           │  │ y      ─ Aggression
│              │  │ lität        │   │ quenzen              │  │ m        Appetitmangel
│              │  │ Interna-     │   │ ausgeübt             │  │ p      ─ neurochemische
│              │  │ lität        │   │ werden               │  │ t        Prozesse
│              │  │              │   │ kann                 │  │        ─ Krankheiten
└──────┬───────┘  └──────────────┘   └──────────────────────┘  │        ─ Selbstwertzweifel
       └───────────────────────────────────────────────────────┘
```

Abb. 4.5.11: Der Prozeß erlernter Hilflosigkeit nach Peterson/Seligman (1984, S. 350)

Wenn bestimmte negative Ereignisse („bad events") als unkontrollierbar wahrgenommen werden und der Betroffene auch nicht erwartet, Kontrolle auf die weiteren Konsequenzen ausüben zu können, so führt eine ungünstige Kausalattribution zum verstärkten Auftreten von Hilflosigkeitssymptomen:

— Je globaler die Attribution ist, desto genereller, situationsübergreifender werden die depressiven Defizite.
— Je stabiler die Attribution ist, desto chronischer, konstanter werden die depressiven Defizite.
— Je internaler die Attribution ist, desto stärker wird der Selbstwert des Betroffenen sinken.

Zur Überprüfung dieser Hypothesen wurden in unserer Untersuchung drei Belastungsmaße als abhängige Variablen herangezogen: für die erste Hypothese der Generalisierungsgrad der Belastung als das Ausmaß der von Belastungen betroffenen Lebensbereiche, für die zweite Hypothese die langfristige Belastung als das mehrfache Auftauchen starker allgemeiner Belastung in der zweiten Längsschnitthälfte, für die dritte Hypothese das Item „Ich mache mir Selbstvorwürfe und zweifle an meinem Selbstwert" aus der Erhebung zur allgemeinen Belastung. Die Zusammenhangsmaße (Kendall's Tau) wurden in zwei Schritten berechnet, einmal für alle Probanden der Untersuchungsgruppe (linke Spalten der Abb. 4.5.12); dann für die Gruppe der Probanden mit niedriger situationsspezifischer Kontrollerwartung (rechte Spalten der Abb. 4.5.12).

	Gesamte Untersuchungs-gruppe			Pbn mit niedriger Kontrollerwartung		
	t_1	t_4	t_7	t_1	t_4	t_7
Globalität x Belastungsbreite	n.s.	n.s.	n.s.	n.s.	n.s.	n.s.
Spezifität x Belastungsbreite	n.s.	n.s.	n.s.	n.s.	n.s.	n.s.
Stabilität x langfrist. Belast.	n.s.	n.s.	n.s.	n.s.	n.s.	n.s.
Variablität x langfr. Belast.	n.s.	n.s.	n.s.	n.s.	n.s.	n.s.
Externalität x Selbstzweifel	.30**	.21*	n.s.	.45**	n.s.	n.s.
Internalität x Selbstzweifel	.37***	.25*	n.s.	.58**	.42*	n.s.

Abb. 4.5.12: Zusammenhang zwischen den Dimensionen des Kausalurteiles und Belastungsmaßen nach den Seligman-Hypothesen (Kendall's Tau)

Der zweite Schritt sollte dann dem Hilflosigkeitsmodell Rechnung tragen, das ja zusätzlich niedrige Kontrollerwartung als Voraussetzung für Hilflosigkeitssymptome (mittlerer Kasten in Abb. 4.5.11) annimmt. Die Ergebnisse dieser Berechnungen waren enttäuschend (Abb. 4.5.12). Einzig die Internalität zeigt den erwarteten Zusammenhang mit Selbstwertzweifeln, jedoch nur zu t_1 und t_4. Die Stabilität und Globalität zeigen nicht die erwarteten Effekte. Die Verschärfung der Seligman-Hypothesen durch die gesonderte Analyse der Gruppe der Probanden mit niedriger Kontrollerwartung hat keine günstigeren Ergebnisse erbracht. Damit reiht sich unsere Untersuchung zunächst ein in die Kette der vielen kritischen Stimmen gegenüber den Seligman-Hypothesen (z.B. Wortman/Dinzer 1978; Oakes/Curtis 1982; Tennen/Gillen/Drum 1982). Die Rolle der Attribution bei der Entstehung von erlernter Hilflosigkeit wurde in diesen Arbeiten theoretisch und empirisch in Zweifel gezogen, obwohl die Seligman-Gruppe immer wieder versuchte, die Kritik zu entkräften (Seligman 1978; Peterson/ Seligman 1984; Alloy/Peterson/Abramson/Seligman 1984).

So weit wollen wir hier jedoch nicht gehen. Immerhin haben sich Auswirkungen internaler Attribution auf den Selbstwert zeigen lassen. Immerhin haben sich im letzten Abschnitt Auswirkungen durchgehender Versagensattribution auf die Belastungen nachweisen lassen. Es scheint uns aber falsch, das Seligman-Modell zur Erklärung des Auftauchens jedweder Hilflosigkeitssymptome zu verwenden. Das Hilflosigkeitsmodell gilt in erster Linie für schwerwiegende depressive Störungen:

- *Wenn* ein Ereignis für das Individuum unkontrollierbar ist,
- *und* wenn das Ereignis stark negative Konsequenzen für das Individuum hat,

- *und* wenn das Subjekt das Ereignis als unkontrollierbar wahrnimmt *und* auch nicht erwartet, in Zukunft Kontrolle über die Konsequenzen ausüben zu können,
- *und* wenn das Individuum einen Attributionsstil in Richtung internaler *und* stabiler *und* globaler Attribution aufweist,

wenn all diese Punkte zusammentreffen, *dann* entstehen Symptome der Hilflosigkeit (ebenso Bekerian 1984). Das Herausgreifen einzelner Elemente aus diesem Modell wird jedoch wenig klare Ergebnisse erbringen. So muß man auch zu unseren Ergebnissen relativierend sagen, daß keiner der arbeitslosen Lehrer stark internal, stark stabil *und* stark global gleichzeitig attribuiert hat (z.B. ,,Ich bin arbeitslos, weil ich generell ein Versagertyp bin und auch in Zukunft bleiben werde".).

Das bewältigungsbezogene Kausalurteil
Zu t_4 und t_7 wurden die Probanden zur Attribution bezüglich der Ergebnisse bisheriger Bewältigungsversuche gefragt. Hier muß man natürlich zwischen Ursachen für erfolgreiche und Ursachen für nicht erfolgreiche Bewältigung unterscheiden. Obwohl in der Untersuchungsgruppe nur 17% zu t_4 und 35% zu t_7 eine feste Stelle gefunden hatten, geben zu beiden Erhebungszeitpunkten 73% der Probanden überwiegend *Erfolg* ihrer Bewältigung an. Jeweils die Hälfte der Arbeitslosen (nach Arbeitsamts-Definition) geben zu t_4 und zu t_7 überwiegend *Erfolg* an (wenn auch keiner derjenigen, die eine *unbefristete* Stelle gefunden haben, Mißerfolg attribuiert). Das mag wieder ein Zeichen kognitiver Bewältigung sein. Viele denken sich, es hätte schlimmer gehen können, viele machen sich dadurch Hoffnung. Hier ein Beispiel:

Regina: ,,Ich hab mich — in dem letzten halben Jahr — wenn mich jemand gefragt hat, ‚Ja, was machst Du denn?', hab ich gesagt ‚Ja, ich bin arbeitslos'. Das sag ich jetzt nicht mehr irgendwie. Also es ist ...
Interviewer: ,,Und was sagst Du jetzt?"
Regina: ,,Ich sage jetzt, ich habe meinen 11-Stunden-Vertrag*, ich fühle mich jetzt berufstätig, also ich selber. Und das hilft mir sehr viel ... Ich bin jetzt irgendwie — ich weiß auch nicht — ein bißchen zuversichtlicher; irgendwie wird's schon weitergehen". (Regina t_4)

Hier sieht man auch, daß sich kognitive Einschätzungen ändern können, ohne daß die Lebenssituation sich wesentlich wandelt.

---

* nebenerwerbsmäßige Aushilfstätigkeit an staatlichen Schulen

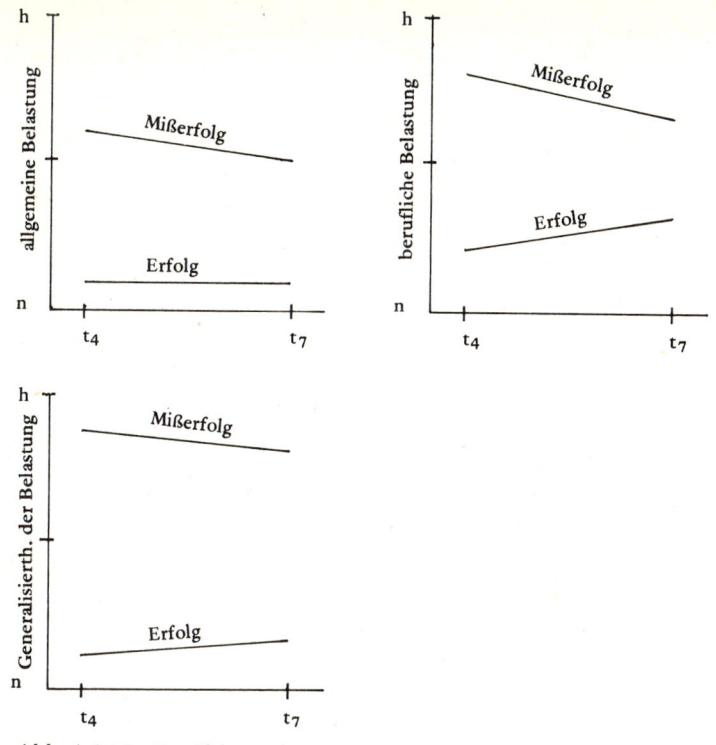

Abb. 4.5.13: Bewältigungsbezogenes Kausalurteil Erfolg vs. Mißerfolg in Abhängigkeit von Belastungsmaßen (Mediane)

Das bewältigungsbezogene Kausalurteil hat dabei einen wichtigen Einfluß auf das weitere Krisenerleben (Abb. 4.5.13). Ob den eigenen Bewältigungsversuchen Erfolg oder Mißerfolg zugeschrieben wird, ist mitentscheidend für die Belastung in der Krise. Die Probanden, die Mißerfolg attribuieren, haben durchweg höhere Belastung (allg. Belastung: Tau t_4 = .43***, Tau t_7 = .28**; berufl. Belastung: Tau t_4 = .51***, Tau t_7 = .36***; Generalisiertheit: Tau t_4 = .60***, Tau t_7 = .41***). Vor allem die Belastungsbreite zeigt hier Unterschiede. Daß die Zusammenhänge hier z.T. stärker sind als die Zusammenhänge zwischen der Lebenssituation und Belastung (vgl. Kap. 4.4), belegt eindrucksvoll die zentrale Rolle kognitiver Prozesse. Das bewältigungsbezogene Kausalurteil hat hier die Funktion einer *Neueinschätzung* der Situation (vgl. Prozeßmodell in Kap. 3.2).

Betrachtet man nun die bewältigungsbezogenen Kausalurteile nach den inhaltlichen Nennungen, so steht überraschenderweise bei den Erfolgsgründen der Faktor ‚Glück' an erster Stelle. Erst an zweiter Stelle folgt der Ursachenfaktor ‚Eigeninitiative' (Abb. 4.5.14).

Kausalfaktor t_4	%	Kausalfaktor t_7	%
Glück	24.2	Glück	22.8
Eigeninitiative	18.9	Eigeninitiative	16.3
Persönliche Beziehungen	8.4	Einarbeitung/ Bewährung	11.4
Richtiges Bewerbungsverhalten	7.4	Persönliche Beziehungen	6.5
Einarbeitung/ Bewährung	4.2	Richtiges Bewerbungsverhalten	5.7

Abb. 4.5.14: Die häufigsten Ursachenfaktoren für erfolgreiche Bewältigung in Prozent der Nennungen ($t_4 : N = 95; t_7 : N = 123$)

Auch hier wieder eine erstaunliche zeitliche Konstanz. Nur der Faktor ‚Einarbeitung/Bewährung' rückt nach vorne, da ja auch zu t_7 mehr Probanden Einarbeitungserfahrungen in neuen Stellungen haben. Die restlichen Kausalfaktoren des Kategorienschemas (vgl. Abb. 4.5.2) spielen nur eine untergeordnete Rolle. Oft so hochgelobte Erfolgsrezepte wie Flexibilität und Mobilität werden fast nie genannt.

Hier ein typisches Beispiel:

Susi: „Ich habe also einiges an Anstrengungen investiert, habe aber auch wirklich Glück gehabt, Zufall. Die erste Stelle habe ich bekommen, ich habe dauernd angerufen bei der Stadt und wie ich sie dann gekriegt habe, da ist sie wirklich in dem Moment reingekommen, die Stelle; und ich war die erste, die angerufen hat, dann habe ich sie bekommen. Also das war von daher wirklich Zufall. ... Also gerade, wenn ich das vergleiche mit meinen Kollegen aus dem Referendardienst. Da muß ich sagen, da habe ich eigentlich sehr, sehr großes Glück gehabt." (Susi t_7)

Dies sagte eine Gymnasiallehrerin, die eine auf zwei Monate befristete Krankheitsvertretung (ohne Weiterbeschäftigungsmöglichkeiten) an einer städtischen Schule bekommen konnte.

Was nun die inhaltlichen Nennungen bei den *Mißerfolgsgründen* anlangt, so ergibt sich nicht viel Neues. Die gesellschaftlichen Faktoren:

- Bildungsetat zu gering;
- Wirtschafts-/Finanzlage gesamtgesellschaftlich;
- Fehlplanung des Kultusministeriums;
- Unflexible Einstellungspraxis

stehen an erster Stelle.

Damit soll die Darstellung zur Variablen Kausalattribution zunächst abgeschlossen werden, um zu den Kontrollerwartungen überzugehen.

4.5.4 Die Operationalisierung der Situationsspezifischen Kontrollerwartung

Situationsspezifische Kontrollerwartung definierten wir — in Abhebung von biographisch entwickelter Generalisierter Kontrollüberzeugung — als die Einschätzung einer Person, inwieweit eine spezifische Situation beeinflußbar, vorhersehbar und hoffnungsvoll für die Person ist. Ausgehend von dem Locus-of-Control-Konzept Rotter's (Rotter 1966, 1975) und der Theorie kognitiver Kontrolle (Frey/Kumpf/Ochsmann/Rost-Schaude/Sauer 1977) haben wir dieses Konstrukt entwickelt, um die aktuellen belastungsrelevanten Einschätzungsprozesse schärfer fassen zu können. Daß Generalisierte Kontrollüberzeugungen und Situationsspezifische Kontrollwahrnehmungen ganz verschiedene Rollen in Belastungssituationen spielen können, darauf wurde in jüngster Zeit häufig hingewiesen (Folkman 1984).

Die Situationsspezifische Kontrollerwartung ist — im Gegensatz zu der eben besprochenen Kausalattribution — als Erwartung in die Zukunft gerichtet. In unserer Arbeitslosenuntersuchung fragten wir die Probanden danach im Zusammenhang mit der beruflichen Situation:

- Glauben Sie, daß Sie Ihre jetzige Situation aus eigener Kraft verändern können? ... daß Sie es selbst in der Hand haben? (Beeinflußbarkeit)
- Sind Sie sich genau im klaren, wie es jetzt weitergeht, oder sehen Sie Ihre Zukunft eher verschwommen? (Vorhersehbarkeit)
- Was empfinden Sie in Ihrer derzeitigen beruflichen Situation, eher Hoffnung oder eher Aussichtslosigkeit? (Hoffnung)

Damit ist eine dreidimensionale Variable entstanden:

— Motivationale Dimension: Beeinflußbarkeit;
— Kognitive Dimension: Vorhersehbarkeit;
— Emotionale Dimension: Hoffnung.

Die erste Dimension geht dabei in die Richtung der Rotter'schen Definition von ‚Locus of Control' und wird auch oft als Verhaltenskontrolle (‚behavioral control', Averill 1973) bezeichnet. Die zweite Dimension soll der Tatsache Rechnung tragen, daß auch bei geringen Handlungsmöglichkeiten durch kognitive Analyse der weiteren Entwicklung Kontrolle ausgeübt werden kann, und umgekehrt Unklarheit über die Situation einen Fall von Kontrollverlust bedeutet (zum Konzept der Vorhersehbarkeit bei Streß vgl. zusammenfassend Miller 1979; Prystav 1980). Die Kontrolldimension der Hoffnung war uns bei der Operationalisierung besonders wichtig als der emotionale Bezug zur weiteren Entwicklung, als der Optimismus, das Selbstvertrauen, auf die gegenwärtige Situation bezogen (Ulich 1983; Stotland 1969; Frese/Mohr 1978).

Das Auswertungsmodell ist ziemlich einfach gehalten: das Material wird in jeder der drei Kontrolldimensionen inhaltsanalytisch eingeschätzt nach den Ausprägungen:

— hoch
— mittel
— niedrig
— unklar, schwankend.

Diese Ausprägungen wurden im Kodierleitfaden genau definiert und mit Kodierregeln und Ankerbeispielen versehen.

In der Auswertung wurde dann auch ein Gesamtwert aus den drei Dimensionen gebildet.

4.5.5 Ergebnisse zur Situationsspezifischen Kontrollerwartung

Es sollen nun — bezugnehmend auf die Hypothesen im Kapitel 4.5.1 — die wichtigsten Ergebnisse zur Situationsspezifischen Kontrollerwartung dargestellt werden.

Bestätigung der drei Dimensionen
Zunächst ist festzustellen, daß sich die Differenzierung in drei Kontrolldimensionen bewährt hat. In Abb. 4.5.15 sieht man, daß in der

Untersuchungsgruppe 1 (hier liegen 7 Meßzeitpunkte vor), also bei den Arbeitslosen, die Dimensionen verschiedene Werte und verschiedene Verläufe aufweisen.

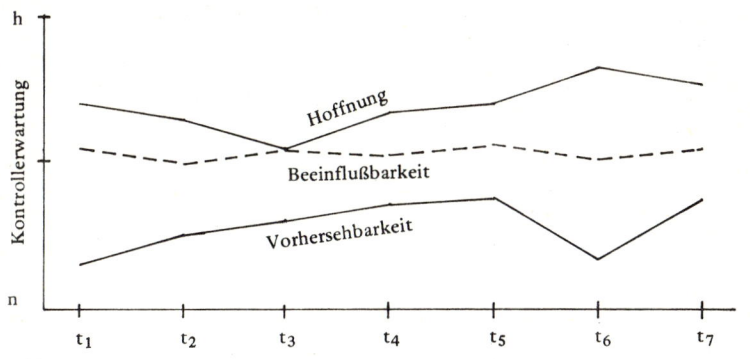

Abb. 4.5.15: Die drei Kontrolldimensionen in der U1 über die Zeit (Mediane)

Die Situationsspezifische Kontrollerwartung liegt im Mittel sehr verschieden, je nachdem ob es sich um Beeinflußbarkeit (mittlere Werte), Vorhersehbarkeit (eher niedrig) oder um Hoffnung (eher hoch) handelt. Berechnet man die Interkorrelationen der drei Dimensionen, so ergeben sich allerdings immer positive Koeffizienten, die maximal den Wert .57 (Kendall's Tau) annehmen. Die drei Dimensionen haben also etwas miteinander zu tun, fallen aber nicht zusammen. Dies bestätigt unser Konzept und spricht gegen unidimensionale Operationalisierungen.

Kontrollerwartung als Krisenindikator
In Abb. 4.5.15 hat man schon gesehen, daß sich die Untersuchungsgruppe 1 vor allem durch niedrige Vorhersehbarkeit charakterisieren läßt. Hier sollen nun die Vergleiche zur Untersuchungsgruppe 2 und zur Kontrollgruppe dargestellt werden (nach den Kriterien der aktuellen Lebenssituation).

Die Graphik zum Gesamtwert (rechts unten in Abb. 4.5.16) zeigt, daß die Gruppen eindeutige Unterschiede aufweisen. Die U1 zeigt am wenigsten Kontrollerwartung, die U2 mittlere und die Kontrollgruppe die höchste Kontrollerwartung. Diese Unterschiede werden zu allen Zeitpunkten signifikant (Tau t_1 = .16*; Tau t_4 = .36***; Tau t_7 = .40***). Die Graphiken der drei Dimensionen zeigen, daß vor allem die Vorhersehbarkeit und ein wenig die Beeinflußbarkeit für diese Unterschiede verantwortlich sind. Arbeitslos zu sein bedeutet danach

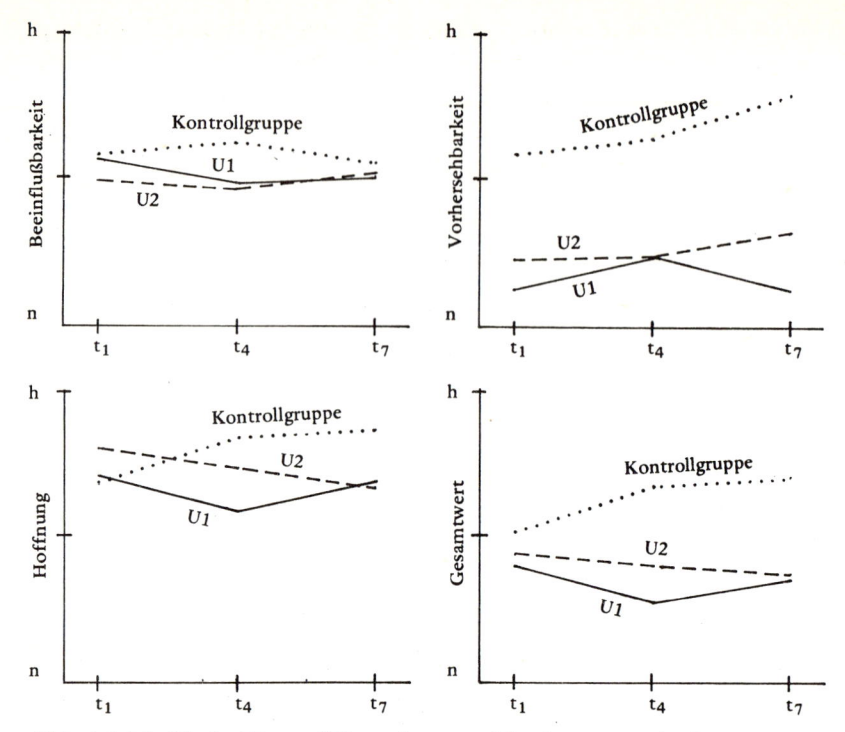

Abb. 4.5.16: Die drei Kontrolldimensionen und der Gesamtwert im Gruppenvergleich nach den Kriterien der aktuellen Lebenssituation (Mediane)
U = Untersuchungsgruppe

vor allem den Verlust eines klaren Zukunftsbildes. Diese *Unklarheit* korrespondiert mit dem bei unseren Probanden dominanten Belastungsfaktor der *Unsicherheit* (vgl. Kap. 4.4). Arbeitslos zu sein bedeutet aber nicht automatisch den Verlust an Hoffnung. Gerade in dem Sich-Hoffnung-Machen, Sich-Selbst-Vertrauen besteht ein wirkungsvoller Bewältigungsversuch (vgl. auch Kap. 4.3.5).
Hier ein Beispiel:
Zilli berichtet über fehlgeschlagene Bewerbungen.

Interviewer: „Heißt das, daß Du jetzt eher pessimistisch bist, was so die berufliche Zukunft angeht?"
Zilli: „Also wenn ich es mir rational überleg, dann ja. Aber irgendwie ist das immer so, daß man einfach hofft. Als die Referendariatszeit aus war, hat eigentlich jeder gewußt: man kriegt einfach nichts. Aber man hat es – rein gefühlsmäßig – bis zum letzten Tag nicht geglaubt. Und das ist jetzt ähnlich, daß ich

mir denke — wenn ich es wirklich überlege — das ist wirklich fast aussichtslos. Daß man sich aber trotzdem sagt: Da muß es doch etwas geben, irgendwie hast Du schon mal Glück! Also vom Gefühl her. Also Hoffnung hab' ich immer noch." (Zilli t_4).

Interessant in Abb. 4.5.16 ist, daß sich zu t_4 und t_7 auch signifikante Unterschiede in der Hoffnung ergeben (Tau t_4 = .26**; Tau t_7 = .25**). Probanden mit festem Arbeitsplatz scheinen zu t_1 noch verunsichert zu sein und gewinnen erst später ein hoffnungsvolles Gefühl der eigenen Zukunft gegenüber.

Die These dieses Abschnittes, daß Arbeitslose eine geringere Kontrollerwartung zeigen, die Kontrollerwartung also als Krisenindikator fungiert, zeigt sich noch deutlicher in der Kontrastgruppenanalyse. Hier wurden die Dauerarbeitslosen (arbeitslos zu allen 7 Erhebungszeitpunkten) mit der restlichen Untersuchungsgruppe 1 kontrastiert.

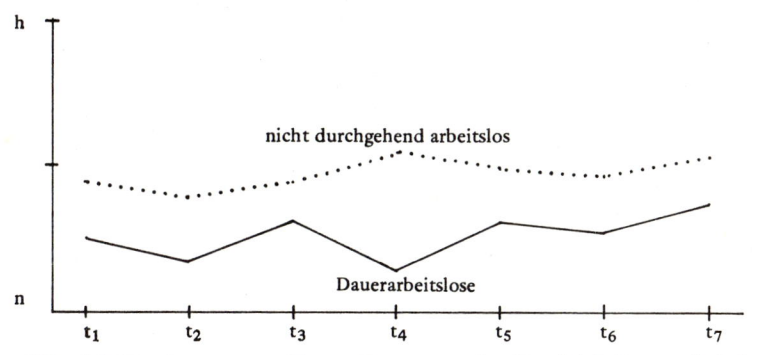

Abb. 4.5.17: Gesamtwert Kontrollerwartung im Vergleich Dauerarbeitslose vs. restliche Untersuchungsgruppe 1 (Mediane)

Die Gruppe der Dauerarbeitslosen zeigt hier zum Teil extrem niedrige Kontrollerwartungswerte (Abb. 4.5.17).

Eine Analyse mit den Veränderungsindizes (vgl. Kap 3.3.1) zeigt, daß auch besonders niedrige Kontrollerwartung nach *wiederholter Arbeitslosigkeit* (erst arbeitslos, dann Arbeit gefunden, dann wieder arbeitslos) festzustellen ist. Eindeutig niedrigere Kontrollerwartung weisen auch Probanden mit *unsicherem Job* und Probanden mit *Nebenerwerbstätigkeit* auf, ja oftmals sogar niedrigere Werte als Probanden völlig ohne Berufstätigkeit.

Eine niedrige Situationsspezifische Kontrollerwartung wirkt sich nun in allen drei Dimensionen und im Gesamtwert *belastend* auf den einzelnen aus (Abb. 4.5.18).

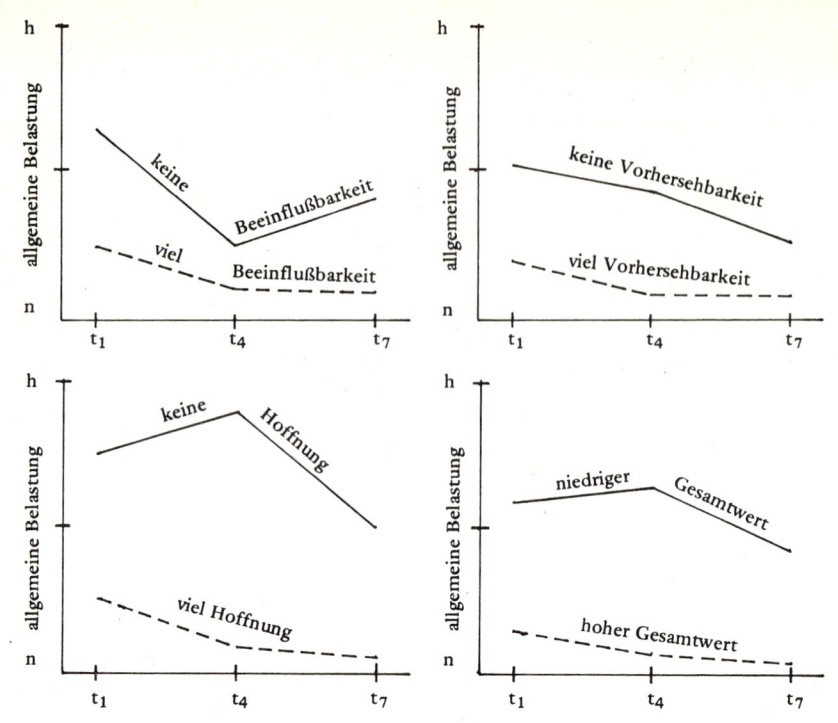

Abb. 4.5.18: *Allgemeine Belastung in Abhängigkeit der Kontrolldimensionen und des Gesamtwertes (N = 104)*

Vor allem Probanden ohne Hoffnung zeigen hohe Belastungswerte; Probanden, die keine Beeinflußbarkeit bzw. keine Vorhersehbarkeit zeigen, verspüren zumindest mittlere Belastung.

Kontrollerwartung als protektiver Faktor
Trotz diesem eindeutigen Sinken der Kontrollerwartung in der Arbeitslosigkeit gibt es auch einige *Arbeitslose,* die sich eine *hohe* Kontrollerwartung bewahren. Differentielle Arbeitslosenforschung muß dem weiter nachgehen. Es läßt sich belegen, daß diese hohe Kontrollerwartung trotz Arbeitslosigkeit *protektive Funktion* für den einzelnen besitzt und damit krisenmoderierend wirkt.

In Abb. 4.5.19 zeigt sich, daß Arbeitslose mit hoher Kontrollerwartung nur sehr geringe, zu t_7 sogar überhaupt keine allgemeine Belastung aufweisen. Arbeitslose mit geringer Kontrollerwartung dagegen zeigen mittlere Belastungswerte. Die Unterschiede sind zu allen Zeit-

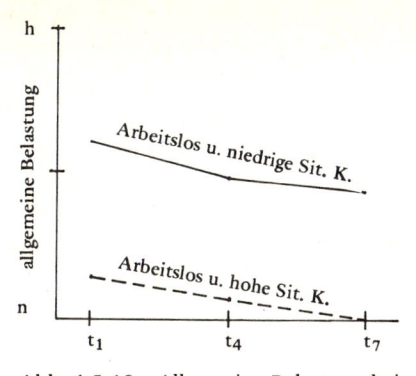

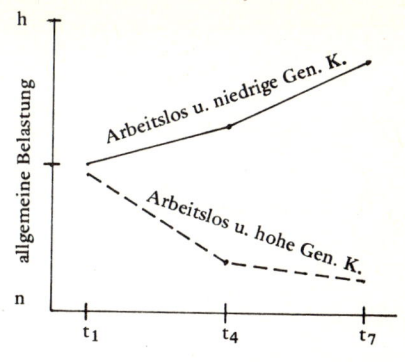

Abb. 4.5.19: Allgemeine Belastung bei hoher vs. niedriger Situationsspezifischer Kontrollerwartung in der Arbeitslosigkeit

Abb. 4.5.20: Allgemeine Belastung bei hoher vs. niedriger Generalisierter Kontrollüberzeugung in der Arbeitslosigkeit

punkten signifikant (Tau t_1 = .52**; Tau t_4 = .36*; Tau t_7 = .61**). Ein ähnliches Bild ergibt sich, wenn man die Generalisierte Kontrollüberzeugung heranzieht (Abb. 4.5.20). Nur ist hier zu t_1 noch kein Unterschied festzustellen. Dies ist dadurch zu erklären, daß sich die Generalisierte Kontrollüberzeugung zu t_1 nicht auf die Arbeitslosigkeitserfahrungen stützt, sondern aus der Biographie erfragt wurde (vgl. Kap. 4.3). Die Situationsspezifische Kontrollerwartung dagegen bezieht sich schon zu t_1 auf die Situation der Arbeitslosigkeit.

Der hier gezeigte moderierende Effekt der Kontrollerwartung läßt sich mit *Reaktanz-Modellen* interpretieren (vgl. Brehm 1966; Dickenberger 1979). So haben Wortman/Brehm (1975) postuliert, daß bei einer Konfrontation mit unkontrollierbaren negativen Ereignissen Menschen unter folgenden Bedingungen nur wenig Hilflosigkeit zeigen:

— hohe Kontrollerwartung;
— unwichtiges Ereignis;
— wenig vorangegangene Hilflosigkeitserfahrungen;
— hohe Kontrollmotivation.

Unter diesen Bedingungen zeigen Menschen eher Reaktanz, sie versuchen, die Ursachen der Bedrohung zu beseitigen, wehren sich, wollen Kontrolle über das Ereignis erringen. Unsere Ergebnisse sind mit diesen Postulaten gut vereinbar.

Situationsspezifische und Generalisierte Kontrolle
Unsere Untersuchung hat ergeben — wie auch Folkman (1984) in ihrem theoretischen Artikel vermutete —, daß Belastungssituationen (wie Arbeitslosigkeit) viel eher auf die Situationsspezifische als auf die Generalisierte Kontrolle durchschlagen (vgl. Kap. 4.3). So ist auch kein perfekter Zusammenhang dieser beiden kognitiven Variablen zu erwarten. Abb. 4.5.21 zeigt die Zusammenhangskoeffizienten.

Zusammenh. der Generalisierten Kontrollüberzeugung mit:	Tau t_1	Tau t_4	Tau t_7
Beeinflußbarkeit	+.11 n.s.	+.14 n.s.	+.12 n.s.
Vorhersehbarkeit	+.09 n.s.	+.21 *	+.16 *
Hoffnung	+.13 n.s.	+.14 n.s.	+.16 n.s.
Gesamtwert	+.17 *	+.24 **	+.16 *

Abb. 4.5.21: Zusammenhang der drei Kontrolldimensionen und des Gesamtwertes Situationsspezifischer Kontrollerwartung mit Generalisierter Kontrollüberzeugung (Kendall's Tau)

Immerhin wird der Zusammenhang der Gesamtwerte zu jedem Zeitpunkt signifikant. Aus Kapitel 4.3 wissen wir, daß zu t_7 gerade Probanden *ohne* Berufstätigkeit, Probanden mit *niedrigem* Haushaltseinkommen eine *hohe* Generalisierte Kontrollüberzeugung zeigen. Dies wurde als eine kognitive Bewältigungsstrategie, als ein Sich-Hoffnung-Machen, ein Sich-Selbst-Vertrauen interpretiert. Hier zeigt sich nun, daß diese kognitiven Bewältigungsversuche nur zum Teil sich auch in den situationsspezifischen Kognitionen ausdrücken. Der Blick auf die konkrete Situation läßt die generellen Überzeugungen immer wieder in den Hintergrund treten.

4.5.6 Zusammenfassung: Zur Doppelfunktion der Kognitionen

Die Ergebnisse dieses Kapitels haben alle in dieselbe Richtung gewiesen: Die Situation der Arbeitslosigkeit schlägt sich zwar auch in der kognitiven Verarbeitung nieder, unter bestimmten Bedingungen führt die Arbeitslosigkeit aber nicht zu Belastungen. Solche Bedingungen, wie sie in diesem Kapitel beschrieben wurden, sind:

— keine durchgehende Versagensattribution, bezogen auf das Arbeitslos-Werden;

- die Attribution von Erfolg, was die bisherigen Bewältigungsversuche anbelangt;
- eine hohe Situationsspezifische Kontrollerwartung;
- eine hohe Generalisierte Kontrollüberzeugung, hohes Selbstvertrauen.

Dies ist ein wesentliches Ergebnis für differentielle Arbeitslosenforschung. Es wird von uns als die Doppelfunktion von Kognitionen im Krisengeschehen bezeichnet. Ein Schema soll das verdeutlichen (Abb. 4.5.22).

Arbeitslosigkeit	Kognitive Faktoren					
	hohe situationsspezifische Kontrollerwartung	hohe Generalisierte Kontrollüberzeugung	keine durchgängige Versagensattribution	Erfolgsattribution bezüglich bisheriger Bewältigungsversuche	→	wenig Belastung, keine Krise
	als protektive Faktoren					
	niedrige situationsspezifische Kontrollerwartung (vorallem Hoffnungslosigkeit)	niedrige Generalisierte Kontrollüberzeugung	durchgängige Versagensattribution	Mißerfolgsattribution bezüglich bisheriger Bewältigungsversuche	⇒	hohe Belastung, Krisenhafte Entwicklung möglich
	als Krisenindikatoren					

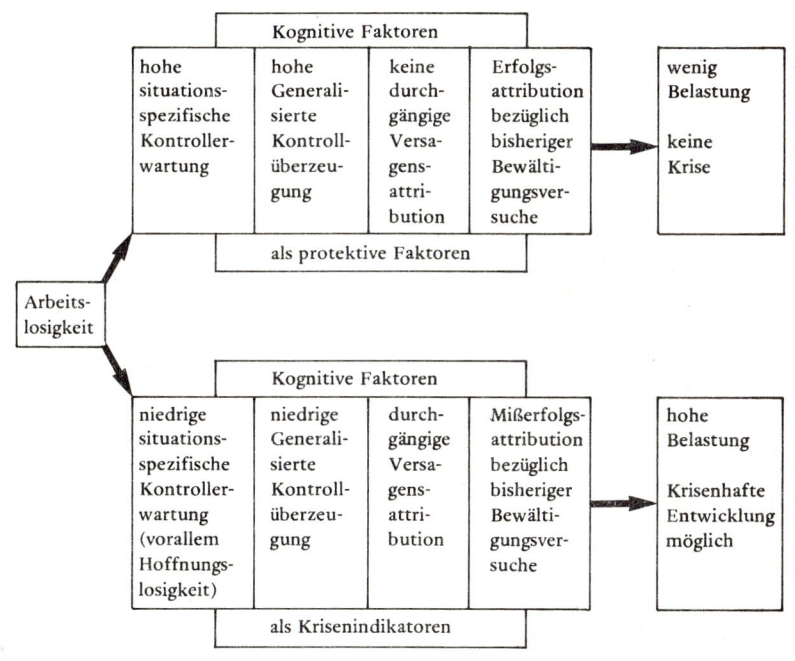

Abb. 4.5.22: Die Doppelfunktion von Kognitionen im Krisenverlauf

Das Schema versteht sich als eine Zusammenstellung von Faktoren, die jedoch im Einzelfall in verschiedensten Schattierungen, Kombinationen und Verläufen auftreten können, wie auch das folgende Beispiel einer arbeitslosen Lehrerin zeigt:

Zilli: „Es ist insgesamt schon ziemlich pessimistisch. Also man klammert sich irgendwo immer noch daran, daß man sagt, da *muß* doch was gehen. Aber wenn ich mir das dann objektiv überleg, glaub ich halt, daß die Chancen wirklich sehr schlecht stehen. Und das ist dann schon etwas, wo ich ziemlich pessimistisch bin und in Resignation dann verfall. Gut, *eine* Hoffnung ist jetzt noch, daß man da wirklich mal versucht, was aufzubauen, diese Selbsthilfegruppe. Daß man da wirklich also eine längerfristige Perspektive hätte; das ist irgendwie die Hoffnung von uns allen in diesem Kreis. Aber wenn man dann die ganzen Prognosen hört, dann ist das nicht so, daß einem das sehr viel Mut machen kann." (Zilli t_5)

Was sind nun die Konsequenzen aus der Einsicht in die Doppelfunktion von Kognitionen im Krisenverlauf?

- Bestimmt *nicht,* daß man Arbeitslose nur einem kognitiven Training, einer kognitiven Therapie (vgl. z.B. Meichenbaum 1979; Mahoney 1977) zu unterziehen habe, um sie vor den negativen Auswirkungen von Arbeitslosigkeit zu schützen.
- Wohl aber, daß der einzelne möglichen Krisensituationen nicht hilflos ausgeliefert sein muß; daß es für uns alle auch in den kritischsten Situationen Ansätze zum Widerstand, Möglichkeiten für Reaktanz, Platz für Hoffnungen gibt.

4.6. Arbeitslosigkeit und Berufsinteresse — ist Berufsinteresse Luxus?

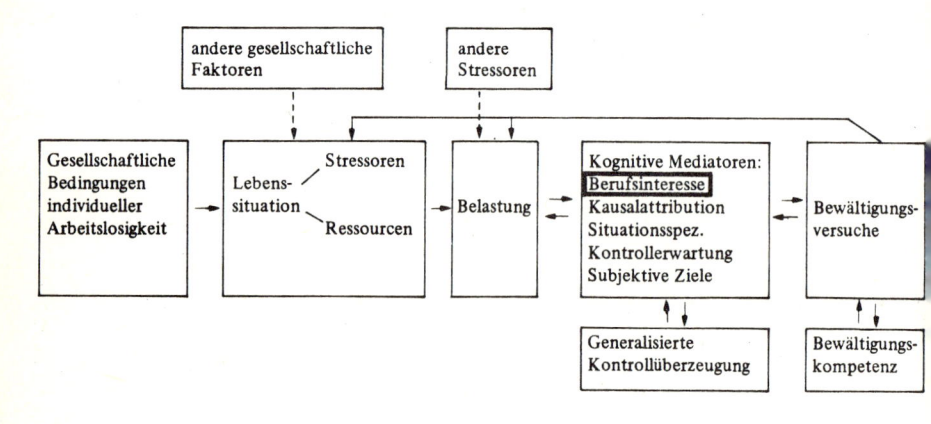

4.6.1 Fragestellungen

Arbeitslosigkeit bedeutet für Lehrer, die gerade eben das 2. Staatsexamen abgeschlossen haben, den Verlust einer Berufsperspektive, auf die sie sich in der Regel mit viel Energie und Interesse vorbereitet haben.

In diesem Kapitel wollen wir uns mit folgenden Fragen beschäftigen:
— Wie wird die persönliche Arbeitslosigkeit erlebt von Menschen, die ein starkes Interesse an ihrem Beruf entwickelt haben? Führt ein starkes Interesse am Lehrerberuf zu höheren Belastungen bei Arbeitslosigkeit?
— Wie verändert sich das Interesse am Lehrerberuf bei längerer Arbeitslosigkeit? Verlieren die Arbeitslosen nach fehlgeschlagenen Versuchen, als Lehrer unterzukommen, allmählich ihr Interesse an diesem Beruf? Entfernen sie sich vom Lehrerberuf oder „bleiben sie dran"? Wird die Bedeutung von Berufstätigkeit allgemein durch die Erfahrung von Arbeitslosigkeit anders eingeschätzt als zuvor, bzw. anders als von Planstelleninhabern?
— Welchen Einfluß hat das jeweilige Berufsinteresse auf die Bewältigung von Arbeitslosigkeit? Wie wirkt es sich auf die Jobsuche und das Bewerbungsverhalten aus? Gibt es für die arbeitslosen Lehrer Möglichkeiten, andere berufliche Interessen zu entwickeln, oder fällt es ihnen schwer, sich umzuorientieren?
Welche Rolle spielt das Selbstvertrauen, die Generalisierte Kontrollüberzeugung für das Berufsinteresse?
— Was passiert, wenn alle Versuche fehlschlagen, eine subjektiv „interessante" berufliche Tätigkeit zu finden? Muß man nicht froh sein, überhaupt irgendeinen Job zu bekommen? Führen Arbeitslosigkeit und die aussichtslose Lage auf dem Lehrerarbeitsmarkt (und zunehmend auch auf dem Akademikerarbeitsmarkt) daher auch bei Akademikern zu Jobmentalität?

4.6.2 Bestimmung und Erfassung von Berufsinteresse

Theoretisches Konzept
Ausgangspunkt für unsere Konzeption von Interesse war der Ansatz von Schiefele und Mitarbeitern (Schiefele/Haußer/Schneider 1979). Danach wurde Interesse als eine spezifische Beziehung zwischen Person und Umwelt definiert, welche als Ergebnis und zugleich Voraussetzung von Lernprozessen zu verstehen ist. (Zur Weiterentwicklung unseres Ansatzes vgl. Haußer/Mayring 1982; Ulich/Haußer/Strehmel/Mayring/Kandler 1982; Kandler 1984).

Im Rahmen unserer Untersuchung wird Berufsinteresse nicht nur als positive kognitive Einstellung betrachtet (wie z.B. bei Super/Crites 1965 oder Super/Bohn 1971, die wie auch Todt 1978 vor allem Berufs*wahl*prozesse untersuchten). Der emotionale Aspekt

(„Freude am Beruf haben", „seinen Beruf lieben"), sowie die konkrete Tätigkeit spielen eine wesentliche Rolle. Berufsinteresse ist für uns auch kein Persönlichkeitsmerkmal (wie z.B. bei Holland 1973), sondern Ausdruck situationsspezifischer (und damit veränderbarer) hoher subjektiver Bedeutsamkeit einer bestimmten beruflichen Tätigkeit. Von daher ist unser Ansatz eher mit Theorien zum work involvement (Jackson/Stafford/Banks/Warr 1983) vergleichbar.

Die Bedeutung der konkreten Tätigkeit (vgl. z.B. Leontjew 1973a und b) für die Entwicklung von Interesse war von Anfang an ein wichtiger Bezugspunkt für die pädagogische Beschäftigung mit Interesse (vgl. Schneider/Haußer/Schiefele 1979; Haußer/Mayring 1982; Kandler 1984). Da Arbeitslosigkeit gerade die Möglichkeiten beruflicher Tätigkeit einschränkt, ist zu erwarten, daß die Entwicklung beruflicher Interessen davon berührt wird.

In unserer Längsschnittuntersuchung wurde Berufsinteresse in doppelter Hinsicht untersucht (siehe Variablenschema): Zum einen als „kognitiver Mediator", das heißt, daß nach dem Einfluß des jeweiligen Berufsinteresses auf die bei Arbeitslosigkeit auftretenden Belastungen, auf die Bewältigungsversuche und auf die generalisierte Kontrollüberzeugung gefragt wurde.

Zum anderen wurde über die Zeit hinweg der Einfluß der jeweiligen Lebenssituation, der auftretenden Belastungen, der Ergebnisse der Bewältigungsversuche sowie der Einfluß der Generalisierten Kontrollüberzeugung auf das Berufsinteresse analysiert.

Erfassung von Berufsinteresse
Je nachdem, ob bestimmte konkrete Inhalte und Tätigkeiten favorisiert werden, oder ob mehr das Materielle (also Geld, Sicherheit, Status) eine Rolle spielt, lassen sich verschiedene Arten von Interesse am Beruf unterscheiden.

Abb. 4.6.1 gibt eine Übersicht über die wichtigsten Erhebungs- und Auswertungskategorien zum Berufsinteresse. Dabei wurde unterschieden zwischen Interesse an Berufstätigkeit überhaupt (linke Seite der Tabelle) und Interesse speziell am Lehrerberuf (rechte Seite), und jeweils der Grad der Ausgeprägtheit erfaßt (nicht, etwas oder stark ausgeprägt).

Mit „Entfernung vom Lehrerberuf" ist gemeint, daß der Lehrerberuf als persönlich irrelevant eingeschätzt wurde, mit „Kritischer Distanz zur Lehrerrolle" eine explizite Kritik an bestimmten Aspekten der durch Schulgesetzgebung, Lehrpläne und Schulorganisation vorgegebenen Lehrerrolle.

auf Berufstätigkeit allgemein bezogen	auf den Lehrerberuf bezogen
+ subjektive Bedeutsamkeit von Berufstätigkeit allgemein	+ subjektive Bedeutsamkeit des Lehrerberufs im Vergleich zu anderen Berufen
+ Orientierung an konkreten Inhalten und Tätigkeiten eines Berufs	+ Interesse an konkreten Inhalten und Tätigkeiten des Lehrerberufs: pädagogisches Interesse und fachliches Interesse
+ Orientierung an den materiellen Aspekten von Berufstätigkeit	+ materieller Bezug zum Lehrerberuf
	+ Kritische Distanz zur Lehrerrolle
	+ Entfernung vom Lehrerberuf

Abb. 4.6.1: Erhebungs- und Auswertungskategorien zum Berufsinteresse

4.6.3 Ergebnisse zum Berufsinteresse

Im folgenden Abschnitt sollen die Ergebnisse unserer Untersuchung anhand der eingangs aufgeführten Fragestellungen dargestellt werden. Es geht also um Zusammenhänge zwischen Berufsinteresse einerseits und Belastung, Lebenssituation, Bewältigung und Kontrollüberzeugung andererseits und schließlich um die Frage, inwiefern Berufsinteresse den Arbeitslosen etwas nützt (oder ob Jobmentalität nicht eine realistischere Haltung wäre).

Belastungen beeinträchtigen das Berufsinteresse
Unsere Hypothese war, daß bei Eintritt von Arbeitslosigkeit diejenigen mit dem höheren Interesse am Lehrerberuf auch am meisten belastet sind (siehe auch Jackson/Stafford/Banks/Warr 1983). Die Untersuchungsergebnisse hierzu bestätigten dies jedoch nur für die erste Zeit der Arbeitslosigkeit.

Nur zu Beginn der Arbeitslosigkeit zeigte sich ein gleichsinniger Zusammenhang zwischen Interesse und beruflicher Belastung. Diejenigen, für die der Lehrerberuf (im Vergleich zu anderen Berufen) höhere Bedeutung hatte (Tau = .29*), wie auch diejenigen, die Berufstätigkeit allgemein für sehr wichtig hielten, gaben zu t_1 signifikant häufiger berufliche Belastungen an (Tau = .37*).

Gleichzeitig ließ sich jedoch ein umgekehrter Zusammenhang zwischen Interesse am Lehrerberuf und finanzieller Belastung feststellen. Bei den Arbeitslosen mit hohen finanziellen Belastungen lag das pädagogische und fachliche Interesse am Lehrerberuf signifikant niedriger als bei denjenigen mit geringer oder keiner finanziellen Belastung (Tau = -.23*). Dies galt im wesentlichen über alle Zeitpunkte hinweg; in die gleiche Richtung weist das Ergebnis, daß diejenigen mit niedrigem Haushaltseinkommen durchwegs signifikant weniger Interesse am Lehrerberuf zeigten und den Lehrerberuf im Vergleich zu anderen Berufen als weniger wichtig einschätzten (t_1 : Tau = -.19*; t_4 : = -.34***; t_7 : Tau = -.20*).

Was für die finanzielle Belastung bereits zu t_1 galt, zeichnete sich für die berufliche Belastung und für die allgemeine Belastung erst mit zeitlicher Verzögerung am Ende des Längsschnitts ab: Die am stärksten belasteten Probanden zeigten zu t_7 signifikant weniger Interesse am Lehrerberuf. Interessanterweise traf dies sowohl für die Arbeitslosen (Tau = -.38**) als auch für die Gesamtstichprobe zu (Tau = -.24**; vgl. Abb. 4.6.2).

Unter dem Druck der finanziellen und beruflichen Unsicherheit in der Lebenssituation (auch die Nicht-Arbeitslosen hatten oft nur befristete Verträge!) rückten die Probanden der Untersuchungsgruppe immer mehr davon ab, den Lehrerberuf und speziell die pädagogische Tätigkeit in den Mittelpunkt ihrer beruflichen Ziele zu stellen. Sie machten deutliche Abstriche, sagten sich zunehmend: „Es muß nicht unbedingt Lehrer sein" und suchten nach anderen beruflichen Möglichkeiten.

Kerstin: „Ehrlich gesagt, ... ich bin froh, daß ich nicht immer das Gefühl hab, naja, Schule wäre noch das Beste. Weil, das zu sehen, wie die Aussichten da sind, irgendwo macht das das Selbstbewußtsein kaputt, wenn einem also immer bloß vorgeführt wird, daß man eigentlich nicht mehr gebraucht wird oder zu schlecht ist." (t_3)

Wie in Abschnitt 4.7.2 gezeigt werden wird, stieg gerade bei hohen beruflichen Belastungen die Bereitschaft, irgendeine Tätigkeit anzunehmen, signifikant an.

Auch bei der Kontrollgruppe ließ sich ein Zusammenhang zwischen Belastung und Interesseverlust feststellen:

Bei den (relativ wenigen) Probanden der Kontrollgruppe, deren Interesse am Lehrerberuf abnahm, spielten arbeitsbedingte Belastungen (z.B. Einsatzort, Konflikte mit Schülern oder Kollegen) eine Rolle.

Entsprechend Abschnitt 4.6.2 sind positive Emotionen (Freude am Beruf) ein wesentlicher Bestandteil von Interesse. Daß emotionale Belastungen — wie eben beschrieben — die Interessenentwicklung beeinträchtigen, ist durchaus mit dem theoretischen Ansatz vereinbar; die Ergebnisse unterstreichen insofern die Bedeutung von Emotionen.

Wie sehr sich emotionale Belastungen im Zeitverlauf auf den Verlust von Interesse am Lehrerberuf auswirkten, wird aus Abb. 4.6.2 deutlich.

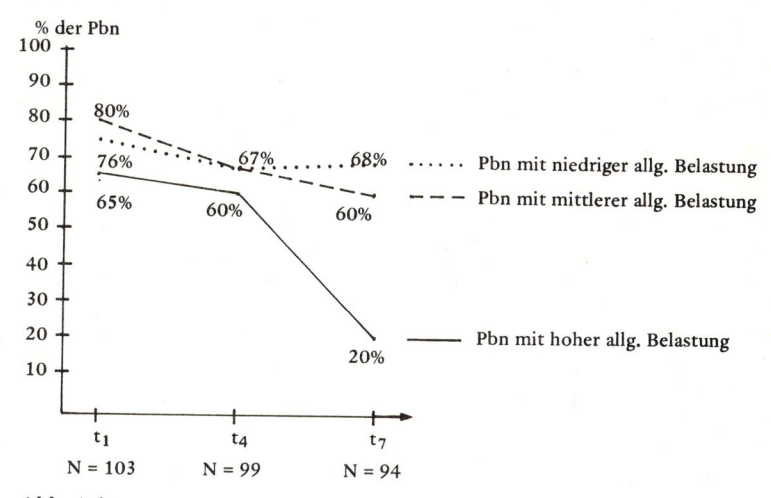

Abb. 4.6.2: Interesse am Lehrerberuf in Abhängigkeit von der allgemeinen Belastung (Gesamtstichprobe) (%-Anteile der Probanden, die hohes Interesse zeigten)

Für die Zeitspanne unserer Untersuchung wird gezeigt, wieviel Prozent der Personen mit jeweils hoher, mittlerer oder niedriger allgemeiner Belastung pädagogisches oder fachliches Interesse am Lehrerberuf äußerten. Grundlage war dabei die gesamte Stichprobe (N = 104). Zu t_7 zeigten nur noch 20% der stark belasteten Probanden Interesse am Lehrerberuf (Tau = -.24**). Das heißt also, daß der Zusammenhang zwischen Belastung und Interesseverlust nicht nur für Arbeitslose gilt. Nicht nur der objektiven Lebenssituation, sondern vor allem der subjektiv empfundenen Belastung kommt eine entscheidende Rolle im Hinblick auf die Interessenentwicklung zu. Dieser Sachverhalt ist auch im Variablenschema der Untersuchung veranschaulicht: Die Lebenssituation wirkt vermittelt über Belastungen auf das Berufsinteresse ein. Der andere Fall, daß Berufsinteresse die Höhe von Belastungen bei Arbeitslosigkeit beeinflußt, ließ sich nur zu t_1 nachweisen.

Arbeitslose machen Abstriche von ihrem Berufsinteresse
Unmittelbar nach dem ersten wichtigen Einstellungstermin (t_1) lag bei denjenigen, die leer ausgegangen waren (Untersuchungsgruppe 1),

das pädagogische Interesse am Lehrerberuf, sowie die subjektive Bedeutsamkeit, die dem Lehrerberuf beigemessen wurde, signifikant unter den Werten der übrigen Probanden. Dies blieb, wie Abb. 4.6.3 zeigt, im Verlauf des gesamten Längsschnitts so (t_1: Tau = -.24**; t_4: Tau = -.29***; t_7: Tau = -.17*).

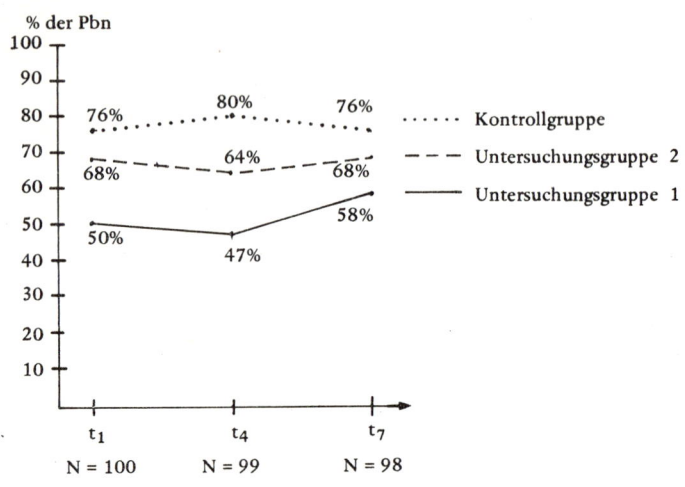

Abb. 4.6.3: Subjektive Bedeutsamkeit des Lehrerberufs in Abhängigkeit von der Gruppenzugehörigkeit (Gesamtstichprobe)

Vergleicht man die im Zeitverlauf vorwiegend Arbeitslosen mit denen, die überwiegend und zu t_7 Arbeit hatten (Verlaufs-Index), so blieb bei den letzteren das pädagogische Interesse signifikant häufiger hoch, bei den Arbeitslosen sank es häufiger oder war durchgehend niedrig (Tau = -.37**).

Abb. 4.6.4 zeigt ausgewählte Gruppen mit gleichem Verlauf der Arbeitslosigkeit (Verlaufs-Index). In der Gruppe derer, die immer Arbeit hatten, blieb die subjektive Bedeutsamkeit des Lehrerberufs konstant hoch; bei denjenigen, die erst zu t_7 Arbeit bekommen, stieg sie sprunghaft an (die nicht-mehr-Arbeitslosen machten sich neue Hoffnungen, schöpften neuen Mut). Bei den durchwegs Arbeitslosen, die sich vor allem zu t_4 vom Lehrerberuf abgewendet hatten, stieg die Bedeutsamkeit des Lehrerberufs zu t_7 wieder etwas an. Das ist vor allem darauf zurückzuführen, daß viele entweder schlechte Erfahrungen mit anderen Jobs gemacht hatten oder feststellen mußten, daß es außerhalb des Lehrerberufs zum Teil noch schwieriger ist,

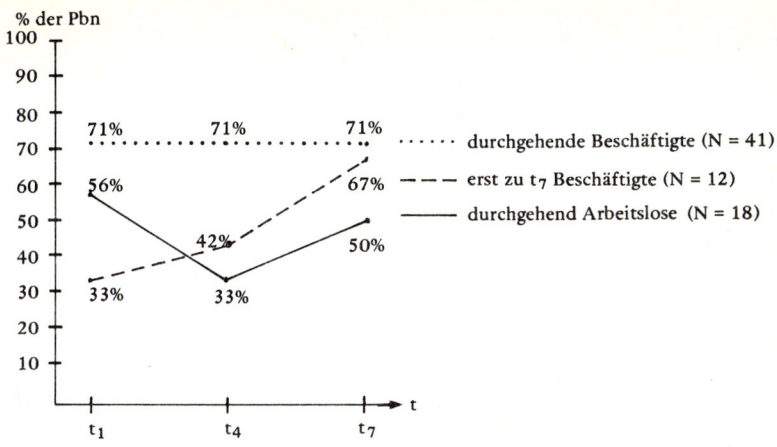

Abb. 4.6.4: Subjektive Bedeutsamkeit des Lehrerberufs in ausgewählten Gruppen gleicher Arbeitslosigkeitsverläufe (Verlaufs-Index für t_1, t_4, t_7)

unterzukommen (letzteres gilt vor allem für Philologen, vgl. Falk/ Weiss 1983 und 1984; Havers/Innerhofer 1983; Parmentier 1984).

Kerstin: „Schulberufe, ... das widerstrebt mir immer mehr, ... je mehr ich davon Abstand habe ... und weil auch dieses Heer von arbeitslosen Lehrern immer mehr anwächst, man also so in Konkurrenz inzwischen zu den anderen kommt." (t_5)
Kerstin: „Was sich vielleicht etwas geändert hat, daß ich dieses Lehrerdasein nicht mehr so ablehne, ... weil die Möglichkeiten in der freien Wirtschaft sind halt wirklich noch geringer, hab ich das Gefühl." (t_7)

Zusammenfassend läßt sich sagen — dies steht auch in Einklang mit unseren Hypothesen —, daß bei Verlust der Möglichkeit, die angestrebte berufliche Tätigkeit auch konkret auszuüben, das Interesse am Lehrerberuf zunehmend heruntergeschraubt wird. Je geringer die Chancen auf eine (unbefristete) Stelle als Lehrer werden, desto mehr Abstriche am Berufsinteresse werden gemacht.

Arbeitslose relativieren die Bedeutung von Berufstätigkeit
Berufstätigkeit zu sein an sich hatte für die überwiegende Mehrheit unserer Probanden über die gesamte Zeitspanne hinweg hohe Bedeutung. Gerade von den Arbeitslosen wurde die eigene Beziehung zum Lehrerberuf und zur Berufstätigkeit allgemein verstärkt reflektiert.

Kerstin: „Bei anderen kommt das nicht, weil sie machen das (was sie studiert haben) dann automatisch weiter, es wird zum Beruf. Während, wenn man es nicht machen kann, dann muß man sich was Neues überlegen und – dann fängt man wieder von vorne an: ‚Was will ich eigentlich, was kann ich eigentlich?'" (t_7)

Obwohl der Berufstätigkeit in der Regel hohe Bedeutung beigemessen wurde, gab es Unterschiede zwischen verschiedenen Teilgruppen unserer Untersuchung.

Entgegen unserer Erwartung, daß Berufstätigkeit allgemein für die Arbeitslosen höhere Bedeutung gewinnen würde (vgl. auch Kandler 1984a), zeigte sich, daß in der Regel die Berufstätigkeit allgemein gerade von den langfristig Arbeitslosen einerseits, aber auch andererseits von denjenigen, die durchgehend Arbeit hatten, als subjektiv weniger bedeutsam eingeschätzt wurde.

Dies erscheint zunächst schwer verständlich, läßt sich aber folgendermaßen erklären:

Während die langfristig Arbeitslosen und diejenigen, die zu t_7 wieder ohne Arbeit waren, sich auf ihre Situation als Arbeitslose einzustellen versuchten und die Bedeutung, die Berufstätigkeit in ihrem Lebenszusammenhang haben könnte, relativierten, stellte sich für die durchgängig Beschäftigten und noch mehr für die Kontrollgruppe das Problem „Berufstätigkeit an sich" gar nicht in diesem Ausmaß. Für diese Probanden war eher die Art der konkreten beruflichen Tätigkeit von Bedeutung, oder – wie vor allem bei der Kontrollgruppe – es standen andere Lebensziele mehr im Vordergrund (z.B. Kinderwünsche; vgl. Abschnitt 4.7.2).

Entsprechend war denjenigen, die nur befristete Verträge hatten und denjenigen, die nach längerer Arbeitslosigkeit wieder Arbeit hatten, das Berufstätigsein an sich am wichtigsten.

Unsere ursprüngliche Hypothese ist zwar in dem Sinne zutreffend, daß diejenigen, die überhaupt die Erfahrung von Arbeitslosigkeit bzw. von drohender Arbeitslosigkeit gemacht haben, Berufstätigkeit allgemein zunehmend höher bewerteten, als diejenigen, die von Anfang an eine sichere Stelle hatten (Kontrollgruppe). (Zu t_7 sind die Gruppenunterschiede signifikant: Tau = -.22**.)

Diejenigen aber, die nach einem Jahr immer noch oder wieder arbeitslos waren, räumten dem Berufstätigsein (notgedrungen) einen minderen Stellenwert in ihrem Leben ein. Unterstützt wird die oben genannte Interpretation auch durch das folgende Ergebnis: Innerhalb der Untersuchungsgruppe 1 hing die Bedeutung, die der Berufstätigkeit allgemein beigemessen wurde, über alle 7 Zeitpunkte signifikant vom Haushaltseinkommen ab. (Am stärksten war der Zusammenhang zu t_5: Tau = .44***.) Das heißt also, je schwieriger die finanzielle Lage, desto mehr kognitive Bewältigungsversuche, wie z.B. Ansprüche herunterschrauben, wurden notwendig (vgl. auch Abschnitt 4.8), desto seltener wurde der Berufstätigkeit hohe Bedeutung beigemessen.

Abb. 4.6.5 zeigt abschließend die Veränderung, die die Einschätzung der Bedeutung von Berufstätigkeit allgemein erfuhr, in Abhängigkeit vom Verlauf der Arbeitslosigkeit (Verlaufs-Index). Alle, die nach längerer Arbeitslosigkeit zu t_7 wieder Arbeit bekamen, betrachteten Berufstätigkeit als sehr wichtig, während es bei der Kontrollgruppe nur die Hälfte war. Für die Dauerarbeitslosen, die zu t_1 und t_4 die Berufstätigkeit am wenigsten wichtig nahmen, stieg deren Bedeutung erst zu t_7 etwas an. Umgekehrt nahm sie bei denjenigen, die am Ende wieder arbeitslos wurden, erst zu t_7 ab.

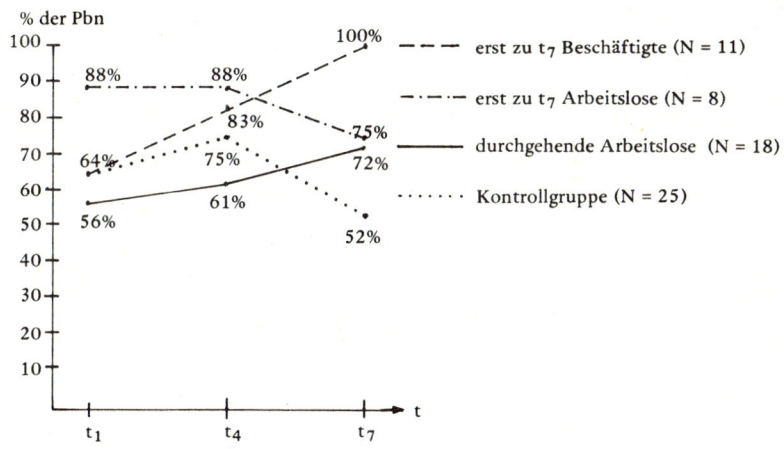

Abb. 4.6.5: Bedeutung von Berufstätigkeit allgemein in Abhängigkeit vom Verlauf der Arbeitslosigkeit (Verlaufs-Index für t_1, t_4, t_7)

Berufliche Bewältigungsversuche in Richtung Lehrerberuf geschehen aus Interesse — alle anderen aus Not

Aus der Gruppe der beruflichen Bewältigungsversuche (vgl. Abschnitt 4.8) wurden hier drei ausgewählt, die Bewerbungen mit verschiedenen Zielrichtungen beinhalten:

— Bewerbungen an Schulen (einschließlich Wartelistenbewerbung)
— Bewerbungen außerschulisch als Lehrer
— Bewerbungen berufsfremd (Tätigkeiten, die nichts mit dem Lehrerberuf zu tun haben)

Insgesamt verteilten sich die verschiedenen Arten von Bewerbungen der gesamten Untersuchungsgruppe (N = 79) über die Zeit wie in Abb. 4.6.6 zu sehen ist.

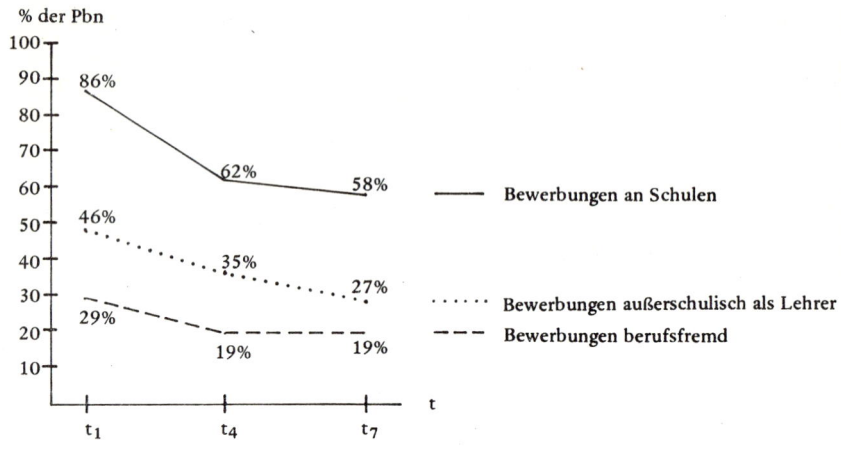

Abb. 4.6.6: Berufliche Bewältigungsversuche: Bewerbungen (% der Pbn mit mindestens 1 Nennung pro Kategorie; die Differenz zu 100% ergibt den Anteil, der jeweils keine Bewerbungen unternommen hat; Mehrfachnennungen waren möglich; N = 79)

Die Bewerbungen an Schulen überwogen dabei nicht nur an den jeweiligen Einstellungsterminen, sondern auch zu den Zeitpunkten dazwischen. Da im Zeitverlauf mehr Probanden Arbeit gefunden hatten, ist es ganz verständlich, daß die Bewerbungen abnahmen.

Interessant ist es nun, zu untersuchen, wer aus welchen Gründen und unter welchen Bedingungen welche Bewerbungen unternimmt.

Die *Bewerbungen an Schulen* hingen durchwegs signifikant mit dem Interesse am Lehrerberuf und mit der subjektiven Bedeutung von Berufstätigkeit allgemein zusammen. Dagegen ließen sich über den gesamten Zeitraum hinweg keine signifikanten Zusammenhänge mit der beruflichen Lebenssituation erkennen, wie aus Abb. 4.6.7 deutlich wird.

Genau umgekehrt verhielt es sich bei den *Bewerbungen außerschulisch als Lehrer* und bei den *berufsfremden Bewerbungen*. Mit dem Berufsinteresse fanden sich über die gesamte Zeitspanne hinweg keinerlei signifikante Zusammenhänge, mit einer einzigen Ausnahme:

Nur zu t_1 gab es lediglich bezüglich der Entfernung vom Lehrerberuf ein signifikantes Ergebnis: diejenigen, die sich zu t_1 mehr vom

	Bewerbungen an Schulen		
	t_1	t_4	t_7
pädagogisches Interesse am Lehrerberuf	Tau = .16*	Tau = .43***	Tau = .34**
subjektive Bedeutsamkeit des Lehrerberufs	Tau = .39***	Tau = .35***	Tau = .23**
subjektive Bedeutsamkeit von Berufstätigkeit allgemein	n.s.	Tau = .31***	Tau = .22*
beruflicher Status	n.s.	n.s.	n.s.

Abb. 4.6.7: *Bewerbungen an Schulen in Abhängigkeit vom Interesse am Lehrerberuf (N = 79; Kendall's Tau)*

Lehrerberuf entfernt hatten, machten mehr berufsfremde Bewerbungen. Zu späteren Zeitpunkten gab es aber auch hier keine Zusammenhänge mehr, die Beziehung zum Lehrerberuf spielte also keine Rolle für die tatsächlichen Bewerbungen für berufsfremde oder außerschulische Tätigkeiten.

Was aber ab t_4 eine entscheidende Rolle für außerschulische und berufsfremde Bewerbungen spielte, war die berufliche Lebenssituation. Längerfristig Arbeitslose und vor allem diejenigen, die zu t_7 noch oder wieder arbeitslos waren, nannten signifikant häufiger berufsfremde Bewerbungen als diejenigen, die inzwischen Arbeit gefunden hatten (unabhängig vom Interesse am Lehrerberuf) (t_4: Tau = -.28**; t_7: Tau = -.21*).

Nur 16% der durchgehend Beschäftigten nannten zu t_7 noch berufsfremde Bewerbungen, aber 34% der Dauer-Arbeitslosen. Während also zu t_7 diejenigen, die immer Arbeit hatten, kaum berufsfremde Bewerbungen unternahmen, gaben immerhin noch 68% von ihnen zu t_7 Bewerbungen an Schulen an. Das heißt, daß letztere zwar Arbeit gefunden hatten, aber mit der Art der Tätigkeit oder den Arbeitsbedingungen (z.B. befristeter Vertrag) unzufrieden waren und weiterhin suchten.

Zusammenfassend läßt sich für die Probanden der beiden Untersuchungsgruppen (N = 79) sagen: Die Häufigkeit schulbezogener Bewerbungen hing durchwegs von der Stärke des Interesses am Lehrerberuf (und meist auch von der subjektiven Bedeutung von Berufstätigkeit allgemein) ab, stand aber in keinem direkten Zusammenhang mit der beruflichen Lebenssituation.

Die Häufigkeit der außerschulischen und berufsfremden Bewerbungen hing in der zweiten Längsschnitthälfte vom Verlauf der Arbeitslosigkeit ab, war relativ unabhängig vom Interesse am Lehrerberuf und wurde sozusagen aus der Not geboren.

Berufsfremde Tätigkeit bewirkt ein Abrücken vom Lehrerberuf

Selbst wenn — wie im vorigen Abschhnitt aufgezeigt — berufliche Umorientierung mit Ausnahme von t_1 nur in der Not geschah und in keinem signifikanten Zusammenhang mit hohem oder niedrigem Interesse am Lehrerberuf stand, ließ sich im Zeitverlauf eine Auswirkung der (als Folge der Umorientierung) neuen aktuellen beruflichen Tätigkeit auf die Interessenentwicklung feststellen.

Zu t_1 arbeiteten nur relativ wenig Probanden in anderen Berufsfeldern. Diese zeigten weder mehr noch weniger Interesse am Lehrerberuf als alle übrigen Probanden (in Abb. 4.6.8 ist dementsprechend für t_1 kein signifikanter Zusammenhang vermerkt).

	Konkrete berufliche Tätigkeit (1 = als Lehrer; 2 = anderer Beruf)		
	t_1	t_4	t_7
pädagogisches Interesse am Lehrerberuf	n.s.	n.s.	Tau = -.47***
subjektive Bedeutsamkeit des Lehrerberufs	n.s.	Tau = -.36***	Tau = -.50***
Entfernung vom Lehrerberuf	n.s.	Tau = .47***	Tau = .49***
Kritische Distanz zur Lehrerrolle	Tau = .42**	Tau = .26*	n.s.
Orientierung des Berufsinteresses allgemein (1 = arbeitsinhaltlich; 2 = materiell)	Tau = -.20**	n.s.	Tau = +.23*

Abb. 4.6.8: *Der Einfluß der konkreten beruflichen Tätigkeit auf das Interesse am Lehrerberuf (Kendall's Tau)*

Was diese Probanden jedoch von anderen unterschied, war, daß sie signifikant häufiger der angetragenen Lehrerrolle kritisch gegenüberstanden und daß für sie signifikant häufiger arbeitsinhaltliche Aspekte von Berufstätigkeit von Bedeutung waren.

Zum Beispiel sah Klaus, der eine neue Ausbildung begonnen hat, die Tatsache, daß er nicht als Lehrer untergekommen ist, auch als „eine Chance, die ein anderer überhaupt nicht hat".

Klaus: „Ich hab jetzt die Möglichkeit, wirklich zu vergleichen mal mit einem anderen Beruf oder mit einem ganz anderen Berufsleben. ... Ich meine, der Elektriker gefällt mir deshalb momentan so gut, weil es ganz was Neues ist. ... Und was mich speziell noch interessieren würde, das ist also, in die Heizungstechnik zu gehen, mit den ganzen modernen Energietechniken, die ja viel mit Steuerung arbeiten." (t_1)

Diejenigen, die sich bereits zu t_1 umorientiert hatten, taten dies, weil sie Interesse an den Inhalten eines anderen Berufs zeigten, was ja Interesse am Lehrerberuf nicht ausschließt. Dazu paßt das im vorigen Abschnitt berichtete Ergebnis, daß berufsfremde Bewerbungen zu t_1 vor allem dann erfolgten, wenn der Lehrerberuf nicht als der einzig mögliche gesehen wurde (also bei Entfernung vom Lehrerberuf), daß sich aber mit allen übrigen Interessen-Variablen (vgl. Abb. 4.6.1) keine signifikanten Zusammenhänge ergaben. Die konkrete Erfahrung mit einer anderen beruflichen Tätigkeit führte bei diesen Probanden dazu, daß die Lehrerrolle kritischer gesehen wurde (man fing an zu vergleichen, wie Klaus es ausdrückte). Da sie ihre neue Tätigkeit noch nicht lange ausübten, war ihnen zu t_1 der Lehrerberuf immer noch „nahe", sie zeigten, wie oben erwähnt, nicht weniger Interesse am Lehrerberuf als andere Probanden.

Anders diejenigen, die sich erst zum 2. Einstellungstermin (t_4) oder später, nachdem sich die Hoffnungen auf eine Stelle als Lehrer zerschlagen hatten, umorientiert haben. Wie oben berichtet, wurden berufsfremde Bewerbungen in der 2. Längsschnitthälfte — unabhängig vom Interesse — aufgrund der ungünstigen beruflichen Lebenssituation unternommen. Arbeiteten diese Probanden nun eine Zeitlang tatsächlich in einem anderen Beruf (kurzfristige Jobs wie Taxi, Büro oder Nachhilfe wurden hier nicht berücksichtigt), so führte diese konkrete Erfahrung einer anderen beruflichen Tätigkeit in der Regel dazu, daß der Lehrerberuf nicht mehr so wichtig genommen wurde. (Statt kritischer Distanz, die ja immer eine Auseinandersetzung beinhaltet, herrschte nun eher Entfernung vor; der Lehrerberuf wurde zunehmend als irrelevant für die eigene berufliche Zukunft betrachtet.)

Der Einstellungstermin in der Mitte des Längsschnitts (t_4) schien gewissermaßen eine „Umbruchphase" gewesen zu sein.

Vergleicht man die Probanden der Untersuchungsgruppe (N = 79), die nun — aus welchen Gründen auch immer — in einem anderen Beruf arbeiteten, mit denjenigen, die als Lehrer tätig waren (die Arbeitslosen wurden hier nicht berücksichtigt), so kristallisiert sich gegen Ende des Längsschnitts immer mehr folgender Zusammenhang heraus:

Die konkrete Tätigkeit als Lehrer (auch wenn es nur ein befristeter Vertrag ist!) förderte das Interesse an diesem Beruf und eine Orientierung an Arbeitsinhalten, wohingegen eine Tätigkeit in anderen Berufen zu einem Abrücken vom Lehrerberuf und eher zu einer Orientierung an den materiellen Aspekten von Berufstätigkeit führte.

Der gerade beschriebene Zusammenhang galt für die als Lehrer Beschäftigten, egal ob sie eine Planstelle bekommen hatten oder nur einen Aushilfsvertrag. Gerade für die letzteren war ihr hohes Interesse am Lehrerberuf eine zweischneidige Sache: Ihre Freude am Unterrichten mußten sie meist damit bezahlen, daß sie als Lehrer-Reservearmee ausgenutzt wurden, letztendlich aber doch auf der Straße standen oder stehen werden (vgl. Abschnitt 4.1).

Diejenigen, die nach einem Jahr in einem anderen Beruf untergekommen waren, hatten zwar meist nicht den Beruf ihrer Wahl erreicht, aber sie trösteten sich darüber hinweg, indem sie den Lehrerberuf nicht mehr so wichtig nahmen und im übrigen froh waren, überhaupt Arbeit und Einkommen bzw. Auskommen zu haben. (Vgl. hierzu auch die Ergebnisse zu den beruflichen Entlastungen „endlich wieder Arbeit" in Abschnitt 4.4.)

Generalisierte Kontrollüberzeugung (Selbstvertrauen) ist Voraussetzung für die Entwicklung von beruflichen Interessen
Mit Generalisierter Kontrollüberzeugung (Selbstvertrauen) bezeichneten wir (entsprechend Abschnitt 4.3) eine übersituative Einschätzung der eigenen Fähigkeiten, mit bestimmten Problemen fertig zu werden. Unsere Ergebnisse bestätigen die theoretische Annahme, daß Kontrollüberzeugung eine wichtige Bedingung für die Entwicklung von Interesse ist (Kandler 1984). Nur diejenigen Arbeitslosen, die aufgrund der Erfahrungen im Zeitraum zuvor ein hohes Selbstvertrauen entwickeln konnten, zeigten (trotz ihrer Arbeitslosigkeit) starkes Interesse am Lehrerberuf, und das über alle Zeitpunkte hinweg (t_1: Tau = .23*; t_4: Tau = .56**; t_7: Tau = .51***).

Gelingt es also den Arbeitslosen nicht, genügend selbstvertrauensfördernde Erfahrungen zu machen, wie dies bei häufigen fehlschlagenden Bewältigungsversuchen oder bei mangelnder Unterstützung im sozialen Netzwerk der Fall ist, so ist zu befürchten, daß sie dadurch in einen motivationalen Teufelskreis geraten und so noch schwerer eine befriedigende berufliche Tätigkeit finden.

Kerstin: „Ich hab so allgemein das Gefühl, daß also wenn ich eine Stellenanzeige lese, früher hab ich mir eben gedacht: ‚Oh ja, das wär was', und jetzt denk ich immer: ‚Das könnte ich ja eh nicht'. Das ist irgendwie so ein Nebeneffekt ... Ja, das ist eine Veränderung. Also ich trau mir einfach viel weniger zu, und zwar also in allen Bereichen jetzt." (t_4)

Arbeitslosigkeit fördert Jobmentalität
Die bisher dargestellten Ergebnisse zeigen, daß Arbeitslosigkeit (und vor allem die damit verbundenen Belastungen) zu einem Zurückschrauben des pädagogischen und fachlichen Interesses am Lehrerberuf führt. Besonders Arbeitslose, die unter starken finanziellen Belastungen litten, sahen am Lehrerberuf zunehmend nur mehr die materiellen Vorteile: soziale Sicherheit, Beamtenstatus, regelmäßiges hohes Einkommen (t_1: Tau = .35***; t_4: Tau = .36**; t_7: Tau = .44***).

Allerdings erst ab t_4 war auch in der Beziehung zur Berufstätigkeit allgemein bei den Arbeitslosen eine Veränderung in Richtung auf Höherbewertung materieller Aspekte (im Gegensatz zu konkreten beruflichen Inhalten und Tätigkeiten) festzustellen (t_7: Tau = -.24*).

Das heißt also, daß Arbeitslose es sich offenbar immer weniger leisten können, auf bestimmte Inhalte einer Arbeit Wert zu legen. Sie müssen vielmehr froh sein, überhaupt eine Einkommensquelle zu finden. Von daher ist es auch nicht verwunderlich, wenn bei solchen Jobs vor allem die materielle Seite zählt.

Das heißt aber nicht, daß die Arbeitslosen unbedingt Wert auf ein hohes Gehalt (also ein Akademikergehalt) legen würden. Diesen Wunsch, sofern sie ihn je hatten, gaben sie spätestens zu t_7 auf (vgl. im Abschnitt 4.7.2 die Ergebnisse zur Aufgabe materieller Ziele). Ein Akademikergehalt hatte in der zweiten Längsschnitthälfte im wesentlichen nur für diejenigen hohe Bedeutung, die es sowieso hatten; im Einklang damit steht auch die Zunahme von Zielen in Richtung Familiengründung und Lebensstandardverbesserung bei dieser Probandengruppe (vgl. Abschnitt 4.7.2).

Wie auch die Ergebnisse in Abschnitt 4.7.2 zeigen werden, schrauben die Arbeitslosen auf allen Ebenen ihre Ansprüche zurück: Ansprüche auf eine interessante berufliche Tätigkeit, auf einen bestimmten Beruf, Ansprüche bezüglich der Höhe des Einkommens usw.. Was ihnen bleibt, ist die Sorge ums Überleben, um die materielle Existenzgrundlage. Das Leben „von der Hand in den Mund", wie es bei kurzfristigen Jobs der Fall ist, kann keine befriedigende Perspektive sein.

Eine hohe gesellschaftliche Arbeitslosenquote, hohe Arbeitslosigkeit im sozialen und Bildungsbereich bedeutet einen objektiven Mangel an „interessanten" Arbeitsplätzen für unsere Zielgruppe.

Berufsinteresse bzw. Freude und Befriedigung bei seiner beruflichen Tätigkeit zu haben oder auch nur entwickeln zu können, setzt das Vorhandensein konkreter und realisierbarer beruflicher Perspektiven voraus, und wird damit bei steigender Arbeitslosigkeit zunehmend zum Privileg.

4.7 Lebensziele und Arbeitslosigkeit

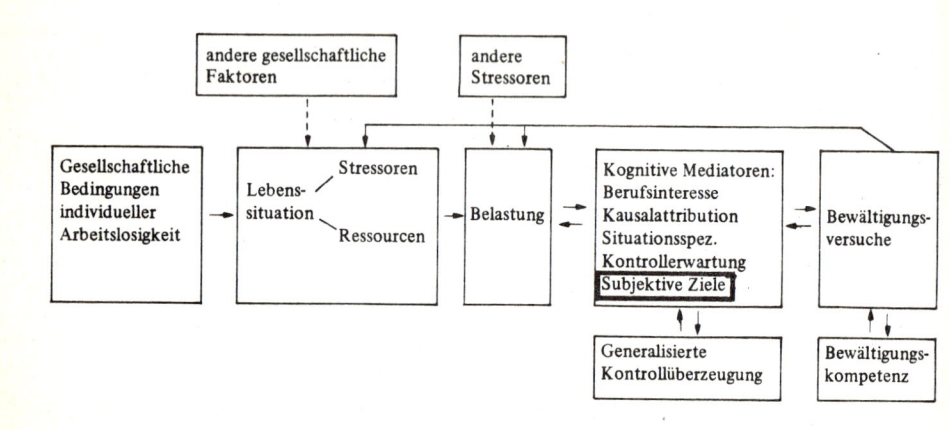

| Gesellschaftliche Bedingungen individueller Arbeitslosigkeit | → | Lebenssituation (Stressoren / Ressourcen) | → | Belastung | ⇄ | Kognitive Mediatoren: Berufsinteresse Kausalattribution Situationsspez. Kontrollerwartung **Subjektive Ziele** | ← | Bewältigungsversuche |

andere gesellschaftliche Faktoren ↓
andere Stressoren ↓

Generalisierte Kontrollüberzeugung ↕ — Bewältigungskompetenz ↕

4.7.1 Konzeption und Fragestellung

Wie bereits in früheren Untersuchungen festgestellt, verändern sich bei Arbeitslosigkeit die subjektiven Lebensziele der Betroffenen (Lewin 1942; Burger u.a. 1982). Die Frage, die sich uns stellte, war, ob auch bei Akademikern Lebensziele durch die Erfahrung von Arbeitslosigkeit tangiert werden, und in welcher Weise. Wir nahmen an, daß bei länger anhaltender Unsicherheit der weiteren beruflichen Zukunft zunehmend Ziele aufgegeben werden, daß die noch genannten Ziele kurzfristiger werden. Auf den beruflichen Bereich bezogen lautete unsere Hypothese, daß Ziele, die die arbeitsinhaltlichen Qualitäten von Berufstätigkeit betreffen, mit der Zeit aufgegeben werden, daß man sich schließlich nur mehr überhaupt irgendeine Arbeit wünscht.

Die Operationalisierung dieser Variablen geschah, indem wir offen nach den Erwartungen und Wünschen für die nächste Zukunft fragten (übernommen aus der BLSA von Thomae, 1976). Diese Frage hat sich sehr bewährt, da die Probanden ihre gegenwärtige Situation in einen größeren Zusammenhang stellten, allgemeine Lebensziele formulierten und dies vor dem Hintergrund ihrer jeweiligen Lebenssituation taten. Die Auswertung geschah dabei in zwei Richtungen: Zum einen wurden die genannten Ziele inhaltlich erfaßt, zum anderen wurden die Ziele im Hinblick auf ihre Zeitperspektive (kurzfristig, langfristig oder vom Betreffenden nicht einschätzbar) untersucht. Mit der gleichen Auswertungszielrichtung wurde untersucht, inwieweit Probanden im Zusammenhang mit ihrer aktuellen Lebenssituation bestimmte Lebensziele zurückgesteckt oder aufgegeben haben (Ulich/Haußer/Strehmel/Mayring/Kandler 1982, 15f.).

4.7.2 Ergebnisse zu den subjektiven Lebenszielen

Berufliche Ziele stehen an erster Stelle
Wie aufgrund der Ergebnisse der Pilotstudie vermutet, wurden von allen Gruppen von Probanden (Frauen wie Männer, Arbeitslose wie Nicht-Arbeitslose) über die gesamte Zeitspanne hinweg Ziele im beruflichen Bereich am häufigsten und Ziele im Bereich des sozialen Netzwerkes am zweithäufigsten genannt (mit Ausnahme der Kontrollgruppe, bei der zu t_1 die Ziele im sozialen Netzwerk überwogen).

Betrachtet man nun nur die *Untersuchungsgruppe 1,* von der Daten über alle 7 Zeitpunkte vorliegen, so fällt auf, daß der Anteil von Nennungen im beruflichen Bereich *vor* den Einstellungsterminen (zu t_3: 94% und zu t_6: 92%) jeweils am höchsten war. *Nach* den Einstellungsterminen (zu t_4 und t_7) wurden vor allem berufliche Ziele aufgegeben. Die Erwartungen, die in diese Termine gesetzt wurden, waren enttäuscht worden, man versuchte nun, sich mit der Lage abzufinden (vgl. Abschnitt 4.4.2).

Ziele, die sich auf das allgemeine psychische Befinden bezogen, spielten erst gegen Ende des Längsschnitts (ab t_5) eine Rolle. Dies kann gut damit erklärt werden, daß auch die Belastungen bei den Arbeitslosen erst in der 2. Längsschnitthälfte zunahmen und zu t_5 einen Höhepunkt erreichten (vgl. Abschnitt 4.4). Ziele im Bereich Zeitstruktur waren nur zu t_1 relevant, da im Zeitverlauf immer weniger Probanden über viel freie Zeit verfügten.

Arbeitslose nennen nicht weniger Ziele, aber kurzfristigere
Vergleicht man die Anzahl der genannten Ziele pro Person, so ergeben sich keine Unterschiede zwischen Arbeitslosen und Nicht-Arbeitslosen oder Planstelleninhabern. Die folgenden Ergebnisse beziehen sich vorwiegend auf die Untersuchungsgruppe 1, da hier der Zeitverlauf detaillierter analysiert werden konnte.

Eine weitere Auffälligkeit, die ebenfalls mit den Einstellungsterminen zusammenhing, war, daß der Anteil an kurzfristigen Zielen zu t_3 am höchsten war. Das heißt, daß die Probanden in diesen Termin hohe Erwartungen setzten, erst mal die Ergebnisse ihrer Bewerbung abwarteten und sich vorher nichts Großes mehr vornahmen (vgl. auch Abschnitt 4.4.3).

Der Anteil an Zielen, deren Zeitperspektive für die Betroffenen unklar war, war ebenfalls zu t_3 am höchsten, sank zu t_4 deutlich ab, um in der 2. Längsschnitthälfte wieder kontinuierlich anzusteigen. Die Zeitperspektive der Ziele schien zu t_4 für die Probanden am klarsten einzuschätzen gewesen zu sein, weil zu diesem Zeitpunkt neue Verträge geschlossen wurden (oder nicht), die nächste Zeit also für viele wieder klarer strukturiert und vorhersehbar war.

Unterscheidet man die Probanden der Untersuchungsgruppe 1 nach ihrer aktuellen beruflichen Lebenssituation, so läßt sich für die Fristigkeit der Ziele feststellen, daß *die Arbeitslosen eher kurzfristige Ziele* nannten, diejenigen mit Arbeit (und insbesondere diejenigen mit einem sicheren Arbeitsplatz) nannten eher langfristige Ziele (vgl. hierzu auch Lewin, 1942). Dieser Unterschied zeigte sich ganz deutlich in der Zeitspanne bis t_5, danach nahmen auch bei den Nicht-Arbeitslosen (die oft nur befristete Verträge hatten) die in ihrer Zeitperspektive nicht einschätzbaren Ziele zu.

Bei den Arbeitslosen wurden in der ersten Hälfte des Längsschnitts auch bei den aufgegebenen Zielen vorwiegend kurzfristige genannt, erst in der 2. Längsschnitthälfte, besonders zu t_4 wurden auch langfristige Ziele explizit als aufgegeben genannt.

Zu Beginn der Arbeitslosigkeit wurden also, auf dem Hintergrund der unsicheren beruflichen und finanziellen Lage, langfristige Ziele kaum geäußert — auch nicht als aufgegebene! Das bedeutet, daß den Arbeitslosen bestimmte Ziele langfristig noch am ehesten erreichbar erschienen, daß eine leise Hoffnung auf später noch eine Rolle spielte. Da man sich ihrer Erreichbarkeit aber nicht sicher war, blieben sie (auf unsere Frage hin) ungenannt. Ziele einzuschränken, sie nicht mehr deutlich zu benennen, stellt auch eine Art kognitiver Bewältigung dar (vgl. Abschnitt 4.8).

Marco: „Ja, für diese kurzfristige Zeit hat man eigentlich eh keine so großen Ziele. Insofern war das eigentlich auch schon mit Abschluß der Referendarzeit sehr eingeschränkt."(t_4).

Erst im Zeitverlauf trat bei denen, die bis dahin nicht in ihrem gewünschten Beruf untergekommen sind, eine gewisse Desillusionierung ein; sie schlugen sich Ziele, wie z.B. eine bestimmte Berufstätigkeit (in der Regel den Lehrerberuf), materielle Verbesserungen oder Kinderwünsche aus dem Kopf.

Martin: (Wunsch) „... daß man halt doch eine Arbeit findet auf lange Sicht." (t_1)
„Für mich ist die Sache jetzt auch zu, beim Staat, glaub ich. Ich mach mir da überhaupt keine Hoffnungen mehr." (t_7).

Arbeitslose haben andere Ziele
Faßt man die von *allen* Probanden *genannten subjektiven Ziele* nach *inhaltlichen* Kategorien zusammen und untersucht, im Zusammenhang mit welcher Lebenssituation welche Ziele am häufigsten genannt werden, so ergibt sich folgendes Muster (s. Abb. 4.7.1):

Lebenssituation	genannte subjektive Ziele
— Arbeitslose — Probanden mit niedrigem Haushaltseinkommen	+ bestimmte Berufstätigkeit + Ziele im sozialen Netzwerk + Berufsarbeit allgemein (d.h. irgendeine Berufstätigkeit) + Umorientierung/Neuqualifikation
— Nicht-Arbeitslose — Kontrollgruppe — Probanden mit höherem Haushaltseinkommen	+ sonstige berufliche Ziele + Kinderwunsch + auf Partner bezogene Ziele + materielle Ziele + Gesundheit

Abb. 4.7.1: Lebenssituation und subjektive Ziele

Arbeitslose (die in der Regel auch weniger Geld hatten) konzentrierten sich auf die Suche nach einem Einstieg in einen (neuen) Beruf, ihre Ziele im Netzwerkbereich bezogen sich auf mehr Kontakte und Beziehungen im Freundes- und Bekanntenkreis. Materielle Ziele, die zu t_1 immerhin noch von 29% der Arbeitslosen genannt wurden, tauchten im Zeitverlauf immer seltener auf, zu t_7 gab es keine einzige Nennung mehr.

Bei den *Nicht-Arbeitslosen* (und am deutlichsten bei der Kontrollgruppe) ging es mehr um das Fortkommen im Beruf, um die Gründung einer Familie (Ziele in bezug auf Partner, Kinderwunsch) und um die Konsolidierung des materiellen Status (Wohnsituation, Lebensstandard). Ziele in bezug auf die eigene Gesundheit traten explizit nur bei durchgängig Nicht-Arbeitslosen, bzw. bei der Kontrollgruppe auf.

Arbeitslose geben mehr Ziele auf
Aufgegebene Ziele wurden explizit relativ selten genannt, erwartungsgemäß aber von den Arbeitslosen am häufigsten. Aus der folgenden Tabelle läßt sich entnehmen, daß die Zielaufgaben gegen Ende des Längsschnitts zunahmen (vgl. Abb. 4.7.2).

Berufliche Lebenssituation	t_1	t_4	t_7
Dauer-Arbeitslose (N = 18)	18%	12%	50%
Arbeitslose zum jeweiligen Erhebungszeitpunkt	16% N = 52	12% N = 33	33% N = 30
Kontrollgruppe (N = 25)	0%	4%	8%

Abb. 4.7.2: *Anteile derjenigen Probanden, die aufgegebene Ziele nannten*

Bezogen auf die Inhalte der aufgegebenen Ziele läßt sich wieder ein typisches Muster (das im wesentlichen für alle Zeitpunkte gilt) ablesen, wie Abb. 4.7.3 zeigt.

Lebenssituation	aufgegebene subjektive Ziele
— Arbeitslose — Probanden mit niedrigem Haushaltseinkommen	— materielle Ziele — bestimmte Berufstätigkeit — Kinderwunsch
— Nicht-Arbeitslose	— materielle Ziele — allgemeines psychisches Befinden — bestimmte Berufstätigkeit
— Probanden der Kontrollgruppe und solche mit sicherem Arbeitsplatz	— keine aufgegebenen Ziele

Abb. 4.7.3: *Lebenssituation und aufgegebene subjektive Ziele*

Unsere Hypothese, daß Arbeitslosigkeit zu Zielaufgaben führt, und daß vor allem Abstriche hinsichtlich einer bestimmten Berufstätigkeit gemacht werden (auch bei den Nicht-Arbeitslosen, die ja oft nicht den Beruf ihrer Wahl ausüben), wird durch die genannten Ergebnisse unterstützt.

Im folgenden möchten wir auf die wichtigsten inhaltlichen Kategorien der genannten subjektiven Ziele genauer eingehen und dabei die Veränderungen im Zeitverlauf sowie Zusammenhänge mit anderen Variablen ansprechen.

Eine bestimmte Berufstätigkeit ist für Arbeitslose ein Lebensziel, für diejenigen mit einer sicheren Stelle eine Selbstverständlichkeit
Eine bestimmte Berufstätigkeit (im Gegensatz zu irgendeiner Berufstätigkeit, siehe unten) als ausdrückliches Ziel nannten die längerfristig Arbeitslosen in der 2. Längsschnitthälfte signifikant häufiger, als die vorwiegend Nicht-Arbeitslosen (t_4: Tau = -.22*; t_7: Tau = -.22*). Diejenigen mit einer sicheren Stelle nannten dementsprechend am seltensten eine bestimmte Berufstätigkeit als Ziel (t_7: Tau = -.33***) sie hatten den beruflichen Einstieg ja bereits erreicht und gaben daher vorwiegend sonstige beruflichen Ziele an.

Je höher die Belastung, desto eher wünschen sich Arbeitslose einfach überhaupt nur irgendeine Berufstätigkeit
Das Ziel, *irgendeine* Berufstätigkeit auszuüben, hing nicht nur eng mit der Lebenssituation zusammen, sondern auch mit der subjektiven Bedeutung von Berufstätigkeit allgemein und ab t_4 mit der beruflichen und finanziellen Belastung.

Bei der Kontrollgruppe und bei denjenigen, die eine sichere volle Arbeitsstelle im Verlauf des Längsschnitts gefunden hatten, spielte das Ziel, irgendeine Berufstätigkeit auszuüben, erwartungsgemäß eine untergeordnete Rolle (in der Kontrollgruppe gab es nur zu t_1 eine, ansonsten keine Nennung mehr).

Das Ziel, irgendeine Arbeit — egal welche — anzunehmen, fand sich vor allem in der 2. Längsschnitthälfte signifikant häufiger bei den Arbeitslosen (t_4: Tau = -.30**; t_7: Tau = -.21*). Vergleicht man die Gruppe der Dauer-Arbeitslosen (N = 18) mit der Kontrollgruppe (N = 25), kommt man noch zu höheren Zusammenhangsmaßen (t_1: Tau = -.34**; t_4: Tau = -.43**; t_7: Tau = -.38**).

Differenziert nach Geschlechtszugehörigkeit fällt auf, daß vor allem langfristig arbeitslose Frauen eher bereit waren, irgendeine Tätigkeit anzunehmen, im Gegensatz zu den arbeitslosen Männern, die häufiger eine bestimmte Berufstätigkeit anstrebten (t_1: Tau = -.44*; t_4: Tau = -.43*).

Hanni: „Aber mir ist inzwischen alles wurscht. Irgendwie geht es mir nur darum, mal endlich irgendwas zu arbeiten." (t_7).
Kerstin: „Also in erster Linie hab ich halt den Wunsch, daß ich doch wieder was arbeite... dann hätte ich wieder mehr Eigenleben auch...
Also Hoffnung, daß ich irgendwie so eine Arbeit krieg, ... nach der ich mich sehne praktisch, das hab ich nicht, aber ich denk schon, daß sich da irgendwas ändern wird. Also, daß ich irgendeine Arbeit krieg, das denk ich schon heute." (t_6)

Diese Ergebnisse gehen ganz deutlich in Richtung unserer eingangs aufgeführten Hypothese, daß nämlich mit der Dauer der Arbeitslosigkeit zunehmend berufliche Ziele eingeschränkt oder ganz aufgegeben werden, daß man letztlich froh ist, irgendeine Arbeit zu bekommen. Da in der Regel für Frauen die Lage auf dem Arbeitsmarkt noch schwieriger ist, verwundert es nicht, wenn gerade sie ihre beruflichen Zielvorstellungen herunterschrauben.

Das Ziel, sich vom Lehrerberuf wegzuorientieren, wird nur bei materieller Not genannt
Als explizites Ziel taucht „Umorientierung" oder „Neuqualifikation" überraschend selten auf. Wenn außer vagen Überlegungen auch konkrete Schritte (z.B. Bewerbungen außerschulisch oder berufsfremd) unternommen wurden, erfaßten wir dies als berufliche Bewältigungsversuche (vgl. hierzu Abschnitt 4.6.3). De facto befanden sich zu t_7 zwar nur 4% der Probanden der Untersuchungsgruppe (N = 79) in neuer Ausbildung, aber immerhin 37% in einem anderen Berufsfeld.

Insgesamt ließ sich feststellen, daß Arbeitslose und vor allem Personen mit niedrigem Haushaltseinkommen das Ziel „Umorientierung" signifikant häufiger als solche mit höherem Einkommen nannten, daß also eine explizite Wegorientierung vom Lehrerberuf erst bei materieller Not ins Auge gefaßt wurde.

Arbeitslose geben sich mit weniger Lebensstandard zufrieden
Materielle Ziele wurden zwar zu t_1 signifikant häufiger von den Arbeitslosen (im Vergleich mit Kontrollgruppe: Tau = -.31*) und von Personen mit niedrigem Haushaltseinkommen (Tau = -.19*) genannt. Inhaltlich gesehen handelte es sich dabei eher um „kleine" und eher kurzfristige Vorhaben, wie z.B. einfach „mehr Geld" zu haben, um die Miete bezahlen zu können. Ab t_4 kehrte sich die Richtung des Zusammenhangs um. Zu t_7 nannten *nur* Nicht-Arbeitslose (Tau = .25**) und Probanden mit höherem Einkommen materielle Ziele; sie waren mit dem Ausbau ihres Lebensstandards beschäftigt.

Im Gegensatz dazu nannten diejenigen Probanden, die zu t_7 wieder oder immer noch arbeitslos waren, signifikant häufiger aufgebene materielle Ziele als die zu t_7 Nicht-Arbeitslosen (Tau = -.21*) und vor allem als die Probanden der Kontrollgruppe (Tau = -.34**).

Die Arbeitslosen mußten sich in ihrem alltäglichen Leben stark einschränken (vgl. auch Abschnitt 4.2), so daß wesentliche Verbesserungen des Lebensstandards gar nicht mehr in Frage kamen. Andererseits wurden die nötigen Pfennige zum bloßen Überleben, um die es noch bei t_1 ging, nach einem Jahr routinierter beschafft und wurden daher nicht explizit als Ziel genannt.

Arbeitslose schlagen sich Kinderwünsche aus dem Kopf
Der Wunsch nach einem Kind hing über alle Zeitpunkte hinweg signifikant von der beruflichen und finanziellen Lebenssituation ab, d.h. erst wenn Beruf und Einkommen halbwegs sicher waren, entwickelten sich Kinderwünsche. Dementsprechend wurden Wünsche nach einem Kind vor allem von solchen Probanden aufgegeben, die zuerst Arbeit hatten, aber plötzlich wieder mit einer unsicheren beruflichen Zukunft konfrontiert waren.

Wie aus 4.7.4 zu ersehen, war der Zusammenhang zwischen beruflicher und finanzieller Lebenssituation und genannten Kinderwünschen zu t_4 am stärksten: Nur eine Arbeitslose (die zu t_7 wieder Arbeit hatte), wünschte sich ein Kind, gegenüber 24 Nicht-Arbeitslosen. Gegen Ende des Längsschnitts nannten auch ein paar Arbeitslose Kinderwünsche. Wenn man bedenkt, daß unsere Probanden, die eine längere Ausbildung hinter sich haben und im Durchschnitt 29 Jahre alt sind, gerade in dem Alter sind, in dem Familiengründungen stattfinden, oder schon stattgefunden haben (vgl. auch Abschn. 4.2), ist es nicht verwunderlich, daß sich solche Wünsche trotz objektiv schlechter Bedingungen nicht beliebig aufschieben lassen.

	Kinderwunsch		
	t_1	t_4	t_7
beruflicher Status	Tau = .21**	Tau = .37***	Tau = .20*
Arbeitslosigkeitsverlauf (Verlaufsindex, rekodiert)	Tau = .18*	Tau = .36***	Tau = .22*
Haushaltseinkommen	n.s.	Tau = .26***	Tau = .18*

Abb. 4.7.4: Lebensziel „Kinderwunsch" in Abhängigkeit von der beruflichen und finanziellen Lebenssituation (Kendall's Tau) (N = 104)

Zwischen den Geschlechtern ließen sich hinsichtlich der Kinderwünsche keine wesentlichen Unterschiede feststellen. Zu t_4 waren es bei den vorwiegend Nicht-Arbeitslosen eher die Männer, die sich ein Kind wünschten. Für Frauen, die berufstätig sind/bleiben wollen, ist es auch heute immer noch schwieriger als für berufstätige Männer, Kinderwunsch und Berufstätigkeit zu vereinbaren.

In unserer Untersuchung findet die landläufige Meinung, daß bei Arbeitslosigkeit die Kinderwünsche steigen und daß besonders die Frauen die Hausfrauenrolle als Ersatz anstreben würden, keine Bestätigung. Dabei dürfte es von entscheidender Bedeutung sein, daß es sich bei den Frauen unserer Stichprobe um Akademikerinnen handelt, denen die Berufstätigkeit sehr wichtig ist (zu t_1 hatte Berufstätigkeit allgemein für die Frauen höhere Bedeutung als für die Männer unserer Stichprobe, zu anderen Zeitpunkten fanden sich keine Unterschiede).

4.8 Bewältigungsversuche

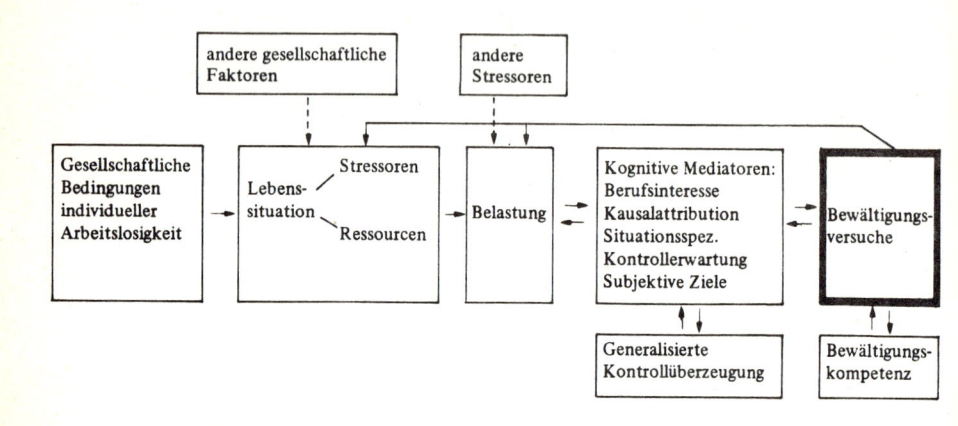

```
┌─────────────────┐                    ┌─────────────┐
│ andere gesellschaftliche │          │ andere      │
│ Faktoren        │                    │ Stressoren  │
└────────┬────────┘                    └──────┬──────┘
         ┊                                    ┊
         ┊                                    ┊
┌────────────┐   ┌──────────────┐   ┌──────────┐   ┌──────────────────┐   ┌──────────────┐
│Gesellschaft-│   │       Stressoren │   │          │   │Kognitive Mediatoren:│   │              │
│liche        │   │Lebens-  /    │   │          │   │Berufsinteresse   │   │              │
│Bedingungen  │ → │situation     │ → │Belastung │ ⇌ │Kausalattribution │ ⇌ │Bewältigungs- │
│individueller│   │         \    │   │          │   │Situationsspez.   │   │versuche      │
│Arbeitslosigkeit│ │       Ressourcen│   │          │   │Kontrollerwartung │   │              │
│             │   │              │   │          │   │Subjektive Ziele  │   │              │
└────────────┘   └──────────────┘   └──────────┘   └──────────────────┘   └──────────────┘
                                                           ↕↕                     ↕↕
                                                   ┌──────────────────┐   ┌──────────────┐
                                                   │Generalisierte    │   │Bewältigungs- │
                                                   │Kontrollüberzeugung│   │kompetenz     │
                                                   └──────────────────┘   └──────────────┘
```

4.8.1 Bestimmung und Erfassung von Bewältigungsversuchen

In der Begegnung mit (potentiell) belastenden Situationen bleiben die wenigsten Menschen vollständig passiv, sondern sie setzen sich mit ihrer Umwelt mehr oder weniger aktiv auseinander. Bestimmte Formen dieser Auseinandersetzungen hatten wir in diesem Buch als „Bewältigungsversuche" bezeichnet (vgl. Kap. 1.2.4 und Kap. 3.2). Damit meinen wir Bemühungen der Person, aktuell erlebte Belastungen dadurch zu reduzieren, daß man auf die äußeren Umstände Einfluß nimmt und/oder etwas gegen die negativen emotionalen Zuständlichkeiten selbst tut. Das Unternehmen von Bewältigungsversuchen impliziert: Probleme und Belastungen erzeugen subjektive Betroffenheit, der Person stehen keine ausreichende Mittel und/oder Fähigkeiten zur Problemlösung zur Verfügung; Planbarkeit, Vorhersehbarkeit und Erfolg sind ungewiß. Konkrete Hinweise auf die Bewältigungsversuche einer Person kann man erhalten, wenn man etwa nach der Schilderung einer Belastung ganz allgemein und „offen" fragt: „Wie gehen Sie damit um?"

Bei der theoretischen Herleitung des Konzepts „Bewältigungsversuch" sind wir vor allem Thomae und Lazarus gefolgt (ausführlich dazu Ulich/Haußer/Mayring/Alt/Strehmel/Grünwald 1981, S. 32-50). Allgemeine Ziele der coping-Forschung sind Beschreibung und Erfassung von intra- und interindividuell unterschiedlichen Bewältigungsformen sowie deren Beziehungen zur bisherigen Biographie der Person, zu den Problemsituationen selbst, zu kognitiven Moderatoren und vielen anderen möglichen Faktoren (vgl. als neueren Überblick Braukmann/Filipp 1984). Wie aus dem Variablenmodell auf der vorhergehenden Seite hervorgeht, werden in unserer Untersuchung vor allem folgende Variablen-Beziehungen untersucht: die Beziehung zwischen biographisch entstandener Bewältigungskompetenz und aktuellen Bewältigungsversuchen, der Einfluß von Bewältigungsversuchen auf „objektive" Bestandteile der jeweils aktuellen Lebenssituation sowie die wechselseitigen Beziehungen zwischen Bewältigungsversuchen und kognitiven Mediatoren, sowie Belastungen.

Wie sind wir nun bei der Erfassung von Bewältigungsversuchen vorgegangen, und welche Ziele haben wir damit verfolgt? Zunächst beruht unsere Erhebung auf einigen, gegenüber anderen Untersuchungen unterschiedlichen und spezifischen, Grundprinzipien, die wir in anderen Arbeiten (z.B. Ulich/Haußer/Mayring/Alt/Strehmel/Grünwald 1981; Mayring 1983a; 1984) ausführlich begründet haben:

— mit „Bewältigungsversuch" meinen wir weder eine Persönlichkeitseigenschaft oder einen „Stil", noch sämtliche Problemlöse- und Anpassungskompetenzen oder -aktivitäten einer Person, sondern vielmehr konkrete einzelne Handlungen (einschließlich kognitiver Verarbeitung), die sich auf eine oder mehrere gegebene Belastungen bezieht und ihrer subjektiven Intention nach auf Entlastung bzw. Bewältigung abzielen;
— Bewältigungsversuche werden sowohl belastungsbezogen wie auch bereichsspezifisch erfaßt,
— Bewältigungsversuche werden über die Zeit hinweg verfolgt, um ihre intendierte Reichweite, ihren möglichen Erfolg sowie ihre möglichen Verknüpfung untereinander oder sogar ihre negative Wirkung (Entstehung neuer Probleme) erfassen zu können;
— es wird versucht, Regelhaftigkeiten oder Gleichförmigkeiten festzustellen: Häufigkeit und Dominanz von Bewältigungsversuchen in Abhängigkeit von Lebensbereich, Bezugsbelastung, Person, Erhebungszeitpunkt, Belastungsgrad, Generalisiertheit der Belastung. Darüberhinaus werden Beziehungen hergestellt zwischen Bewältigungsversuchen bzw. deren Erfolg und anderen Einflüssen auf das gesamte Krisengeschehen (s.u. Abschn. 4.8.2).

Auf der Grundlage dieser Prinzipien und aufgrund der Ergebnisse der Pilotstudie haben wir die Erfassungsmodi entwickelt. In den einzelnen Explorationen wird, wie schon erwähnt, offen nach Bewältigungsversuchen gefragt. Bei entsprechenden Berichten der Probanden wird entsprechend den inhaltsanalytischen Auswertungskategorien nachgefragt. Die Operationalisierung bestand also im wesentlichen in der Entwicklung dieser Auswertungskategorien für die *längsschnittliche multidimensionale Kodierung.*

Dabei wurden pro Person und pro Zeitpunkt alle Bewältigungsversuche erfaßt, die für den Zeitraum seit dem Beginn der Arbeitslosigkeit, bzw. seit dem letzten Interview berichtet wurden. Für jeden Probanden erhielten wir also unterschiedlich viele Bewältigungsversuche. Um die Werte inter- und intraindividuell vergleichbar zu machen, wurden zusammenfassende Indizes gebildet, die Werte für die Bewältigungsversuche pro Person interindividuell vergleichbar und bezogen auf den Zeitraum vor dem jeweiligen Interview beschrieben.

Was haben wir im einzelnen erhoben und kodiert? Ausgangspunkt für die theoretisch begründete kategoriale Einordnung der Bewältigungsversuche war der Ansatz von Lazarus (vgl. vor allem Lazarus & Launier 1981), der folgende Dimensionen der Klassifikation von Bewältigungsversuchen unterschied: Zeitliche Orientierung, instrumenteller Schwerpunkt, Funktionen, Bewältigungsmodi. Dieses Klassifikationsmodell haben wir in einigen Punkten modifiziert und ergänzt. Insgesamt geschah die inhaltsanalytische Zuordnung der berichteten Bewältigungsversuche in den folgenden Dimensionen (vgl. dazu Anhang C):

a) Kategoriale Einordnung: Die Bewältigungsversuche der Probanden wurden typologischen Kategorien *(Bewältigungsformen)* zugeordnet, die in Anlehnung an Lazarus hergeleitet wurden. Es wurde unterschieden zwischen
   — Bewältigungs*handlungen* und *kognitiven* Bewältigungsversuchen;
   — *problembezogenen* und *selbstbezogenen* Bewältigungsversuchen;
   — *offensiven* und *defensiven* Bewältigungsversuchen.
   Aus diesen Kategorienpaaren bildeten wir sieben Ausprägungskonfigurationen (vgl. Abb. 4.8.1):
   — anforderungsbezogene Handlungen (z.B. Bewerbungen)
   — konstruktiv-selbstbezogene Handlungen (z.B. Urlaub)
   — defensiv-selbstbezogene Handlungen (z.B. Trinken, Alkohol)
   — kognitiv-problembezogen-offensive Bewältigungsversuche (z.B. alternative Ziele setzen)

```
        Handlungen                    kognitive Verarbeitung
         /      \                        /         \
problembezogen  selbstbezogen    problembezogen   selbstbezogen
    /     \         /     \         /     \         /     \
offensiv defensiv offensiv defensiv offensiv defensiv offensiv defensiv
```

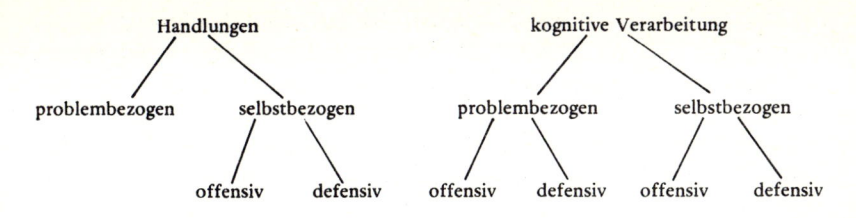

Abb. 4.8.1: Herleitung der Bewältigungsformen

- kognitiv-problembezogen-defensive Bewältigungsversuche (z.B. Ziele aufgeben)
- kognitiv-selbstbezogen-offensive Bewältigungsversuche (z.B. sich Hoffnungen machen)
- kognitiv-selbstbezogen-defensive Bewältigungsversuche (z.B. Selbstbeschwichtigung, Verdrängung)

Die Unterscheidung zwischen offensiven und defensiven problembezogenen (anforderungsbezogenen) Handlungen erschien uns nach der empirischen Erprobung in der Pilotstudie nicht mehr sinnvoll.

b) Die *Bezugsbelastung* wurde festgehalten, um erkennen zu können, auf welchen Lebensbereich sich ein Bewältigungsversuch bezog.
c) Jeder Bewältigungsversuch wurde in einen *inhaltlichen* Katalog häufig vorkommender Bewältigungsversuche eingeordnet, der in der Voruntersuchung inhaltsanalytisch entwickelt wurde.
d) Der *Stand des Bewältigungsversuchs* (geplant, eingeleitet, laufend mit Zwischenergebnissen, abgeschlossen) zum jeweiligen Erhebungszeitpunkt wurde kodiert.
e) *Erfolg bzw. Erfolgserwartung*, bezogen auf einen bestimmten Bewältigungsversuch, wurde festgehalten.
f) Die *zeitliche Reichweite*, mit der ein Bewältigungsversuch geplant oder durchgeführt wurde, also die „Fristigkeit", wurde erfaßt.

Als zusammenfassende Indizes mit interindividuell vergleichbaren Werten wurden gebildet:

g) Der *Anteil bestimmter Bewältigungsformen* an den gesamten Bewältigungsversuchen pro Person und Zeitpunkt. Dabei wurde von den oben genannten Kategorienpaaren ausgegangen und die vermutlich „bessere" Bewältigungsform für den Index gewählt,

und zwar gab der Index den Prozentanteil der jeweiligen Bewältigungsform an sämtlichen Bewältigungsversuchen (pro Person und Zeitpunkt) an. Die Differenz bis 100% ergab spiegelbildlich den Anteil der Bewältigungsversuche der jeweils anderen Dimension des Kategorienpaares. So erhielten wir
- den Anteil der Bewältigungshandlungen (vs. kognitive Bewältigungsversuche)
- den Anteil der problembezogenen Bewältigungsversuche (vs. selbstbezogenen Bewältigungsversuche)
- der Anteil der offensiven Bewältigungsversuche (vs. defensive Bewältigungsversuche)

h) Dichotome „*Erfolgs-Indizes*" gebildet, die angaben, ob eine Person in der subjektiv bedeutsamen Sequenz t_3-t_4-t_5 zu dem Einstellungstermin t_4 mindestens einen langfristigen und erfolgreichen Bewältigungsversuch im beruflichen Bereich abschließen konnte. Es war zu vermuten, daß solche erfolgreichen Bewältigungsversuche die Lebenssituation der arbeitslosen Lehrer grundlegend verändern und die Betroffenen entlasten würden.

Es gibt bisher kaum Untersuchungen von „coping", die mit einem derart differenzierten Ansatz so viele Aspekte von Bewältigung gleichzeitig und dies auch noch über mehrere Erhebungszeitpunkte hinweg zu erfassen versucht haben. Nimmt man dann noch die grundlegenden konzeptionellen, theoretischen und weiteren methodischen Probleme der Coping-Forschung hinzu (zusammenfassend Braukmann/Filipp 1984), so konnte auch unsere Untersuchung in diesem Bereich von vorneherein nur beschränkte „Geländegewinne" erzielen. Auf „coping" bezogen hatte unsere Untersuchung mehrere miteinander verbundene Ziele: 1. Differenzierung und Präzisierung theoretischer Konzepte, 2. Entwicklung und Erprobung entsprechender Operationalisierungsmöglichkeiten und 3. Klärung der Rolle von Bewältigungsversuchen in der Auseinandersetzung mit der eigenen Arbeitslosigkeit. Im Hinblick auf das letzte Ziel waren, angesichts der Forschungslage, eher hypothesengenerierende als hypothesenprüfende Aussagen zu erwarten. Bei der Bewertung der Ergebnisse sind alle genannten Ziele gleichermaßen zu berücksichtigen.

Im folgenden soll eine Auswahl der Ergebnisse zur Variablen „Bewältigungsversuche" vorgestellt werden und zwar zu folgenden Fragestellungen:

- Wie haben die arbeitslosen Lehrer ihre Situation bewältigt?
- Welche Bewältigungsformen wurden bei welchen Bezugsbelastungen überwiegend eingesetzt?

- Gab es besonders erfolgreiche Bewältigungsformen?
- In welchem Zusammenhang standen Bewältigungsversuche mit der beruflichen Lebenssituation und mit Belastungen?

4.8.2 Wie haben die arbeitslosen Lehrer ihre Situation bewältigt?

Es soll nun beschrieben werden, wie die arbeitslosen Lehrer der Untersuchungsgruppe 1 konkret ihre Situation bewältigt haben: was die Probanden unternommen haben, auf welche Probleme ihre Bewältigungsversuche bezogen waren, welche Bewältigungsformen dabei eingesetzt wurden, auf welchem Stand die Bewältigungsversuche zu dem jeweiligen Erhebungszeitpunkt waren und wie kurz- oder langfristig Bewältigungsversuche angelegt waren.

Was haben die Probanden konkret unternommen? Worauf waren ihre Bewältigungsversuche bezogen?

Abb. 4.8.2 zeigt die in der Rangfolge wichtigsten Bewältigungsversuche der Untersuchungsgruppen 1 zu t_1, t_4 und t_7 (nach Bereichen zusammengefaßt). Insgesamt berichteten die Probanden der Untersuchungsgruppe 1 und Untersuchungsgruppe 2 mehr als 3.700 Bewältigungsversuche über die gesamte Dauer des Längsschnitts.

In der Untersuchungsgruppe 1 fanden die meisten Bewältigungsversuche zu den Einstellungsterminen t_1 (606 Bewältigungsversuche), t_4 (487 Bewältigungsversuche) und t_7 (382 Bewältigungsversuche) statt. Während zu t_1 noch *Bewerbungen an Schulen* im Vordergrund standen, wurden zu t_4 und t_7 *andere berufsbezogene Bewältigungsversuche* häufiger genannt: z.B. berufsfremde Bewerbungen für Stellen außerhalb der Schule, allgemein Versuche, die aktuelle berufliche Situation zu verbessern oder sich auf neue Berufsfelder umzuorientieren (auch wenn dabei Ansprüche heruntergeschraubt werden mußten), oder auch Pläne, die berufliche Situation weiterhin offen zu lassen und sich zunächst durch kurzfristige Jobs über Wasser zu halten.

Karsten: „Ich habe jetzt eine Bewerbung geschrieben auf eine schulfremde Tätigkeit, also und zwar bei einem Sportverband ... das ist hauptsächlich Bürotätigkeit, Verwaltungsarbeit und dann ab und zu so Lehrpläne noch halten. Aber – es ist mir jetzt lieber, als Jahr für Jahr rumgurken und nichts wissen wie es im nächsten Jahr ausschaut, ... wo man dann in zwei, drei Jahren aussteigen muß und wenn man dann die Prognosen jetzt sieht von der Lehrerarbeitslosigkeit, dann schaut das also (leichtes Lachen) sehr düster aus in nächster Zeit. Und drum hab ich mir überlegt, lieber versuch ich da einen Absprung zu schaffen mit einem weinenden Auge ..." (t_7)

t_1	N	%
1. Bewerbung bei Schulen	275	34.7
2. Andere berufsbezogene Bewältigungsversuche	206	26.0
3. Finanzielle Bewältigungsversuche	117	14.8
4. Allgemeine kognitive Bewältigungsversuche	105	13.3
5. Bewältigungsversuche im sozialen Netzwerk	48	6.1
N = 606		

t_4	N	%
1. Andere berufsbezogene Bewältigungsversuche	197	30.4
2. Bewerbung bei Schulen	144	22.3
3. Allgemeine kognitive Bewältigungsversuche	124	19.2
4. Finanzielle Bewältigungsversuche	89	13.8
5. Bewältigungsversuche im sozialen Netzwerk	53	8.2
N = 487		

t_7	N	%
1. Andere berufsbezogene Bewältigungsversuche	167	31.3
2. Bewerbung bei Schulen	124	23.2
3. Allgemeine kognitive Bewältigungsversuche	103	19.3
4. Finanzielle Bewältigungsversuche	64	12.0
5. Bewältigungsversuche im sozialen Netzwerk	43	8.1
N = 382		

Abb. 4.8.2: Inhalte der Bewältigungsversuche zu t_1, t_4 und t_7 in der Untersuchungsgruppe 1 (meistgenannte Kategorien)

Weiterbildung und Umschulung wurden erst sehr spät von den Probanden in Erwägung gezogen, zu t_6 und t_7 betrug ihr Anteil 8% aller Bewältigungsversuche. Der Besuch beim Arbeitsamt spielte über die gesamte Dauer des Längsschnitts nur eine untergeordnete Rolle: nur zu t_1 lag der Anteil bei 5%, zu allen anderen Zeitpunkten noch darunter.

Insgesamt wurden zu t_4, dem Erhebungszeitpunkt also, für den schon in anderen Abschnitten dieses Kapitels belegt wurde, daß er für die Probanden subjektiv hoch bedeutsam war und in mancher Hinsicht einen Wendepunkt bedeutete, anteilsmäßig die meisten beruflichen Bewältigungsversuche berichtet. Unmittelbar nach den Einstellungsterminen (t_2 und t_5) war ihr Anteil jeweils am geringsten.

Immer wichtiger im Verlauf des Längsschnitts wurden allgemeine kognitive Bewältigungsversuche. Ihr Anteil stieg kontinuierlich von 13,3% zu t_1 auf 19,3% zu t_7. Bereits zu t_2 lagen sie in der Rangfolge der Bewältigungsversuche an 2. Stelle. Für die Lehrer wurde es notwendig, ihre Situation immer mehr auch gedanklich zu bewältigen, z.B. durch Selbstbeschwichtigung, durch Aufgeben von Zielen, Verdrängen der weiteren Zukunft, sich Hoffnung machen auf eine Verbesserung der Lebenssituation oder Warten auf einen glücklichen Zufall. Ein Beispiel:

Interviewer: „Und belastet dich das jetzt, daß du nicht weißt, wie es im September weitergeht?"
Walter: „Das hab ich wieder meisterhaft wahrscheinlich verdrängt bisher. Ich war jetzt zuerst einmal relativ froh, man wird ja bescheiden, dadurch daß ich immerhin bis 15. September was gekriegt hab. Ich schätze jetzt halt mal einfach die Chance realistisch ein, ich glaub, daß ich wieder was krieg im September. Natürlich wiederum auf Aushilfsbasis, so wie bisher. Das ist ganz klar das was ich jetzt glaub. Und ich glaub aufgrund dessen, weil jetzt, im Halbjahr, drei andere Sachen frei gewesen wären auch. Ich glaub auch, daß wieder irgendwas läuft. Und ich werde schauen, daß ich auf die Art, bis ich irgendwann mal was Festes find, vielleicht schaff ich das" (t_7)

Auch die Auseinandersetzung mit der finanziellen Situation war für die Probanden zu allen Erhebungszeitpunkten von Bedeutung: die Probanden versuchten ihre finanzielle Situation durch Einschränkungen und Sparmaßnahmen, Geldbeschaffung durch Jobben, Erschließung neuer Geldquellen über staatliche Hilfen (Arbeitslosenhilfe) oder durch Schuldenmachen zu bewältigen. Der Anteil der finanziellen Bewältigungsversuche lag zwischen 12% und 15% mit leicht abnehmender Tendenz.

Als nächstwichtigere Kategorie der Bewältigungsversuche folgten Bewältigungsversuche im sozialen Netzwerk. Vor allem in der zweiten Längsschnitthälfte nahm der Anteil der Bewältigungsversuche im sozialen Netzwerk zu: auf berufliche Belastungen bezogen versuchten die Probanden z.B., konkrete Hilfen von anderen zu erhalten, Leute zu fragen, Informationen zu sammeln. Geringere Bedeutung hatten Bewältigungsversuche wie mit Leuten über Probleme zu sprechen, Lösungen zu diskutieren oder neue Kontakte aufzubauen. Meistens aber wurden mit Bewältigungsversuchen im sozialen Netzwerk Probleme bewältigt, die in den sozialen Beziehungen selber aufgetreten waren: Man mußte sich z.B. mit seiner veränderten Rolle in der Partnerbeziehung auseinandersetzen und dort Konflikte bewältigen, die Beziehung zu Freunden und Bekannten wurde überdacht, manche zogen sich aus Freundschaftsbeziehungen zurück, wenn die anderen kein Verständnis für ihre Situation zeigten oder reduzierten ihre Ansprüche an Freunde (vgl. Abschn. 4.4.3).

Zu jedem Bewältigungsversuch wurde erschlossen, auf welche Belastungen in welchen Lebensbereichen sie bezogen waren *(Bezugsbelastung)*. Die meisten Bewältigungsversuche bezogen sich verständlicherweise auf berufliche Probleme: die Probanden versuchten in erster Linie, die Arbeitslosigkeit zu überwinden. Während jedoch inhaltliche Bewältigungsversuche im beruflichen Bereich (Bewerbungen usw.) zu den Einstellungsterminen die größte Rolle spielten, war der Anteil der *auf berufliche Belastungen bezogenen Bewältigungsversuche* zu t_3 und t_6, also jeweils unmittelbar vor den Einstellungsterminen, am höchsten. Dabei spielten aber nicht nur aktive (Handlungs-)Bewältigungsversuche wie z.B. Bewerbungen, eine Rolle, sondern auch allgemeine kognitive Strategien wie z.B. sich Hoffnung machen, Abwarten, Verdrängen. Versuche, berufliche Belastungen durch Nutzung der Ressourcen aus dem sozialen Netzwerk zu bewältigen, waren z.B. Informationen zu sammeln, Leute zu fragen und Beziehungen zu nützen. Finanzielle Bewältigungsversuche, die auf die beruflichen Probleme bezogen waren, waren z.B. Jobben, um damit Zeit zu gewinnen und die endgültige Entscheidung über die zukünftige berufliche Orientierung hinauszuzögern.

Bewältigungsversuche, die auf finanzielle Belastungen bezogen waren, nahmen insgesamt im Verlauf des Längsschnitts stark ab. Die Kurve für die Bewältigungsversuche, die auf Probleme im sozialen Netzwerk bezogen waren, verlief parallel zu den inhaltlichen Bewältigungsversuchen im Netzwerk: sie wurden in der zweiten Längsschnitthälfte bedeutsamer.

Welche *Bewältigungsformen* setzten die Probanden nun ein? Abb. 4.8.3 zeigt die relativen Häufigkeiten pro Erhebungszeitpunkt von Bewältigungshandlungen und kognitiven Bewältigungsversuchen, problembezogenen und selbstbezogenen Bewältigungsversuchen, sowie offensiven und defensiven Bewältigungsversuchen. Kognitive Bewältigungsversuche nehmen im Verlauf des Längsschnitts immer stärker zu, entsprechend spiegelbildlich nehmen Bewältigungshandlungen ab. Bei den beiden anderen Unterscheidungen der Bewältigungsformen finden wir einen *„Zangeneffekt"*: selbstbezogene Bewältigungsversuche und defensive Bewältigungsversuche nehmen bis t_5 zu, danach knicken die Kurven ab.

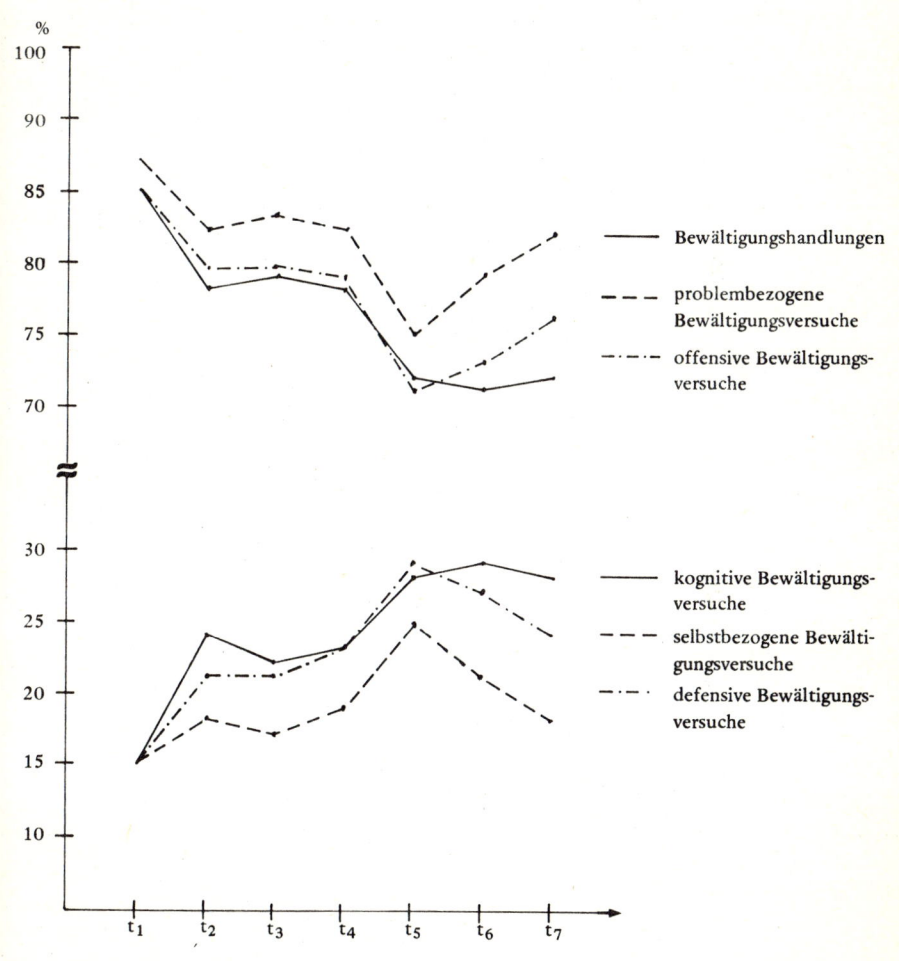

Abb. 4.8.3: Relative Häufigkeiten der Bewältigungsformen in der Untersuchungsgruppe 1 („Zangeneffekt")

Insgesamt waren die meisten von uns erfaßten Bewältigungsversuche anforderungsbezogene Handlungen. Ihr Anteil lag zwischen 60 und 78% und nahm von t_1 bis t_7 immer mehr ab, ein Tiefpunkt lag bei t_5. Der stärkste Anstieg an Nennungen war bei kognitiv-problembezogen-offensiven Bewältigungsversuchen zu verzeichnen (von 4% zu t_1 auf 9,2% zu t_7). Zwar setzten sich die Probanden weiterhin mit ihren Problemen konkret und offensiv auseinander, sie unternahmen aber insgesamt weniger, wurden letztlich passiver. Bei einigen Bewältigungsformen war die Häufigkeit des Auftretens wieder im Zusammenhang mit den für viele subjektiv bedeutsamen Einstellungsterminen zu interpretieren: z.B. wurden Mißerfolge zu den Einstellungsterminen häufig mit kognitiv-problembezogen-defensiven und kognitiv-selbstbezogen-offensiven Strategien zu bewältigen versucht: ihr Anteil stieg jeweils nach den Einstellungsterminen (t_2 und t_5) stark an.

So meint eine Probandin, die nur einen 11-Stunden-Vertrag an einer Schule bekommen hat:

Waltraud: „... nachdem ich jetzt eben auch was zu tun habe, gell? also wenigstens a bissel was und nicht immer nur rumsitze und so, macht mir das eigentlich nichts mehr aus ... auch wenn man nicht viel dabei verdient, aber man fühlt sich nicht so überflüssig (leichtes Lachen), gell." (t_2)

Ebenfalls nach den Einstellungsterminen muß man den *Stand der Bewältigungsversuche* interpretieren, der jeweils von den Probanden zu den einzelnen Zeitpunkten berichtet wurde: Bewältigungsversuche wie z.B. Bewerbungen waren vor den Einstellungsterminen (t_3 und t_6) am häufigsten eingeleitet und die Probanden konnten erste Zwischenergebnisse angeben, zu t_4 und t_7 traten die meisten (mit oder ohne Erfolg) abgeschlossenen Bewältigungsversuche auf. Interessanterweise nahmen geplante Bewältigungsversuche gegen Ende des Längsschnitts wieder zu. Dies zeigt, daß trotz einer verbesserten Lebenssituation für die meisten Lehrer die Arbeitslosigkeit subjektiv noch nicht bewältigt wurde: Man mußte sich weiterhin um die Zukunft sorgen, z.B. wenn man einen befristeten Vertrag hatte; die Situation war aus verschiedenen Gründen nicht zufriedenstellend und man wollte sich weiterhin um eine Verbesserung bemühen. Immerhin 44% der Untersuchungsgruppe 1 waren auch zu t_7 noch (oder wieder) arbeitslos, doch war zu diesem Zeitpunkt wieder ein wichtiger Einstellungstermin verstrichen: neue Pläne wurden geschmiedet; ob sie verwirklicht wurden, konnten wir wegen der Kürze des Längsschnitts nicht mehr erfahren.

Langfristige Bewältigungsversuche standen zu allen Zeitpunkten bei den Probanden an erster Stelle, doch nahmen sie gegen Ende des Längsschnitts immer stärker zu. Ein Jahr nach der Entlassung aus dem Referendardienst wurde immer stärker eine endgültige und langfristige Lösung der beruflichen Situation angestrebt. Im Gegensatz dazu nahmen *langfristige Lebensziele* — vgl. 4.7 — eher ab: Anstelle langfristiger Lebensziele traten vorläufig drängende Bewältigungsaufgaben für die arbeitslosen oder von Arbeitslosigkeit bedrohten Lehrer in den Vordergrund.

4.8.3 Bewältigungsformen sind belastungsspezifisch

Wurden spezifische Bezugsbelastungen auf eine spezifische Art und Weise bewältigt? Zur Beantwortung dieser Frage wurde analysiert, bei welchen Bezugsbelastungen welche Bewältigungsformen auffällig häufig eingesetzt wurden.

Im *beruflichen Bereich* waren anforderungsbezogene Handlungen sowie kognitiv-problembezogene Bewältigungsversuche (offensiv oder defensiv) am wichtigsten. Neben konkreten Handlungen z.B. Informationssuche durch Zeitungslektüre oder Bewerbungen setzten sich die Probanden sehr stark auch gedanklich mit ihrer Situation auseinander.

Konny: „ ... irgendwie denke ich mir, daß du halt alles mögliche anfangen mußt und irgendwas wird sich dann schon ergeben, ne, also, das ist nicht so, daß ich mich jetzt auf meinen Hintern setze und sage, jetzt laß ich den lieben Gott einen guten Mann sein, ne, sondern will echt schauen, daß ich gerade auch Sachen mach, zu denen ich nicht komme und mit Sicherheit nicht kommen würde, wenn ich ne feste Arbeitsstelle irgendwo habe. Daß ich das also bewußt ausnütze" (t_2)
Thomas: „ ... man gewöhnt sich auch langsam an diesen Zustand, verzichtet auf eine ganze Menge, ja ... da spielt Gewöhnung sicher eine große Rolle ... Ich mein, man hat diese Planstelle immer noch im Kopf, an die man sich klammert, also so der Strohhalm, an dem man sich irgendwie festhält." (t_5)

Nur zu Beginn der Arbeitslosigkeit zu t_1 traten außerdem kognitiv-selbstbezogen-defensive Bewältigungsversuche auffällig häufig bezogen auf berufliche Probleme auf: einige Probanden mußten die Enttäuschung, keine Stelle erhalten zu haben, erst verkraften.

Regina: „Selbstvorwürfe? Ich mein, momentan schiebe ichs noch ab und sage mir, die anderen sind schuld, warum hat der Herr Maier (der Kultusminister von Bayern, d.Verf.) das alles so geregelt ..." (t_1)

Im *finanziellen Bereich* spielten ebenfalls anforderungsbezogene Handlungen eine herausragende Rolle, kognitive Bewältigungsversuche waren hier nur wenige zu verzeichnen. Gerade im finanziellen Bereich gab es relativ routinierte Strategien, die schon in der Studentenzeit in ähnlicher Weise eingesetzt werden mußten: man mußte sparen und konnte z.B. durch Jobben auch kurzfristig etwas Geld beschaffen.

Belastungen aus dem *sozialen Netzwerk* wurden auffällig häufig mit defensiv-selbstbezogenen Handlungen bewältigt. Die Probanden zogen sich z.B. aus sozialen Beziehungen zurück, um zusätzliche Belastungen zu vermeiden. Aber auch konstruktiv-selbstbezogene Handlungen traten überdurchschnittlich häufig auf: z.B. wurden Probleme in der Partnerschaft dadurch bewältigt, daß man mit dem Partner über die Probleme sprach. Insgesamt waren bei Belastungen aus dem sozialen Netzwerk eher selbstbezogene Bewältigungsversuche typisch: Man versuchte, Probleme, die man in der Arbeitslosenrolle mit anderen hatte, zuerst „mit sich" auszumachen und versuchte nicht, problematische Netzwerkstrukturen aufzubrechen und zu verändern, da man als Arbeitsloser in der Regel in einer schwächeren Position war:

Interviewer: „Ja. Und redest Du mit deinen Freunden auch so über die Probleme oder über deine Pläne und so?"
Kerstin: „Ja, kurz nur. Also ich vermeid das jetzt eigentlich, weil wie gesagt da das rechte Verständnis an sich fehlt. Weil die immer alle bloß sagen, sei doch froh, daß du nix zu tun hast. Das kommt dann immer. Ja, klar, aus ihrer Situation heraus, wenn die sehr belastet sind, das ist schon klar. Aber das ärgert einen ja doch dann." (t_3)

Für den *Bereich Zeitstruktur* waren konstruktiv-selbstbezogene Handlungen typisch. Sie traten zu allen Zeitpunkten auffallend häufig bei Belastungen durch zu viel unstrukturierte Zeit in der Arbeitslosigkeit auf:

Sandra: „... Andererseits genieße ich das jetzt schon, daß ich so ohne größere Verpflichtungen mir den Tag einteilen kann ... Es gab Zeiten, da war das unangenehm, aber jetzt, wahrscheinlich findet man sich auch selber rein. Ich stelle mir halt da selber einen gewissen Zeitplan auf, den ich dann schon versuche einzuhalten." (t_3)

Auffällig waren außerdem defensiv-selbstbezogene Handlungen und kognitiv-selbstbezogen-offensive Bewältigungsversuche.

Kerstin: „... wenn ich mir so vorstell, was ich morgen alles machen könnte, das verteil ich dann lieber auf zwei Tage, weil ich mir denk, ach das ist ruhiger dadurch. Es ist auch nicht schlecht, einerseits find ich es auch nicht schlecht, weil ich sowieso immer leicht in Hektik gerate und weil das alles mal so schön ruhig ist. Also einfach um zu sehen, es geht auch alles langsamer, im langsamen Tempo. Und, und, aber wie gesagt – also so zurückschauen darf man dabei nicht, was so geleistet wurde oder solche Maßstäbe darf man da gar nicht anlegen." (t_4)

Bezogen auf Belastungen im Bereich Zeitstruktur wurden fast nur selbstbezogene Bewältigungsversuche auffällig oft genannt. Dies wird verständlich, wenn man sich die Besonderheiten dieses Bereiches vor Augen führt: Viele haben vielleicht zu Beginn der Arbeitslosigkeit den Anspruch, mit freier Zeit spielend umgehen zu können („wie in der Studentenzeit"). Sie sind enttäuscht, wenn dies doch nicht zutrifft und sie sich dennoch unwohl dabei fühlen und sie können sich das Unwohlsein nicht so recht erklären. Schuld daran ist am ehesten die „eigene Laschheit". Fixe vorgegebene Zeitstrukturen, die kulturell und gesellschaftlich bestimmt sind, entlasten eine Person von individuellen Entscheidungen über alternative Verwendungsformen von Zeit. Das Zeitbewußtsein ist in der Regel geprägt von der Vorstellung über die Knappheit von Zeit und der Tiefe der Zeitvorstellungen in Vergangenheit und Zukunft (vgl. Heinemann 1982). Beides ist bei den Arbeitslosen „unterentwickelt", da Zeit im Überfluß vorhanden ist. Anders als z.B. im finanziellen Bereich werden die Probanden im Bereich Zeitstruktur von niemandem gefordert, die objektiv verschlechterten Bedingungen der Zeitstruktur zu verändern. In diesem Bereich gibt es keine soziale Kontrolle, und es gibt auch kaum sozial normierte Handlungen, die helfen, Anforderungen durch unstrukturierte Zeit zu bewältigen. Gerade das Fehlen sozialer Strukturierung und sozialer Kontrolle in diesem Bereich dürfte mit erklären, warum Bewältigungsversuche hier in der Regel selbstbezogen sind. Fehlende zeitliche Strukturierung als Problem der Umwelt und der Lebenssituation ist für die Probanden nicht greifbar, sie können sich daher in ihren Bewältigungsversuchen auch nicht darauf beziehen. Subjektiv führen sie Belastungen in der Zeitstruktur auf Probleme der eigenen Person zurück und setzen auch dort mit ihren Bewältigungsversuchen an.

Fazit: Belastungen in verschiedenen Lebensbereichen gehen einher mit verschiedenen jeweils typischen Bewältigungsformen für den jeweiligen Bereich. Dies waren überwiegend:

— für den beruflichen Bereich anforderungsbezogene Handlungen und kognitiv-problembezogene Bewältigungsversuche,

— für den finanziellen Bereich anforderungsbezogene Handlungen,
— für den Bereich soziales Netzwerk selbstbezogene Handlungen,
— für den Bereich Zeitstruktur konstruktiv-selbstbezogene Handlungen und kognitiv-selbstbezogene Bewältigungsversuche.

Es hat sich also bewährt, bei den einzelnen Bewältigungsversuchen zwischen verschiedenen Bezugsbelastungen deutlich zu unterscheiden. Ein nächster Schritt, der in unserer Untersuchung noch nicht geleistet werden konnte, wäre, noch detaillierter herauszuarbeiten, wie objektive Strukturen der Lebenssituation (z.B. das Vorhandensein von sozial vorgegebenen Bewältigungsmöglichkeiten und das Ausmaß sozialer Kontrolle in einem Bereich), subjektive Belastungen (was ist bedroht? Wie ist die Belastung geartet?) mit den Bewältigungsformen in Beziehung zu setzen.

4.8.4 Welche Bewältigungsformen waren besonders erfolgreich?

Die Effektivität von Bewältigungsversuchen kann einerseits gemessen werden an einer Verbesserung der Lebenssituation, andererseits an einer Reduzierung der Belastung (vgl. auch Mayring 1984). In den „Erfolgsindizes" (s.o.) wurde erfaßt, ob die Probanden in einer bestimmten Sequenz aus ihrer subjektiven Sicht erfolgreiche langfristige berufliche Bewältigungsversuche abschließen konnten. Infolge solcher Bewältigungsversuche verändert sich in der Regel die Lebenssituation. Die Probanden haben Arbeit gefunden und sind vorläufig nicht mehr von erneuter Arbeitslosigkeit bedroht. Dennoch können neue Belastungen entstehen, die aber nun arbeitsbedingt sind (vgl. Abschn. 4.4). Zunächst vermuteten wir, daß Bewältigungshandlungen in der Regel effektiver für die Bewältigung der Arbeitslosigkeit sind als kognitive Bewältigungsversuche, problembezogene Bewältigungsversuche erfolgreicher als selbstbezogene Bewältigungsversuche und offensive Bewältigungsversuche „besser" als defensive Bewältigungsversuche. Gab es also typische Bewältigungsstrategien der „Erfolgreichen"?

Wir kamen zu folgendem Ergebnis (vgl. Abb. 4.8.4): Bei denjenigen, die in der entscheidenden Sequenz im Längsschnitt, t_3-t_4-t_5, Erfolg hatten, war der Anteil der Bewältigungs*handlungen* schon ab t_2 signifikant höher als bei denjenigen, die keinen Erfolg hatten. Anders ausgedrückt: kognitive Bewältigungsversuche spielten bei ihnen eine vergleichsweise untergeordnete Rolle. Bis t_5 fanden wir signifikante Korrelationen vor, danach war die Situation für die Erfolgrei-

langfristige erfolgreiche berufliche Bewältigungsversuche in der Sequenz $t_3 - t_4 - t_5$	t_1	t_2	t_3	t_4	t_5	t_6	t_7
Anteil der Bewältigungs<u>handlungen</u> (vs. <u>kognitive</u> Bewältigungsversuche)	n.s.	.32**	.38**	.28*	.55***	n.s.	n.s.
Anteil der <u>offensiven</u> Bewältigungsversuche (vs. <u>defensive</u> Bewältigungsversuche)	.25*	.25*	.38**	.34**	.50***	n.s.	n.s.
Anteil der <u>problembezogenen</u> Bewältigungsversuche (vs. <u>selbstbezogene</u> Bewältigungsversuche)	n.s.	n.s.	n.s.	.27*	.37**	n.s.	n.s.

Abb. 4.8.4: *Korrelationen zwischen Bewältigungsformen und Bewältigungserfolg (Kendall's Tau)*

chen nicht mehr bewältigungsrelevant. Es ist aber verwunderlich, daß gerade zu t_4, dem Zeitpunkt also, zu dem — s.o. — der Anteil der beruflichen Bewältigungsversuche am höchsten war, die Korrelation mit dem Erfolgsindex am geringsten ausfiel. Das bedeutet, daß sich gerade in dem entscheidenden Zeitraum zwischen t_3 und t_4, also unmittelbar vor dem Einstellungstermin, die Erfolgreichen und weniger Erfolgreichen nicht so stark in ihren Bewältigungsstrategien unterschieden wie zu anderen Zeitpunkten. Nicht allein die Bewältigungshandlungen, sondern auch Glück bei der Arbeitssuche spielten vielleicht eine Rolle dabei, ob ein Lehrer eine Stelle erhielt oder nicht. Das Glück wurde ja — vgl. Abschn. 4.5 — von den Probanden an erster Stelle der Erfolgsursachen für Bewältigungsversuche genannt.

Die Erfolgreichen bewältigten ihre Situation von Beginn an *offensiver* und weniger defensiv. Hier traten signifikante positive Korrelationen von t_1 bis t_5 auf. Die Korrelationen waren zu t_1 und t_2 jedoch sehr niedrig, erreichten aber zu t_5 immerhin .50.

In der Dimension problembezogen vs. selbstbezogen bewältigten die Probanden erst zu t_4 und t_5 relativ *stärker problembezogen* als andere, die keinen Erfolg in dieser entscheidenden kritischen Sequenz hatten. Die Stärke des Zusammenhangs war jedoch niedriger als bei den anderen Dimensionen zu diesem Zeitpunkt.

Sind nun bestimmte Bewältigungsstrategien generell erfolgreicher? Was können wir aufgrund der Ergebnisse über die Effektivität von bestimmten Bewältigungsformen aussagen?

Auf den ersten Blick scheint es, als seien Bewältigungs*handlungen* effektiver als *kognitive* Bewältigungsversuche, *offensive* Bewältigungsversuche „besser" als *defensive* und *problembezogene* Bewältigungsversuche erfolgreicher als *selbstbezogene*. So generell kann man aber die Aussage nicht stehen lassen. Die teilweise recht niedrigen Korrelationen deuten darauf hin, daß eine Reihe von Probanden, die vielleicht ähnliche Strategien einsetzten, trotzdem erfolglos blieben. In der Literatur zur Coping-Forschung wird immer wieder darauf hingewiesen, daß z.B. auch *kognitive* Bewältigungsversuche in bestimmten Phasen von Krisenverläufen stärker entlastend sein können als Bewältigungs*handlungen* (vgl. Lazarus 1980) und daß *selbstbezogene* Bewältigungsversuche bei bestimmten Konstellationen der objektiven Lebenssituation (z.B. Unkontrollierbarkeit der Situation) günstiger sind für das Wohlbefinden der Probanden. *Problembezogene* Bewältigungsversuche können, wenn sie fehlschlagen, Tendenzen zur Depressivität manchmal sogar verstärken (Folkman/Lazarus 1980; Folkman 1984). Zwar erhöhen offensive, problembezogene Bewältigungshandlungen die Chancen für eine langfristig erfolgreiche Bewältigung, doch sind die jeweils gegenteiligen Bewältigungsstrategien letztlich auch notwendig, um das emotionale Gleichgewicht der Probanden wieder herzustellen. Sie helfen, extrem belastende Situationen auszuhalten und die Krise zu überwinden. Speziell für unsere Untersuchung muß außerdem hervorgehoben werden, daß Arbeitslosigkeit gesellschaftlich bedingt ist und daher für den einzelnen Arbeitslosen nur sehr begrenzt kontrollierbar und individuell bewältigbar ist (vgl. Pearlin, Menaghan, Liebermann & Mullan 1981). Für eine erfolgreiche Bewältigung bedarf es zusätzlich anderer günstiger sozialer und gesellschaftlicher Bedingungen — oder Glück.

4.8.5 In welchem Zusammenhang stehen die berufliche Lebenssituation und Belastungen mit den Bewältigungsversuchen?

Ausgehend vom Prozeßmodell (Abschn. 3.2) und von weiteren theoretischen Überlegungen erwarteten wir zunächst, daß Bewältigungsversuche die Lebenssituation verändern und die Belastungen reduzieren.

Wie verändern Bewältigungsversuche die Lebenssituation?
Es wurden wieder die Indizes herangezogen, die die Bewältigungsformen zusammenfassen und mit dem jeweiligen beruflichen Status zu jedem der sieben Erhebungszeitpunkte der Untersuchungsgruppe 1 korreliert. Es ergab sich keine einzige Signifikanz. Aber vielleicht war die Frage hier auch falsch gestellt: Für die Arbeitslosen war die Situation viel stärker bewältigungsrelevant als für die, die Arbeit hatten, auch wenn letztere häufig von erneuter Arbeitslosigkeit bedroht waren.

Anders, wenn man die berufliche Lebenssituation in ihrem Verlauf im Längsschnitt betrachtete: In nicht-parametrischen Tests ergab sich folgendes Bild: Signifikante Unterschiede zeigten sich, faßte man diejenigen, die zu t_4 immer noch oder wieder arbeitslos waren, zusammen und verglich sie mit Probanden, die zu t_4 Arbeit hatten. Hier zeigte sich, daß letztere zu t_2 und t_3 signifikant stärker *problembezogen* (vgl. Abb. 4.8.5) und tendenziell stärker *offensiv* bewältigt hatten (signifikant zu t_2, vgl. Abb. 4.8.6).

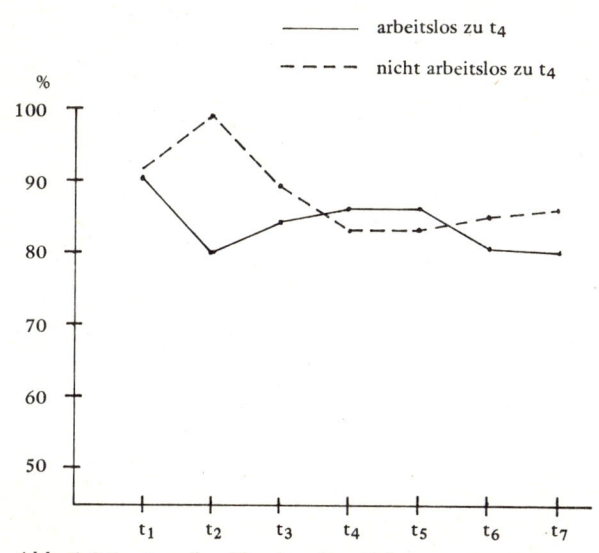

Abb. 4.8.5: Anteile offensiver Bewältigungsversuche (vs. defensiver Bewältigungsversuche) nach dem beruflichen Status zu t_4 (Mediane, Untersuchungsgruppe 1)

——— arbeitslos zu t_4
- - - - nicht arbeitslos zu t_4

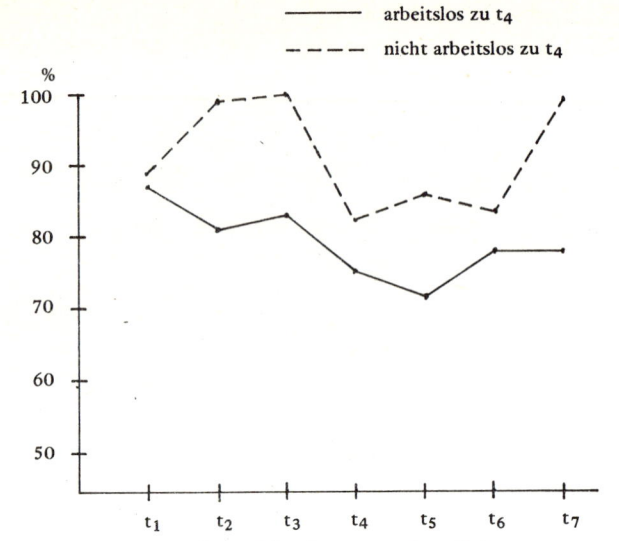

Abb. 4.8.6: Anteile problembezogener Bewältigungsversuche (vs. selbstbezogener Bewältigungsversuche) nach dem beruflichen Status zu t_4 (Mediane, Untersuchungsgruppe 1)

Gruppen, die sich in ihrer beruflichen Entwicklung in der zweiten Längsschnitthälfte unterschieden, hatten ebenfalls bereits schon in der ersten Längsschnitthälfte unterschiedlich bewältigt. Sie hatten relativ mehr Bewältigungshandlungen (signifikant zu t_2, t_3 und t_4, vgl. Abb. 4.8.7) eingesetzt und waren *offensiver* als andere an die Situation herangegangen (signifikant t_1, t_2 und t_3). Das Bewältigungsverhalten in den ersten Monaten nach der Entlastung hatte also scheinbar schon einen Einfluß auf den weiteren Verlauf der Arbeitslosigkeit, vor allem aber darauf, ob die Probanden zumindest bis t_7 eine Arbeit gefunden hatten. In der zweiten Längsschnitthälfte hatten diejenigen, die zu t_7 Arbeit hatten, stärker *problembezogen* bewältigt (signifikant zu t_5, vgl. Abb. 4.8.8).

Zusammenhänge zwischen der Lebenssituation und Bewältigungsversuche ergeben sich also erst dann, wenn man längsschnittlich analysiert; auch hier treten *Verzögerungseffekte* auf. Bestimmte Arten von Bewältigungsversuchen verändern die Lebenssituation, doch auch hier sind die im letzten Abschnitt angeführten Einschränkungen — die Grenzen einer individuellen Bewältigung von Arbeitslosigkeit — mit zu bedenken.

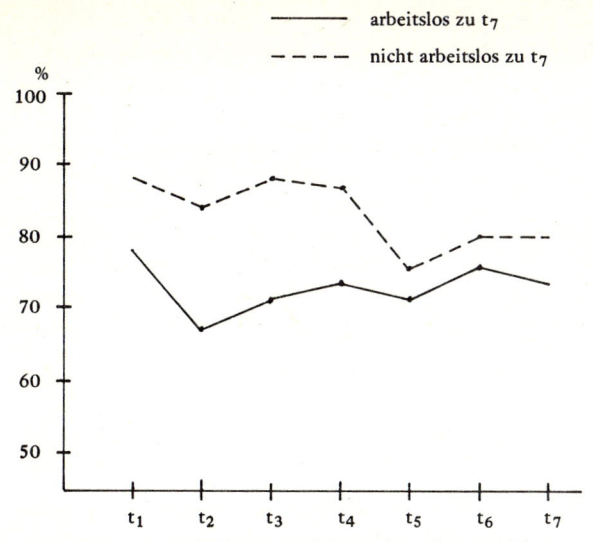

Abb. 4.8.7: Anteile der Bewältigungshandlungen (vs. kognitiver Bewältigungsversuche) nach dem beruflichen Status zu t_7 (Mediane, Untersuchungsgruppe 1)

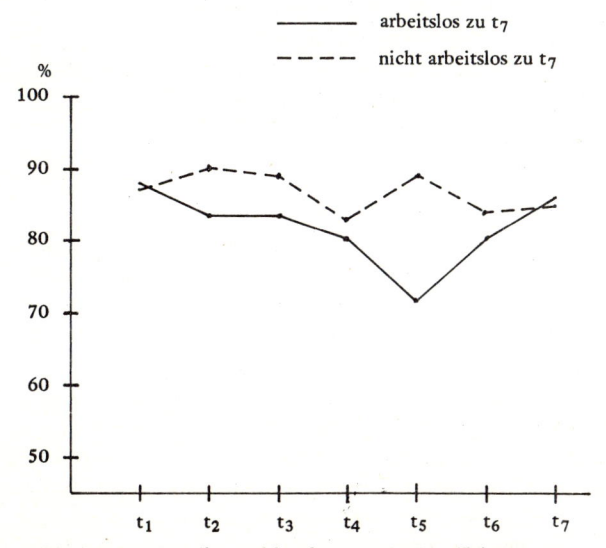

Abb. 4.8.8: Anteile problembezogener Bewältigungsversuche (vs. selbstbezogener Bewältigungsversuche) nach dem beruflichen Status zu t_7 (Mediane, Untersuchungsgruppe 1)

Welche Bewältigungsformen wirken belastungsreduzierend?

Aufgrund unserer Datenstruktur war diese Frage nur sehr schwer zu beantworten: Während sich die Belastungsmaße (vgl. Abschnitt 4.4.1) auf Erhebungszeitpunkte bezogen, beschreiben die Indizes für die Bewältigungsversuche Zeiträume: die Bewältigungsversuche nämlich, die seit Beginn der Arbeitslosigkeit bzw. seit dem letzten Interview stattgefunden haben. In diesen Zeiträumen aber waren Belastungs-Bewältigungs-Prozesse abgelaufen, die im einzelnen aus dem Datenmaterial nicht mehr reproduzierbar waren. Aus Korrelationen zwischen Belastungswerten und den Indizes für die Bewältigungsversuche kann also nur begrenzt erschlossen werden, welche Bewältigungsformen belastungsreduzierend waren.

Es zeigte sich folgendes Muster: Zu Beginn, in der Mitte und am Ende des Längsschnitts, jeweils zu den entscheidenden Einstellungsterminen, gab es signifikante Korrelationen für die Dimension *problembezogene* vs. *selbstbezogene* Bewältigungsversuche. Die Korrelationen waren negativ, was bedeutete, daß problembezogene Bewältigungsversuche eher mit niedrigen Belastungen einhergehen und ein höherer Anteil selbstbezogener Bewältigungsversuche mit eher hoher Belastung. Eine eindeutige Aussage über die Kausalrichtung kann jedoch nicht gemacht werden, die Korrelationen dürften vielmehr durch circuli vitiosi zu erklären sein: Hohe Belastungen machen verstärkt selbstbezogene Bewältigungsversuche notwendig, das Individuum versucht dabei, emotionale Belastungssymptome zu kontrollieren. Die belastende Situation verändert sich dadurch nicht, in der Folge steigen Belastungen weiter an, das Individuum gerät in eine Krise, in der wieder mehr selbstbezogene Bewältigungsversuche notwendig sind usw.

Zu dem Einstellungstermin t_1 betrug der Zusammenhang zwischen der allgemeinen Belastung und dem Anteil problembezogener Bewältigungsversuche Tau = -.27 ($p < .05$). In der Mitte des Längsschnitts konzentrierten sich die Korrelationen auf die Sequenz Bewältigungsversuche zu t_3 und Belastungen zu t_4: Probanden, die zu t_3, also unmittelbar vor dem Einstellungstermin, stärker problembezogen als selbstbezogen bewältigt hatten, wiesen zu t_4 geringere Werte in der allgemeinen Belastung auf (Tau = -.27*), auch der Generalisierungsgrad der Belastung war bei ihnen geringer (Tau = -.34**), d.h. sie waren in wenigen Bereichen ihrer Lebenssituation belastet. So schienen in diesem spezifischen Zeitraum von t_3 bis t_4, in dem die Chancen auf eine Arbeitsstelle besser waren als zu anderen Zeitpunkten, eher problembezogene Bewältigungsversuche die angemessenere Strategie zu sein: die belastende Lebenssituation konnte gerade in dieser Zeit eher verändert werden und Belastungen konnten eher reduziert werden. Zu t_7 war wieder der Wert für die allgemeine Belastung bei denjenigen niedriger, die ebenfalls zu t_7 relativ mehr problembezogene Bewältigungsversuche berichtet hatten als andere (Tau = -.28*). Auch hier hatten eher problembezogene Bewältigungsstrategien im Zeitraum um den Einstellungstermin zu t_7 einen Einfluß darauf, wie stark die Probanden schließlich belastet waren.

Zu den anderen Zeitpunkten hatten eher problembezogene Bewältigungsstrategien im Vergleich zu selbstbezogenen Bewältigungsversuchen keine belastungsreduzierende Wirkung. Dies mag damit zusammenhängen, daß nur zu den Einstellungsterminen die Situation für die Probanden in begrenztem Maße kontrollierbar wurde, inmitten eines Schulhalbjahres waren dagegen so gut wie keine Lehrerstellen offen, so daß selbstbezogene Bewältigungsversuche in der relativ unkontrollierbaren Situation u.U. sogar angemessener waren (vgl. Folkman/Lazarus 1980; Folkman 1984).

Daß bei den anderen Bewältigungsformen keine signifikanten Zusammenhänge auftraten, unterstützt die Sichtweise der Lazarus-Gruppe, daß nämlich bestimmte Bewältigungsformen nicht automatisch effektiver sein müssen als andere. So sind *kognitive* Bewältigungsversuche in gleicher Weise wie Bewältigungs*handlungen* für die Auseinandersetzung mit Arbeitslosigkeit von Bedeutung. Auch *defensive* Bewältigungsversuche können in bestimmten Situationen sogar effektiver sein als *offensive* Strategien (Lazarus 1980). Das Überwiegen der einen oder anderen Bewältigungsform hatte in unserer Untersuchung keinen einheitlich systematischen Einfluß auf die Stärke der Belastung, eindeutig „effektive" Bewältigungsstrategien gab es nicht.

Zusammenfassend: Was haben wir über die Bewältigungsversuche unserer Probanden in der Arbeitslosigkeit erfahren? Die arbeitslosen Lehrer der Untersuchungsgruppe 1 in unserer Untersuchung versuchten ihre Situation nur zu Beginn des Längsschnitts überwiegend durch Bewerbungen an Schulen, später aber auch durch andere berufliche Bewältigungsversuche zu ändern. In den verschiedenen Lebensbereichen, in denen Belastungen auftraten, setzten sie jeweils unterschiedliche, für den jeweiligen Bereich typische Bewältigungsformen ein. Nur auf den ersten Blick schienen für die Bewältigung der beruflichen Situation Bewältigungs*handlungen* erfolgreicher als *kognitive* Bewältigungsversuche, *problem*bezogene Bewältigungsversuche effektiver als *selbst*bezogene Bewältigungsversuche und *offensive* Bewältigungsversuche „besser" als *defensive* Bewältigungsversuche. Dieses Ergebnis wurde jedoch teilweise relativiert durch eine genauere Analyse der Korrelationsmuster. Es stellte sich heraus, daß es keine Bewältigungsformen gab, die automatisch Belastungen reduzierte.

5. Zusammenfassung und Ausblick

In der Psychologie haben sich in den letzten zwanzig Jahren vielfältige Forschungsansätze entwickelt, die es in zunehmendem Maße erlauben, die konkrete Auseinandersetzung einer Person mit Belastungssituationen zu untersuchen. Die Ansätze ordnen sich zu einem allgemeinen Belastungs-Bewältigungs-Paradigma. Wir haben in diesem Buch einen Krisenbegriff entwickelt, um dieses Paradigma auf schwerwiegendere Belastungen zu fokussieren, die in der unmittelbaren Konfrontation mit bedrohlichen Situationen entstehen können.

Der Krisenbegriff schien uns notwendig und geeignet um Erleben und psychische Folgen auch in der Belastungssituation Arbeitslosigkeit untersuchbar zu machen. In der psychologischen Arbeitslosenforschung zeigt sich immer stärker die Notwendigkeit differentiellen Vorgehens: Die Betroffenen erleben ihre Arbeitslosigkeit ganz unterschiedlich je nach ihrer bisherigen biographischen Entwicklung, ihrer gegebenen Lebenssituation, der subjektiven Deutung der Situation und ihrer Zukunftserwartungen. Derart komplexe Prozesse sind sinnvoll nur im Längsschnitt zu untersuchen.

Dies haben wir in einem Forschungsprojekt zum Problem der Lehrerarbeitslosigkeit versucht. Arbeitslose Lehrer stehen vor spezifischen Problemen: sie werden schon am Eintritt in den Beruf (nach Abschluß des Referendariats) gehindert, in einer Situation, in der andere junge Erwachsene ihre Lebensplanung und Identität festigen; es besteht für Lehrer ein staatliches Einstellungsmonopol; arbeitslose Lehrer erhalten nach ihrer Ausbildung im Referendariat kein Arbeitslosengeld.

Wir haben in unserer Längsschnittuntersuchung mit bis zu 7 Erhebungszeitpunkten rund 600 halb-strukturierte Interviews mit insgesamt 104 Probanden (einschließlich Kontrollgruppe) durchgeführt. Hier die wichtigsten Ergebnisse:

Zunächst fanden wir große Unterschiede in den einzelnen Bereichen der Lebenssituation (Beruf, Finanzen, interpersonelles Netzwerk, Tagesablauf, Gesundheit). Die Lebenssituation unserer Probanden wurde zunehmend heterogener. Nur ein Drittel der Untersuchungsgruppe hatte nach 13 Monaten (Ablauf des Längsschnitts) eine feste Stelle bekommen können.

Bei der Analyse der biographischen Voraussetzungen ergaben sich zu Beginn der Arbeitslosigkeit keine Unterschiede in der Höhe der Bewältigungskompetenz und des Selbstvertrauens zwischen Untersuchungs- und Kontrollgruppe: arbeitslos sind also nicht diejenigen geworden, die von vornherein weniger Kompetenzen und geringeres Selbstvertrauen hatten. Im weiteren Verlauf der Arbeitslosigkeit können sich Bewältigungskompetenzen nur dann belastungsreduzierend auswirken, wenn zusätzlich soziale und materielle Ressourcen vorhanden sind. Auch ein hohes Selbstvertrauen, das wir bei Arbeitslosen häufig fanden, hat protektive Funktion für den einzelnen; es schützt vor Belastungen.

In der Situation der Arbeitslosigkeit zeigten sich in allen Lebensbereichen psychische Belastungen. Berufliche Unsicherheit stand dabei meist im Vordergrund; bei langandauernder oder wiederholter Arbeitslosigkeit breitete sich die Belastung über immer mehr Lebensbereiche aus. Die Belastungen wurden besonders gravierend, wenn zu Beginn der zweiten Hälfte unseres Längsschnitts (nach über einem halben Jahr) immer noch keine Stelle gefunden wurde oder die Probanden erneut arbeitslos geworden waren. Ein krisenhafter Verlauf ist vor allem dann zu erwarten, wenn die Arbeitslosigkeit mehr als ein halbes Jahr ununterbrochen andauerte, wenn die Probanden weniger Unterstützung aus dem interpersonellen Netzwerk erhielten, wenn die Anfangsbelastung besonders stark war, wenn das Selbstvertrauen sank, wenn die Überzeugung fehlte, die Situation der Arbeitslosigkeit aus eigener Kraft ändern zu können.

Bei den Auswirkungen der Arbeitslosigkeit auf das subjektive Befinden spielt die kognitive Interpretation eine entscheidende vermittelnde Rolle. Protektive und belastungsreduzierende Bedeutung haben: hohes Selbstvertrauen; der Arbeitslose schreibt sich nicht durchgängig die Verantwortlichkeit für die Arbeitslosigkeit selbst zu, fühlt sich nicht als Versager; er schätzt seine bisherigen Bewältigungsversuche subjektiv eher als erfolgreich ein; er glaubt seine Situation selbst beeinflussen zu können, die Zukunft erscheint ihm eher vorhersehbar und hoffnungsvoll.

Im Laufe der Arbeitslosigkeit lockert sich die Bindung an den erlernten Beruf, und fördert eine Orientierung an den materiellen Aspekten („Jobmentalität'). Die Arbeitslosen machen also Abstriche an ihrem Berufsinteresse ganz entsprechend dem Verlust der Möglichkeit, die angestrebte berufliche Tätigkeit auch ausüben zu können. Je höher die Belastung, desto eher wünschen die Arbeitslosen einfach überhaupt nur irgendeine Berufstätigkeit. Sie geben sich mit weniger Lebensstandard zufrieden und schlagen sich längerfristige Lebensziele, wie z.B. Kinderwünsche, aus dem Kopf. Insgesamt scheint die Zeitperspektive zu schrumpfen: die Arbeitslosen nennen zwar nicht weniger aber eher kurzfristige Lebensziele.

Im Umgehen mit der Arbeitslosigkeit unterscheiden sich die einzelnen Arbeitslosen in ihren Bewältigungsversuchen sehr stark voneinander. Diese Bewältigungsversuche beziehen sich nicht nur auf die berufliche Wiedereingliederung, sondern auch auf belastende Veränderungen in anderen Lebensbereichen und die psychischen Folgelasten. Neben Bewältigungshandlungen wurden kognitive Bewältigungsversuche (z.B. Herunterschrauben des Anspruchsniveaus, positive Umdeutung der Situation) immer wichtiger. Der Erfolg von Bewältigungsversuchen hängt auch davon ab, ob in der Lebenssituation und in der Person begünstigende Faktoren gegeben sind.

Die Ergebnisse der Untersuchung bestätigen die Notwendigkeit und Ergiebigkeit des Ansatzes der differentiellen Arbeitslosenforschung. Weitere Untersuchungen sollten diesem Ansatz folgen; sie sollten Längsschnittuntersuchungen sein und dabei besonders die arbeitslosigkeitsspezifischen Effekte und die Besonderheiten der jeweiligen Zielgruppe beachten. Derartige Untersuchungen erfordern eine klare Parteinahme für die Betroffenen. Die Ergebnisse solcher Forschung müssen den Betroffenen, politischen Gruppen und Entscheidungsträgern mit als Grundlage zur politischen Bekämpfung der Arbeitslosigkeit dienen. Darüber hinaus kann die praktische Konsequenz psychologischer Arbeitslosenforschung nicht in der Entwicklung von Therapieprogrammen liegen, wohl aber im Initiieren und Unterstützung von Selbsthilfe.

Anhang A: Interviewleitfaden

Dynamisierter Interviewleitfaden Krisenbewältigung t_4

DFG-Projekt „Lehrerarbeitslosigkeit"
Institut für Empirische Pädagogik
Universität München

```
Zeichenerklärung:
(   )  Intervieweranweisung
< >    evtl. Zusatzfrage
─────  Interviewpartner redet
  △ (   ) Checkliste
  △ (   )
[   ]  Formulierungsalternative
```

(Einstieg)

Wir haben uns das letzte Mal am .... / vor .... Wochen getroffen.

   * Könnten Sie bitte am Anfang kurz erzählen, was in der **Zwischenzeit** passiert ist? ──────

< * Und in welcher Situation sind Sie jetzt? ──────>
< * Und haben Sie schon Vorstellungen, wie es weitergeht? ──────>

Ich würde jetzt gerne wieder auf die drei Bereiche genauer eingehen, die wir schon beim letzten Mal angesprochen haben: den beruflichen Bereich, die finanzielle Situation und die sozialen Beziehungen. ──────

LS Zunächst zum beruflichen Bereich:
b

    * Haben Sie zur Zeit einen Job? ———
    < * Was machen Sie da?
    * Ist das ganztags oder halbtags oder arbeiten Sie stundenweise?
    * Haben Sie einen Zeitvertrag oder ist der Vertrag unbefristet?
    * Sehen Sie eine Perspektive in diesem Job? ———>

(bzw. wenn Job beim Vorinterview vorhanden war, zusammenfassen:)

```
Tätigkeit:

ganztags/halbtags/stundenweise
Zeitvertrag/unbefristet
Perspektive:
```

    * Hat sich da was verändert? ———

(Bei neuem Beruf)

. . . .

BI   * Füllt Sie Ihr jetziger Beruf aus?
    < * Können Sie sich vorstellen, daß Sie diesen Beruf länger ausüben? ——— (auch bei Hausfrauen!) ———>

. . . .

BE   * Empfinden Sie Ihre derzeitige berufliche Situation/Arbeit als be-
b   lastend, oder hat das auch positive Seiten? ———
       (Berufliche Be- und Entlastung) ———
    < * Warum? ——— (Konkrete Belastungen/Entlastungen) ———>

(Vorinterview:)

```
appraisal:
konkrete Belastungen:


konkrete Entlastungen:
```

(Bei Veränderungen nachchecken!)

BI   *   Wie wichtig ist Ihnen Berufstätigkeit allgemein? ──

BI   Zusatzblatt zu t_4 und t_7
(im Anschluß an die Frage nach Bedeutung Berufstätigkeit allg.)

< * Gibt es auch Dinge, die Ihnen mehr bedeuten als berufliche Arbeit? >

* Wie sind Sie zum Lehrerberuf gekommen?
< * Was war <u>ausschlaggebend</u> für den Beginn eines Lehrerstudiums? >
< * Was war <u>ausschlaggebend</u> für die Entscheidung, doch in die Schulpraxis zu gehen? >
(Wenn L beim Studieren noch nicht an den Lehrerberuf gedacht hat.)

* Wären damals auch noch andere Berufe/Ausbildungen für Sie in Frage gekommen?
< * Hatten Sie sich noch andere Berufe/Ausbildungen überlegt? >
< * Gab es etwas, was Sie lieber gemacht hätten, als Lehrer? >

* Konnten Sie sich bisher mit dem Lehrerberuf identifizieren?
< * Wie sieht das heute aus? >
< * Ist/Wäre Lehrer für Sie <u>der</u> „Traumberuf"? >
< * Ist/Wäre Lehrer für Sie der „richtige Beruf"? >
< * Ist/War das Lehrersein ein wichtiger Teil Ihrer Person? >
Wenn nein, was dann?

Könnten Sie sich vorstellen, daß Ihnen auch andere Berufe oder Tätigkeiten als der Lehrerberuf Spaß machen würden?

Wenn es ganz nach Ihnen ginge (also abgesehen von der schwierigen gegenwärtigen Wirtschaftslage) — in welchem Beruf oder Bereich würden Sie am liebsten arbeiten?

Gibt es auch Berufe oder Tätigkeiten, die Sie unter gar keinen Umständen machen möchten?

(Filterfragen für AL)
BI   * Ist Schule für Sie noch ein Thema?
< * Hat Schule für Sie persönlich noch eine Bedeutung? >
< * Warum? >

* Was geht Ihnen jetzt am meisten ab, jetzt wo Sie nicht mehr Lehrer sind?

< * Geht Ihnen die Beziehung zu den Schülern ab? >
< * Warum? >

* Wie sehen Sie heute die Beziehung zwischen Lehrer und Schülern?

< * Wie sieht es mit dem Kontakt zwischen Lehrer und Schülern heute aus?   (Realbild) >
≪ * Was für eine Beziehung haben Sie zu den Schülern in Ihrem eigenen Unterricht?   (Praxis) ≫
< * Wie sollte die Beziehung zwischen Schülern und Lehrern idealerweise nach Ihrer Auffassung aussehen?   (Idealbild) >

```
Check:   Realbild

         Idealbild

         Praxis
```

* Wie sehen Sie heute die Tatsache, daß an den Schulen Noten gegeben werden?

< * Wozu werden heute Noten gegeben? >
< * Welche Funktionen haben Noten in der Schule?   (Realbild) >
≪ * Wie handhaben Sie die Notengebung in Ihrem Unterricht? (Praxis) ≫
< * Welche Funktion sollte eine Schülerbeurteilung nach Ihrer Meinung haben?   (Idealbild) >

```
Check:   Realbild

         Idealbild

         Praxis
```

≪ ≫ entfällt bei ganz arbeitslosen bzw. bei nicht mehr als Lehrer tätigen.

LS
f

Kommen wir zur finanziellen Situation:

(zusammenfassen:)

> Netto-Verdienst:
> Geldquellen:
> Verpflichtungen:
>
> Einschränkungen:

(Checks: Geldquellen)   (Einschränkungen)

△ (Arbeitslosenhilfe)   △ (Wohnsituation)
△ (Sozialhilfe)   △ (Schulden)
△ (Wohngeld)   △ (größere Anschaffungen)
△ (Kindergeld)   △ (Freizeit)
△ (Partner)   △ (Urlaub)
△ (Eltern)   △ (kleinere persönliche
△ (eigener Job)   Anschaffungen)
△ (Vermögen/Ersparnisse)

* Was hat sich daran verändert? ─────
< * Wie ist das heute? ─────>

BE
f

* Empfinden Sie Ihre jetzige Situation als belastend oder gibt es auch positive Aspekte? ─────
───── (finanzielle Be-/Entlastungen) ─────
< * Warum? ───── (konkrete Be-/Entlastungen) ─────>

> appraisal:
> konkrete Belastungen:
>
>
> konkrete Entlastungen:

(Bei Veränderungen nachchecken!)

LS Ich würde jetzt wieder gerne etwas über Ihre sozialen Beziehungen
n erfahren.

(zusammenfassen:)
> Wohnform:
> Partner:

* Hat sich seit dem letzten Interview etwas an Ihrer Partnerbeziehung verändert? ———
— (Art der Beziehung, Bedürfnisse) ———

< * Ist Ihre Partnerbeziehung dadurch beeinträchtigt? ———>
BE < * Belastet Sie das? ———>
n

* Empfinden Sie die Situation in Ihrer Partnerbeziehung als belastend, oder hilft sie Ihnen auch? ———
(Be-/Entlastung) ———

< * Warum? ——— (konkrete Belastungen/Entlastungen) ———>

> appraisal:
> konkrete Belastungen:
>
>
> konkrete Entlastungen:

(Bei Veränderungen nachchecken:
xy hat also an Bedeutung verloren/gewonnen?)

LS (bezugnehmen:)
n
Kind
> Kinder:

* Hat sich seit dem letzten Interview an der Beziehung zu Ihrem(n) Kind(ern) etwas verändert? ———

BE   * Empfinden Sie Ihr(e) Kind(er) jetzt eher als Belastung oder eher als Entlastung? ———
—(Be-/Entlastung) ———
    < * Warum? ——— (konkrete Be-/Entlastungen) ———>

> appraisal:
> konkrete Belastungen:
>
> konkrete Entlastungen:

(Bei Veränderungen nachchecken)

. . . .

LS   (zusammenfassen:)
n
Freund.
u. Bek.

> Freunde: Anzahl: Bekannte: Anzahl:
> Gemeinsamkeiten:
>
> Freunde/Bekannte: woher kennen?
>
> Kontakthäufigkeit:

  * Hat sich hier etwas verändert? ———
    < * Haben Sie zu diesen Freunden in gleicher Weise/ in gleichem Ausmaß Kontakt? ——— (Intensität und Kontakthäufigkeit) ———>
    < * Machen Sie immer noch xy gemeinsam? ———>

BE   * Gibt es da irgendwelche Belastungen oder bietet Ihnen der Freundes-
n   und Bekanntenkreis auch Rückhalt? ———
Freund.   (Be-/Entlastungen) ———
u. Bek.   < * Warum? ——— (konkrete Be-/Entlastungen) ———>

> appraisal:
> konkrete Belastungen:
>
> konkrete Entlastungen:

(Bei Veränderungen nachchecken:
xy hat also an Bedeutung verloren / gewonnen?)

LS (bezugnehmen:)
n
Elt.
> Kontakt zu den Eltern:
>
> Stellungnahme der Eltern:

* Hat sich da was verändert? ———

BE * Ist die Beziehung zu Ihren Eltern im Moment eher belastend oder eher eine Hilfe? ——— (Be-/Entlastungen) ———

< * Warum? ———(konkrete Be-/Entlastungen)———>

> appraisal:
> konkrete Belastungen:
>
> konkrete Entlastungen:

(Bei Veränderungen nachchecken! s.o.)

....

LS (bezugnehmen:)
n
Org.
> Organisationsmitgliedschaft:
> Besuch von Veranstaltungen:
> Verantwortliche Funktion:

* Hat sich da etwas verändert? ——— (Intensität, Ein-/Austritt) ———

BE * Gibt es da irgendwelche Belastungen oder bietet Ihnen ......
auch Unterstützung? ——— (Be-/Entlastungen) ———

< * Wodurch? ——— (konkrete Be-/Entlastungen) ———>

> appraisal:
> konkrete Belastungen:
>
> konkrete Entlastungen:

(Bei Veränderungen nachchecken!)

....

LS n Funkt. (nur wenn Netzwerkveränderungen)

* Wenn Sie ein größeres persönliches Problem haben, haben Sie dann jemanden, zu dem Sie gehen können? ——
  [der Ihnen hilft? —]
  [mit dem Sie reden können? —]
  [mit dem Sie sich aussprechen können? —]

< * Wen? —>
< * Worin besteht diese Hilfe? —— (Check, s.u.) —>
< * Können Sie in schwierigen Situationen von jemanden ganz konkrete Hilfe erwarten? —>

                △ (affektive Hilfe)
                △ (Geld)
< * Welche? —>   △ (Beziehungen)
                △ (rechtliche Hilfen)
                △ (Informationen/Rat)

> affektive Funktionen:
>
> instrumentelle Funktionen:

(Bei Veränderungen evt. nachchecken!)

. . . .

LS Zeit (zusammenfassen:)

> Wochenablauf:
>
> Tagesablauf:
> (freie Tage)

* Hat sich hier was verändert? —— (jetziger Job!) ——
* Was haben Sie gestern/Ihrem letzten freien (Werk-)Tag gemacht? —— (Fixe Punkte im Tagesablauf) ——

< * Was haben Sie morgen/an Ihrem nächsten freien (Werk-)Tag vor? —>

* War das < wird das > ein typischer (freier) Tag? ——
* Was war < wird > untypisch? ——

BE * Sind Sie mit so einem typischen Tagesablauf zufrieden, oder macht Ihnen die viele freie Zeit eher zu schaffen? ——
(Be-/Entlastungen) ——

< * Was konkret macht Sie unzufrieden? —— (konkrete Belastungen)

< * Was gefällt Ihnen an so einem Tagesablauf? —— (konkrete Entlastungen)

---
appraisal:
konkrete Belastungen:

konkrete Entlastungen:

(Bei Veränderungen evt. nachchecken!)

....

BE allg. (Schon) beim letzten Mal habe ich Ihnen diese Kärtchen vorgelegt, um etwas über die emotionale Seite Ihrer Situation zu erfahren.

* Ich möchte Sie bitten, zu jedem Kärtchen kurz Stellung zu nehmen, ob das für Sie zutrifft oder nicht, und inwiefern. ——

(Wenn nur Ja/Nein-Antworten, nachfragen!)

Beim letzen Mal:

(Bei Veränderungen evt. nachfragen!)

....

BE ps Ich habe hier auch wieder den Fragebogen über aktuelle gesundheitliche Beschwerden. Aktuell — damit ist gemeint, so in den letzten 2 Wochen.

* Ich möchte Sie bitten, den Fragebogen nochmals auszufüllen.

(Fragebogen und ggf. Stift überreichen)

....

BE allg. * Wenn Sie sich nochmal Ihre gegenwärtige Situation vor Augen führen, was ist für Sie am schlimmsten?

Beim letzten Mal:

(Bei Veränderungen nachfragen!)

....

KK
* Was empfinden Sie jetzt angesichts Ihrer Arbeitslosigkeit eher Hoffnung oder eher Aussichtslosigkeit? ─────
(emotionale Komponente) ───── < (wieviel Hoffnung?) > ─────
* Glauben Sie, daß Sie Ihre jetzige Situation aus eigener Kraft verändern können? . . . . daß Sie es selbst in der Hand haben? ─────
< * Trauen Sie sich zu, die Situation zu bewältigen? ─────>
(Handlungskomponente)
* Sind Sie sich genau im Klaren, wie es jetzt weitergeht, oder sehen Sie die Zukunft eher verschwommen? ─────
* Was meinen Sie, wird in einem Viertel Jahr sein? ─────
(kognitive Komponente: Vorhersagbarkeit)

Beim letzten Mal:

. . . .

BV
alt
Wir haben beim letzten Mal darüber gesprochen, was Sie alles geplant oder unternommen haben.

(Für laufende und geplante BV und Ideen)

Plan/Idee:
Erwartung (Bezugsbelastung):
mögliche Schwierigkeiten:
bisherige Aktionen:
Zwischenergebnisse:
Attribuierung:

* Wie ist das weiter gelaufen? (pro BV!) ─────
* Worauf führen Sie das zurück, daß das so gelaufen ist?
* Was werden Sie jetzt weiter unternehmen? ─────

Plan/Idee:
Erwartung (Bezugsbelastung):
mögliche Schwierigkeiten:
bisherige Aktionen:
Zwischenergebnisse:
Attribuierung:

> Plan/Idee:
> Erwartung (Bezugsbelastung):
> mögliche Schwierigkeiten:
> bisherige Aktionen:
> Zwischenergebnisse:
> Attribuierung:

. . . .

bB (viel Zeit lassen; viel selber zusammenfassen!)

* Was war für Sie die wichtigste Erfahrung im letzten halben Jahr?
* Sie haben erzählt, daß . . .

> LS
> BE
> BV

* War das eine wichtige Erfahrung? ———
* Gab es andere wichtige Erfahrungen in diesem Bereich? ———

< * Was war da, wie ist das gelaufen? ——>

fin △ Sparmaßnahmen
△ Geldquellen erschließen

* War das belastend für Sie? —— < * Was war belastend? ——>

> (falls belastend oder neu:)

AT * Warum ist das so gelaufen?—

BK * Wie sind Sie damit umgegangen? ———

KE
* Sind Sie zuversichtlich an (diese Anforderung) herangegangen? ———
* Was hat sich daraus ergeben (Ergebnis der Bemühungen)? ———
* Waren Sie mit dem Ausgang zufrieden? ———

KE
* Hat das (diese Erfahrung, die Entwicklung in diesem Bereich) Auswirkungen auf Ihr Selbstvertrauen gehabt? ———
< * Welche? ——>

> (wenn ‚Erkenntnisse' kommen:)

KE/BK * Gehen Sie jetzt aufgrund dieser Schlußfolgerungen anders an solche Dinge heran? ———

bB   (viel Zeit lassen; viel selber zusammenfassen!)

     * Sie haben erzählt, daß . . .

> LS
>
> BE
>
> BV

     * War das eine wichtige Erfahrung? ———

     * Gab es andere wichtige Erfahrungen in diesem Bereich? ———

   < * Was war da, wie ist das gelaufen? ———>

beruf   △ Infosuche
           △ Anforderungen einschätzen
           △ Selbstdarstellung

     * War das belastend für Sie? ——— < * Was war belastend? ———>

     (falls belastend oder neu:)

AT   * Warum ist das so gelaufen? ———

BK   * Wie sind Sie damit umgegangen? ———

KE   * Sind Sie zuversichtlich an (diese Anforderung) herangegangen? ———
       * Was hat sich daraus ergeben (Ergebnis der Bemühungen)? ———
       * Waren Sie mit dem Ausgang zufrieden? ———

KE   * Hat das (diese Erfahrung, die Entwicklung in diesem Bereich) Auswirkungen auf Ihr Selbstvertrauen gehabt? ———
      < * Welche? ———>

     (wenn ‚Erkenntnisse' kommen:)

KE/BK   * Gehen Sie jetzt aufgrund dieser Schlußfolgerungen anders an solche Dinge heran? ———

bB   (viel Zeit lassen; viel selber zusammenfassen!)

    * Sie haben erzählt, daß . . .

> LS
>
> BE
>
> BV

    * War das eine wichtige Erfahrung? ———

    * Gab es andere wichtige Erfahrungen in diesem Bereich? ———

  < * Was war da, wie ist das gelaufen? ——>
      △ Hilfe suchen

netz   △ Instrumentelle und affektive
        Ressourcen nutzen

    * War das belastend für Sie? — < * Was war belastend? ——>

> (falls belastend oder neu:)

AT

> * Warum ist das so gelaufen?—

BK   * Wie sind Sie damit umgegangen? ———

KE   * Sind Sie zuversichtlich an (diese Anforderung) herangegangen? ———
      * Was hat sich daraus ergeben (Ergebnis der Bemühungen)? ———
      * Waren Sie mit dem Ausgang zufrieden? ———

KE   * Hat das (diese Erfahrung, die Entwicklung in diesem Bereich)
      Auswirkungen auf Ihr Selbstvertrauen gehabt? ———
      < * Welche? —>

> (wenn ‚Erkenntnisse' kommen:)

KE/BK

> * Gehen Sie jetzt aufgrund dieser Schlußfolgerungen anders an solche Dinge heran? ———

bB (viel Zeit lassen; viel selber zusammenfassen!)

* Sie haben erzählt, daß ...

> LS
> BE
> BV

* War das eine wichtige Erfahrung? ———
* Gab es andere wichtige Erfahrungen in diesem Bereich? ———
< * Was war da, wie ist das gelaufen? ———>
  △ sich selbst Ziele setzen
Zeit △ den Tag planen
  △ Langeweile und Leerlauf vermeiden

* War das belastend für Sie? —— < * Was war belastend? ——>

> (falls belastend oder neu:)

AT * Warum ist das so gelaufen?

BK * Wie sind Sie damit umgegangen? ———

KE * Sind Sie zuversichtlich an (diese Anforderung) herangegangen? ———
  * Was hat sich daraus ergeben (Ergebnis der Bemühungen)? ———
  * Waren Sie mit dem Ausgang zufrieden? ———

KE * Hat das (diese Erfahrung, die Entwicklung in diesem Bereich) Auswirkungen auf Ihr Selbstvertrauen gehabt? ———
  < * Welche? ——>

> (wenn ‚Erkenntnisse' kommen:)

KE/BK * Gehen Sie jetzt aufgrund dieser Schlußfolgerungen anders an solche Dinge heran? ——— (Handlungskonsequenzen!) ———

. . . .

* Haben Sie sich verändert im letzten halben Jahr? ———
* Was ist anders geworden? ———
* Was war für diese Veränderung ausschlaggebend? ———
(Evt. wie oben nachfragen, vorallem wenn ‚Erkenntnisse' kommen)
* Glauben Sie, daß Ihre (Bezugsperson) (auch) Veränderungen an Ihnen bemerkt haben? ———

BV
plan
u. neu

(Für neue BV, die in der Zwischenzeit abgeschlossen oder angefangen wurden.)

* Haben Sie in der Zwischenzeit, seit dem letzten Interview außerdem noch andere Dinge unternommen? ———

bei BV nachhaken:
△ Erwartungen
△ Schwierigkeiten
△ Ergebnisse
△ Attribution

* Haben Sie weitere Ideen, was Sie noch unternehmen könnten?

< * Haben Sie Pläne? ———>
(bei BV nachhaken, s. △ !)

. . . .

BV
bezug-
BE

* Sie haben vorhin gesagt, daß das Schlimmste für Sie jetzt ......
ist. Glauben Sie, daß Sie etwas dagegen tun können? ———

bei BV nachhaken:
△ Was?
△ Erwartungen
△ Schwierigkeiten, evtl.
△ Zwischenergebnisse

* Beim letzten Mal haben Sie gesagt, daß Sie:

am schlimmsten finden. Haben Sie etwas dagegen unternehmen können? ———
(bei BV nachhaken, s. △ !)

* Oder hat sich bereits ohne Ihr Zutun etwas zum Besseren verändert?

. . . .

SZ Als Erwartungen und Wünsche für die nächste Zukunft haben Sie beim letzten Mal genannt: (vorsichtig fragen)

* Hat sich da was geändert? ———

< * Sind einige Ziele näher ins Blickfeld gerückt? ———>
< * Haben Sie Ziele aufgeben müssen? ———>

. . . .

(Honorar!)

Anhang B: Kärtchen zur allgemeinen Belastung

Kärtchen zur allgemeinen Belastung

1. Ich fühle mich niedergeschlagen und bedrückt.
2. Ich fühle mich nervös und unruhig.
3. Es fällt mir schwer, mich zu konzentrieren.
4. Die alltäglichen Dinge gehen mir nur langsam von der Hand.
5. Ich habe Angstzustände.
6. Es fällt mir schwer, Entschlüsse zu fassen.
7. Ich habe wenig Lust und Freude am Leben.
8. Ich grüble sehr viel.
9. Ich habe besondere Freude an bestimmten Dingen und Tätigkeiten.
10. Ich bin leicht reizbar.
11. Ich mache mir Selbstvorwürfe und zweifle an meinem Selbstwert.
12. Ich habe oft Alpträume.
13. Ich fühle mich schlaff und energielos.
14. Ich fühle mich unsicher.
15. Ich zweifle an meinen Fähigkeiten.
16. Ich fühle mich nutzlos.

Anhang C: Kodierschema Bewältigungsversuche

Pbn Var	Dimension	Code / Ausprägung	Wert	BV		
BV D1	BV-Nummer	2 Stellen: Ausgangs-BV 2 Stellen: Folge-BV				
BV D2	Erhebungszeitpunkt					
BV D3	Inhalt des BV	siehe Zusatzblatt →				
BV D4	Bezugsbelastung	1 finanzielle Sit. 2 Netzwerkprobleme 3 berufliche Probleme 4 Zeitstrukturprobleme 5 Gesundheitsprobleme 6 allg. psych. Befinden 7 nicht einzuordnen 9 missing				
BV D5	Stand des BV	1 geplant 2 eingeleitet 3 laufend mit Zwischenerg. 4 abgeschlossen 5 ruhend 6 unentscheidbar 9 missing				
BV D6	Einordnung	1 direkt-problembezog. Handlung 3 konstruktiv-selbstbezog. Handlung 4 defensiv-selbstbezog. Handlung 5 kognitiv-Problembezog. offensiv 6 kognitiv-problembezog. deffensiv 7 kognitiv-selbstbezog. offensiv 8 kognitiv-selbstbezog. defensiv 9 missing				
BV D7	Erfolg (Erfolgserwartung)	1 BV aufgegeben 2 Mißerfolg 3 teilweise Erfolg 4 Erfolg 5 unentscheidbar 9 missing				
BV D8	Fristigkeit (Intention bzw. Wirkung)	1 kurz (bis 4 Wochen) 2 bis 1/4 Jahr 3 3 bis 6 Monate 4 bis 1 Jahr 5 lang (über 1 Jahr) 9 missing				

	VAR-name			Dimension	Code / Ausprägung		Wert
11	BV D1	BV		BV inhaltlich	99	missing	
					11	Netzwerk anpumpen	
					12	staatl. Unterstützung	
				-----	13	andere Geldquellen auftun	
					14	Jobben	
				finanz.	15	Sparmaßnahmen	
				Bereich	16		
					17		
				---	19	sonstige finanzielle BV's	
					21	mit Leuten reden	
					22	andere Netzwerk-ressourcen nützen	
					23	Info nutzen	
				Netzw.	24	neue Teilnetzwerke erschließen	
					25	Rückzug	
					26		
					27		
				---	29	sonstige Netzwerk BV's	
					31	Qualifikationen nutzen	
					32	Bewerbung Warteliste (Staat)	
					33	Bewerbung Schulen	
					34	Bewerbung außerschulisch als Lehrer	
					35	Bewerbung berufsfremd	
					36	Infosuche	
					37	Arbeitsamt	
				berufl.	38	Wohlverhalten bei Arbeitgebern	
				Bereich	39	Weiterbildung, Umschulung	
					40	Ansprüche zurückschrauben	
					41	Umorientierung	
					42	Wiederholungsprüfung	
				---	49	sonstige berufsbezogene BV's	
					51	alte Dinge aufarbeiten	
					52	Hobbies ausbauen	
					53	Familie	
					54	ausspannen	
				Zeitstruktur	55	neue Aufgaben erschließen	
					56	Gewöhnung	
					57		
					58		
				---	59	sonstige zeitstrukt.-bezogene BV's	
					61	Selbsttherapie	
					62	Arzt aufsuchen	
					63		
				Gesundheit	64		
					69	sonstige psychosomat. BV's	
				---	71	Entlastende BV-Pläne	
				allgemein	72	Selbstbeschwichtigung	
					73	verändert. Lebensauff.	
					74	Therapie	

Literaturverzeichnis

Abramson, L.Y./Seligman, M.E.P./Teasdale, J.D.: Learned helplessness in humans: critique and reformulation. In: Journal of Abnormal Psychology 1978, 87, S. 49-74.
Aiken, M./Ferman, C.A./Sherppard, H.L.: Economic failure, alienation, and extremism. Ann Arbor 1968.
Alloy, L.B./Seligman, M.E.P.: On the cognitiv component of learned helplessness and depression. In: G. Bower (ed.): The Psychology of Learning and Motivation. New York: Academic Press 1979, Vol. 13.
Alloy, L.B./Peterson, Ch./Abramson, L.Y./Seligman, M.E.P.: Attributional style and the generality of learned helplessness. In: Journal of Personality and Social Psychology 1984, Vol. 46, No. 3, S. 681-687.
Arnold, M.: Emotion and Personality. New York: Columbia University Press 1960.
Averill, J.R.: Personal control over aversive stimuli and its relationship to stress. In: Psychological Bulletin 1973, Vol. 80, S. 286-303.

Back, K. (Hrsg.): Life course: Integrative theories and exemplar populations. Washington DC: American Association for the Advancement of Science 1980.
Bahlsen, W./Nackielsky, H./Rössel, K./Winkel, R.: Die neue Armut. Köln: Bund, 2. Aufl. 1985.
Baltes, P.B.: Entwicklungspsychologie unter dem Aspekt der gesamten Lebensspanne: Einige Bemerkungen zur Geschichte und Theorie. In: L. Montada (Hrsg.): Brennpunkte der Entwicklungspsychologie. Stuttgart: Kohlhammer 1979, S. 42-60.
Baltes, P.B./Sowarka, D.: Entwicklungspsychologie und Entwicklungsbegriff. In: R.K. Silbereisen/L. Montada (Hrsg.): Entwicklungspsychologie. München: Urban & Schwarzenberg 1983, S. 11-20.
Baltes, P.B./Reese, H.W./Nesselroade, J.R.: Life-span development psychology: Introduction to research methods. Monterey, Cal.: Brooks/Cole 1977.
Becker, P.: Bewältigungsverhalten und seelische Gesundheit. Trierer Psychologische Berichte 1984, Band 11, Heft 5.
Bekerian, D.A.: The learned helplessness hypothesis: A framework in disguise. In: Current Psychological Research and Reviews 1984, Vol. 3, No. 1, S.19-37.
Bergius, R.: Formen des Zukunftserlebens. München: Barth-Verlag 1957.
Bergmann, W.: Das Problem der Zeit in der Soziologie. In: Kölner Zeitschrift für Soziologie und Sozialpsychologie 1983, 35, 3, S. 462-504.

Beutel, P./Schubö,W.: Statistik-Programm-System für die Sozialwissenschaften: SPSS 9. Stuttgart/New York: Fischer 1983.

Bierbrauer, G.: Die Zuschreibung von Verantwortlichkeit. Eine attributionstheoretische Analyse. In: W. Hassemer/K. Lüderssen (Hrsg.): Sozialwissenschaften im Studium des Rechts, Bd. 3. München: Beck 1978, S. 130-152.

Billings, A.G./Moos, R.H.: Psychosocial theory and research on depression. An integrative framework and review. In: Clinical Psychology Review 1982, 2, S. 213-237.

Birbaumer, N.: Psychophysiologie der Angst. München: Urban & Schwarzenberg 1977.

Boussevain, J.: Friends of friends: Networks, manipulators and coalitions. Oxford 1974.

Braukmann, W./Filipp, S.-H.: Strategien und Techniken der Lebensbewältigung. In: U. Baumann/H. Berbalk/G. Seistücker (Hrsg.): Klinische Psychologie. Trends in Forschung und Praxis, Bnd. 6. Bern: Huber Verlag 1984, S. 52-82.

Brehm, J.W.: A theory of psychological reactance. New York: Academic Press 1966.

Brenner, M.H.: Wirtschaftskrise, Arbeitslosigkeit und psychische Erkrankung. München: Urban & Schwarzenberg 1979. (Original: Mental illness and the economy, Harvard 1973.)

Brinkmann, Ch.: Finanzielle und psycho-soziale Belastung während der Arbeitslosigkeit. In: A. Wacker (Hrsg.): Vom Schock zum Fatalismus? Frankfurt: Campus 1981 (2. Aufl.), S. 57-91.

Brinkmann, Ch.: Die individuellen Folgen langfristiger Arbeitslosigkeit. Ergebnisse einer repräsentativen Längsschnittuntersuchung. In: Mitteilungen aus der Arbeitsmarkt- und Berufsforschung 1984, 17, S. 454-473.

Brinkmann, Ch./Potthoff, P.: Gesundheitliche Probleme in der Eingangsphase der Arbeitslosigkeit. In: Mitteilungen aus der Arbeitsmarkt- und Berufsforschung 1983, 16, S. 378-393.

Brown, G.W./Harris, T.O.: Social origins of depression. A study of psychiatric disorder in women. London 1978.

Bullens, H.: Begriffsbildung in der Kindheit als Entwicklung kognitiver Strukturen. Forschungskonzepte und Ontogenese. Dissertation 1983. Universität München.

Bulman, R.J./Wortman, C.: Attributions of blame and coping in the „Real World". Sever accident vivtims react to their lot. In: Journal of Personality and Social Psychology 1977, Vol. 35, No. 5, S. 351-363.

Bundesanstalt für Arbeit: Sonderuntersuchung über Arbeitslose. Nürnberg 1984.

Bund-Länder-Kommission für Bildungsplanung: Prognose des globalen, des schularten- und fächerspezifischen Lehrerangebots und Lehrerbedarf bis zum Jahre 1985. Bonn 1977.

Bundesministerium für Bildung und Wissenschaft: Grund- und Strukturdaten. Ausgabe 1983/84. Bonn 1983/1984.

Burger, C./Füchsle, T./Trommsdorff, G.: Zeitperspektive in ihrer Bedeutung für Entscheiden und Handeln. Arbeitsbericht Teilprojekt 16, SFB24. Universität Mannheim 1982.

Caplan, G.: „Emotional Crises". In: A. Deutsch/H. Fishbein (Hrsg.): The Encyclopedia of Mental Health, 1963, Vol. 2. New York: Franklin Watts.
Caplan, G.: Principles of preventive psychiatry. New York: Basic Books, Inc. 1964.
Coyne, J.C./Aldwin, C./Lazarus, R.S.: Depression and coping in stressful episodes. In: Journal of Abnormal Psychology 1981, 90, No. 5, S. 439-447.

Debler, W.F.: Attributionsforschung. Kritik und kognitiv-funktionale Reformulierung. Salzburg: AVM 1984.
Degenhardt, B./Strehmel, P.: Lebenssituation und Belastung arbeitsloser Lehrer. In: Zeitschrift für Pädagogik, Sonderheft 1984 (i.Dr.).
Dickenberger, D.: Ein neues Konzept der Wichtigkeit von Freiheit: Konsequenzen für die Theorie der Psychologischen Reaktanz. Weinheim: Beltz 1979.
Dobernigg, E./Pelzmann, L.: Veränderungen der Ursachenattribuierung unter dem Einfluß von Arbeitslosigkeit. In: H. Spada (Hrsg.): Bericht über den 34. Kongreß der Deutschen Gesellschaft für Psychologie in Wien 1984. Göttingen: Hogrefe 1985.
Dohrenwend, B.S./Dohrenwend, B.P. (eds.): Stressful life events: Their nature and effects. New York: Wiley 1974.
Dohrenwend, B.S./Dohrenwend, B.P. (eds.): Stressful life events and their contexts. New York: Prodist 1981.
Dohrenwend, B.S./Dohrenwend, B.P.: Life stress and illness: Formulation of the issues. in: B.S. Dohrenwend/B.P. Dohrenwend (eds.): Stressful life events and their contexts. New York: Prodist 1981a, S. 1-27.
Dooley, D./Catalano, R.: Economic change as a cause of behavioral disorder. In: Psychological Bulletin 1980, 87, S. 450-468.
Durrer, F./Kazemzadeh, F.: Arbeitsmarktprobleme von Lehrern. HIS-Kurzinformationen. Hannover: Hochschul-Informationssystem GmbH. 1981a.
Durrer, F./Kazemzadeh, F.: Beschäftigungsprobleme nicht eingestellter Lehrer. Auswirkungen, Einstellungen, Erwartungen am Beispiel von Lehrern in Hessen. Hannover: Hochschulinformationssystem (HIS) 1981.

Eckes, Th./Six, B.: Prototypen und Basiskategorien zur alltagssprachlichen Kategorisierung von Objekten, Personen und Situationen. In: G. Lüer (Hrsg.): Bericht über den 33. Kongreß der Deutschen Gesellschaft für Psychologie in Mainz 1982, Band 1. Göttingen: Hogrefe 1983, S. 246-252.
Ehlich, K./Switalla, B.: Transkriptionssysteme — Eine exemplarische Übersicht. In: Studium Linguistik 1, 1976, S. 78-105.
Eisenberg, Ph./Lazarsfeld, P.F.: The psychological effects of unemployment. In: Psychological Bulletin 1938, 35, S. 358-390.
Elder, G.: History and the life course. In: D. Bertraut (eds.): Biography and Society. Beverly Hills, Cal.: Sage 1981, S. 77-115.
Erikson, E.H.: Das Problem der Ich-Identität (1956). In: E.H. Erikson: **Identität und Lebenszyklus**. Frankfurt: Suhrkamp 1966, S. 123-215.
Erikson, E.H.: Kindheit und Gesellschaft. Stuttgart: Klett 1985 (2. Aufl.).
Erikson, E.H.: Jugend und Krise. Stuttgart: Klett 1968 (2. Aufl. 1974).

Falk, R./Weiss, R.: Qualifizierung und Beschäftigungsmöglichkeiten von Lehrern in der privaten Wirtschaft. Modellversuch zur Integration arbeitsloser Lehrer in betriebliche Aufgabenbereiche.
1. Zwischenbericht, Köln, Mai 1983.
3. Zwischenbericht, Köln, Juni 1984.

Faltermaier, T.: „Lebensereignisse" — Eine neue Perspektive für Entwicklungspsychologie und Sozialisationsforschung? In: Zeitschrift für Sozialisationsforschung und Erziehungssoziologie 1984, Heft 2/1984, S. 344-355.

Fiore, J./Becker, J./Coppel, D.B.: Social network interaction: A buffer or a stress. In: American Journal of Community Psychology, Vol. 11, No. 4, 1983, S. 423-439.

Filipp, S.-H. (Hrsg.): Kritische Lebensereignisse. München: Urban & Schwarzenberg 1981.

Filipp, S.-H..: Ein allgemeines Modell für die Analyse kritischer Lebensereignisse. In: S.-H. Filipp (Hrsg.): Kritische Lebensereignisse. München: Urban & Schwarzenberg 1981a, S. 3-52.

Fleming, R./Baum, A./Singer, J.E.: Toward an integrativ approach to the study of stress. In: Journal of Personality and Social Psychology 1984, Vol. 46, No. 4, S. 939-949.

Folkman, S.: Personal control and stress and coping processes: A theoretical analysis. In: Journal of Personality and Social Psychology 1984, Vol. 46, No. 4, S. 839-852.

Folkman, S./Lazarus, R.S.: An analysis of coping in a middle-aged community sample. In: Journal of Health and Social Behavior 1980, 21, S. 219-239.

Folkman, S./Schaefer, G./Lazarus, R.S.: Cognitive processes as mediators of stress and coping. In: U. Hamilton/D.M. Warburton: Human stress and cognition. An information processing approach. Chichester: Wiley 1979, S.265-298.

Forster, R./Pelikan, J.M.: Krankheit als Karriereprozeß — zur Entstehung, Verteilung und Versorgung psychischer Störungen. In: Österreichische Zeitschrift für Soziologie 1977, 3/4, S. 29-42.

Frese, M.: Psychische Störungen bei Arbeitern. Salzburg: Müller 1977.

Frese, M.: Arbeitslosigkeit, Depressivität und Kontrolle. Eine Längsschnittuntersuchung. In: Bielefelder Arbeiten zur Sozialpsychologie 1977.

Frese, M.: Arbeitslosigkeit. In: R. Asanger/G. Wenninger (Hrsg.): Handwörterbuch der Psychologie. Weinheim: Beltz 1980.

Frese, M./Greif, S./Semmer, N. (Hrsg.): Industrielle Psychopathologie. Bern: Huber 1978.

Frese, M./Mohr, G.: Die psychopathologischen Folgen des Entzugs von Arbeit: Der Fall Arbeitslosigkeit. In: M. Frese/S. Greif/N. Semmer (Hrsg.): Industrielle Psychopathologie. Bern: Huber 1978, S. 282-338.

Frey, D. u.a.: Theorie der kognitiven Kontrolle. Bericht aus dem Sonderforschungsbereich 24 der Universität Mannheim. Mannheim 1977.

Friede, Ch.: Verfahren zur Bestimmung der Intercoderreliabilität für nominalskalierte Daten. In: Zeitschrift für Empirische Pädagogik 1981, 5, S.1-25.

Garber, J./Seligman, M.E.P.: Human helplessness. Theory and applications. New York: Academic Press 1980.

Garz, D./Kraimer, K. (Hrsg.): Brauchen wir andere Forschungsmethoden? Beiträge zur Diskussion interpretativer Verfahren. Frankfurt: Scriptor 1983.

Gellert, C./Schindler, G.: Analyse der Tätigkeitsfelder der Hochschulabsolventen mit abgeschlossenem Lehramtsstudium. Bayerische Hochschulforschung. Materialien 24. München 1980.

Görlitz, D. (Hrsg.): Kindliche Erklärungsmuster. Weinheim: Beltz 1983.

Goldberger, L./Breznitz, S.: Handbook of stress. Theoretical and Clinical Aspects. New York: Free Press 1982.

Gore, S.: The effect of social support in moderating the health consequences of unemployment. In: Journal of Health and Social Behavior 1978, 19, S.157-165.

Gottlieb, B.H./Price, R.H. (eds.): Social networks and social support. Beverly Hills: Sage 1981.

Gourash, N.: Help-Seeking: A review of the literature. In: American Journal of Community Psychology 1978, Vol. 6, S. 413-417.

Grau, U./Thomsen, K.: Zur Rolle des Arbeitslosen. Attribuierung des Vorwurfs der Arbeitsunwilligkeit. In: Th. Kieselbach/A. Wacker: Arbeitslosigkeit. Psychologische Theorie und Praxis. Bericht über eine Fachtagung an der Universität Bremen. 1984. Weinheim: Beltz 1985.

Groddeck, N.: Theorie schulisch organisierter Lernprozesse. Rekonstruktionen zum Verhältnis von Schule, Gesellschaft und Erziehung. Weinheim: Beltz 1977.

Groschek, W.: Zur Dimensionierung des Selbstkonzepts. In: Probleme und Ergebnisse der Psychologie 1980, 76, S.39-57.

Haan, N.: Coping and defending. New York: Academic Press 1977.

Halpern, P.D.: Crisis theory: A definitional study. Community Health Journal 1973, 9, S. 342-349.

Hastie, R.: Causes and effects of causal attribution. In: Journal of Personality and Social Psychology 1984, Vol. 46, No. 1, S. 44-56.

Haußer, K.: Die Entwicklung von Schülern als Produkt ihrer individuellen Behandlung durch den Lehrer. Unveröffentlichte Diplomarbeit. München 1972.

Haußer, K.: Bedingungen der Erklärungsbedürftigkeit. Überlegungen zu einer vernachlässigten Fragestellung der Attributionstheorie. Papier zum DFG-Rundgespräch ‚Theoretische Aufarbeitung, methodische Erfassung und Möglichkeiten der Veränderung subjektiv-psychologischer Theorien von Lehrern'. Bonn-Bad Godesberg 1980.

Haußer, K.: Identitätsentwicklung. New York: Harper & Row Publ. 1983.

Haußer, K./Mayring, Ph.: Berufsinteresse von Lehrern — Ein Vorschlag zur Operationalisierung. In: Psychologie in Erziehung und Unterricht 1982, 29, S. 295-302.

Haußer, K./Mayring, Ph.: Lehrerarbeitslosigkeit — Folgen für die Lehrerausbildung. In: Zeitschrift für Pädagogik 1984, 30, 19. Beiheft.

Haußer, K./Mayring, Ph./Strehmel, P.: Praktische Probleme bei der Inhaltsanalyse offen erhobener Kognitionen, diskutiert am Beispiel der Variablen ‚Berufsinteresse arbeitsloser Lehrer'. In: H.-D. Dann/W. Humpert/F. Krause/K.-Chr. Tennstädt (Hrsg.): Analyse und Modifikation subjektiver Theorien von Lehrern. Forschungsbericht 32 des Zentrums I Bildungsforschung, SFB 23. Universität Konstanz 1982, S. 159-173.

Hautzinger, M.: Depression und gelernte Hilflosigkeit beim Menschen. In: Zeitschrift für Klinische Psychologie und Psychotherapie 1979, 27, S. 356-365.

Havers, N./Innerhofer, P.: Lehrer werden? Ein Entscheidungsseminar zur Reflexion der Studien- und Berufswahl für Lehrerstudenten. München: Ernst-Reinhardt-Verlag 1983.

Heider, F.: The psychology of interpersonal relations. New York: Wiley 1958. Deutsch: Psychologie der interpersonalen Beziehungen. Stuttgart: Klett 1977.

Heinemann, K.: Arbeitslosigkeit und Zeitbewußtsein. In: Soziale Welt 1982, 33, Heft 1, S. 87-101.

Heise, Ch.: 60.000 Lehrer ohne Stelle. Trotz steigender Lehrerarbeitslosigkeit setzen die Länder den Planstellenabbau fort. In: Erziehung und Wissenschaft 1984, Heft 10, S. 20-22.

Hentschel, U.: Individuelle Auswirkungen der Arbeitslosigkeit. In: W. Maiers/ Markard (Hrsg.) Lieber arbeitslos als ausgebeutet? Köln: Pahl-Rugenstein 1980, S. 64-70.

Hepworth, S.J.: Moderating factors of the psychological impact of unemployment. In: Journal of Occupational Psychology 1980, 53, S. 139-145.

Holland, J.L.: Making vocational choices. Englewoos Cliffs: Prentice Hall Inc. 1973.

Holmes, T.H./Rahe, R.H.: The social readjustment rating scale. In: Journal of Psychosomatic Research 1967, 11, S. 213-218 (deutsch: In: Katschnig, H.: Sozialer Streß und psychische Erkrankung. Lebensverändernde Ereignisse als Ursache seelischer Störungen. München: Urban & Schwarzenberg 1980, S. 160-166.).

Holsti, O.R.: Content analysis for the social sciences and humanities. Reading, Mass.: Addison-Wesley 1969.

Holtkamp, R./Teichler, U.: Außerschulische Tätigkeitsbereiche für Absolventen sprach- und literaturwissenschaftlicher Studiengänge. Werkstattberichte Band 8. Wissenschaftliches Zentrum für Berufs- und Hochschulforschung. Kassel: Gesamthochschule 1981.

Hopf, Chr.: Die Pseudo-Exploration. Überlegungen zur Technik qualitativer Interviews in der Sozialforschung. In: Zeitschrift für Soziologie 1978, 7, S. 97-115.

Hopf, C./Weingarten, E. (Hrsg.): Qualitative Sozialforschung. Stuttgart: Klett-Cotta 1979.

Huber, G.L./Mandl, H (Hrsg.): Verbale Daten. Eine Einführung in die Grundlagen und Methoden der Erhebung und Auswertung. Weinheim: Beltz 1982.

Isherwood, J.: The study of life event stress. In: New Zealand Psychologist 1981, 10, S. 71-79.

Jackson, P.R./Stafford, E.M./Banks, M.H./Warr, P.B.: Unemployment and psychological distress in young people: the moderating role of work involvement. In: Journal of Applied Psychology 1983, 68, S. 525-535.

Jahoda, M.: Wieviel Arbeit braucht der Mensch? Arbeit und Arbeitslosigkeit im 20. Jahrhundert. Weinheim: Beltz (2. Aufl.) 1983. (Original: Employment and unemployment. A socio-psychological analysis. Cambridge: Cambridge University Press 1982).

Jahoda, M./Lazarsfeld, P.F./Zeisel, H.: Die Arbeitslosen von Marienthal. Ein soziographischer Versuch über Wirkungen langanhaltender Arbeitslosigkeit. Mit einem Anhang zur Geschichte der Soziographie. Frankfurt: Suhrkamp (2. Aufl.) 1978. (1. Aufl. Leipzig 1933).

Janis, J.L.: The problem of validating content analysis. In: H.D. Lasswell/N. Leites et al. (eds.): Language of Politics — studies in quantitative semantics. Cambridge, Mass.: M.I.T. Press 1965, S. 55-82.

Janlert, U./Dahlgren, G.: Unemployment, health and the labour market. Same aspects of publish health policy. Stockholm: Swedish Health Services 1983.

Johnson, H./Sarason, I.G.: Moderator variables in life stress research. In: I.G. Sarason/C.D. Spielberger (eds.): Stress and Anxiety. Volume 5, Washington: Hemisphere 1979, S. 151-167.

Kahn, E.: Über Krisen. In: E. Wiesenhüter: Werden und Handeln. Stuttgart: Hippokrates 1963.

Kammerer-Jöbges, B./Kammerer, G./Schindler, B./Zollondz, H.D.: Beschäftigungsmöglichkeiten und -bedingungen von Lehramtsabsolventen geisteswissenschaftlicher Fächer außerhalb des Schuldienstes. München (Forschungsbericht) 1980.

Kandler, M.: Subjektive Probleme der beruflichen Umorientierung von arbeitslosen Lehrern. In: Zeitschrift für Pädagogik, Sonderheft 1984a.

Kandler, M.: Berufsinteresse von Lehrern — Veränderungen bei Arbeitslosigkeit. Unveröffentl. Magisterarbeit am Institut für Empirische Pädagogik. München, Januar 1984.

Kaplan, A./Goldsen, J.M.: The reliability of content categories. In: H.D. Lasswell/N. Leites et al. (eds.): Language of politics — studies in quantitative semantics. Cambridge, Mass.: M.I.T. Press 1965, S. 83-112.

Kasl, S.V./Cobb, S.: Some mental health consequences of plant closing and job loss. In: L.A. Ferman/J.P. Gordus (eds.): Mental health and the economy. Kalamanzoo, Mich.: Upjohn Institute 1979, S. 255-299.

Kaufmann, H.G.: Professionals in search of work. Coping with the stress of job loss and underemployment. New York: Wiley & Sons 1982.

Katschnig, H.: Sozialer Streß und psychische Erkrankung. Lebensverändernde Ereignisse als Ursachen seelischer Störungen. München: Urban & Schwarzenberg 1980.

Katschnig, H.: Life-event-Forschung. In: R. Asanger/G. Wenninger (Hrsg.): Handwörterbuch der Psychologie. Weinheim: Beltz 1980a, S. 257-263.

Keupp, H. (Hrsg.): Verhaltensstörungen und Sozialstruktur. Epidemiologie: Empirie, Theorie, Praxis. München: Urban & Schwarzenberg 1974.

Keupp, H.: Normalität und Abweichung. München: Urban & Schwarzenberg 1979.

Keupp, H.: Sozialepidemiologie. In: R. Asanger/G. Wenninger (Hrsg.): Handwörterbuch der Psychologie. Weinheim: Beltz 1980a, S. 430-436.

Keupp, H.: Sozialisation in Institutionen der psychosozialen Versorgung. In: K. Hurrelmann/D. Ulich (Hrsg.): Handbuch der Sozialisationsforschung. Weinheim: Beltz 1980b.

Keupp, H.: Soziale Netzwerke. In: H. Keupp/D. Rerrich: Psychosoziale Praxis – gemeindepsychologische Perspektiven. Ein Handbuch in Schlüsselbegriffen. München: Urban & Schwarzenberg 1982, S. 43-53.

Keupp, H.: Depression bei Frauen – im Kontext der sozialepidemiologischen Forschung. Argument 1983, Sonderband Nr. 107, S. 131-141.

Keupp, H./Zaumseil, M. (Hrsg.): Die gesellschaftliche Organisierung psychischen Leidens. Frankfurt: Suhrkamp 1978.

Kieselbach, Th.: Arbeitslosigkeit, Selbsteröffnung und Hilfesuchverhalten. Vortrag auf der Tagung „underlying processes of becoming socially vulnerable: special focus on young" der WHO und des MEDIS-Instituts in München 1984.

Kieselbach, Th./Offe, H.: Arbeitslosigkeit. Individuelle Verarbeitung. Gesellschaftlicher Hintergrund. Darmstadt: Steinkopff 1979.

Kieselbach, Th./Wacker, A. (Hrsg.): Arbeitslosigkeit. Psychologische Theorie und Praxis. Bericht über eine Fachtagung an der Universität Bremen 1984. Weinheim: Beltz 1985.

Killilea, M.: Interaction of crises theory, coping strategies, and social suppert systems. In: H.C. Schulberg/M. Killilea (eds.): The modern practice of community mental health. San Francisco: Jossey-Bass Inc. Publ. 1982, S. 163-214.

Kirchler, E.: Arbeitslosigkeit und Alltagsbefinden. Eine sozialpsychologische Studie über die subjektiven Folgen von Arbeitslosigkeit. Linz: Trauner 1984a.

Kirchler, E.: Sechs Monate ohne Arbeit. Eine sozialpsychologische Untersuchung über die Folgen von Arbeitslosigkeit. In: Wirtschafts- und sozialpolitische Zeitschrift 1984, Nr. 3, S. 65-84.

Klinger, E.: Consequences of commitment to and disengagement from incentives. In: Psychological Review 1975, 82, S. 1-25.

Kobasa, S.C.: Stressful life events, personality, and health: An inquiry into hardiness. In: Journal of Personality and Social Psychology 1979, 37, No. 1, S. 1-11.

Kohli, M.: „Offenes" und „geschlossenes" Interview: Neue Argumente zu einer alten Kontroverse. In: Soziale Welt 1978, 29, S.1-25.

Kohli, M.: Lebenslauftheoretische Ansätze in der Sozialisationsforschung. In: K. Hurrelmann/D. Ulich (Hrsg.): Handbuch der Sozialisationsforschung. Weinheim: Beltz 1980, S. 299-317.

Krahe, B.: Der „self-serving-bias" in der Attributionsforschung: Theoretische Grundlagen und empirische Befunde. In: Psychologische Rundschau 1984, 35, S. 79-97.

Krampen, G.: Differentialpsychologie der Kontrollüberzeugungen. Göttingen: Hogrefe 1982.

Krippendorff, K.: Content analysis. An introduction to its methodology. Beverly Hills, London: Sage 1980.

Kruskal, W.H./Wallis, W.A.: Use of ranks in one-criterion variance analysis. In: Journal of the American Statistic Association 1952, 47, S. 583-621.

Kutsch, T./Wiswede, G.: Arbeitslosigkeit im Spiegel der Sozialwissenschaften: Arbeitslosigkeit als psychosoziales Problem. In: T. Kutsch/G. Wiswede (Hrsg.): Arbeislosigkeit II: Psychosoziale Belastungen. Königstein: Hain 1978, S. 1-13.

Lazarus, R.S.: Psychological stress and the coping process. New York: McGraw-Hill 1966.

Lazarus, R.S.: Selbsttäuschung kann gesund sein. In: Psychologie Heute 1980, Nr. 6, 17. Jahrgang, S. 60-67.

Lazarus, R.S.: Streß und Streßbewältigung — ein Paradigma. In: S.-H. Filipp (Hrsg.): Kritische Lebensereignisse. München: Urban & Schwarzenberg 1981, S. 198-232.

Lazarus, R.S./Averill, J.R./Opton, E.M.: The Psychology of coping. In: G.V. Coelho/D.A. Hamburg/J.E. Adams: Coping and Adaption. New York 1974.

Lazarus, R.S./Launier, R.: Streßbezogene Transaktionen zwischen Person und Umwelt. In: H. Nitsch (Hrsg.): Streß. Theorien, Untersuchungen, Maßnahmen. Bern: Huber 1981, S. 213-259.

Lazarus, R.S./Folkman, S.: Stress, appraisal and coping. New York: Springer Publ. Comp. 1984.

Lefcourt, H.M.: Locus of Control. Current trends in theory and research. Hillsdale/N.J.: Erlbaum 1976.

Lehr, U.: Die Frau im Beruf. Eine psychologische Analyse der weiblichen Berufsrolle. Frankfurt/Main: Athenäum 1969.

Lehr, U.: Das mittlere Erwachsenenalter — ein vernachlässigtes Gebiet der Entwicklungspsychologie. In: R. Oerter (Hrsg.): Entwicklung als lebenslanger Prozeß. Hamburg: Hoffmann & Campe 1978.

Lehr, U.: Alterszustand und Alternsprozesse — biographische Determinanten. In: Zeitschrift für Gerontologie 1980, 13, S. 442-457.

Lehr, U.: Berufliche Veränderung. Probleme der Ausgliederung aus dem Berufsleben. In: H. Schuler/W. Stehle (Hrsg.): Psychologie in Wirtschaft und Verwaltung. Stuttgart: Poeschel 1982, S. 359-380.

Leontjew, A.N.: Das Problem der Tätigkeit in der Psychologie. In: Zeitschrift für Sowjetwissenschaft 1973a, Heft 4, S. 415-435.

Leontjew, A.N.: Tätigkeit und Bewußtsein. In: Zeitschrift für Sowjetwissenschaft 1973b, Heft 5, S. 515-531.

Lewin, K.: Die Lösung sozialer Konflikte. Bad Nauheim 1953.

Lewin, K.: Zeitperspektive und Moral (zuerst erschienen 1942). In: K. Lewin: Die Lösung sozialer Konflikte. Bad Nauheim: Christian-Verlag 1968 (3. Aufl.) S. 152-179.

Lewis, M.S.: The course and duration of crisis. In: Journal of Consulting and Clinical Psychology 1979, Vol. 47, No. 1, S. 128-134.

Liem, R./Liem, J.H.: Social support and stress: Some general issues and their application to the problem of unemployment. In: L.A. Ferman/J.P. Gordus (eds.): Mental Health and the Economy. Kalamanzoo, Mich.: Upjohn Institute 1979, S. 347-377.

Lindemann, E.: Symptomatology and management of acute grief. In: American Journal of Psychiatry 1944, 101, S. 141-148.

Lloyd, C.: Life events and depressive disorder reviewed. In: Archiv of General Psychiatry 1980, 37, May, S. 529-548.

Mahoney, M.J.: Kognitive Verhaltenstherapie: Neue Entwicklung und Integrationsschritte. München: Pfeiffer 1977.

Mann, H.B./Whitney, D.R.: On the test of whether one to two random variables is stochastically larger than the other. Annuals of Mathematical Statistics 1947, 18, S. 50-60.

Marcia, J.E.: Identity in adolescence. In: J. Adelson (ed.): Handbook of adolescent psychology. New York: Wiley & Sons 1980, S. 159-187.

Mayring. Ph.: Qualitative Inhaltsanalyse – Grundlagen und Techniken. Weinheim: Beltz 1983.

Mayring, Ph.: Bewältigungsversuche im Umgang mit Arbeitslosigkeit: Zur Konzeptualisierung im DFG-Projekt ‚Lehrerarbeitslosigkeit'. In: E. Grossmann/ P. Lütkenhaus (Hrsg.): Bericht über die 6. Tagung Entwicklungspsychologie. Regensburg: Universität 1983a, S. 237-239.

Mayring, Ph.: Zur subjektiven Bewältigung von Arbeitslosigkeit. In: Zeitschrift für Pädagogik, Sonderheft 1984 (im Druck).

Mayring, Ph.: Qualitative Inhaltsanalyse. In: G. Jüttemann (Hrsg.): Qualitative Forschung in der Psychologie. Grundfragen, Verfahrensweisen, Anwendungsfehler. Weinheim: Beltz 1985 (im Druck).

Mayring, Ph./Haußer, K.: A model of the stress and coping process. In: W. Bachmann/I. Udris (eds.): Mental load and stress in activity. European approaches. Berlin: Verlag der Wissenschaften und Amsterdam: North Holland Pub. Comp. 1982.

McCubbin, H.I. u.a.: Family stress and coping: A decade review. In: Journal of marriage and the family 1980, Nov., S. 855-871.

McGrath, J.E.: A conceptual formulation for research on stress. In: J.E. McGrath (ed.): Social and psychological factors in stress. New York: Holt, Rinehardt & Winston 1970, S. 10-21.

Meichenbaum, D.: Kognitive Verhaltensmodifikation. München: Urban & Schwarzenberg 1979.

Merten, K.: Inhaltsanalyse. Einführung in Theorie, Methode und Praxis. Opladen: Westdeutscher Verlag 1983.

Mertens, W.: Sozialpsychologie des Experiments. Hamburg: Hoffmann & Campe 1975.

Merton, R.K./Kendall, P.L.: Das fokussierte Interview. In: C. Hopf/E. Weingarten (Hrsg.): Qualitative Sozialforschung. Stuttgart: Klett-Cotta 1979, S. 171-204.

Mielke, R. (Hrsg.): Interne/externe Kontrollüberzeugung. Theoretische und empirische Arbeiten zum ‚Locus of Control' – Konstrukt. Stuttgart: Huber 1982.

Miller, S.M.: Predictability and human stress: toward a clarification of evidence and theory. In: Advances in experimental social psychology 1979, Vol. 14, S. 203-256.

Miller, G.A./Galanter, E./Pribram, K.H.: Strategien des Handelns: Pläne und Strukturen des Verhaltens. Stuttgart: Klett 1973 (amerikanisches Original 1960).

Miller, K.S./Iscos, I.: The concept of crisis. In: Human Organization 1963, 22.
Mitchell, R.E./Trickett, E.J.: Task force report: Social networks as mediators of social support. In: Community Mental Health Journal 1980, 16, S. 27-44.
Mönks, F.J.: Zeitperspektive als psychologische Variable, Sammelreferat. In: Archiv für die gesamte Psychologie 1967, 119, S. 131-161.
Mohr, G./Frese, M.: Arbeitslosigkeit und Depression. Zur Langzeitarbeitslosigkeit älterer Arbeiter. In: A. Wacker (Hrsg.): Vom Schock zum Fatalismus? Soziale und psychische Auswirkungen der Arbeitslosigkeit. Frankfurt: Campus 1981 (2. Aufl.), S. 179-193.
Montada, L.: Themen, Traditionen, Trends. In: R. Oerter/L. Montada (Hrsg.): Entwicklungspsychologie. München: Urban & Schwarzenberg 1982, S. 3-123.
Mueller, D.P.: Social networks: A promising direction for research on the relationship of the social environment to psychiatric disorders. In: Social Science and Medicine 1980, 14A, S. 147-161.
Munro, G. & Adams, G.R.: Ego-identity formation in college students and working youth. In: Developmental Psychology 1977, 13, S. 523-524.

Nie, N.H./Hull, C.H./Jenkins, J.G./Steinbrenner, K./Bent, D.H.: SPSS: Statistical package for the social sciences. New York 1975.

Oakes, W.F./Curtis, N.: Learned helplessness: Not dependent upon cognitions, attributions, or other such phenomenal experiences. In: Journal of Personality, 1982, Vol. 50, No. 4, S. 387-408.
Oerter, R. (Hrsg.): Entwicklung als lebenslanger Prozeß. Hamburg: Hoffmann & Campe 1978.
Oerter, R.: Sozialisation im Jugendalter: Kritik und Neuorientierung. In: L. Montada (Hrsg.): Brennpunkte der Entwicklungspsychologie. Stuttgart: Kohlhammer 1979, S. 231-251.
Olbrich, E.: Übergänge im Jugendalter. In: R.K. Silbereisen/L. Montada (Hrsg.): Entwicklungspsychologie. München: Urban & Schwarzenberg 1983, S. 89-96.

Parmentier, K.: Lehrerarbeitsmarkt und außerschulische Beschäftigungsmöglichkeiten. In: U. Hübler (Hrsg.): Als Pädagoge arbeitslos — was tun? München: Kösel 1984, S. 9-19.
Pearlin, L.I./Schooler, C.: The structure of coping. In: Journal of Health and Social Behavior 1978, 19 (March), S. 2-21.
Pearlin, L.I./Menaghan, E.G./Liebermann, M.A./Mullan, J.T.: The stress process. In: Journal of Health and Social Behavior 1981, 22 (Dec.), S. 337-356.
Pekrun, R.: Schulische Persönlichkeitsentwicklung. Europäische Hochschulschriften. Frankfurt: Lang 1983.
Pelzmann, L.: Verhaltensdefizite und Lernprozesse bei Arbeitslosen. In: H. Janig/E. Löschenkohl/J. Schofnegger/G. Sussenbacher (Hrsg.) Umweltpsychologie. Bewältigung neuer und veränderter Umwelten. Wien: Facultas 1982.
Pelzmann, L.: Arbeitslosenforschung. In: G. Lüer (Hrsg.) Bericht über den 33. Kongreß der Deutschen Gesellschaft für Psychologie in Mainz 1982. Göttingen: Hogrefe 1983, S. 674-683.
Pelzmann, L./Chadora-Winter, I./Derow, R./Dobernigg, E./Forzi, M.: Verän-

derungen der Ursachenattribuierung unter dem Einfluß von Arbeitslosigkeit. Projektpapier Universität Klagenfurt 1984.

Pelzmann, L./Winkler, N.: Antizipation von Arbeitslosigkeit. In: Th. Kieselbach/A. Wacker (Hrsg.): Arbeitslosigkeit. Psychologische Theorie und Praxis. Bericht über eine Fachtagung an der Universität Bremen 1984. Weinheim: Beltz 1985.

Petermann, F.: Weiterentwicklung des Konzepts „Erlernte Hilflosigkeit" in Theorie, Forschung und Anwendung. In: M.E.P. Seligman: Erlernte Hilflosigkeit. München: Urban & Schwarzenberg 1983, S. 209-248.

Peterson, Ch./Seligman, M.E.P.: Causal explanations as a risk factor for depression: Theory and evidence. In: Psychological Review 1984, Vol. 91, No. 3, S. 347-374.

Prystav, G.: Vorhersagbarkeit und Kontrollierbarkeit aversiver Reize als belastungsinduzierende Variablen. Archiv für die gesamte Psychologie 1980, Vol. 132, S. 121-138.

Putzhammer, H.: Viele Vorschläge, aber noch keine Lösung. In: Erziehung und Wissenschaft 1983, Heft 4, S. 7-16.

Reiter, L.: Krisenintervention. In: H. Strotzka (Hrsg.): Psychotherapie: Grundlagen, Verfahren, Indikationen. München: Urban & Schwarzenberg 1978, S. 457-470.

Riegel, K.: Time and change in the development of the individual and society. In: H.W. Reese (ed.): Advances in child development and behavior. New York/London 1972, Vol. 7.

Ritsert, J.: Inhaltsanalyse und Ideologiekritik. Ein Versuch über kritische Sozialforschung. Frankfurt: Athenäum 1972.

Robinson, B.N./Anderson, G.D./Cohen, E./Gazdzik, W.F./Carpal, L.C./Miller, A.H./Stein, J.R.: SIR-Scientific information retrieval user's manual, Version 2. Evanston: SIR-Inc. 1980.

Rogers, C.R.: Die klientzentrierte Gesprächspsychotherapie. München: Kindler 1972.

Roskies, E./Lazarus, R.S.: Coping theory and the teaching of coping skills. In: P.O. Davidson/S.N. Davidson (eds.): Behavioral medicine. Changing health life styles. New York: Brunner-Mazel 1980, S. 38-69.

Rotter, J.B.: Generalized expectancies for internal versus external control of reinforcement. In: Psychological Monographs 1966, 80, S. 1-28.

Rotter, J.B.: Some problems and misconceptions related to the construct of internal versus external control of reinforcement. In: Journal of Consulting and Clinical Psychology 1975, 43, S. 56-67.

Rudinger, G. (Hrsg.): Methoden der Entwicklungspsychologie. Stuttgart: Kohlhammer 1978.

Rudinger, G.: Erfassung von Entwicklungsveränderungen im Lebenslauf. In: H. Rauh (Hrsg.): Jahrbuch für Entwicklungspsychologie 1/1979. Stuttgart: Klett-Cotta 1979, S. 159-214.

Rudinger, G.: Methodologie und Datengewinnung. In: R.K. Silbereisen/L. Montada (Hrsg.): Entwicklungspsychologie. München: Urban & Schwarzenberg 1983, S. 35-44.

Runyan, W.M.: Life histories and psychobiography. New York: Oxford University Press 1982.
Rust, H.: Inhaltsanalyse. Die Praxis der indirekten Interaktionsforschung in Psychologie und Psychotherapie. München: Urban & Schwarzenberg 1983.
Sagasser, R.: Die Arbeitsmarktlage für Lehrer des Höheren Lehramtes im schulischen und außerschulischen Bereich. Informationen der Zentralstelle für Arbeitsvermittlung 1/78. Frankfurt 1978.
Saup, W.: Übersiedlung ins Altenheim. Weinheim: Beltz 1984.
Scheuch, E.K.: Das Interview in der Sozialforschung. In: R. König (Hrsg.): Handbuch der empirischen Sozialforschung, Band I. Stuttgart: Enke 1967, S. 107-196.
Schiefele, H./Haußer, K./Schneider, G.: „Interesse" als Ziel und Weg der Erziehung. Überlegungen zu einem vernachlässigten pädagogischen Konzept. In: Zeitschrift für Pädagogik 1/1979, 25, S. 1-20.
Schmidt, K.D.: Zum Problem der Lehrerarbeitslosigkeit. Kieler Diskussionsbeiträge Nr. 87. Institut für Weltwirtschaft, Kiel 1982.
Schneider, G./Haußer, K./Schiefele, H.: Bestimmungsstücke und Probleme einer pädagogischen Theorie des Interesses. In: Zeitschrift für Pädagogik 1/1979, 25, S. 43-60.
Schütze, F.: Die Technik des narrativen Interviews in Interaktionsfeldstudien — dargestellt an einem Projekt zur Erforschung von kommunalen Machtstrukturen. Arbeitsberichte und Materialien Nr. 1. Bielefeld: Fakultät für Soziologie 1977.
Schütze, Y.: Zur Situation erwerbstätiger und nichterwerbstätiger Frauen mit kleinen Kindern. In: Zeitschrift für Sozialisationsforschung und Erziehungssoziologie 1982, 2, S. 229-241.
Schultz-Gambard, J.: Arbeitslosigkeit: Psychische und soziale Auswirkungen unter Berücksichtigung besonderer Belastungsfaktoren und Bewältigungsmöglichkeiten. In: H. Spada (Hrsg.): Bericht über den 34. Kongreß der Deutschen Gesellschaft für Psychologie in Wien 1984. Göttingen: Hogrefe 1985.
Schwarz, H./Jacobs, J.: Qualitative sociology. A method to the madness. New York: Free Press 1979.
Schwarzer, R.: Streß, Angst und Hilflosigkeit. Stuttgart: Kohlhammer 1981.
Schwefel, D.: Unemployment, health, and health services. Results of German unemployment research. Medis-Institut für Medizinische Informatik und Systemforschung. München 1984.
Scott, W.A.: Reliability of content analysis: The case of nominal scale coding. In: Public Opinion Quaterly 1955, 19, S. 420-428.
Sekretariat Arbeitslose Lehrer der Gewerkschaft Erziehung und Wissenschaft: Zahlen zum Arbeitsmarkt 1983.
Seligman, M.E.P.: Comment and integration. Journal of Abnormal Psychology, 1978, 87, S. 165-179.
Seligman, M.E.P.: Erlernte Hilflosigkeit. München: Urban & Schwarzenberg 1983 (2. Aufl.).
Shontz, F.C.: The psychological aspects of physical illness and disability. New York: McMillan 1975.

Siegel, S.: Nichtparametrische statistische Methoden. Frankfurt: Fachbuchhandlung Psychologie 1976.

Silver, R./Wortman, C.B.: Coping with undesirable life events. In: J. Garber/ M.E.P. Seligman (eds.): Human helplessness. New York: Academic Press 1980, S. 279-340.

Soeffner, H.-G. (Hrsg.): Interpretative Verfahren in den Sozial- und Textwissenschaften. Stuttgart: Metzler 1979.

Starr, V.: Lehrerarbeitslosigkeit in der Bundesrepublik Deutschland. Darstellung und Analyse des Problems; Dokumentation und Diskussion der Lösungsvorschläge. Diplomarbeit im Fachbereich Politische Wissenschaft der Freien Universität Berlin 1983.

Steinkamp, G.: Klassen- und schichtenanalytische Ansätze in der Sozialisationsforschung. In: K. Hurrelmann/D. Ulich (Hrsg.): Handbuch der Sozialisationsforschung. Weinheim: Beltz 1980, S. 253-284.

Stewart, A.J.: The course of individual adaptation to life changes. In: Journal of Personality and Social Psychology 1982, 42, No. 6, S. 1100-1113.

Stotland, E.: The psychology of hope. San Francisco: Jossey-Bass 1969.

Strehmel, P.: Längsschnittmethodologie der empirischen Pädagogik und Pädagogischen Psychologie. Magisterarbeit. München 1981 (unveröffentl.).

Strehmel, P.: Die biographische Variable „Bewältigungskompetenz". Konzept und Operationalisierung im DFG-Projekt Lehrerarbeitslosigkeit. In: K. Grossmann/P. Lütkenhaus (Hrsg.): Bericht über die 6. Tagung Entwicklungspsychologie in Regensburg 1983. Band II. Universität Regensburg 1984, S. 240-242.

Strehmel, P./Degenhardt, B.: Arbeitslosigkeit und soziale Netzwerke. In: H. Keupp/W. Röhrle (Hrsg.): Soziale Netzwerke. Stuttgart: Campus 1985 (in Vorb.).

Super, D.E./Bohn, M.J.: Occupational psychology. London: Tavistock 1971.

Super, D.E./Crites, J.O.: Appraising vocational fitness by means of psychological tests. New York: Harper 1965.

Taplin, J.R.: Crisis theory: Critique and reformulation. In: Community Mental Journal 1971, 7, (1), S. 13-23.

Tellegen, E.: Identity, unemployment and the division of labour. In: Journal of Community Health Care 1984, 62, S. 338-340.

Tennen, H./Gillen, R./Drum, Ph.E.: The debilitating effect of exposure to noncontiugent escape: A test of the learned helplessness model. Journal of Personality 1982, 50, No. 4, S. 409-425.

Thomae, H.: Persönlichkeit. Eine dynamische Interpretation. Bonn 1951.

Thomae, H.: Das Individuum und seine Welt. Eine Persönlichkeitstheorie. Göttingen: Hogrefe 1968.

Thomae, H. (Hrsg.): Patterns of aging. Basel 1976.

Thomae, H.: Fallstudie und Längsschnittuntersuchung. In: G. Strube (Hrsg.): Binet und die Folgen. Testverfahren, Differentielle Psychologie, Persönlichkeitsforschung. In: Psychologie des 20. Jahrhunderts, Bd. V, Zürich 1977.

Thomae, H. (unter Mitarbeit von Kranzhoff, U.E.): Erlebte Unveränderlichkeit von gesundheitlicher und ökonomischer Belastung. Ein Beitrag zur kognitiven Theorie der Anpassung an das Alter. In: Zeitschrift für Gerontologie 1979, 12, S. 439-459.

Timmermann, D.: Lehrerarbeitslosigkeit in der Bundesrepublik Deutschland. In: Betrifft: Erziehung 1984, Heft 12, S. 50-55.

Titze, H.: Überfüllungskrisen in akademischen Karrieren: eine Zyklustheorie. In: Zeitschrift für Pädagogik 1981, 27, S. 187-224.

Todt, E.: Das Interesse. Bern: Huber 1978.

Tolsdorf, Chr.C.: Social Networks, support and coping: An exploratory study. In: Family Process 1976, Vol. 15, S. 407-417.

Ulich, D.: Attribuierung. In: H. Schiefele/A. Krapp (Hrsg.): Handlexikon zur Pädagogischen Psychologie. München: Ehrenwirth 1981, S. 21-26.

Ulich, D.: Das Gefühl. Eine Einführung in die Emotionspsychologie. München: Urban & Schwarzenberg 1982.

Ulich, D.: Produkt-orientierte und prozeß-orientierte Ansätze in der Attributionsforschung. Theoretische und methodische Probleme aus entwicklungspsychologischer Sicht. In: D. Görlitz (Hrsg.): Kindliche Erklärungsmuster. Weinheim: Beltz 1983, S. 122-145.

Ulich, D.: Diskussionsgruppe „Arbeitslosigkeit". In: D. Albert (Hrsg.): Bericht über den 34. Kongreß der Deutschen Gesellschaft für Psychologie in Wien 1984. Göttingen: Hogrefe 1985, S. 813-818.

Ulich, D./Haußer, K.: Kognitive Kontrolle in Krisensituationen: Arbeitslosigkeit bei Lehrern. Antrag an die Deutsche Forschungsgemeinschaft. München, November 1978.

Ulich, D./Haußer, K.: Methodologische Probleme bei der Untersuchung kognitiver Kontrolle. In: L. Eckensberger (Hrsg.): Bericht über den 31. Kongreß der Deutschen Gesellschaft für Psychologie in Mannheim. Göttingen: Hogrefe 1979, S. 512-515.

Ulich, D./Haußer, K./Mayring, Ph./Alt, B./Strehmel, P./Grünwald, H.: Kognitive Kontrolle in Krisensituationen: Arbeitslosigkeit bei Lehrern. 1. Zwischenbericht. München 1980.

Ulich, D./Haußer, K./Mayring, Ph./Alt, B./Strehmel, P./Grünwald, H.: Kognitive Kontrolle in Krisensituationen: Arbeitslosigkeit bei Lehrern. Fortsetzungsantrag an die DFG. München 1981.

Ulich, D./Haußer, K./Strehmel, P./Mayring, Ph./Kandler, M.: Kognitive Kontrolle in Krisensituationen: Arbeitslosigkeit bei Lehrern. Arbeitsbericht III. München und Augsburg 1982.

Ulich, D./Haußer, K./Strehmel, P./Mayring, Ph./Kandler, M./Degenhardt, B.: Kognitive Kontrolle in Krisensituationen: Arbeitslosigkeit bei Lehrern. 2. Fortsetzungsantrag an die Deutsche Forschungsgemeinschaft. München und Augsburg 1983.

Ulich, D./Mayring, Ph./Strehmel, P.: Streß. In: H. Mandl/G.L. Huber (Hrsg.): Emotion und Kognition. München: Urban & Schwarzenberg 1983, S. 183-216.

Unesco: Statistical Yearbook 1983. Paris: Unesco 1983.

Vaillant, G.E.: Werdegänge. Erkenntnisse der Lebenslaufforschung. Reinbek 1980.

Wacker, A. (Hrsg.): Vom Schock zum Fatalismus? Soziale und psychische Auswirkungen der Arbeitslosigkeit. Frankfurt: Campus (2. Aufl.) 1981. (1. Aufl. 1978).

Wacker, A.: Ansätze, Probleme und Grenzen psychologischer Arbeitslosenforschung. In: A. Wacker (Hrsg.): Vom Schock zum Fatalismus? Frankfurt: Campus 1981a, S. 15-37.

Wacker, A.: Arbeitslosigkeit. Soziale und psychische Folgen. Frankfurt: Europäische Verlagsanstalt 1983 (3. Aufl.).

Wacker, A.: Differentielle Verarbeitungsformen von Arbeitslosigkeit — Anmerkungen zur aktuellen Diskussion in der Arbeitslosenforschung. Prokla 1983a, 53, 13, S. 77-88.

Wacker, A.: Arbeitslosenforschung und Weiterbildung. Unterrichtswissenschaft 1984, 2. S. 116-126.

Walker, K.N./McBride, A./Vachon, M.: Social support networks and the crises of bereavment. In: Social Science and Medicine 1977, Vol. 44, S. 34-41.

Warr, P.: Psychological aspects of employment and unemployment. Editorial. In: Psychological Medicine 1982, 12, S. 7-11.

Warr, P.: Economic recession and mental health: A review of research. In: Journal of Community Health Care 1984, 62, S. 298-308.

Weidenmann, B.: Lehrerangst. Ein Versuch, Emotionen aus der Tätigkeit zu begreifen. München: Ehrenwirth 1978.

Weiner, B.: Achievement motivation as conceptualized by an attribution theorist. In: B. Weiner (eds.): Achievement motivation and attributionstheory. Morristown, N.J.: General Learning Press 1974.

Whitbourne, S.K./Weinstock, C.S.: Die mittlere Lebensspanne. Entwicklungspsychologie des Erwachsenenalters. München: Urban & Schwarzenberg 1982.

Williams, A.W./Ware, jr. J.E./Donald, C.A.: A model of mental health, life events, and social supports applicable to general populations. Journal of Health and Social Behavior 1981, 22 (Dec.) S. 324-336.

Wittgenstein, L.: Philosophische Untersuchungen. Frankfurt: Suhrkamp 1967 (1. Aufl. 1953).

Wollert, R./Heinrich, L./Wood, D./Werner, W.: Causal attribution, sanctions and normal mood variations. In: Journal of Personality and Social Psychology 1983, Vol. 45, No. 5, S. 1029-1044.

Wortman, C.B./Brehm, J.W.: Responses to uncontrollable outcomes: An integration of reactance theory and the learned helplessness model. In: L. Berkowitz (ed.): Advances in Experimental Social Psychology 1975, Vol. 8, S. 227-276.

Wortman, C.B./Dintzer, L.: Is an attributional analyses of the learned helplessness phenomenon viable? In: Journal of Abnormal Psychology 1978, 87, S. 75-90.

Zawadski, B./Lazarsfeld, P.: The psychological consequences of unemployment. In: Journal of Social Psychology 1935, 6, S. 224-251.

Zedler, P./Moser, H. (Hrsg.): Aspekte qualitativer Sozialforschung. Opladen: Leske 1983.

Zerrsen, D. von: Beschwerden-Liste (B-L). In: CIPS (Hrsg.): Internationale Skalen für Psychiatrie. Berlin 1977.
Zubin, J./Spring, B.: Vulnerability — A new view of schizophrenie. In: Journal of Abnormal Psychology 1977, 86, No. 2, S. 103-126.